영적 침체와 치유
-그 원인과 치유-

D. M. 로이드 존스 著
이 용 태 譯

기독교문서선교회

Spiritual Depression

-Its Causes and Its Cure-

By
D. Martyn Lloyd-Jones

Translated by
Yong-Tae Lee

Copyright © 1965 by Lady Catherwood and Ann Beatt
Originally published in English under the title
as *Spiritual Depression* by D. Martyn Lloyd-Jones
by Wm. B. Eerdmans Publishing Company
255 Jefferson Avenue S. E., Grand Rapids, Michigan 49503
All rights reserved.

Translated by permission of Wm. B. Eerdmans Publishing Company
through the arrangement of KCBS Inc., Seoul, Korea.

Korean Edition
Copyright © 2001 by Christian Literature Crusade
Seoul, Korea

서문

본 설교들은 웨스트민스터 교회에서 매주일 아침마다 연속적으로 선포되었으며 또 선포된 그대로 여기에 재생시킨 것들입니다. 본인의 목회적 경험이 이 설교의 필요성을 절감케 했고, 또 이 같은 형태로 출판된 것은 끊임없는 출판 요구가 있었기 때문이었습니다. 본인이 믿기에는 시간이 가장 큰 문제로 대두되었고 또 이들 설교 속에서 취급되고 있는 주제인 기쁨이 충만한 교회가 본인에게는 가장 크고 중대한 의미였습니다. 불행한 성도들은 최소한 기독교 신앙에 대해서 제대로 소개받지 못한 사람들일 것입니다. 그리고 초대교회 성도들의 충만한 기쁨은 저들이 기독교를 널리 전파하게 된 가장 강력한 요인들 가운데 하나였습니다.

여기에서 취급하고 있는 주제는 결코 소모적인 것이 아닙니다. 본인은 고난을 가져오는 가장 평범한 요인으로 나타난 내용들을 취급해 보려고 노력했습니다. 예를 들자면 육적이고 정신적이며 또 영적인 것과의 관계입니다. 본인은 그 문제를 더욱 철저하게 다루고 싶었지만 설교에서는 그것이 가능하지 않습니다. 어떤 경우라도 설교는 전문가들만을 위할 수 없고, 도움을 필요로 하는 평범한 사람들에게 초점을 맞춘다는 사실입니다.

하나님께서 그 같은 문제로 고민하고 있는 분들에게 복 주시기를 바랍니다. 이 설교로부터 어떤 도움을 얻고자 하는 모든 분들은 최초로 설교를 속기해 주었던 허칭스 부인과 또 원고를 교정하는 일에 수고를 아끼지 않았던 내자에게 본인과 함께 감사할 수 있기를 바랍니다.

1964년 9월
웨스트민스터 교회에서
D. M. 로이드 존스

차 례

서문 / 3

제1장	일반적 고찰	7
제2장	참된 기초	27
제3장	걸어 다니는 나무와 같은 사람들	47
제4장	지성 · 감정 · 의지	65
제5장	한 가지 죄	83
제6장	헛된 후회	101
제7장	미래에 대한 두려움	119
제8장	감정	137
제9장	포도원 품꾼들	155
제10장	너희 믿음이 어디 있느냐?	173
제11장	물결을 보고서	193

제12장 종의 영 ……………………………… 211
제13장 거짓 교훈 …………………………… 229
제14장 선을 행하다가 낙심될 때 ………… 249
제15장 훈련 ………………………………… 267
제16장 시련 ………………………………… 285
제17장 징계 ………………………………… 307
제18장 하나님의 훈련장 …………………… 323
제19장 하나님의 평강 ……………………… 341
제20장 자족하기를 배우라 ………………… 357
제21장 궁극적 치유 ………………………… 373

제1장

일반적 고찰

"내 영혼아 네가 어찌하여 낙망하며 어찌하여 내 속에서 불안하여 하는고 너는 하나님을 바라라 그 얼굴의 도우심을 인하여 내가 오히려 찬송하리로다"

(시 42:5)

"내 영혼아 네가 어찌하여 낙망하며 어찌하여 내 속에서 불안하여 하는고 너는 하나님을 바라라 나는 내 얼굴을 도우시는 내 하나님을 오히려 찬송하리로다"

(시 42:11)

다섯 권으로 구분되는 시편 전체에 대한 가장 단순한 묘사는 그것이 성령의 감동을 받은 이스라엘 백성의 기도와 찬양을 담은 책이라는 것입니다. 그것은 추상적인 것이 아니라 인간의 경험을 토대로 한 진리의 계시서입니다. 그 계시된 진리는 저들이 살아온 여러 가지 상황 속에서 표출된 하나님의 백성들의 정서와 욕구, 그리고 고난으로 나타났습니다. 시편이 여러 세기를 지나오는 동안 하나님의 백성들, 즉 이스라엘 자손들과 기독교 신자들에게 큰 위로와 용기의 출처로 입증되었던 이유는 그들에 대한 솔직한 묘사 때문입니다.

여기에서 우리는 훌륭한 사람들도 여러 가지 문제들에 직면하기도 하고 때로는 자기 자신들과 더불어 갈등을 겪었던 모습들을 지켜볼 수 있습니다. 저들이 때로는 독백하고, 자기 영혼에게 대화하며, 심령으로부터 울부짖으며, 문제를 분석한 후 자신을 질책하기도 하고, 어느 때는 스스로에게 용기를 북돋우곤 했습니다. 어느 때는 저들이 우쭐대며 기도하고 어느 때는 침체되기도 했습니다. 하지만 저들이 언제나 스스로에게 정직했다는 사실입니다. 그러므로 우리가 자신에게 솔직하기만 한다면 저들의 경험이 우리에게 매우 진실한 가치를 부여할 것입니다.

우리가 생각하려고 계획한 이 특별한 시편 속에서, 그 시편 기자도 지금 행복하지 못할 뿐만 아니라 심각한 고통 가운데 있습니다. 그러므로 그는 극적인 표현을 써가며 부르짖고 있습니다. "내 영혼아 네가 어찌하여 낙망하며 어찌하여 내 속에서 불안하여 하는고 너는 하나님을 바라라 나는 내 얼굴을 도우시는 내 하나님을 오히려 찬송하리로다."

우리가 본 시편에서 두 번씩이나 발견하게 되는 이 말은 역시 다음 시편에서도 발견됩니다. 그러므로 혹자는 시편 43편을 앞에 나오는 시편과 분리시키지 아니하고 오히려 같은 찬송의 한 부분으로 간주하기도 합니다. 속단할 문제는 아니지만 그것이 매우 영적인 문제라는 것은 맞는 말입니다. 그리고 두 편의 시편에 이 진술이 반복되고 있습니다. 우리는 그것을 48편의 마지막 부분에서 또다시 발견하게 됩니다.

시편 기자는 불안, 곧 영혼의 불안과 또 그가 이 말을 기록하면서 경험하게 되는 상태가 어떠한가에 대해 설명하고 있습니다. 그리고 그는 그 불안의 원인에 대해서 우리에게 언급하고 있습니다. 아마도 특별한 때, 곧 자신이 다른 사람들과 더불어 하나님의 집에 들어가 공적 예배를 드릴 수 없는 때였던 것 같습니다. 하지만 그 같은 상황뿐만 아니라 시편 기자는 어떤 원수들로 인해 공격을 받고 있는 것이 분명합니다. 그에게 매우 심각한 고통을 가중시키는 사람들이 있었고, 또 그가 이에 대한 설명을 하고 있습니다. 하지만 우리는 주로 시편 기자가 직면한 상황과 또 그가 스스로 이 문제를 해결했던 방법에 관심을 집중시키고 있습니다.

다시 말해서 우리는 '영적 침체'로 묘사할 수 있는 그 주제와 그 문제의 원인과 그것을 해결할 수 있는 방법에 핵심을 두고 있습니다. 이 특별한 주제가 성경 속에 자주 거론되고 있다는 것과 그것이 매우 평범한 상태에서 추론되었다는 점이 유일한 결론이라는 사실을 발견하는 것은 매우 흥미로운 일입니다. 그것은 바로 처음부터 하나님의 백성들을 괴롭혀 왔던 상태였던 것으로 보입니다. 왜냐하면 당신은 그것이 구약성경에도 취급되고 또 신약성경에도 취급되고 있음을 발견할 것이기 때문입니다. 바로 그것이 당신으로 하여금 이 문제에 관심을 가지게끔 했던 충분한 이유가 됩니다. 물론 내 자신도 그렇습니다. 왜냐하면 그것이 하나님의 백성들에게 여러 가지 방법으로 특별하게 고통을 가하며 또 오늘날까지 특별한 문제로 저들을 고통스럽게 하는 것처럼 보이기 때문입니다.

그에 대한 많은 이유들이 있습니다. 그 중요한 이유 가운데 하나는 틀림없이 우리가 살아온 이 시대에 있었던 두 번의 전쟁과 그 결과로 빚어진 대격변이라는 무서운 사건들일 것입니다. 그것이 유일한 이유라고는 보지 않지만, 본인이 생각하기에는 거기에 부분적인 책임이 있다는 것까지 의심하지는 않습니다. 하지만 이유가 무엇이든 간에 불행하다는 인상을 주는 많은 그리스도인들이 있다는 것은 틀림없는 사실로 남습니다. 그들은 낙심해 있고 그들의 영혼은 불안해 하고 있습니다. 그렇기 때문에 본인이 지금 그 주제에 관심을 집중시키고 있습니다.

이 주제에 대한 보다 광범위한 분석을 함에 있어, 우리는 먼저 두 개의 노선을 따라야 합니다. 먼저 우리는 이 문제에 대한 성경적 가르침을 연구해야만 하고, 그 다음에 성경에 나오는 어떤 특이한 사례 혹은 그와 유사한 상황에 대한 설명들을 살펴볼 수 있습니다. 그리고 관련된 사람들이 어떻게 처신하고 또 하나님께서 저들을 어떻게 다루셨는지를 판단해 보아야 합니다. 바로 그것이 영적인 생활 속에 나타난 문제를 직면하는 좋은 방법입니다. 성령으로 시작하는 것이 언제나 좋습니다. 그 속에 모든 상황에 따른 분명한 가르침이 있고 또 똑같은 상황으로부터 얻어진 사례나 예증들을 살펴보는 것 역시 바람직하기 때문입니다.

우리는 이 두 가지 방법을 통해서 많은 도움을 받을 수 있습니다. 그리고 본인은 다음에 나오는 두 가지의 중요성을 이 점에서 진심으로 강조하고 싶습니다. 어떤 사람들은 이야기와 예화에만 관심을 보이는 사람들이 있습니다. 그러나 그 이야기 속에서 예증하고 있는 원리들을 조심스럽게 추론해내지 않는다면 우리는 자신들의 상태만을 악화시키는 것으로 끝내고 말 수도 있습니다. 물론 사례나 예화를 살펴봄으로써 일어날 수 있는 큰 이점이 없는 것은 아닙니다만, 우리가 먼저 교훈을 받는 것이 생명력을 얻는 것입니다. 고통 속에서 사는 것처럼 보이는 사람들이 많습니다. 이유인즉 그들이 사소한 다른 사람들의 경험을 기초로 해서 살거나 혹은 다른 사람의 경험을 무시해 버리고 살기 때문입니다. 또 그들이 먼저 교훈을 붙잡지 못하고 거기에 나오는 인물이나 저들의 이야기만 쳐다보거나 때로는 저들이 매우 빗나가 버리기 때문에 고통 속에 있는 것처럼 보입니다. 우리의 성경 지식은 특별한 위험으로부터 지켜주기도 하고 때로는 경고해 주기도 합니다. 이 주제를 논의하는 가운데서 우리는 그것이 다양하게 양편의 일을 다 해 준다는 사실을 깨닫게 될 것입니다. 큰 교리적인 가르침이 분명하고도 확실하게 나타나고 있습니다. 또 은혜로우신 하나님께서 그 큰 원리가 실천되도록 하기 위해 예화들을 첨가해 주셨음을 발견하게 될 것입니다.

저는 이 특별한 문제에 직면하는 것을 중요하게 생각하는 이유를 설명할 필요가 없다고 봅니다. 저는 이런 상태에 있는 사람들을 위하여 부분적으로 설명을 드립니다. 그리고 이 특별한 시편에서 기자가 매우 완벽하게 묘사하고 있는 불평과 불안, 평안의 결핍, 긴장, 그리고 고통스러운 상황 등에서 구원을 받을 수 있도록 일부 설명을 드리겠습니다. 이 세상에 살고 있는 신자들이 대부분의 생애를 그 같은 상황 속에서 살고 있다고 생각하는 것은 참으로 슬픈 일이 아닐 수 없습니다. 그렇다고 해서 저들이 신자가 아니라는 말은 아닙니다. 차라리 저들이 많은 것을 잃어버린 채로 살아가고 있음을 뜻합니다. 그들은 중요한 것, 즉 만일에 그 목적만을 위한 것이라면 본문 시편에 너무 분명하게 그려지고 있는 영적 침체의 모든 상황을 파악해야만 할 텐데 그 많은 부분들을 놓쳐 버리고 맙니다. 하지만 하나님의 나라와 하나님의 영광을 위하여 우리가 이 같은 문제를 과감하게 직면해야만 될 또 다른, 그리고 더 많은 중요한 이유가 있습니다. 어떤 면에서 침체된 그리스도인은 모순에 빠져 있으며 또 복음 증거에 매우 불리한 입장에 처해 있는 것입니다. 우리는 실용주의적인 시대에 살고 있습니다. 오늘날 사람들은 원래 진리에는 관심을 가지지 않습니다. 차라리 저들은 결과에만 관심을 둡니다. 저들이 묻는 한 가지 질문은 이것입니다. "그것 쓸 만합니까?" 저들은 솔직히 자신들에게 도움을 줄 수 있는 것만을 찾고 있습니다.

우리는 하나님께서 자기 백성들을 통해서 부분적으로 그의 나라를 확장하고 계심을 믿습니다. 그리고 우리는 때때로 하나님께서 매우 평범한 삶을 살고 있는 단순한 신자를 통해서 교회사 가운데 가장 귀한 어떤 일들을 성취하고 계신다고 믿습니다. 그러므로 우리는 다른 사람에게 주어지는 그 같은 상태로부터 구원받는 것보다 더 중요한 것은 아무것도 없습니다. 자신들을 살펴보십시오. 신자가 된다는 것은 불행하게 되고 슬프게 되며 병색이 짙은 사람이 되거나, 심지어 신자란 빛을 조롱하고 또 고통스러운 나날들을 사는 사람들이라는 인상을 주지 않는지 우리 자신을 살펴보시기 바랍니다. 이 같은 인상을 준다는 이유 때문에 신자가 되지 않는 사람들이 참으로 많습니다. 그리고 기독교 신앙을 가지게 되면 모든 재미를 포기해 버려야 되는 것처럼 생각하는 사람들도 많습니다. 그들은 말합니다. 그리스도인들을 보십시오. 또 저들이 풍기는 인상을 보십시오! 저들은 세상 사람들과 비교하기를 좋아합니다. 그들은 자신이 믿는 것들을 가지고 그것이 무엇이든지 간에 그렇게 짜릿한 것으로 보이는 사람들입니다. 그들은 축구 경기를 보면서 소리를 지르고 영화 내용을 가지고 대화하며 그것으로 매우 감격해 하면서 다른 모든 사람들도 그렇게 살기를 바랍니다.

하지만 그리스도인들은 너무 자주 철저한 우울증 현상을 보입니다. 그리고 불행한 모습을 하며, 자유도 없고, 기쁨도 모르는 것 같습니다. 이것이 바로 많은 사람들이 기독교에 관심을 보이지 않는 주원인이라는 데는 의심할 여지가 없습니다. 솔직하게 그것을 받아들였으면 합니다. 일면 자신들의 태도를 정당화시킬 수 있습니다. 하지만 우리는 저들의 비판이 옳다고 고백하지 않으면 안 됩니다. 그렇게 하는 것이 우리 자신들을 위할 뿐만 아니라 또한 하나님의 나라와 우리가 믿는 그리스도의 영광을 위해서도 당연합니다. 또 그분과 그분의 목적, 그분의 메시지, 그분의 능력을 나타내기 위해서 우리의 상태와 조건들이 어떠하든지 간에 거부감을 받지 않는 남자와 여자들이 매력적일 것입니다. 우리는 사람들이 이렇게 말할 정도로 살아야만 합니다. "나도 저 사람처럼 하나님을 섬기며 살아야만 하겠다. 나도 이 세상에서 하나님을 바라보며 살고 또 저 사람처럼 이 세상을 살아가야 하겠다." 만일에 우리가 스스로 우울해 한다면 그 같은 방법으로 감동을 줄 수 없을 것이 분명합니다.

잠시 동안 저는 우리의 일반적인 주제에 관심을 돌리고 싶습니다. 그리고 저는 일반적인 원인을 찾아서 심사숙고하고 싶습니다. 만일에 우리가 그런 것들로부터 고통을 당하고 있다면 스스로 그런 상황을 다루는 일반적인 그 방법을 살펴보려고 합니다. 일반적으로 그 문제를 살펴본 후에 그 상황을 더욱 세밀하게 파악해 보는 입장으로 나아가겠습니다. 그래서 저는 그렇게 하는 것이 얼마나 중요한가를 강조하려고 합니다. 만일에 당신이 그런 일을 살펴보고 또 우리 나라에서 이 특별한 문제에 대하여 연구한 교회사적으로 가장 유명한 분들의 작품을 면밀히 검토해 본다면, 당신은 그들이 틀림없이 문제를 이 같은 방법으로 다루었음을 발견하게 될 것입니다. 그것이 최근의 유행만은 아니라고 봅니다. 우리는 모두 성급합니다. 한 번에 모든 것을 해결받고자 합니다. 우리는 몇 분 안에 모든 진리가 설명될 것으로 믿습니다. 하지만 그에 대한 답변은 불가능하다는 것입니다. 오늘날 많은 사람들이 표면적인 그리스도인으로 사는 이유는 저들이 자신을 살펴볼 수 있는 충분한 시간적 여유를 가지지 않기 때문입니다.

예를 하나 들어 보겠습니다. 당신은 의사가 처방해 준 어떤 조치를 실천하기 위해서 어려움을 겪는 사람들의 고충을 종종 들을 것입니다. 그들은 의사를 찾아가고 또 의사는 저들에게 처방전을 줍니다. 그들은 자신들이 할 일이 무엇인가를 정확히 알고 있다고 생각하며 집으로 돌아갑니다. 하지만 저들은 처방전대로 이행하다가 의사가 충분히 세밀한 처방전을 내리지 못했음을 발견하게 됩니다. 그는 일반적인 진술을 했을

제1장 일반적 고찰 *13*

뿐이고 결코 세밀한 처방을 내리지 않을 것입니다. 그러므로 저들은 당황하게 됩니다. 또 저들은 무엇을 해야만 할지 모릅니다. 그리고 처방전을 어떻게 따라야 할지 정확하게 기억하지 못합니다. 교육에도 똑같은 것이 적용됩니다. 하지만 현명한 교사는 언제나 일반적인 원리를 먼저 적용합니다. 하지만 그것들을 세밀하게 다루는 일도 결코 소홀히 하지 않습니다. 일반적인 진술로는 그들 스스로에게도 충분하지 않기 때문에 우리는 특수한 데까지 내려가야만 합니다. 하지만 그 순간 우리는 일반적인 그림에 만족하게 됩니다.

우선 상황을 살펴보도록 하겠습니다. 우리는 여기에서 시편 기자가 우리에게 제시해 준 것보다 더 좋은 묘사를 결코 발견할 수 없습니다. 그것은 영적 침체에 대한 탁월하고 정확한 그림입니다. 말씀을 읽어 보십시오. 그리하면 당신은 침체되어 있고 낙심된 것처럼 보이는 사람의 모습을 완벽하게 볼 수 있습니다. 당신은 그의 얼굴을 매우 자세히 보실 수 있습니다. 이와 관련해서 5절과 11절의 차이점이 눈이 띄게 될 것입니다. 11절을 보십시오. "내 영혼아 네가 어찌하여 낙망하며 어찌하여 내 속에서 불안하여 하는고 너는 하나님을 바라라 나는 내 얼굴을 도우시는 내 하나님을 오히려 찬송하리로다." 5절에서 그는 이렇게 표현하고 있습니다. "내 영혼아 네가 어찌하여 낙망하며 어찌하여 내 속에서 불안하여 하는고 너는 하나님을 바라라 그 얼굴의 도우심을 인하여 내가 오히려 찬송하리로다." 5절에서 그는 하나님의 얼굴에서 항상 도우심을 볼 수 있다고 선언하고 있습니다.

그러나 11절에서는 그가 "내 얼굴"을 말하고 있습니다. 환언하자면, 그 사람, 곧 낙망하며 불안해 하고 있으며 또 불행하고 침체된 모습이 언제나 그의 얼굴 속에 있다는 말입니다. 그는 고통을 당하며 걱정이 있는 것처럼 보입니다. 그를 한 번 쳐다보십시오. 그리고 그의 상태를 확인해 보십시오. 결국 시편 기자는 긍정적인 대답을 합니다. 하지만 진정 하나님을 바라다볼 때 저는 나아졌습니다. 제 얼굴이 매우 좋아졌습니다. 그는 자신의 얼굴에 혈색이 돌았다고 말합니다. 그리고 "나는 야위고 수척하며 신경질 나고 고통스럽고 당황스러우며 내성적인 모습이 사라졌습니다"라고 고백합니다. 또 "나는 침착하고 조용해서 균형이 잡히고 밝아지기 시작했습니다. 이것은 전혀 외식적인 것이 아닙니다. 차라리 당연한 것입니다"라고 말하고 있는 것입니다. 만일에 침체되고 불행하다면, 우리가 그것을 좋아하든지 좋아하지 않든지 간에 우리의 얼굴에 그것이 나타날 것입니다. 다른 한편으로 우리가 하나님과 올바른 관계를 맺고 있고 또 진실한 영적 상태를 유지하고 있다면 그것 또한 우리의 얼굴에 불가피하게 나타날 것입니다. 하지만 혹자들이 우리의 얼굴에 진정한 그리스도인의 기쁨을 가지고 사는 것으로 보이게끔 생각하도록 언제나 공허한 웃음을 지으라고 주문하는 것은 아닙니다. 당신이 일부러 그런 표정을 지을 필요는 없습니다. 자연적으로 나타나게 될 것입니다. 스스로 표현될 수밖에 없습니다. 얼굴에 건강한 모습이 그대로 나타납니다.

하지만 이 가엾은 시편 기자의 모습을 다시 한 번 보십시오. 그는 세상의 모든 근심과 걱정을 자신의 등에 짊어지고 다니는 것처럼 보입니다. 그는 처져 있고 슬퍼하며 고통과 당황한 상태에 놓여있습니다. 뿐만 아니라 또한 자신이 울고 있다고 말하고 있습니다. "내 눈물이 주야로 내 음식이 되었도다." 그는 눈물을 흘리며 울고 있습니다. 이 모든 것은 그가 지금 당황하고 두려운 상태에 있기 때문입니다. 그는 걱정하고 있습니다. 그는 자신에게 일어나고 있는 일을 염려합니다. 그는 자신을 공격하고 있는 원수들을 인하여, 그리고 자신과 하나님에 관하여 은근히 걱정되는 일들 때문에 고통을 당하고 있습니다. 모든 것이 자신의 머리 위에 짓누르고 있는 것처럼 보입니다. 그는 자신의 감정을 다스릴 수 없습니다. 한 걸음 더 나아가서 그는 자신의 식욕마저도 영향을 미치고 있다고 말합니다. 눈물이 그의 음식이 되었다는 것입니다.

우리는 이 같은 현상을 매우 잘 알고 있습니다. 만일에 당신에게 염려되고 걱정되는 문제가 있다면, 당신은 식욕을 잃을 것입니다. 다시 말해서 음식을 먹고 싶지 않을 것입니다. 참으로 그것이 역겹게 보일 것입니다. 이것이 순수하게 신체적 혹은 의학적 관점으로 볼 때에는 흥미로운 일이겠지만, 우리는 표출되는 모습을 알아차리는 것이 중요하다고 강조하는 것을 제외하고 그런 상태에 머물러 있어서는 안 됩니다.

이 같은 상태로 말미암는 고통이 너무 자주 나타나기 때문에 우리는 다른 사람에게 그런 상황이 전개되는 인상을 알아차리지 못합니다. 그리고 우리가 이 같은 인상에 관심을 보여야만 하기 때문에 우리가 객관적인 모습을 살펴본다는 것은 잘못된 일이 아닙니다. 만일에 우리들도, 다른 사람들이 우리를 보는 대로 우리 자신들을 볼 수 있는 능력을 보유하기만 했더라면, 그것은 종종 우리로 하여금 승리 혹은 해방으로 나아가는 중요한 발걸음이 될 것입니다. 우리 자신들을 살펴보고 또 우리가 다른 사람들, 곧 침체되고 두려워하고 슬퍼하며 먹기를 싫어하고, 사람을 만나기 싫어하는 이들의 그 같은 모습을 그려 보려고 노력하는 것은 좋은 일입니다. 그리고 모든 불행에 사로잡혀 있는 사람의 모습과 인상, 또 우울하고 침체된 사람이 지니고 있는 모습과 인상을 그려 보는 것은 나쁘지 않습니다.

일반적으로 그 같은 현상을 묘사하다 보면, 우리는 그런 상황의 몇 가지 주요 요인들에게까지 접근해 갈 수 있습니다. 최우선적으로 저 본인은 '성질'을 드는 데 주저하지 않겠습니다. 결국 유형이 다른 어떤 사람들이 있습니다. 제가 이것을 첫 번째로 꼽는 데 대해서 깜짝 놀랄 사람이 있을지 의아스럽습니다. 그리고 혹자는 다음과 같이 말할 지도 모르겠습니다. "당신이 신자들에 대한 말을 할 때, 당신은 성품 혹은 유형에 대해서 소개하지 말아야만 합니다." 분명히 기독교는 그런 것들을 버려야 합니다. 그리고 당신은 어떤 일을 그 같이 생각하는 사고 방식을 고집해서는 안 됩니다. 그것은 매우 중요한 반론입니다. 그리고 이것은 꼭 대답되어야만 합니다. 우리는 성격이나 심리학 그리고 화장이 구원 문제에 있어서는 가장 사소한 상이점이라는 말로 시작해야 하겠습니다. 그것이 그리스도인으로서 가장 기본적인 우리의 입장임을 인하여 하나님께 감사합니다. 우리가 성품으로 판단된다는 것은 그리 중요하지 않습니다. 우리는 모두 똑같은 방법으로, 그리고 우리의 주인이신 구주 예수 그리스도 곧 하나님의 아들 안에서, 그리고 그 아들을 통해서 하나님의 똑같은 행위로 말미암아 구원을 받았습니다. 그것이 바로 심리학에 대한 우리의 답변이고 종종 심리학 연구로 말미암아 초래되는 기독교 비평에 대한 대답입니다.
　이것을 분명히 하고 싶습니다. 당신의 배경은 중요하지 않습니다. 이 세상에서 당신에게 주어진 성품이 어떠한가 역시 중요하지 않습니다. 그런 것들은 구원의 문제에 있어서 가장 사소한 차이점도 만들지 못합니다. 우리는 그런 것을 '신앙적 콤플렉스'로 여기지 않습니다. 우리 모두가 상상할 만한 유형의 성품이 발견되었음을 교회사가 충분히 입증하고 있고, 또 오늘날도 살아 계신 하나님의 교회에서 그 같은 유형의 성품들이 발견되고 있다는 사실에 영광을 돌립니다. 하지만 본인은 저의 모든 자신을 다하여, 성품은 우리의 근본적인 구원의 문제에는 최소한의 차이점도 만들 수 없다는 사실을 강조하면서, 동시에 그리스도인의 삶의 실제적인 경험에는 매우 큰 차이점을 나타낸다는 점을 강조하고 싶습니다. 더군다나 당신이 그 같은 영적 침체와 같은 상황을 진단하려고 노력할 때 그것은 당신이 시작해야만 하는 그 무엇이며 또 당신이 바로 시작할 때 염두에 두어야 할 그 어떤 것이라는 사실입니다.
　다시 말해서, 본인이 이 문제에 대한 성경적 가르침에 대하여 이해하기로는 우리가 지체하지 말고 가능한 한 빨리 자기 자신들을 아는 것보다 더 중요한 것은 없다는 사실입니다. 그 문제에 대한 사실을 논한다면, 우리는 모두 그리스도인들입니다. 하지만 우리는 모두 다릅니다. 그리고 문제들과 어려움과 우리가 직면할 복잡성과 시련들은 주로 성품과 유형의 차이점에 의해서 결정됩니다. 물론 우리는 우리가 똑같은 구원을 나누는 것처럼 역시 똑같은 싸움을 싸우고 있습니다. 그리고 공통적이며 중요한 필요를 가지고 있습니다. 하지만 그 고통의 표시는 상황에 따라서, 그리고 사람에 따라서 다르게 나타납니다. 이 같은 상황을 다룰 때 모든 그리스도인들이 모든 면에서 똑같다고 생각하고 행동하는 것보다 더 허망한 것은 없습니다. 그들은 똑같지 않습니다. 심지어 똑같은 의미일 수조차 없습니다.
　또다시 본인은 다른 분야에서 예를 하나 더 들므로 제가 말씀드리려고 하는 바를 가장 잘 설명할 수 있겠습니다. 우리는 모두 인간입니다. 그리고 우리는 모두 근본적으로 똑같은 체질을 가지고 있습니다. 하지만

제1장 일반적 고찰 **17**

우리는 우리 중에 두 사람이라도 똑같은 경우는 거의 없다는 사실을 너무 잘 알고 있습니다. 사실상 우리는 모든 면에서 서로 다릅니다. 당신은 때로 근본적인 진리를 철저히 무시하는 삶의 방법이나 또 병을 치료하는 처치법이 엉뚱한 사람들을 만나게 됩니다. 저들은 분명히 잘못된 사람들입니다. 저들은 똑같은 섭생법 위에 세상을 올려놓습니다. 그들은 이 우주적인 섭생법이 모든 사람들을 치료할 수 있기나 한 것처럼 처방합니다. 제가 말씀드리고 싶은 것은 그것이 무모한 일이며 결국 매우 잘못된 일이라는 것입니다. 저는 종종 가장 기본적인 섭생법, 즉 우리에게 그것을 말해 주는 옛말이 정당하다고 여깁니다. "잭 스프래트(Jack Spratt)는 지방질을 먹지 않는다. 또 그의 아내는 초라한 음식을 먹지 않는다." 당연히 옳습니다. 어떤 의미에서 그것은 즐거운 일입니다. 다른 한편으로 그것은 매우 활력이 넘치는 일입니다. 섭생에 대한 기본적인 원칙은 바로 그렇습니다. 체질적으로 잭 스프래트와 그의 아내는 서로 다릅니다. 그러므로 두 사람에게 똑같은 다이어트가 가장 좋을 것이라고 생각하는 것은 근본적인 오류를 범하는 죄입니다. 저들은 모두 똑같은 인간입니다. 하지만 인간으로서 저들은 서로 화장법이 다를 수 있습니다.

또다시 다른 예를 들어 보겠습니다. 학교에서 모든 어린이들이 체육 활동을 할 때 같은 종목만을 고집하는 경향을 생각해 보십시오. 그렇다면 여러분은 똑같은 오류를 범하고 있는 것입니다. 우리는 모두 신체나 다리의 길이가 다릅니다. 그런데 모든 타입의 아이들에게 딱딱하고 빠른 법칙을 적용한다는 것은 합리적이지 못합니다. 어떤 사람들은 이런 일들에 탁월할 것이고 다른 사람들은 그렇지 못합니다. 그럼에도 불구하고 아이들에게 똑같은 신체적 활동을 강요한다면 모든 사람에게 똑같은 섭생을 하라는 것 같은 기이한 일이 될 것입니다. 우리에게는 모두 운동이 필요합니다. 하지만 똑같은 방법이나 똑같은 분량은 옳지 않습니다.

이것은 모두 통제의 방향에 따른 경향성에 대한 예증입니다. 제가 지적하고 싶은 점은 여러분들이 인간을 마치 기계나 되는 것처럼 똑같은 우주적 법칙으로 통제할 수 없다는 것입니다. 신체적 영역에서도 제가 여러분들에게 보여 드렸던 것처럼 적용하려고 하는 것은 잘못입니다. 영적인 영역에서는 더더군다나 그렇습니다.

　우리가 인간을 두 부류로 나눌 수 있음은 자명한 일입니다. 소위 내향적인 사람과 외향적인 사람이 바로 그것입니다. 일반적으로 내향적인 사람처럼 보이는 타입이 있습니다. 그리고 언제나 외향적인 사람으로 보이는 타입도 있습니다. 하지만 우리가 이 두 부류 중에 이쪽 아니면 저쪽에 속한다는 사실을 아는 것뿐만 아니라 또한 영적 침체의 상태가 어느 한쪽보다 다른 쪽이 더 크게 영향을 받는다는 사실을 인지하는 것이 더 중요합니다. 우리는 자신을 알고 또 자신을 이해하는 것부터 시작해야만 합니다.

　특별히 영적으로 침체되는 경향이 높은 유형의 사람이 있습니다. 그들이 다른 사람들보다 더 잘못되었다는 것을 뜻하지는 않습니다. 참으로 교회사 가운데 가장 영광스러웠던 자리에 서 있던 사람들도 종종 우리가 생각하고 있는 바로 그런 유형의 사람들이었음을 말씀드리기에 좋은 사례입니다. 가장 위대했던 성자들 중에 어떤 사람들은 내향적인 사람에 속합니다. 하지만 외향적인 사람들은 일반적으로 더욱 인위적인 사람들입니다. 자연적인 영역에서, 언제나 자신을 비판하고 모든 것을 비판하며 또 자신의 행동으로 말미암아 나타날 영향을 비판하고 과거를 되씹으며 헛된 후회감에 사로잡히는 유형의 사람들이 있습니다. 저들은 어떤 일을 한 번 처리한 후에 계속해서 그것을 그대로 남겨 두지 못하고 무엇인가를 고민합니다. 그는 할 일을 남겨 두지도 못합니다. 여전히 자신을 분석하고 판단하며 자책감으로 시간을 소비할 뿐입니다. 당신은 그 같은 유형의 사람을 잘 알 것입니다. 이제 그런 문제는 영적인 영역, 그리고 저들의 영적 생활에로 전이가 됩니다. 다시 말해서 그 같은 사람들의 위험은 병적으로 바뀌게 될 것이 분명합니다. 저는 이름들을 댈 수 있을 정도라고 앞에서 말씀 드린 바 있습니다. 헨리 마틴 대제(The great Henry Martyn)는 이런 유형의 사람입니다. 당신은 그가 내향적인 유형의 사람이라는 사실을 즉시 깨닫지 않고서는 그 하나님의 사람의 생애를 읽어 내려가지 못합니다. 그는 내향적인 사람이었고 또 분명히 병적이고 자기 몰입적인 성향 때문에 고통을 받았던 사람이었습니다.

이 두 단어들은 저들이 가지고 있는 근본적인 고통이 자기 점검과 자기 몰입의 한계선을 끊어내는 데 신중하지 못했다는 사실을 상기시켜 줍니다. 우리는 모두 우리 자신들을 살펴야 한다는 데 동의합니다. 하지만 자기 몰입과 병적인 것은 잘못이라는 데에도 역시 동의합니다. 자신을 살피는 것과 자기 몰입적으로 되는 것에는 어떤 차이점이 있습니까? 자신 스스로를 살피는 것으로부터 자기 몰입에로 들어가는 것은 '한계선을 넘어갔다'고 말씀드리고 싶습니다.

한편 우리가 자기 자신을 살피는 것 외에 아무 일도 하지 않는다면 그런 자기 살핌은 우리의 삶에 중요한 결과를 초래하게 될 것입니다. 우리가 뜻하는 바는 정기적으로 자신을 살피는 것입니다. 하지만 우리가 만일에 언제나 그 일만 한다면 그것은 마치 우리 영혼을 접시 위에 올려놓고 그것을 해부하는 격이 될 것입니다. 그것이 바로 자기 몰입입니다. 만일에 우리가 사람들에게 자신들과 또 자기 문제, 그리고 고통에 대해서만 이야기한다면 또 우리가 언제나 찡그린 얼굴로 나타나서 "나는 어려워"라고 말한다면, 그것은 아마 우리가 언제나 자신에게 초점을 맞추고 있음을 뜻할 것입니다. 그것이 바로 자기 몰입입니다. 또다시 그것은 병적 상태로 알려진 단계에 이르게 될 것입니다.

여기에 우리가 언제나 시작해야만 될 요점이 있습니다. 우리는 자신을 알고 있습니까? 우리는 자신이 직면한 특별한 위험을 인식하고 있습니까? 우리는 자신이 특별히 어떤 일에 지배를 받고 있는지 알고 있습니까? 성경 속에는 그에 대한 가르침으로 충만합니다. 성경은 우리 자신의 장점과 단점에 대해서 조심하라고 경고해 줍니다. 모세와 같은 사람을 생각해 봅시다. 그는 온유한 사람이었습니다. 우리는 그렇게 들었고 또 세상 모든 사람들도 그렇게 알고 있습니다. 하지만 그는 큰 죄를 범하였고 또 그 일과 관련하여 큰 실패를 맛보았습니다. 그는 자신의 의지를 고집하였습니다. 그는 화를 냈습니다. 우리는 자신의 장점을 살펴보아야 합니다. 그리고 우리는 자신의 약점도 살펴보아야 합니다. 지혜의 본질은 우리 자신에 관한 이 근본적인 문제를 깨닫는 것입니다.

만일 제가 천성적으로 내성적인 사람이라면 저는 언제나 그것에 대해서 조심하겠습니다. 그리고 자신을 향해서 스스로도 모르게 병적인 상태로 빠져 들어가지 말라고 경고하겠습니다. 외향적인 사람 역시 똑같은 방법으로 자신을 살펴야 합니다. 그리고 자신의 성품 때문에 특별히 시험에 들지 않도록 경성해야 합니다. 우리 가운데 어떤 사람은 천성적으로 우리가 속한 그런 유형 때문에 다른 사람보다 더 영적 침체라 불리는 영적 질병에 빠질 수 있습니다. 우리는 예레미야나 세례 요한, 바울, 루터, 그리고 많은 다른 사람과 똑같은 부류에 속할 수 있습니다. 그 같은 사람이 참 많습니다. 그렇습니다. 하지만 당신은 이 특별한 유형의 시련에 남다르게 빠져 들지 않는다면 그 부류에 속할 수 없습니다.

이제 두 번째 큰 원인, 곧 신체적인 상태로 넘어가 보겠습니다. 어떤 사람들은 또다시 놀라고 있을지 모르겠습니다. 혹자가 당신이 그리스도인이기 때문에 신체의 조건 같은 것은 아무런 문제가 되지 않는다는 견해를 가지고 있습니까? 만일에 당신이 그것을 믿는다면 당신은 곧 환상에서 깨어나게 될 것입니다. 신체적 조건은 이 모든 면에서 역할을 합니다. 이 같은 원인과 앞에 제시된 원인의 경계를 긋는 것은 어렵습니다. 왜냐하면 성품은 어느 정도 신체적인 조건에 의해서 조정되고 또 거의 신체적으로만 볼 때 체질적으로 이 같은 상태로 기우는 어떤 사람들이 있기 때문입니다. 다시 말해서 침체 상태를 가속하는 경향이 있는 어떤 신체적 질병이 있습니다. 제가 생각하기에는 토마스 카알라일(Thomas Carlyle)은 이에 대한 가장 좋은 사례입니다. 그렇지 않으면 지나간 세기 약 40여 년 동안 런던에서 복음을 증거했던 위대한 전도자 찰스 해든 스펄전(Charles Haddon Spurgeon)은 시대를 초월해서 진정 위대한 전도자 가운데 한 사람이라고 봅니다. 그렇게 위대한 사람도 영적 침체에 빠져 있었습니다.

그리고 이 경우에 대한 가장 좋은 설명은 마침내 그를 죽였던 통풍(gout) 증세로부터 고통을 받았다는 사실이 틀림없습니다. 그는 종종 가장 정교한 형태로 나타나는 이 영적 침체의 문제를 직면해야만 했습니다. 정교한 침체 현상에 나타나는 증세는 그가 선조로부터 물려받았던 결코 끊이지 않고 나타나는 통풍이었습니다. 제가 발견하기는 이 같은 문제에 대해서 많은 사람들이 상담하러 왔다는 사실입니다. 그리고 어떤 사람의 경우에 그 같은 고통의 원인이 주로 신체적인 것에 기인되어 본인을 찾았음이 분명합니다. 일반적으로 말할 수 있는 것은 이런 부류에서 당신은 피곤하고 긴장되며 질병 혹은 질병의 형태로 나타남을 발견할 수 있다는 사실입니다. 당신은 신체적인 문제와 영적인 문제가 서로 고립되지 않음을 알 수 있습니다. 왜냐하면 우리가 육체와 마음과 영으로 되어 있기 때문입니다. 가장 위대한, 그리고 가장 좋은 신자들이 신체적으로 약해질 때 어떤 다른 때보다 저들이 영적 침체에 급속히 빠져들어 가는 경향이 있으며 또 성경 속에 이에 대한 좋은 사례들이 있습니다.

이 점에 하나의 경고 말씀을 드리고 싶습니다. 우리가 마귀의 존재를 잊어서는 안 됩니다. 또 마귀가 근본적으로 육체적인 것을 영적인 것으로 생각하게끔 만들려는 계책을 허용해서는 안 됩니다. 반면에 우리는 이 같은 구별을 유도하려는 양면성에 조심해야 합니다. 왜냐하면 혹시라도 당신이 신체적인 상태에 길을 열어 준다면 당신은 영적인 의미에서 죄를 범하게 될 것입니다. 하지만 당신이 신체적인 것은 영적인 조건에 부분적인 책임밖에 없다고 생각하고 그것을 허용한다면, 당신은 영적인 것을 보다 잘 취급하게 될 것입니다.

영적인 침체를 자주 유발하는 또 다른 원인은 우리가 반응이라고 묘사하는, 다시 말해서 큰 복을 받은 다음에 보이는 반응과 특별하고 예외적인 어떤 경험을 한 다음에 나타내는 반응일 것입니다. 저는 때때로 로뎀나무 아래 있는 엘리야의 경우에 관심을 집중하라고 말씀드리고 싶습니다. 그의 큰 고통은 반응, 곧 갈멜 산 사건 이후에 있었던 반응 때문이었다는 점을 제 마음속에서 의심해 본 적이 없습니다(왕상 19장). 아브라함도 똑같은 경험을 했습니다(창 15장). 바로 그 같은 이유 때문에 사람들이 저에게 찾아와서 그들이 맛보았던 엄청난 경험을 묘사합니다. 하지만 저는 그들과 함께 기뻐하며 하나님께 감사를 드립니다. 그리고 그 이후에 저들을 조심스럽게 살펴보고 또 반응이 나타나지 않도록 언제나 저들을 위하여 살펴보고 이해하려고 합니다. 우리가 그렇게 나타날지도 모르는 위험을 감지하지 않는 한 그 필요성은 제기되지 않습니다. 만일에 우리가 하나님께서 어떤 특별한 축복을 주시기를 기뻐하실 때를 감지하기만 한다면 우리는 그 이후로 특별히 지켜보아야 할 것입니다. 우리가 이런 반응을 회피함으로써 자주 그것을 받아들이는 경향이 있기 때문입니다.

그 다음에 우리는 다음 단계의 원인을 살펴보아야 하겠습니다. 한편 또 마지막 분석의 단계로, 영적 침체의 독보적인 원인은 우리 영혼의 대적 곧 마귀입니다. 그는 우리의 성품이나 신체적 조건을 이용할 수 있습니다. 그러므로 그가 우리를 간섭하므로 우리의 성품이 보존되어야만 할 곳에 보존되는 대신에 그 성품이 우리를 지배하고 다스리도록 하고 맙니다. 마귀가 영적인 침체를 가져다 주는 방법에는 끝이 없습니다. 우리는 언제나 그를 염두에 두어야 합니다. 마귀의 한 가지 목적은 하나님의 백성을 낙심시켜서 자기가 세상 사람에게 가서 "하나님의 백성들이 있다. 너희도 그렇게 되고 싶은가?"라고 말하고 싶어합니다. 분명히 우리 영혼의 대적이자 하나님의 대적인 그 마귀의 모든 전략은 우리를 낙심시키며 또 그가 불행한 시대를 살아가면서 우리를 바로 이 같은 사람처럼 보이도록 만드는 것입니다.

결국 저는 이렇게 말씀드리고 싶습니다. 모든 영적 침체의 궁극적 원인은 불신앙입니다. 만일에 불신앙이 아니었다면 마귀는 아무것도 할 수 없었을 것입니다. 그 원인은 우리가 하나님을 청종하는 대신에 마귀에게 귀를 기울였기 때문입니다. 더욱이 우리가 그 앞에 나아가서 그의 공격에 거꾸러져 버렸던 것입니다. 그러므로 시편 기자가 스스로에게 독백하고 있는 것입니다. "너는 하나님을 바라라 내가 오히려 저를 찬양하리라…." 그는 자신에게 하나님을 상기시키고 있습니다. 왜 그렇습니까? 그가 침체되었고 또 하나님을 잊어버렸기 때문입니다. 그래서 그의 믿음과 하나님에 대한 신앙, 하나님의 능력 그리고 하나님과의 관계 등이 예전과 같지 않았습니다. 우리는 참으로 최종적인 그리고 궁극적인 원인은 바로 철저한 불신앙이라고 결론을 내릴 수 있습니다.

지금까지 우리는 영적 침체의 원인들을 살펴보았습니다. 그렇다면 일반적으로 처방법은 어떠했습니까? 여기에서 가장 간략하게 요약할 수 있습니다. 우리는 먼저 시편 기자가 깨달은 바를 배워야 하겠습니다. 우리는 우선 우리 자신들을 생각해 보아야 합니다. 이 사람은 눕는 것조차 만족해 하지 못하며 자신에 대해서 불쌍하게 생각합니다. 그가 이에 대해서 어떤 일을 하지만 자기 자신은 언제나 자신의 수중에 둡니다. 그가 보다 더 중요한 그 무엇을 하기도 하지만 언제나 자기 자신에게만 말합니다. 이런 사람은 스스로 돌이키면서 말합니다. "내 영혼아 어찌하여 낙망하며 왜 내 속에서 불안하여 하느냐?" 그는 자신에게 말하고 자신에게 대화합니다. 하지만 혹자는 "우리가 당하는 고통이 너무 크기 때문에 우리가 어떻게 할 수 없는 것이 어찌 그 일 하나뿐이며 또 우리가 너무 많은 시간을 자기 자신과만 가지지 않는가?"라고 말합니다. "당신이 그렇게 말한 것은 분명히 모순을 일으킵니다. 당신은 우리에게 병적인 것과 자기 몰입에 대해서 경고했습니다. 지금은 당신이 우리가 우리 자신과 대화해야만 한다고 말씀하고 있습니다. 우리가 그 두 가지를 어떻게 조화시킬 수 있을까요?" 이렇게 하면 됩니다. 저는 우리가 우리 자신에게 말하도록 허용하기보다는 차라리 우리 자신과 대화하는 편이 옳다고 봅니다. 그것이 어떤 뜻을 내포하고 있다고 생각하십니까? 저는 영적 침체에 따른 모든 문제 속에 나타나는 고통은 일면 이것이라고 말씀드리고 싶습니다. 우리가 우리 자신에게 대화하는 것보다는 차라리 우리 자신으로 하여금 우리에게 말하도록 허용하는 것입니다.

제가 너무 정교하게 독단적으로 흘러간다고 보십니까? 그렇지 않습니다. 이것은 그 문제를 해결하는 지혜의 본질입니다. 당신은 자신의 삶에 나타나는 대부분의 불행이 당신이 자신에게 대화하는 것보다 차라리 자신의 말을 듣기 때문이라고 생각하십니까? 당신이 아침에 일어나는 순간 자신에게 떠오르는 그 생각을 붙잡으십시오. 당신이 그렇게 시작한 것이 아닙니다. 차라리 당신이 자신에게 말하기 시작한 것입니다. 어제 있었던 문제들을 다시 꺼내 보십시오. 혹자가 말하고 있습니다. 당신에게 지금 누가 말하고 있습니까? 당신 자신이 당신에게 말하고 있는 것입니다. 자, 이 같은 사람에 대한 처방전은 바로 이것입니다. 이 자아로 하여금 당신에게 말하는 것을 허용하는 대신에 그는 오히려 자신과 대화를 시작하는 것입니다. "내 영혼아 어찌하여 낙망하는가?"라고 묻습니다. 그의 영혼은 그를 낙심케 하였습니다. 그리고 저를 으스러뜨려 버렸습니다. 그래서 저는 일어서서 말합니다. "자아야, 잠깐 내 말을 들어라. 내가 너에게 말하겠다. 무슨 뜻인지 알겠느냐? 만일에 네가 그렇지 않다면, 너는 거의 경험하지 못할 것이다."

영적 삶의 문제를 처리하는 중요한 기술은 당신 자신을 다루는 방법을 아는 것입니다. 당신은 당신 자신을 손안에 붙들고 있어야만 합니다. 또 당신 자신에게 말하고 자신에게 설교하며 자신에게 질문해야 합니다. 당신은 자신의 영혼에게 "어찌 낙망하며 도대체 무슨 일이 당신을 불안하게 하는가?"라고 말해야만 합니다. 당신은 자신을 돌아보며 자신을 책망하고 자신을 권고하고 자신에게 말하기를, "하나님을 바라라"고 해야 합니다. 낙망하는 가운데 불평하며 불행한 방법으로 살면 안 됩니다. 한 걸음 더 나아가서 당신은 자신에게, "하나님은 누구신가? 하나님은 어떤 분이신가? 하나님은 무슨 일을 하셨는가? 또 하나님은 스스로 어떤 일을 하시겠다고 약속하셨는가?" 등을 생각해 보아야 합니다. 그렇게 한 다음에 다음과 같은 메모로 끝을 맺어야 합니다. "너 자신을 도전하라. 다른 사람을 도전하라. 그리고 마귀와 세상을 도전하라." 그리고 시편 기자와 함께 말해 보십시오. "너는 하나님을 바라라. 나는 내 얼굴을 도우시는 내 하나님을 오히려 찬송하리로다."

그것이 바로 밤송이를 다루는 본질입니다. 우리가 이 같은 주제를 계속해서 상고할 때 우리는 그 같은 세밀한 연구를 할 수 있을 것입니다. 이 문제의 본질은 우리의 자아 곧 우리 안에 있는 타자를 잘 처리하는 방법을 이해하는 것입니다. 그를 청종하지 마십시오. 오히려 그에게 돌이켜 말하십시오. 저주하십시오. 꾸짖으십시오. 권고하십시오. 용기를 주십시오. 당신이 알고 있는 바를 상기시키십시오. 조용히 그를 청종하는 대신에 그로 하여금 당신을 끌어내려 낙심케 하도록 허용해 보십시오. 왜냐하면 만일에 당신이 그로 하여금 통제 받도록 허용한다면 그는 언제나 그렇게 할 것이기 때문입니다. 마귀는 우리로 낙망케 하려고 자아를 붙잡아 사용한 것입니다. 우리는 시편 기자처럼 일어서서 당당하게 말해야 합니다. "왜 낙망하느냐? 왜 내 속에서 불안해하느냐?" 멈추어 서서 당당하게 그렇게 하십시오. "너는 하나님을 바라라. 나는 내 얼굴을 도우시는 내 하나님을 오히려 찬송하리로다." 그는 내 얼굴을 도우시는 분이시고 또 나의 하나님이십니다.

제 2 장

참된 기초

"그러므로 사람이 의롭다 하심을 얻은 것은 율법의 행위에 있지 않고 믿음으로 되는 줄 우리가 인정하노라" (롬 3:28)

저는 이 말씀을 지난번에 생각하기 시작했던 기본적인 본문이란 입장에서 여러분과 함께 살펴보겠습니다. 영적 침체는 알려진 그 상황이 매우 보편적인 불평이라는 점에는 의심할 여지가 없습니다. 사람이 그것에 대해서 생각하면 생각할수록 그만큼 더 그것을 말하게 되고 또 그것이 얼마나 보편적인가를 발견하게 됩니다. 제가 제시했던 대로 우리가 이 상태를 살피는 데에는 적어도 두 가지 큰 이유가 있기 때문입니다. 첫 번째 이유는 어떤 사람이든 그 같은 상황에 머물러 있는 것이 슬픈 일이기 때문입니다. 하지만 두 번째 이유는 그보다 더욱 심각하고 중요한 것입니다. 그 같은 사람들이 기독교 신앙을 대변하는 매우 가엾은 자들이 되기 때문입니다. 우리가 고통과 수고가 있고 또 어려움과 슬픔이 있는 현세상을 직면하고 살기 때문에, 우리 자신들을 그리스도인이라 부르고 또 그리스도의 이름을 고백하는 우리가 다른 사람들 앞에서 그런 방법으로 우리의 신앙을 대변하는 것보다 더 좋은 것은 없습니다. 저들에게 해결책이 있으며 또 해답이 있다는 인상을 보여 주기 위해서라도 그래야 합니다.

세상에서 모든 것이 슬프게 빗나간다 할지라도 우리는 남자와 여자로, 비록 시련이 많을지라도 그 같은 상황에서 기본적인 기쁨과 확신을 가지고 사는 특징 있는 백성으로 굳게 서 있어야 합니다. 당신도 동의하겠지만 바로 그 같은 모습이 성경 도처에 나오는 하나님의 백성의 모습입니다. 신약이든 구약이든 모두 그 같은 그림으로 나타나고 있습니다. 하나님의 사람들은 그 같은 모습으로 서 있어야 합니다. 어떠한 환경과 상황 가운데서라도 그들은 저들로 승리하며 살도록 능력을 주고 또 정복자 이상으로 당당한 사람이 되는 비결을 가진 것 같습니다. 그러므로 영적 침체 상태를 매우 세밀하게 살펴보도록 우리에게 용기를 줍니다.

우리는 벌써 그 같은 상황을 개괄적으로나마 살펴보았습니다. 그리고 그에 대한 주원인들 가운데 몇 가지를 고찰해 보았습니다. 우리는 또한 시편 기자를 통해서 실제적인 처방법을 생각해 보았습니다. 우리가 진정 우리 자신을 직면해야 한다는 점이 바로 그것입니다. 환언해서 우리는 우리 자신으로 하여금 우리에게 말하도록 허용하는 대신에 우리 자신에게 대화해야만 합니다. 우리는 자신들을 통제해야 합니다. 시편 기자가 자신과 자기 영혼에게 말했던 것처럼 우리 자신에게 말해야 합니다. 시편 기자는 다음과 같이 질문했습니다. "네가 어찌하여 낙망하며 어찌하여 내 속에서 불안하여 하는고?" 당신은 이렇게 될 권리가 없습니다. 당신이 왜 낙망하며 실의에 빠져 있습니까? 그는 자기 자신을 직면하고 자신에게 말하여 자신과 논쟁을 벌입니다. 그러다가 자신을 믿음의 입장으로 이끌어 오고 있습니다. 그는 자신을 권하여 하나님에 대한 믿음을 가지도록 하고 마침내 그 하나님께 기도하는 상태로 들어왔습니다.

저는 시편기자에 의해서 주장되었던 이 방법을 선택하고 싶습니다. 그 생명력 넘치는 원리란 우리가 자신을 직면하고 스스로를 검토하며 또 만일에 우리가 구원의 기쁨이나 주님의 기쁨을 알지 못하는 상태에 있다면, 우리가 그 원인을 찾아야 한다는 사실입니다. 원인은 많습니다. 제가 보기에는 이 문제에 있어서 지혜롭게 대처하는 방법은 그 원인들을 하나씩 처리하되 그것들을 세밀하게 다루는 것입니다. 아무것도 당연하게 여겨서는 안 됩니다. 이 문제에 있어서 고난의 주원인은 그 일들을 당연하게 생각하는 운명적인 경향이라는 사실이 참으로 쉽게 확립될 수 있습니다. 제가 이 문제에 관하여 다른 사람에게 말한 만큼 점점 더 그러함을 발견하게 됩니다. 진정한 그리스도인의 위치에 이르지 못한 사람들이 너무 많습니다. 왜냐하면 저들이 어떤 기본적인 문제를 글 처음부터 잘 처리되어야만 될 어떤 근본적인 것들을 마음속에 분명하게 정리하지 못했기 때문입니다.

　이 점에 있어서 오해할 위험성이 있기 때문에 우리는 다음과 같은 입장을 정리해야만 합니다. 우리는 특별한 어려움을 평범한 것으로 처리한 적도 있습니다. 우리가 지금 취급하고 있는 그 어려운 문제가 차라리 신앙적으로 양육받지 못한 사람들에게서라기보다는 차라리 신앙적인 분위기에서 자란 사람들 중에 보편화되는 경향이 있음을 발견하게 됩니다. 그리고 기독교 가정과 가족들 사이에서 양육받아 온 사람들과 언제나 예배드리는 장소에 참석했던 사람들이 그렇지 못한 사람들보다 더 많은 영향을 받을 것 같습니다. 셰익스피어가 언급했던 대로 '천박하고 비참한 삶의 방식에 얽매인 채로 살아가는 사람들'이 너무 많습니다. 저들은 결코 그곳으로부터 벗어날 수 없습니다. 그들은 교회라는 테두리 안에 있고 또 기독교적인 사업에 매우 흥미를 가지고 삽니다. 하지만 저들의 삶을 신약성경이 묘사하고 있는 그리스도 안에서 사는 새로운 존재와 비교할 때 당신은 즉시 큰 차이점이 있음을 발견하게 됩니다.

　참으로 저들은 그것을 볼 것입니다. 그리고 이것은 저들을 침체시키고 불행하게 만드는 주원인이 될 수 있습니다. 저들은 기뻐하는 그리스도인을 보면 이렇게 말합니다. "나는 그렇게 될 수 있다고 말 못 해. 저 사람은 내가 갖지 못한 그 무엇을 가진 것 같아." 저들은 다른 사람이 가진 그 무엇을 얻기만 할 수 있다면 모든 세상을 다 줄 것 같습니다. 그들은 성도들의 자서전이나 기독신자들의 삶을 아름답게 수놓은 다양한 성자들의 삶을 글로 읽게 될 때 즉시 자신들은 그렇게 될 수 없다고 단정해 버리고 맙니다. 저들은 자신들이 결코 그런 삶을 살 수 없으며 그런 사람들에게는 자신들이 가지지 못한 그 무엇을 분명히 가지고 있기 때문에 그 같은 삶을 산다고 생각합니다.

불행한 상황 속에서 살아가는 사람들이 부지기수입니다. 그리스도인의 삶이란 끊임없는 문제가 있는 삶이며 또 저들에게는 언제나 다음과 같은 질문이 있을 것 같습니다. "왜 나는 그런 단계에 이를 수 없을까? 왜 나는 그렇게 될 수 없을까?" 저들은 성도들이 살아가는 방법을 제시하는 책을 읽고 모임이나 수련회에 참석하고 언제나 자신들이 아직 발견하지 못한 그 무엇을 추구하면서 삽니다. 그러므로 저들은 의기소침해 있고 영혼이 낙망하며 저들 속에서 불안해 하는 것입니다.

그것은 매우 중요한 일입니다. 우리가 그 같은 사람들의 얼굴을 볼 때, 저들은 마음속에 기독교 신앙에 따른 가장 기본적이고 초보적인 원리들을 분명히 알고 있다는 확신이 듭니다. 저는 자주 그런 분들과 대화를 나누면서 저들의 문제가 바로 거기에 있음을 발견하게 됩니다. 그렇다고 해서 저는 그들이 신자가 아니라고 말하고 싶지는 않습니다. 하지만 저는 그들을 가리켜 불행한 신자들이라고 말하고 싶습니다. 왜냐하면 저들이 구원의 기본 도리를 이해하고 있지 못하기 때문입니다. 바로 그 같은 이유 때문에 저들의 모든 신앙과 노력들이 다소 쓸모 없게 되어 버렸습니다. 저들은 종종 성화의 문제에 관심을 보입니다. 하지만 저들은 칭의의 문제조차 이해하고 있지 못하기 때문에 그것은 아무런 유익을 주지 못합니다. 저들은 자신들이 바른길을 걷고 있다고 생각하기 때문에 저들이 한 일은 계속해서 그 길로 나가는 것뿐이라고 생각합니다.

그 같은 사람들이 신자냐 아니냐를 규명하는 것은 하나의 재미있는 신학적인 문제일 것입니다. 저 자신은 그들을 신자라고 말씀드리고 싶습니다. 고전적인 사례로 물론 요한 웨슬리를 들 수 있습니다. "요한 웨슬리가 1738년까지는 신자가 아니었다"라고 말하는 것은 머뭇거려집니다. 하지만 제가 분명히 말씀드릴 수 있는 것은 요한 웨슬리가 1738년까지는 오직 믿음으로 의롭게 된다는 구원의 도리를 이해하고 있지 못했다는 사실입니다. 어떤 면에서 그는 성경의 모든 가르침을 인정했습니다. 하지만 그것을 이해하거나 충분히 깨닫지 못한 상태였습니다. 만일에 당신이 그에게 우리 주의 죽으심에 대해서 질문을 했다면 그가 정확한 대답을 하지 못했을 것은 의심할 여지가 없습니다. 하지만 그 같은 경험에도 불구하고 그에게는 이신칭의 교리가 분명하지 못했습니다. 그가 모라비안 형제단원을 만난 결과 이것을 깨달았다는 사실을 여러분들은 회상하실 것입니다. 그가 이 결정적인 교리를 진정으로 깨닫기는 런던에서 옥스퍼드로 여행하는 동안 특히 피터 뵐러(Peter Böhler)라는 사람을 만나서 대화를 나누는 것이 계기가 되었습니다.

그리스도인의 삶 속에서 행복감을 찾으려고 애쓰는 한 사람이 있었습니다. 그는 옥스퍼드에 있는 죄수들에게 복음을 전파하며 대학에서 친구들과 교제를 나누는 일을 포기하고 조지아에 있는 이교도들에게 복음을 전하기 위해서 대서양을 횡단하는 위험을 감수하는 등 거룩한 일들을 수행함으로 행복감을 얻으려 했습니다. 다시 말해서 그는 주어진 방법으로 주어진 삶을 사는 데서 행복을 찾으려 했다는 말입니다. 요한 웨슬리가 이 같은 수고를 감수했지만, 사실상 그가 믿음으로 의롭다 하심을 얻는다는 그 진리를 이해하거나 혹은 제대로 붙잡지 못했기 때문이었습니다. 그는 지금 우리가 상고하고 있는 본문을 이해하지 못했습니다. "그러므로 사람이 의롭다 하심을 얻는 것은 율법의 행위에 있지 않고 믿음으로 되는 줄 우리가 인정하노라." 특별히 경건한 가정에서 양육을 받았거나 또는 모든 그의 생애를 그리스도인의 봉사로 일관된 삶을 살아왔던 사람에게는 자신이 처음부터 잘못되고 근본적인 문제가 틀렸으며 또 시작부터 오류투성이였다는 점은 거의 받아들이기 불가능했을 것입니다. 하지만 그것은 사실이었습니다.

저는 이것이 오늘날에도 많은 사람들에게 똑같이 일어나는 경우라고 감히 말씀드리겠습니다. 저들은 일찍부터 자신들이 해오던 일이 정당하다고 생각합니다. 하지만 저들은 칭의의 문제에서 옳지 않았습니다. 마귀가 혼란스럽게 만든 부분이 바로 이것입니다. 마귀는 사람들이 성화와 거룩, 그리고 여러 다른 일들에 관심을 가져야만 한다고 그를 옥죄었습니다. 하지만 저들이 이 점을 깨닫기까지는 결코 옳을 수 없습니다. 그렇기 때문에 우리는 바로 여기에서부터 출발하지 않으면 안 됩니다. 만일에 우리가 기초를 잘 놓지 못했다면 아무리 상층 구조로 올라간다 해도 소용없는 일입니다. 그러므로 우리는 바로 이 중요한 교리부터 생각해 보아야 합니다. 이 혼란은 옛날부터 있었던 고통입니다. 어떤 면에서 그것은 사탄의 걸작품이라고 봅니다. 사탄이 이 점에 있어서 우리를 혼란스럽게 하고 있는 한 그는 심지어 우리가 옳다고 격려까지 할 것입니다. 지금도 사탄은 교회에 있는 보통 사람들로 하여금 자기가 선행을 하기 때문에 신자인 것이 분명하다는 생각을 갖도록 하고 있습니다.

하지만 저들은 기본 진리에 있어서 전적으로 잘못되고 있는 것입니다. 이것은 오래된 고통입니다. 그것은 유대인들에게서 나타나는 실제적인 문제였습니다. 그것은 예수님께서 바리새인들에게 계속 말씀하신 문제였으며 사도 바울이 유대인들과 더불어 늘 다투었던 주제였음이 확실합니다. 그들은 율법의 모든 문제에 관련된 전적인 잘못이었으며 또 그에 대한 옳은 견해를 보여 주었던 주요 문제였습니다. 유대인들은 율법을 하나님께서 만드신 것이라고 믿었으며 사람은 그것을 지킴으로 구원을 얻는다고 생각했습니다. 그들은 말하기를 모든 사람들이 해야 할 일은 율법을 지키는 것이라고 했습니다. 만일에 당신이 율법을 따라 산다면 하나님께서 당신을 받으시며 또 하나님께서 보실 때에 당신이 그를 기쁘시게 하는 삶을 산다고 생각했습니다. 그래서 저들은 자신들이 율법을 결코 이해하지 못했음에도 불구하고 그것을 지킬 수 있다고 믿었습니다.

또 저들은 거기에 자신들의 해석을 첨가시키고 한 걸음 더 나아가서 자신들이 할 수 있는 범위 내에서 잘 지킬 수 있는 그 무엇을 더하게 된 것입니다. 그러므로 저들은 모든 것이 좋다고 생각했습니다. 바로 그것이 복음서와 신약성경 도처에 나타난 바리새인들의 모습입니다. 그것은 유대인들에게 나타난 모든 실질적인 고통이었습니다. 바로 그것은 오늘날까지 많은 사람들이 안고 살아가는 문제의 본질이기도 합니다. 우리가 진정 평화를 소유하고 또 그리스도인의 삶을 즐기기를 소원한다면 우리가 철저하고 분명하게 해 두어야 할 몇 가지 일들이 있음을 깨닫지 않으면 안 됩니다.

　이 기본적인 문제는 로마서 3장의 가르침을 개괄적으로 설명할 때 잘 해결할 수 있으리라고 봅니다. 그 위대하고 능력 있는 서신 초두에 나오는 네 장은 바로 이 한 주제만을 전폭적으로 취급하고 있습니다. 바울 사도가 분명하게 설명하려고 시도하는 바는 예수 그리스도를 믿음으로 얻게 되는 하나님의 의에 관한 메시지였습니다. 그는 1:16-17에서 벌써 언급한 바 있습니다. "내가 복음을 부끄러워하지 아니하노니 이 복음은 모든 믿는 자에게 구원을 주시는 하나님의 능력이 됨이라 첫째는 유대인에게요 또한 헬라인에게로다 복음에는 하나님의 의가 나타나서 믿음으로 믿음에 이르게 하나니 기록된 바 오직 의인은 믿음으로 말미암아 살리라 함과 같으니라."

　그렇습니다. 하지만 문제가 있습니다. 왜 모든 사람이 믿지 않습니까? 왜 모든 사람이 복음을 듣자마자 거의 동시에 받아들이지 않습니까? 세상에 임하는 가장 위대한 복음인데 그렇지 않은 이유는 무엇입니까? 저들이 보지 않는 데 대한 대답은 바로 이것입니다. 저들에게는 그것이 필요한 것 같지 않기 때문입니다. 저들은 의에 대한 잘못된 견해를 가지고 있습니다. 바울이 말씀하고 있는 의란 바로 하나님의 의입니다. 우리가 하나님과 바른 관계를 맺지 않는다면 결국 행복이나 평화, 혹은 기쁨이 있을 수 없습니다. 그것은 모든 사람들이 동의합니다. 불합리한 신자들이나 비참한 성도라 할지라도 그 점에는 모두 뜻을 같이합니다. 하지만 이 사람과 저 사람 사이에 나타나게 되는 전적인 차이점은 전자에서입니다. 비참한 신자는 하나님으로 말미암는 이 의를 획득하는 방법에 대한 생각이 다릅니다. 그것은 역시 유대인들에게 나타나는 문제이기도 합니다. 제가 여러분들에게 말씀드린 대로, 그들은 이 의를 율법을 지킴으로 얻는다고 주장합니다. 저들은 그렇게 이해하고 또 지킵니다. 하지만 저들의 율법에 대한 모든 견해는 전적으로 잘못되었습니다. 그들은 이것을 왜곡하고 있습니다. 저들은 그것을 하나님께서 구원의 길을 확대시키기 위하여 자신들에게 주신 그 무엇이라는 결과로 왜곡한다는 말입니다. 하지만 그것이 저들의 손안에서 구원을 얻는 데 장애물이 되고 있습니다.

　그렇다면 여기에서 얻어야 할 교훈은 무엇입니까? 우리가 그리스도의 구원을 인하여 즐거워하기를 소망한다면 먼저 우리가 분명히 해야만 될 몇 가지 간소한 원리들이 있습니다. 먼저 죄에 대한 확신입니다. 우리는 자신의 죄 문제를 분명히 해야만 합니다. 여기에서 우리는 사도 바울의 방법을 따라야 하며 또 상상적인 반대를 일으켜야만 합니다. 저는 혹자가 즉시 반발하리라는 생각을 해 봅니다. "죄에 대해서 설교하려고 하십니까? 죄의 확신에 대해서 말씀하시려고 합니까? 당신은 자신의 주제가 우리를 행복하게 할 수 있다고 말씀하십니다. 하지만 당신은 죄의 확신에 대해 말씀하시려고 하는데 그것은 오히려 우리들을 더욱 불행하게 만들고 말 것입니다. 정말 당신은 우리들을 비참하고 참담하도록 만드시겠습니까?" 그에 대한 단순한 대답이 여기에 있습니다. 그렇습니다. 그것이 바로 본 장에서 그 위대한 사도가 가르치고자 하는 바입니다. 독단적인 소리처럼 들릴지도 모릅니다. 용어가 중요한 것은 아닙니다. 하지만 질문을 넘어서 거기에는 원칙이 있습니다. 그리고 예외란 있을 수 없습니다. 당신은 진정한 그리스도인의 기쁨을 체험하기 전에 먼저 비참함을 맛보아야만 합니다. 참으로 그리스도인에게 나타날 참된 고통은 죄의 확신 때문에 결코 비참하게 되지는 않습니다. 그는 본질적이고 기본적인 것을 통과해서 기쁨에 이릅니다. 그는 지금까지 자신이 생각할 권리가 없다고 생각했던 그 무엇을 고려한 것입니다.

　성경 말씀을 다시 한 번 고찰해 보겠습니다. 당신은 연로한 시므온이 어린 주 예수 그리스도를 팔에 안고 서 있었던 사실을 기억하시는지요? 그가 매우 심오한 일을 말한 적이 있습니다. "보라 이 아이는 이스라엘 중 많은 사람이 패하고 흥함을 위하여 비방을 받는 표적 되기 위하여 세움을 입었도다." 먼저 넘어지는 일이 없이는 다시 일어날 수 없습니다. 한 절대적인 법칙이 있습니다. 하지만 이것은 그렇게 많은 사람들이 너무 쉽게 잊어버리고 또 많은 사람들에게 망각되는 일입니다. 하지만 성경은 그에 대한 질서를 가지고 있으며 또 그 질서는 만일에 우리가 기독교 구원의 이점을 얻으려고만 한다면 생각할 수 있는 것입니다. 결국 사람을 그리스도께로 이끌어 주고 또 그리스도만 의지하도록 만들어 주는 한 가지는 죄에 대한 참된 확신입니다. 우리가 자신의 죄에 대한 확신이 없기 때문에 방황하게 됩니다. 그렇기 때문에 이것이 신앙적으로 혹은 기독교 방식으로 양육을 받은 모든 사람에게 특별히 문제가 되었던 것입니다. 저들의 주요 고통은 저들이 종종 죄에 대한 잘못된 생각을 가지는 데서 비롯됩니다.

제가 기억하기로는 그런 사람이 바로 이 문제 때문에 저로 하여금 매우 극적으로 어떤 상황에 몰고 갔습니다. 그 사람은 다름 아닌 매우 신앙적인 가정에서 양육을 받은 바 있는 한 여성이었습니다. 그녀는 언제나 예배드리는 곳에 참석했으며 또 교회 생활에 바쁘게 그리고 능동적으로 동참했습니다. 그때 그녀는 갑자기 세상에서 개종하고 또 음주와 같은 악한 다양한 삶으로부터 하나님께로 돌아왔던 많은 사람들 중에 한 사람이었습니다. 저는 그녀가 이렇게 말했던 것을 지금도 잘 기억하고 있습니다. "당신도 아시겠지만 저는 제가 양육받았던 그런 방법으로 양육받지 않았더라면 하고 생각합니다. 저는 부모님들이 체험했던 놀라운 경험을 할 수 있도록 그들의 삶의 방법대로 살기를 바랬었죠." 그녀가 말한 것은 무슨 뜻입니까? 그녀가 진정 말하고자 했던 것은 자기 자신을 결코 죄인으로 보지 못했다는 사실입니다.

왜 그렇게 보지 못했습니까? 여러 가지 이유가 있겠지요. 그 같은 사람들은 죄를 단지 행동이라는 관점에서 생각하게 됩니다. 다시 말해서 죄라는 관점에서만 봅니다. 그것뿐만 아니라 또한 어떤 특별한 행위라는 견지에서 본다는 말입니다. 그러므로 저들은 이 같은 특별한 일들을 범하지 않기 때문에 자신들은 전혀 죄인이 아니라고 생각하는 경향이 있습니다. 때때로 저들은 이것을 매우 분명하게 공표합니다. "저는 자신을 죄인이라고 생각해 본 적이 없습니다. 물론 저의 삶이 처음부터 은신처에 갇혀 있었던 것은 놀랄 일이 아닙니다. 저는 이런 일들을 범할 시험조차 받은 적이 없습니다. 그러므로 나 자신이 죄인이라고 결코 느낀 적이 없는 것도 놀랄 일이 아닙니다." 이제 우리는 여기에 나타나고 있는 오류의 본질을 발견하게 됩니다. 저들의 생각은 행동, 곧 특별한 행동에 의해서 그리고 다른 사람이나 그들의 경험 등과 같은 일을 비교함으로써 죄를 규정합니다. 바로 이런 이유 때문에 저들은 진정한 죄의 확신을 갖지 못하며 또 저들은 주 예수 그리스도의 절대적인 필요성을 분명하게 느끼지 못한 것입니다. 저들은 그리스도께서 우리의 죄를 위하여 죽으셨다고 증거하는 설교를 들었습니다. 그리고 자신들도 그것을 믿는다고 말합니다. 하지만 저들은 자기들 스스로가 예수님이 절실하게 필요하다는 사실을 진정 깨닫지 못했다는 사실입니다.

그렇다면 그 같은 사람들이 죄에 대한 확신을 어떻게 가질 수 있겠습니까? 그것이 바로 로마서 3장에 나오는 바울의 주제입니다. 그는 로마서 2장을 통해서도 그것을 매우 잘 취급해 준 바 있습니다. 그는 다음과 같은 방법으로 그 문제를 다루어 주었습니다. 바로 이것이 그의 위대한 주제입니다. "의인은 없나니 하나도 없도다 모든 사람이 죄를 범하였으매 하나님의 영광에 이르지 못하도다"(롬 3:10, 23). 여기에 나오는 '모든 사람'이란 누구를 가리킵니까? 그는 우리에게 계속해서 말하기를, 이방인뿐만 아니라 유대인들을 포함한다고 했습니다. 물론 유대인들은 이방인들이 죄인이며 울타리 밖에 있는 자들이고, 확실히 하나님을 배반한 죄인이라는 데에 동의합니다. 하지만 잠깐 기다려 보십시오. 바울은 "너희도 똑같은 죄인이다"라고 결론을 내리고 있습니다. 그렇기 때문에 유대인들이 예수님을 싫어하고 결국 그를 십자가에 못 박았습니다. 그것이 바로 십자가의 죄에 대한 설명입니다. 바울 역시 기독교 신앙을 미워했던 동료들에 의해서 똑같은 자로 취급을 받았습니다. 바로 그렇기 때문에 기독교 신앙은 유대인도 이방인처럼 똑같은 죄인으로 설명하고 있는 것입니다. 기독교 신앙은 언제나 의롭게, 다시 말해서 의인의 삶을 살았다고 생각하는 유대인들 역시 이방인들 가운데 가장 극악무도한 죄인과 다를 바 없다고 말합니다. 모든 사람이 죄를 범했습니다. 그러므로 유대인들이나 이방인들이 하나님 앞에서 똑같이 저주를 받습니다.

오늘날도 진리는 마찬가지입니다. 만일에 우리가 죄의 확신에 관심을 돌린다면, 먼저 우리가 해야 될 일은 특별한 죄에 관한 생각을 중단하는 일입니다. 이것이 얼마나 어려운 일인지 우리는 모두 알게 될 것입니다.

우리는 모두 이 같은 선입견을 가지고 있습니다. 우리는 죄를 어떤 특정한 일로 국한시키는 경향이 있습니다. 우리가 이런 것을 죄라고 생각하지 않기 때문에 우리가 죄인이라고 생각하지 않는 것입니다. 하지만 그것은 죄의 확신을 인지하는 방법이 아닙니다. 그것은 요한 웨슬리가 자신을 죄인으로 인정하게 된 방법이 아니었습니다. 당신은 무엇이 그로 하여금 죄의 확신에 이르게 했는지 기억하실 수 있습니까? 요한 웨슬리는 대서양 한가운데서 폭풍을 만났을 때 모라비안 형제 단원이 취했던 행동을 보고서 그 같은 일이 일어나기 시작했습니다. 웨슬리는 폭풍으로 말미암아 죽을까 봐서 공포에 떨고 있었습니다. 하지만 모라비안들은 그렇지 않았습니다. 그들은 폭풍과 풍랑 속에서도 마치 햇볕이 쨍쨍 내리쬐이는 때처럼 평온하게 보였습니다. 그때 웨슬리는 자신이 죽음을 무서워하고 있다는 사실을 깨달았습니다. 그리고 지금 저들이 믿고 있는 하나님을 자신은 알지 못하고 있다는 자각이 있었습니다. 다시 말해서 그는 자신에게 무엇인가 필요한 것이 있음을 깨달았다는 말입니다. 그것이 바로 죄의 확신이 시작될 때 언제나 나타나는 현상입니다.

    요점은 바로 이것입니다. 당신 자신이 죄인임을 아는 방법은 당신을 다른 사람과 비교해서는 안 된다는 사실입니다. 그것은 하나님의 법을 직면해야만 됩니다. 그렇다면 하나님의 법이 무엇입니까? "살인하지 말라 그리고 도적질하지 말라" 등입니까? "저는 결코 그 같은 죄를 범하지 않았습니다. 그러므로 저는 죄인이 아닙니다. 하지만 니 친구, 그 녀석에게는 하나님의 법이 전혀 없습니다." 하나님의 법이 그 같은 것이라고 생각하십니까? 하나님의 법은 바로 여기 있습니다. "네 마음을 다하고 목숨을 다하고 뜻을 다하고 힘을 다하여 주 너의 하나님을 사랑하라 하신 것이요 둘째는 이것이니 네 이웃을 네 몸과 같이 사랑하라고 하신 것이라"(막 12:30, 31). 술 취했던 것 등을 잊어버리십시오. 그리고 작금에 신문에서 읽었던 모든 사람들에 대한 기사를 생각하지 마십시오. 여기에 당신과 제 자신을 시험할 수 있는 방법이 있습니다.

    당신의 인생을 다하여 하나님을 사랑하십니까? 그렇지 않다면 당신은 죄인입니다. 이것이 바로 시금석입니다. "모든 사람이 죄를 범하였으매 하나님의 영광에 이르지 못하도다." 하나님은 우리를 지으셨습니다. 그는 자신을 위하여 우리를 지으셨습니다. 하나님은 사람을 만드시되 자신의 영광을 위하여 만드셨습니다. 또 그는 사람이 전적으로 자신을 위하여 살도록 하셨습니다. 인간은 하나님의 대리인으로서 그와 교제를 나누며 살지 않으면 안 됩니다. 그는 우주를 다스리는 자요 또한 하나님의 영광을 나타낼 자입니다. 소요리 문답에는 이렇게 표현되고 있습니다. "사람의 제일 되는 목적은 그를 영화롭게 하며 영원토록 그를 즐거워하는 것이라." 만일에 그렇게 살지 못한다면 당신이 그것을 인지하거나 인지하지 못하거나 혹은 그것을 깨닫든지 혹은 그렇지 못하든지 상관없이 당신은 가장 악한 죄인이란 사실입니다.

그렇지 않으면 다음과 같이 설명해 보겠습니다. 저는 이것이 그 주제에 접근할 수 있는 매우 값진 방법임을 깨달았습니다. 하나님은 제가 여러분께 경험을 증거하고 있는 줄 아십니다. 왜냐하면 저 자신 역시 신앙적인 방법으로 양육을 받아왔기 때문입니다. 저는 저 자신과 똑같은 방법으로 양육받아 왔던 사람들을 자주 도와 주었던 사람으로 그 경험을 지금 말씀드리고 있습니다. 사람은 하나님을 알아야만 합니다. 그런데 여기에 문제가 있습니다. 당신은 하나님을 아십니까? 저는 지금 당신이 하나님을 믿는지 아니면 믿지 않는지를 묻고 있지 않습니다. 아니면 당신이 그에 관한 그 어떤 점을 믿고 있는지조차 묻지 않습니다. 신자가 된다는 것은 영생을 얻는 것이고 또 요한복음 17:3에서 말씀하고 있는 대로 그분을 우리의 주로 모셔들이는 것입니다. "영생은 곧 유일하신 참 하나님과 그의 보내신 자 예수 그리스도를 아는 것이니이다." 그러므로 우리가 자신에게 적용할 수 있는 시금석은 바로 그것입니다. "이것을 했는가 아니면 저것을 했는가?"라는 것은 시금석이 될 수 없습니다. 제가 제시하고자 하는 시금석은 적극적인 것입니다. "내가 하나님을 알고 있는가? 예수 그리스도는 나에게 진실하신 분인가?"

저는 여러분이 하나님에 대한 그 무엇을 알고 있는지를 묻지 않고 오히려 하나님을 알고 있는지 그리고 하나님을 즐거워하며 또 당신의 삶의 중심이 하나님인지를 묻는 것입니다. 또 그분이 당신 존재의 의미이며 가장 큰 기쁨의 원천인지를 묻습니다. 그분은 존재의 의미이십니다. 하나님은 사람을 그런 방법으로 그런 위치에 있도록 만드셨습니다. 그러므로 사람은 하나님과 교제를 나누며 그를 즐거워하고 또 그와 함께 동행해야만 합니다. 당신과 저는 그렇게 살도록 지음을 받았습니다. 만일에 우리가 그렇게 살지 못한다면 바로 그것이 죄입니다. 우리는 그렇게 되지 않을 권리가 없습니다. 그것은 가장 심오하고 사악한 형태의 죄입니다. 다시 말해서 죄의 본질은 우리가 전적으로 하나님의 영광을 위하여 살지 못하는 것입니다. 물론 특별한 죄를 범함으로 우리는 하나님 앞에서 득죄하게 되고 모든 도매급의 죄에 대해서는 순결할 수 있습니다. 하지만 이 무서운 죄와 자기 만족과 어떤 일을 성취했다는 자만심, 다른 사람에 대한 멸시, 그리고 자기가 다른 사람보다 낫다는 교만 등은 분명한 유죄일 것입니다.

　당신 자신이 다른 사람들보다 하나님과 가까이 지낸다고 말하면서 줄곧 그렇지 못한 것보다 더 나쁜 일은 없습니다. 만일에 당신의 태도가 이렇다면, 당신은 성전에 올라가서 자신이 다른 사람 곧 이 세리와 같지 않음을 하나님께 감사했던 바리새인과 다를 바 없습니다. 그 바리새인은 용서의 필요성을 느끼지 않았으며 또 그보다 더 무서운 죄는 없는 것입니다. 다음과 같이 말하는 사람보다 더 나쁜 사람은 없다고 생각합니다. "당신도 알고 있듯이 저는 결코 나 자신이 죄인이라고 생각한 적이 없습니다." 그것은 바로 당신의 죄가 얼마나 큰가를 말해 주는 것입니다. 왜냐하면 당신이 하나님에 관한 진리와 자신에 관한 사실을 전혀 알지 못하고 있기 때문입니다. 바울의 글을 읽어 보십시오. 그리하면 당신은 바울의 논리가 필수 불가결할 뿐만 아니라 또한 당신이 대답할 수 없는 것임을 알게 될 것입니다. "의인은 없나니 하나도 없도다." "우리가 알거니와 무릇 율법이 말한 바는 율법 아래 있는 자들에게 달하는 것이니 이는 모든 입을 막고 온 세상으로 하나님의 심판 아래 있게 하려 함이니라." 만일에 당신이 하나님 앞에서 자신의 죄나 죄책을 깨닫지 못한다면, 당신은 그리스도 안에서 결코 기뻐할 수 없을 것입니다. 그것은 불가능한 일입니다. 예수께 나와서 구원을 얻는 것은 의인이 아니라 차라리 죄인입니다. 건강한 사람에게는 의원이 쓸데없고 병든 사람에게라야 필요한 것입니다.

첫 번째 일은 다름 아닌 죄의 확신입니다. 만일에 당신에게 죄의 확신이 없다면, 다시 말해서 당신 자신이 하나님 앞에 무가치한 존재라는 사실을 깨닫지 못하거나 또는 자신이 하나님 앞에서 철저하게 저주를 받고 완전히 실패한 자라는 인식을 갖지 못한다면, 당신이 그것을 깨닫기까지, 그리고 그것을 인식하기까지는 아무것에도 관심을 돌려서는 안 됩니다. 왜냐하면 당신이 기쁨도 발견하지 못하고 또 올바른 관계를 정립하기까지는 자신의 침체를 극복할 수 없기 때문이다. 죄의 확신은 진정한 구원을 경험하게 되는 실제적 선험 행위라는 점입니다.

이것은 저에게 두 번째 원리에 이르도록 해 줍니다. 진실한 그리스도인이 깨닫게 되는 두 번째 원리는 그리스도 안에서 얻게 되는 하나님의 구원의 방법입니다. 이것은 위대한 복음입니다. 결국 사도 바울이 로마인들에게 말하기를, 내가 전파하는 것 곧 이 의는 그의 의이신 예수 그리스도 안에서 하나님께로부터 나온다고 했습니다. 그가 무엇을 말하고 있습니까? 만일에 당신이 원한다면 그것을 질문의 형태로 만들어 볼 수 있습니다. 당신은 그리스도를 어떻게 보십니까? 주께서 왜 이 세상에 오셨다고 생각하십니까? 하나님께서 그리스도 안에서 무엇을 하셨습니까? 그는 단순한 한 분의 교사 혹은 모범이십니까? 제가 그 모든 것이 완전히 무익한 것임을 보여 줌으로써 여러분의 시간을 절약해 드릴까요? 아닙니다. 이것은 약간 긍정적인 것입니다. 다시 말해서 예수 그리스도 안에 있는 하나님의 의를 말합니다. 구원은 전적으로 그리스도 안에 있습니다. 당신이 그리스도와 단절된 상태라면 모든 것이 실패일 수밖에 없다는 사실을 깨닫지 못한다면, 당신은 그리스도인이 될 수 없습니다. 그러므로 당신이 행복감을 느끼지 못한다고 해서 놀랄 일은 아닙니다. 예수 그리스도 안에 있는 하나님의 의란 하나님께서 그의 아들을 이 세상에 보내사 그로 하여금 율법을 이루도록 하심으로 사람들이 용서받을 수 있도록 하신 것을 뜻합니다.

여기에 하나님께 완전히 순종하신 분이 있습니다. 그는 하나님으로 육체로 임하시고 또 자신이 친히 인성을 취하시어 사람이 되셨으며 하나님께 완전한 존경심을 보이시고 완전한 충성과 완전한 순종을 나타내셨습니다. 그는 하나님의 법을 완전히 지키시고 또 완벽하게 전혀 실패 없이 이루셨습니다. 하지만 그것이 전부는 아니었습니다. 바울은 이 고전적인 속죄의 교리를 언급하면서 다른 것들을 첨가시킨 바 있습니다. 하나님께서 저를 중보자로 세우사 그의 피를 믿는 믿음으로 사함을 얻게 하시고, 또 하나님께서 오래 참으사 저를 과거의 모든 죄를 사하시기 위한 자신의 의로 선포하셨습니다. 이 때에 자신의 의를 선언하시사 예수 믿는 자로 의롭게 하셨습니다. 그것은 다음과 같은 뜻입니다. 사람이 하나님과 화목하기 전, 그리고 사람이 하나님을 알기 전에 그의 이 같은 죄는 마땅히 제거되어야만 합니다. 하나님께서 죄를 벌하신다고 말씀하셨습니다. 그리고 죄에 대한 징벌은 죽음이요 또한 하나님의 면전에서부터 쫓겨나는 것입니다. 이 문제는 반드시 취급되어져야만 합니다. 그러면 어떤 일이 일어났습니까? 바울은 하나님께서 그를 중보자로 세우셨다고 말합니다. 하나님께서 고용하셨다는 뜻입니다.

우리의 죄를 위하여 그가 중보자가 되셨다는 것은 하나님께서 그로 하여금 우리의 죄를 책임지라고 하셨다는 뜻입니다. 죄들이 그에게 전가되었으며 하나님께서 그것들을 이 같이 처리하사 바로 거기에서 벌을 내리셨습니다. 그러므로 하나님께서 그리스도 안에서 죄를 벌하시고 십자가 위에서 그의 육체를 못박으셨기 때문에 그가 우리를 의롭게 하시고 또 죄를 사하여 주실 수 있습니다. 당신은 이것이 얼마나 차원 높은 교리인가를 깨달을 것입니다. 그것이 바로 사도 바울이 담대히 증거한 바입니다. 하지만 그것은 말해지고 또 반복적으로 말해져야만 합니다. 하나님께서 의로우시고 거룩하시며 영원하시기 때문에 그가 죄를 벌하지 않고는 사람의 죄를 용서하실 수 없습니다. 하나님께서 죄를 벌하신다고 말씀하셨기 때문에 그것을 반드시 징벌하셔야만 합니다. 그가 벌하셨은 즉 그의 이름이 송축을 받으셔야 합니다. 그는 의로우십니다. 그는 진정 의로우십니다. 그러므로 저가 예수 믿는 자들을 의롭게 하시는 장본인이 되십니다. 죄가 징벌되었습니다. 그러므로 정당하고 의로우신 하나님께서 죄를 용서하실 수 있습니다.

　그러면 그 일이 어떻게 됩니까? 그 일은 이렇게 됩니다. 하나님께서 그리스도의 의를 열납하십니다. 그리고 이 완전한 의가 여러 면에서 존귀하게 대하셨던 율법을 대면합니다. 다시 말해서 그리스도께서 그것을 다 지키시고 순종하며 거기에 따른 모든 죄값을 담당하셨다는 말입니다. 율법은 충분히 만족을 얻었습니다. 바울이 말한 하나님의 구원의 방법이 바로 그것입니다. 하나님께서 그리스도의 의를 우리에게 전가시켜 주셨습니다. 만일에 우리가 필요를 느끼고 하나님께 나아가서 그것을 아뢰면, 하나님께서 우리에게 자기 아들의 의를 나타내 주실 것입니다. 그는 그리스도의 의를 저를 믿는 우리에게 전가시켜 주십니다. 그리고 우리를 의롭게 여기시고 그 안에서 의롭게 되었다고 선언해 주십니다. 그것이 바로 구원의 방법입니다. 그리스도인들의 구원의 방법 곧 믿음으로 의롭게 되는 구원의 도리입니다. 그러므로 구원이 여기까지 이르게 되었습니다. 제가 보고 믿고 기대하는 것은 주 예수 그리스도를 제외하면 아무것도 혹은 아무도 없습니다. 저는 바울의 설명법을 좋아합니다. 그는 이렇게 질문합니다. "그런즉 자랑할 데가 어디뇨? 있을 수 없느니라. 무슨 법으로냐 행위로가 아니라 오직 믿음의 법으로니라."

　바울은 어리석은 유대인들이 할례를 받고 하나님의 계시를 받으며 자신들이 하나님의 백성이라는 점을 자랑한다고 지적했습니다. 그 같은 자랑을 중단해야 한다고 언급합니다. 저들이 이 같은 전통을 갖고 또 조상들의 자손이라는 사실을 의지하지 말아야 한다는 것입니다. 자랑할 것이 아무것도 없습니다. 전적으로 주 예수 그리스도와 그의 완전한 일을 철저하게 신뢰해야 하기 때문입니다. 이런 면에서 유대인들은 이방인들보다 뛰어나지 못합니다. 모든 사람이 죄를 범하였으매 하나님의 영광에 이르지 못했습니다. 우리는 그리스도, 오직 그리스도만 바라봅시다. 우리는 어떤 측면이든 혹은 무엇이든 우리 자신을 바라보지 않습니다.

　그것을 매우 실제적으로 만들기 위해서 저는 당신이 그것을 믿는지 혹은 믿지 않는지를 알아보기 위하여 아주 쉬운 시험법이 있다는 말씀을 드립니다. 우리는 자신의 말로 자기를 배반합니다. 주님은 친히 우리가 우리 자신의 말로 의롭게 된다고 말씀한 바 있습니다. 저는 종종 사람들과 더불어 바로 이 점을 다루어 보았습니다. 또 저는 믿음으로 의롭게 되는 방법을 설명하고 그것이 그리스도 안에서 어떻게 완성되며 한 걸음 더 나아가서 하나님께서 그의 의를 우리에게 어떻게 덧입히시는가를 말한 바 있습니다. 그리고 저는 그들에게 모든 것을 설명한 후에 다음과 같이 말합니다. "이제 당신은 그것을 인하여 매우 행복하게 될 것입니다. 그것을 믿으십니까?" 그들은 "예"라고 대답합니다. 그때 저는 다시 이렇게 말합니다. "이제 당신은 자신을 그리스도인이라고 고백할 준비가 되어 있습니까?" 저들은 머뭇거립니다. 그러면 저는 저들이 아직 이해하지 못하고 있음을 알아차립니다.

다시금 제가 말합니다. "문제가 무엇입니까? 왜 머뭇거리십니까?" 저들이 대답합니다. "저는 제 자신이 충분히 선하다고 느끼지 못합니다." 즉시 저는 어떤 면에서 제가 시간만 낭비했음을 깨닫습니다. 저들은 아직까지도 자신들의 관점에서 생각하고 있습니다. 그들의 생각은 그리스도인이 되기 위해서는 스스로가 충분히 선하게 되지 않으면 안 된다는 것입니다. 다시 말해서 그리스도께서 받아주실 정도로 선해야 한다는 것입니다. 저들은 스스로 그렇게 되어야만 합니다. 그래서 "저는 충분히 선하지 못합니다"라고 말합니다. 매우 겸손한 듯 들립니다. 하지만 그것은 악마의 속임수입니다. 그것은 신앙을 부정하는 것입니다. 당신은 자신이 겸손한 사람이라고 생각할 것입니다. 하지만 당신은 절대로 충분히 선할 수는 없습니다. 지금까지 아무도 충분히 선했던 사람이 없었습니다. 기독교적 구원의 본질은 "그분이 충분히 선하시며 나는 그분 안에 있습니다"라고 말하는 것입니다.

당신 자신에 대해서 계속 그렇게 생각하는 한 다음과 같이 말하게 될 것입니다. "아, 그렇습니다. 저도 그렇게 하고 싶습니다. 하지만 저는 충분히 선하지 못합니다. 저는 죄인입니다. 아주 큰 죄인입니다." 그렇다면 당신은 지금 하나님을 부인하고 있는 것입니다. 그러므로 당신은 결코 행복해질 수 없습니다. 당신은 계속해서 낙망하며 영혼이 불안해 할 것입니다. 어느 때에는 다른 사람보다 낫다고 생각될 때도 있겠지만 또다시 당신은 자신이 생각하는 것만큼 그렇게 선하지 못하다는 생각을 하게 될 것입니다. 당신이 성자들의 생애를 읽고서 자신이 더 이상 설자리가 없음을 깨달을 때도 있을 것입니다. 그렇게 되면 당신은 다음과 같은 질문을 할 수밖에 없게 됩니다. "내가 무엇을 할 수 있을까? 나는 아직도 충분히 선하지 못하구나." 당신 자신을 잊으십시오. 당신 자신에 관계된 모든 것을 잊으십시오. 물론 당신은 충분히 선하지 못할 것입니다. 그리고 당신은 결코 충분히 선하게 되지도 못할 것입니다. 기독교 구원관은 당신에게 그것을 말할 것입니다. 하지만 지금까지 당신이 어떤 사람이었든 그것은 중요하지 않습니다. 또 당신이 무슨 일을 했는가 하는 문제도 그렇게 중요하지 않습니다.

제가 이것을 어떻게 분명하게 설명해 드릴까요? 제가 매주일 강단에서 그 문제를 가지고 말씀드려 보겠습니다. 왜냐하면 제 생각에는 바로 그것이 대부분의 사람에게서부터 주님의 기쁨을 빼앗아 가는 주원인이 되기 때문입니다. 당신이 거의 지옥의 심연에까지 들어갔다 해도 그것은 그렇게 중요한 문제가 아닙니다. 당신이 모든 사악한 죄를 범하고 심지어 살인죄를 범했다 할지라도 그것이 하나님께 의롭다 하심을 받는다는 견지에서 그렇게 문제될 것은 없습니다. 당신은 세상에서 가장 존경받는 자칭 의인보다 더 절망적이지 않을 것입니다. 그것을 믿으십니까?

당신 자신을 점검해 볼 수 있는 다른 좋은 방법이 있습니다. 당신은 구원과 하나님으로 말미암는 칭의의 관점에서 우리의 모든 관심적인 특징들이 일순간에 사라지며 또 우리가 죄인인가 아닌가를 결정하는 요인도 바로 우리가 무엇을 가졌는가 하는 문제가 아니라 하나님과 우리가 맺고 있는 관계가 중시된다는 사실을 믿으십니까? 그러므로 저는 이것이 시금석이라고 말씀드립니다. 당신은 자신이 그리스도를 앙망한다고 기꺼이, 그리고 분명히 고백해야만 합니다. 오직 그리스도만을 바라다보아야만 합니다. 그 어느 것이나 그 어떤 사람도 바라보지 마십시오. 또 어떤 특별한 죄나 특별한 사람도 개의치 마십시오. 그 무엇이나 그 어떤 사람도 바라보지 말고 전적으로 그리스도만을 앙망하며 고백하십시오.

제2장 참된 기초 **45**

> 나의 소망은 그 어디에도 둘 수 없습니다
> 오직 예수님의 보혈과 그분의 의외에
> 나는 내가 가장 즐기던 것도 신뢰하지 않으며
> 전적으로 예수님의 이름만 의지하나이다
> 나는 가장 안전한 반석이신 그리스도 위에 서 있습니다
> 모든 다른 기초는 침식당하는 모래이기 때문입니다.

당신은 거룩한 용기를 가지고 다음과 같이 고차원적으로 고백할 수 있도록 믿음을 가지셔야만 합니다.

> 율법에 대한 공포나 하나님에 대한 두려움이
> 나를 어떻게 하지는 못합니다
> 내 구주께서 흘리신 보혈과 순종이
> 나의 모든 죄들을 보이지 않도록 숨겨 주기 때문입니다.

당신은 이 같은 영적 침체로부터 벗어나고 싶으십니까? 당신이 먼저 해야만 할 일은 과거와 영원히 작별하는 것입니다. 그것들이 예수 안에서 가려졌고 또 깨끗하게 씻기어졌음을 깨달으십시오. 당신의 죄를 다시는 돌이켜 보지 마십시오. 오히려 이렇게 말하십시오. "이제 모든 것이 끝났다. 그리스도의 보혈로 모든 죄는 가려졌다." 그것이 바로 당신이 내디뎌야 할 첫걸음입니다. 그렇게 하십시오. 그리고 자신과는 끝내십시오. 자신의 선에 관한 이야기를 끝내고 이제 주 예수 그리스도만을 바라보십시오. 그래야만 진정한 행복과 기쁨이 당신에게 찾아올 것입니다. 당신에게 필요한 것은 더욱 착한 삶을 살려는 결단을 내리는 것이 아닙니다. 그렇다고 금식을 하며 땀을 흘려가면서 기도하라는 것도 아닙니다. 진실로 그렇지 않습니다. 오히려 다음과 같이 말해 보십시오.

> 나는 그분만을 신뢰하리라
> 그분이 나의 모든 죄를 대속하려고 죽으셨기 때문이다.

그렇게 첫 걸음을 옮기십시오. 그리하면 당신은 즉시 기쁨을 경험하게 될 것이고 또 과거에 일찍이 알지 못했던 해방감을 맛보게 될 것입니다. 그러므로 우리는 사람이 의롭게 되는 것은 율법의 행위가 아닌 믿음으로 가능하다는 결론을 내릴 수 있겠습니다. 그리고 절망적인 죄인들을 그렇게 놀라운 방법으로 구원해 주시는 하나님의 이름에 찬양을 돌리는 바입니다.

제 3 장

걸어 다니는 나무 같은 사람들

'뱃세다에 이르매 사람들이 소경 하나를 데리고 예수께 나아와 손대시기를 구하거늘 예수께서 소경의 손을 붙드시고 마을 밖으로 데리고 나가사 눈에 침을 뱉으시며 그에게 안수하시고 무엇이 보이느냐 물으시니 우러러보며 가로되 사람들이 보이나이다 나무 같은 것들의 걸어다니는 것을 보나이다 하거늘 이에 그 눈에 다시 안수하시매 저가 주목하여 보더니 나아서 만물을 밝히 보는지라 예수께서 그 사람을 집으로 보내시며 가라사대 마을에도 들어가지 말라 하시니라'

(막 8:22-26)

제가 '영적 침체'로 묘사했던 그 주제, 그 순간부터 우리의 관심을 집중시켰던 그 주제의 한 부분으로 생각하려고 이 사건에 여러분의 관심을 촉구하는 바입니다. 우리가 이 제목을 상고하는 것은 그것이 어떤 신자를 비참하게 만드는 슬프고도 비극적인 일일 뿐만 아니라 또한 오늘날 교회의 전체적인 입장이 그러하기 때문입니다. 저는 그리스도의 교회가 이 세상에서 제대로 평가를 받지 못하는 이유 중에 하나가 바로 많은 그리스도인들이 그 같은 상태에 놓여 있기 때문이라고 말하는 데 주저하지 않습니다. 만일에 모든 그리스도인들이 신약성경에서 제시하고 있는 우리의 사명을 제대로 감당하기만 한다면, 교회가 당면한 전도 문제에 아무런 하자가 없게 될 것입니다. 그 문제는 저절로 쉽게 해결될 수 있으리라고 봅니다. 우리가 매일 매일의 삶 속에서 생활하는 것과 처신하는 것, 증거하는 일에 하나님의 백성답게 살지 못하기 때문에 교회가 제대로 평가를 받지 못하며 또 극소수의 사람들만 예수 그리스도를 믿어 하나님께 인도함을 받고 있다는 사실입니다. 그 가장 절박한 이유가 우리로 하여금 이 문제를 취급하도록 하고 있습니다.

우리는 벌써 그 문제에 대해서 개괄적으로 고찰한 바 있으며 앞장에서 그에 대한 특별한 하나의 측면을 살펴본 적이 있습니다. 우리는 믿음으로 의롭게 된다는 가장 중요한 교리를 분명하게 이해하지 못했기 때문에 어떤 그리스도인들이 바로 이 같은 상황에 처해 있음을 관찰해 보았습니다. 참으로 그것이 종교개혁 이전에 있었던 가장 중요한 문제의 원인이었습니다. 종교개혁은 교회 생활에 평화와 행복, 그리고 기쁨을 가져다 주었습니다. 하지만 초창기 수백 년 동안에는 교회가 그 같은 방법들을 알지도 못했습니다. 그런데 믿음으로 의롭게 된다는 중심 교리를 회복함으로 말미암아 이 모든 일들이 일어나게 된 것입니다. 그것은 마틴 루터로 하여금 기뻐하며 노래를 부르도록 만들었고, 또 지도자들로 하여금 이 위대한 진리를 볼 수 있는 방편이 되었습니다. 그것은 위대한 기쁨의 헌장을 만들어 냈습니다. 그리고 이 문제를 분명하게 이해하지 못한 사람들은 전혀 그리스도인들이 아니라고 말하는 것을 우리가 주저할지도 모릅니다. 하지만 저들이 그 교리를 이해하는 순간, 저들은 더 이상 비참한 신자들이 아니라 기쁨이 충만한 성도들이 될 것입니다.

이제 우리는 일보 전진하여 더 차원 높은 것을 생각하려고 합니다. 저는 마가복음 8:22부터 26절에 기록된 복된 주님의 생애와 사역 가운데 나타난 이 특별한 사건을 통해서 여러분들과 그 문제를 상고해 보고 싶습니다. 당신은 우리가 지금 다른 유형의 사건, 그리고 다른 경우를 다루고 있음을 즉시 알아차릴 것입니다. 그리고 우리는 그림을 보듯이 가장 명료하게 그 작업을 하려고 합니다. 우리 주님이신 구세주께서 수행하셨던 모든 기적 가운데 가장 분명한 것 중에 하나가 매우 다양한 방법으로 나타나고 있습니다. 당신은 예수께서 그 소경에게 행하셨던 자세한 내용을 기억하실 것입니다. 그는 소경의 손을 잡으시고 마을 밖으로 나가사 눈에 침을 뱉으시며 안수하시고 무엇이 보이느냐고 물으셨습니다. 그때 소경이 대답하기를 "예, 보입니다. 사람들이 보입니다. 나무 같은 것들의 걸어가는 것을 보나이다"라고 했습니다. 그때 주께서 다시 안수하시매 저가 주목하여 보더니 시력을 회복하여 모든 사람을 분명하게 보았다고 했습니다.

　이것은 분명히 매우 심오한 의미가 담겨 있는 그 무엇이 아닐 수 없습니다. 이 경우에 발생하는 것은 우연이 아닙니다. 우리 주께서 소경을 고친 또 다른 사례가 있습니다. 주께서 그에게 "시력을 회복할지어다"라고 말씀하시자 곧 그가 치료되었음이 분명합니다. 우리 주님은 그 같은 능력이 있으신 분입니다. 그에게 불가능이란 있을 수 없습니다. 주님은 또 다른 경우에도 그렇게 하셨거니와 지금 본문에서도 똑같은 일을 하신 것입니다. 여기에서 주님이 하신 일은 큰 해방을 가져왔거니와 또한 세우신 목적을 성취하셨음이 분명합니다. 주께서 하신 일은 결코 우연이나 우발적으로 된 것이 아닙니다. 그의 행위는 모두 다 분명한 목적이 있습니다. 그가 어떤 기적을 행하실 때에는 언제나 거기에 합당한 이유가 있었습니다. 특별히 어려움을 느낀 경우는 전혀 없습니다.

　사건을 취급하는 데 따른 변화는 결코 어려움 때문에 그런 것이 아닙니다. 그것은 우리 주님 자신이 그렇게 하시기로 계획하셨기 때문이며 또한 주어진 방법을 통해서 어떤 교훈과 메시지를 주시기 위한 경륜 때문이었습니다. 다시 말해서, 주께서 행하신 모든 기적 이면에는 사건보다 깊은 뜻이 있으며 또한 모든 비유들 속에도 역시 그 같은 의도가 숨어 있다는 말입니다. 그렇다고 해서 실제적 행동을 하나의 역사적 사실로 믿지 않는다는 것을 의미하지는 않습니다. 저는 단순히 예수님이 행하신 기적도 하나의 비유라는 사실을 말씀드리는 것뿐입니다. 만일에 그 같은 모든 비유들이 사실이라면 본문에 나오는 이 사건도 하나의 특별한 사실입니다. 왜냐하면 우리 주께서 여기에 나타나는 절차를 특별히 색다르게 하신 것은 매우 중요하고 생동감 넘치는 의미와 교훈을 주시려 했기 때문입니다.

저는 제자들을 위한 매우 중요한 교훈이 본문에 들어 있다고 주장하는 사람들의 의견에 전적으로 동의할 준비가 되어 있습니다. 당신은 앞에서 있었던 일을 기억하실 것입니다. 배에 탔을 때 제자들은 빵 가져오는 일을 잊은 적이 있었습니다. 그 결과 배에 탔던 저들에게 빵 한 조각 밖에 없었습니다. 그래서 저들은 이것을 걱정했었고 또한 매우 불행한 자의 위치에 처하게 되었습니다. 우리 주께서 배 안에서 저들에게 이렇게 말씀하셨습니다. "삼가 바리새인들의 누룩과 헤롯의 누룩을 주의하라." 하지만 제자들은 서로 의논하기를 저들에게 빵이 없었기 때문이라고 했습니다. 예수께서 '누룩'이라고 말씀하셨기 때문에, 제자들은 그가 빵에 대해서 말씀하시는 것으로 착각했던 것입니다. 그들은 자유주의자들이었습니다. 저들은 영적 이해력이 부족했습니다.

그러므로 누룩이란 말 때문에 저들이 빵을 생각하게 되었고 또 저들이 식량을 가져오는 일을 실패했다고 믿게 되었습니다. 저들은 불행했고 또 불안해 하였습니다. 그러므로 우리 주께서 저들에게 계속해서 질문하시다가 이렇게 끝을 맺고 계십니다. "아직도 알지 못하며 깨닫지 못하느냐? 너희 마음이 둔하냐?" 결국에는 주님이 이렇게 말씀하십니다. "내가 여기 있어서 너희에게 전파하고 가르쳤노라. 그럼에도 불구하고 너희가 여전히 이해하지 못하고 있구나. 너희가 떡 하나밖에 없음으로 걱정하는 구나. 하지만 너희가 두 가지 기적을 보지 않았느냐? 몇 개의 빵 조각과 물고기로 5,000명을 먹이고 4,000명을 먹인 적이 있지 아니하냐? 그럼에도 불구하고 너희가 이해하고 있지 못함은 어찜이뇨?" 제가 믿기로는 예수께서 소경을 치료하시면서 제자들에게 자신들의 모습을 그린 하나의 그림을 보여 주셨다고 봅니다. 예수님은 우리 앞에 펼쳐지고 있는 하나의 사례를 통해서 제자들로 하여금 자신들의 모습을 볼 수 있도록 기술적인 설명을 취하셨던 것입니다.

하지만 그것 이상의 뜻이 여기에 함축되어 있다고 봅니다. 그것은 하나님의 백성들에게 주시는 영원한 하나의 교훈입니다. 그것은 무시무시한 메시지입니다. 저는 그 문제에 직접적인 관심을 표명하고자 합니다.

왜냐하면 많은 사람들이 이 사람을 좋아하기 때문입니다. 많은 사람들이 이 사람의 치유 과정을 고찰할 때 단번에 이루어진 것으로 보는 것 같습니다. 하지만 여러분이 알다시피 예수님은 그 사람의 눈에 침을 바르신 후에 "무엇이 보이느냐?"고 물으셨습니다. 그가 말하기를, "예, 사람들이 보이나이다. 나무 같은 것이 걸어다니는 것을 보나이다." 그 입장을 이해하시겠습니까? 이 사람을 묘사하기가 쉽지 않습니다. 당신은 그가 더 이상 소경이 아니라고 말할 수 없을 것입니다. 또 그가 볼 수 있기 때문에 그는 여전히 소경이라고 말할 수도 없습니다. 하지만 당신은 그가 사람을 걸어다니는 나무처럼이라도 볼 수 있기 때문에 그는 볼 수 있다고 말하는 것도 주저될 것입니다. 그렇다면 그가 정상적인 사람입니까 아니면 소경입니까? 어떻게 보면 그가 소경이고 동시에 그가 소경이 아니라고 말해야만 될 필요성을 느끼게 될 것입니다. 그는 이쪽도 아니고 그렇다고 저쪽도 아닙니다.

그것이 바로 제가 생각하고자 하는 그 순간 그 사람의 정확한 상황입니다. 저는 무엇인가 분명하지 못하기 때문에 불행하고 불안해 하며 절망 가운데 빠져 있는 그 같은 신자들에 관심을 가지고 있습니다. 그들을 어떤 사람으로 분명하게 선을 긋는다는 것은 거의 불가능합니다. 당신이 이런 신자를 만나게 되면 이런 사람도 신자인가 하고 의구심을 가질 것입니다. 그 다음에 그를 또다시 만날 때에는 즉시 의심을 품고 단언하기를 "만일에 그가 어떤 것을 말한다든지 혹은 그 같은 일을 행한다면 분명히 그는 신자일 수 없을 것이다"라고 말합니다. 그가 어떤 상황에 있을 때에 만나든지 당신은 전혀 다른 인상을 얻게 될 것입니다. 그리고 당신이 그를 만날 때마다 그가 신자인지 아닌지를 분명하게 알지 못할 것입니다. 다시 말해서 그가 본다고도 말할 수 없고 또 보지 못한다고 말해도 유쾌한 마음이 들지는 못할 것입니다.

더군다나 문제가 되는 것은 그런 사람들에 대해서 다른 사람들이 이처럼 느낄 뿐만 아니라 또한 자신들 스스로도 그렇게 느끼고 있다는 점입니다. 그런 사람들에게 배당을 지급하고 싶습니다. 저들이 불행한 것은 자신들에 대해서 분명한 입장을 취하지 못하고 있기 때문입니다. 저들이 때때로 예배에 참석하면서 말하기를 "그래, 나는 신자다. 그리고 나는 이것을 믿는다"라고 말합니다. 그런데 또 어느 때는 "나는 신자일 수 없어"라고 말합니다. "또 만일에 내가 신자라면 그 같은 생각을 할 수 없었을 거야. 내가 하는 일은 내가 하고 싶은 일이 아니었어"라고 말합니다. 그러므로 저들은 다른 사람들이 저들에 대해서 염려하는 것만큼 자신들이 스스로에게 고통을 겪고 있습니다. 저들은 자신들을 있는 그대로 느낍니다. 그리고 저들은 자신들이 신자가 아니라고 생각합니다. 저들은 기독교가 세상에서 자신들의 기쁨을 침식하고 있음을 너무 잘 알고 있는 것처럼 보입니다. 하지만 저들은 자신들에 대해서도 행복감을 느낄 수 있다는 사실을 충분히 알고 있지 못합니다. 그들은 뜨겁지도 아니하고 차갑지도 않습니다. 저들이 보기는 보아도 깨닫지 못합니다. 저는 여러분들이 슬프게도 많은 사람들의 형편이 그와 같다는 사실로 묘사한 것에 동의하리라고 생각합니다. 그것은 안타까운 상황입니다. 여러분들이 예측할 수 있듯이 저의 모든 메시지는 아무도 그런 상태에 놓여 있어서는 안 되며 또 그 어느 누구도 그런 상태에 머물러 있어서는 안 된다고 말하는 것입니다. 좀더 말씀드리면 어떤 사람도 그 같은 상황에 머물러 있을 필요가 없다는 말입니다.

우리 주님의 가르침을 따를 수 있기 바랍니다. 그렇게 되는 가장 좋은 방법은 이 같은 사람들의 경우를 다른 형태로 바꾸는 것입니다. 저는 그것을 일반적인 형태로 고려해 왔습니다. 이제 몇 가지 특수한 경우를 정리해 봄으로써 그런 사람들로 하여금 자신을 볼 수 있도록 도와 드리겠습니다. 그리고 우리 모두가 상황을 면밀히 파악하도록 도움이 되었으면 합니다.

이런 사람들이 볼 수 있는 것이 무엇입니까? 저들은 무엇인가를 보기는 봅니다. 그리고 이렇게 말합니다. "그래 나는 본다. 사람들을 본다. 하지만 거기에 무엇인가 잘못된 것이 있다. 왜냐하면 내가 저들을 걸어다니는 나무로 보기 때문이다." 이런 사람들이 무엇을 봅니까? 저들은 매우 자주 저들을 있는 그대로 볼 때 무엇인가 잘못된 것이 분명히 있다고 생각합니다. 저들은 자신들에 대해서 불행하게 봅니다. 저들에게 일어난 어떤 일들이 어떤 면에서 자신들에게 불만족을 가져다 주었습니다. 자신들 스스로가 완전히 만족하다고 느낄 때도 있습니다. 그 같은 자신들의 삶을 계속 살아가면서 거기에는 전혀 잘못된 것이 없다고 생각합니다. 하지만 저들은 얼마 되지 않아서 그 같은 생활을 하지 못합니다. 저들에게 어떤 일이 발생했습니다. 그것은 저들에게 자신들의 삶과는 전혀 다른 완전히 새로운 관점에서 볼 수 있도록 만들어 주었습니다.

제가 이것을 더욱 세밀하게 설명할 필요가 없을 것 같습니다. 당신은 그 순간 이 같은 삶을 살고 있는 사람들만 생각하고 또 신문에 나오는 모든 가십은 모조리 읽으며 사회 주변과 극장가에서 맴도는 삶을 부러워하고 좋아하면서 '이런 것이 진정한 삶' 이라고 느끼는 것입니다. 하지만 그런 사람들은 지금 그렇지 못합니다. 저들은 텅 비고 공허하며 완전히 허전함을 맛보게 됩니다. 그들은 이런 삶에 깊은 불만을 가지게 됩니다. 다른 것은 별도로 하고서라도 저들은 그것을 봅니다. 그것이 지적인 것일 수 없습니다. 그것은 단지 공허한 삶일 뿐입니다. 결국 저들은 자신에 대해 불행을 느끼며 이대로는 더 이상 살아갈 수 없다고 선언하고 말 것입니다. 그 같은 입장에 놓여 있는 사람들이 많습니다. 또 그 같은 단계를 거치는 사람들이 많습니다. 그것은 사람이 어느 정도로 모든 것이 잘못되었다고 보는 단계입니다. 그는 기독교가 옳다는 사실을 아직 발견하지 못한 상태라는 말입니다. 그것이 때로는 저로 하여금 냉소주의에 빠지게 만들고 또 종종 절망에 이르도록 만드는 그 무엇이라는 사실입니다.

이에 대한 몇 가지의 매우 드라마틱한 사례들이 있었습니다. 저는 런던에서 매우 뛰어난 외과 의사였던 사람의 경우를 잘 기억하고 있습니다. 그는 매우 탁월했습니다. 그를 알고 있던 모든 사람들이 당황하고 놀랄만한 일이 어느 날 갑자기 그에게 발생하였습니다. 그가 모든 것을 포기하고 어떤 배의 의사가 되겠다고 선언했던 것입니다. 그가 이처럼 결단을 내리게 된 경위는 이렇습니다. 그는 자기 분야에 뛰어난 사람이었으며 또 그 직업에서 명성에 합당한 합법적인 야망을 얻고 있었습니다. 하지만 그 같은 입장에 갑자기 실망한 나머지 모든 상황을 직시할 수 있는 안목이 열리게 되었습니다. 그는 자신이 살아온 삶에 지속적인 만족이 없었다는 결론을 내렸습니다. 그는 모든 것을 살펴보았습니다. 하지만 그가 그리스도인이 된 것은 아닙니다. 그는 냉소적인 사람이 되었으며 모든 것을 그렇게 내버려두었습니다. 모든 것을 포기해 버렸던 사람들에 대한 다른 많은 유명한 사례들이 있습니다. 저들은 그리스도인이 되지 않은 채로 고독한 처지에 빠져들어 갔으며 바로 그곳에서 많은 분량의 평화와 행복을 찾았습니다. 그것은 하나의 가능성입니다.

하지만 저들은 앞으로 더 나아갈 수 있습니다. 저들은 산상설교에 나타나고 있는 그리스도인의 삶이 얼마나 탁월한가를 볼 수 있습니다. 저들은 말합니다. 이에 관한 문제는 전혀 없습니다. 그리스도인의 삶은 생명입니다. 만일에 모든 사람들이 그렇게 살 수만 있다면 그렇습니다. 저들은 성자들의 삶을 읽었을 것입니다. 그리고 이 사람들은 놀랄 만한 그 무엇을 가지고 있는 사람들이었음을 깨달았을 것입니다. 저들이 흥미를 느끼지 못했을 때도 있었습니다. 하지만 지금은 산상설교에 제시되고 있는 삶이야말로 참된 삶이요 생활이며 또 고린도전서 13장에 나타나고 있는 삶이란 사실을 깨닫게 되었습니다. 그래서 저들이 말합니다. "만일에 우리가 그렇게 살기만 한다면, 이 세상은 천국이 될 것이다." 저들은 이제 많은 것을 분명하게 깨닫게 되었습니다.

저들은 이보다 더 많은 것들, 다시 말해서 예수 그리스도께서 유일한 소망이란 점과 또 예수 그리스도께서 구세주라는 사실을 어느 정도 깨달을 수 있게 되었습니다. 제가 예수 그리스도께서 '구세주란 사실을 어느 정도' 깨닫게 되었다고 설명하는 것에 당신의 눈을 돌리실 것입니다. 저들이 주께서 자신들을 돕고 또 기독교가 세상을 위한 유일한 소망임을 느끼게 된다는 말입니다. 어떤 면에서 저들이 이분 예수께서 자신들을 도우실 수 있는 분임을 깨닫고 알게 된다는 뜻입니다. 저들이 관심을 갖지 않을 때도 있었습니다. 그분에 대한 신중한 생각을 하지 못하고 망각해 버린 적도 있었습니다. 하지만 지금은 더 이상 그렇지 않은 것입니다. 세상이 공허하고 또 어떤 신자들이 살았던 삶의 한 측면을 목격했을 뿐만 아니라 또한 예수 그리스도께서 엄청난 변화를 일으키시는 분임을 깨달았기 때문에 저들은 어쩐지 예수께서 구세주이신 것을 깨달았습니다.

제3장 걸어 다니는 나무 같은 사람들 **55**

그러므로 저들은 주님께 흥미를 가지고 관심을 가지게 되었습니다. 저들은 그렇게 많은 것을 분명히 알게 되었습니다.

참으로 우리는 앞으로 전진해 나가야만 하겠습니다. 그리고 이들에게서 나타난 사실을 이야기해야만 하겠습니다. 앞장에서 취급한 사람들과는 다르게, 이들은 저들 스스로가 자신을 구원할 수 없다는 사실을 터득했습니다. 믿음으로 의롭게 된다는 진리를 분명하게 이해하지 못한 사람이 가지는 문제는 그가 자신을 의롭게 하려고 여전히 애쓰고 있는 것입니다. 이들은 자신들이 그 일을 할 수 없다는 사실을 깨닫습니다. 저들은 자주 그렇게 하려고 시도했습니다. 하지만 저들은 만족하지 못했습니다. 그리스도인들의 삶의 질적 본질이 무엇인가를 깨달았을 때 사람은 자신을 그 같은 위치에 올려놓을 수 없음을 깨닫게 됩니다. 저들은 스스로가 자신들을 구원할 수 없다는 사실을 깨닫게 됩니다.

혹자는 말합니다. "그렇습니다. 당신이 너무 멀리 갔습니다. 당신은 그들에게 너무 많은 것을 허용했습니다." 아닙니다. 저는 단순히 이 사람들이 볼 수 있다는 사실을 묘사한 것뿐입니다. 그 사람은 주님의 손에 있을 때에도 "무엇이 보이느냐?"라는 물음에 "예"라고 대답했습니다. 그는 분명히 볼 수 있었습니다. 사람들을 볼 수 있었습니다. 그리고 이 사람들은 무엇인가를 보기에 이르렀습니다. 참으로 저들은 제가 묘사한 대로 이 모든 것들을 볼 수 있을 것입니다.

하지만 두 번째로 제가 말씀드리고 싶은 것은 저들이 아직까지도 혼돈 중에 있다는 사실입니다. 저들은 분명하게 보지 못합니다. 저들은 단순히 사람들을 걸어다니는 나무처럼 볼 뿐입니다. 어떤 면에서 이것이 그들에 대한 진실입니까? 여기에 나타난 어려움은 무엇인가를 남겨 놓고 한 면만을 인지하고 있다는 점입니다. 하지만 제가 매우 중요하고 의미 있는 세 가지 요점만 간추려서 생각해 보도록 노력하겠습니다.

무엇보다 먼저 저들이 어떤 원리를 분명하게 이해하지 못하고 있다는 사실입니다. 그렇기 때문에 제가 저들이 그리스도를 '어쩐지' 구세주인 것으로 보았다는 점을 조심스럽게 말씀드린 바 있습니다. 하지만 저들은 그가 어떻게 구세주가 되셨는가를 알지 못합니다. 예를 들면 그리스도의 죽음에 대해서 또 그것의 절대적 필요성에 대해서 잘 알지 못합니다. 저들은 중생의 원리도 확실하게 알지 못합니다. 당신이 저들에게 이런 일들을 말해 보십시오. 그리하면 저들이 완전히 혼돈하게 됨을 발견하게 될 것입니다. 저들은 자신들이 보지 못한다고 말합니다. 저들이 분명히 옳습니다. 저들은 보지 못합니다. 그리고 그리스도께서 왜 죽어야만 했는지 그 이유도 모르며 또 중생의 필요성도 이해하지 못합니다. 당신은 그들을 잘 압니다. 그리고 자신의 삶에 만족하지 못하며 그리스도인의 삶을 칭찬할 것입니다. 그들은 그리스도께서 구세주 되심을 고백할 준비가 되어 있습니다. 하지만 저들은 여전히 어떤 진리들을 보지 못합니다. 그 결과 저들이 혼돈 속에 있으며 행복하지 못하고 오히려 절망감을 느낀다는 사실입니다.

두 번째로 저들은 자신들의 마음이 충분히 몰입되지 못했다는 사실을 분명히 보지 못한다는 점입니다. 저들이 많은 것을 볼 수 있기는 하지만 저들은 기독교와 그리스도인의 위치에서 진정한 행복을 참으로 발견하지 못하고 있는 것입니다. 다소간 저들이 그것에 의해서 감동을 받을 수는 있지만 그 안에 있는 진정한 기쁨까지는 발견하지 못하는 것입니다.

저들은 자신들이 언제나 그것을 기억해야만 하며 또 그것을 향하여 자신들이 매진해 나가도록 항상 노력해야만 합니다. 저들은 행복하지 못합니다. 그리고 지금도 여전히 기쁨을 발견하지 못합니다. 저들이 어떤 것을 혹은 어디에서 그것을 얻지 못하는 한 그들의 마음은 충분히 몰입되지 못합니다. 제가 여기에서 이런 것들을 언급하는 것은 하나님께서 원하시고 또 제가 후에 저들에 관해 보다 상세하게 취급하기를 소망하기 때문입니다. 제가 지금은 그 상태에 관한 공간적 관점을 일반적으로 말씀드리고 있을 뿐입니다.

제가 이 사람들에 관하여 말씀드리는 세 번째 사실은 저들의 의지가 양분되었다는 점입니다. 저들은 반역적인 사람들입니다. 그들은 자신이 그리스도인으로 부름을 받았기 때문에 왜 어떤 일을 해야만 하고 또 어떤 일은 하지 말아야 하는지 그 이유를 깨닫지 못하는 것입니다. 저들이 생각하기는 그것이 편협하다는 것입니다. 하지만 저들은 옛 생활을 비난하고 일반적인 그리스도인의 삶을 포용합니다. 저들은 그리스도를 구세주로 인정합니다. 하지만 그의 가르침을 의지적으로 적용하는 문제가 제기될 때에는 혼란이 야기되고 그에 대해서 분명한 입장이 서지를 않습니다. 저들은 언제나 이에 대해서 논쟁을 벌입니다. 그리고 이 일을 하는 것이 옳은지 아니면 저 일을 하는 것이 옳은지 항상 물을 수밖에 없습니다. 의지의 영역에 평안함이 결여되어 있다는 말입니다. 이런 사람들을 동정하고 싶지는 않습니다. 오히려 저는 그들에 대한 사실적이고 분명하게 또 세밀하게 묘사하는 것뿐입니다. 우리 중에 이 같은 과정을 밟은 사람이 많습니다. 그리고 실제적으로 경험하신 분들이 적지 않습니다. 우리 주님께서 이 소경의 경우에 신체적으로 특별한 절차를 밟으실 때에 그가 사람을 개종시키려고 하면서 비슷한 그 어떤 일을 때때로 행하신 듯 합니다. 즉시 사물을 분명하게 보았던 사람들도 있습니다. 그런데 몇 가지 단계를 밟았던 사람들도 있었습니다. 우리는 지금 이 같은 특별한 단계를 밟았던 사람들과 그들이 처해 있던 상황을 묘사하고 싶은 것입니다.

다음 문제로 나아가 보도록 하겠습니다. 우리 주께서 왜, 그리고 언제 제자들에게 끊임없는 질문을 하심으로 저들을 가르치려고 시도하셨습니까? 그리고 이 사건에서 모든 것을 극적인 방법으로 풀어나가셨습니까? 아니면 다른 방법으로 풀어나가셨습니까? 또 이 상태의 원인이 무엇입니까? 사람들이 왜 묘사할 수 없는 상태, 곧 신자와 비신자, 그리고 동시에 예와 아니오 상태에 있어야만 합니까? 저들이 처음으로 깨우침을 받았을 때 책임을 전적으로 전도자와 관계 있는 것으로 생각하는 데에는 의심할 여지가 없습니다. 전도자는 종종 고통의 요인이 됩니다. 결과를 보고해야만 된다는 걱정 때문에 저들이 이 같은 상황을 촉발합니다.

하지만 그것은 언제나 전도자의 잘못만은 아닙니다. 그것은 너무 자주 사람들 자신들의 잘못으로 드러납니다. 여기에서는 저들이 왜 이 같은 상황에 빠지게 되는지에 대한 주원인들 가운데 몇 가지가 제시되고 있습니다. 첫째, 이 사람들이 일반적으로 분명한 정의를 내리는 일에 반대하기 때문입니다. 저들은 명료성과 확실성을 싫어합니다. 우리는 이

점에 있어서 특별한 이유를 찾아낼 필요성을 느끼지 않습니다. 제가 생각하기는 저들이 그것의 요구 때문에 생각이나 정의의 투명성을 반대합니다.

가장 안락한 형태의 종교는 언제나 애매한 종교, 그리고 형식이나 의식에 있어서 흐리멍덩하고 불확실하며 소란스러운 것입니다. 로마 카톨릭이 어떤 사람들에게 매력적이라는 사실에 저는 놀라지 않습니다. 당신의 종교가 더욱 애매모호하고 불분명하면 할수록 그만큼 더 그것이 평안한 것입니다. 칼로 자른 듯 분명한 성경적 진리와 결단을 요구하는 것보다 불안하게 하는 것은 아무것도 없습니다. 그러므로 이런 사람들은 말합니다. "당신은 너무 분명합니다. 당신은 너무 합법적입니다. 하지만 아닙니다. 나는 이런 것을 좋아하지 않습니다. 나도 기독교를 믿습니다. 하지만 당신은 너무 딱딱합니다. 당신의 생각은 너무 편협합니다." 당신도 그런 유형에 익숙해 있을 것입니다. 하지만 당신이 기독교란 분명한 것이 아니라는 논리로 시작한다면 당신 자신도 이 사람처럼 사람이 걸어다니는 나무같이 보인다 해도 놀라서는 안 될 것입니다. 만일에 당신이 분명한 포커스나 당신의 그림 속에 명확한 정의가 필요치 않다는 말로 시작한다면, 아마도 당신은 그것을 얻지 못할 것입니다.

이 같은 사람들에게 따르는 두 번째 원인이자 종종 가장 확실한 문제로 나타나는 것은 저들이 결코 성경의 가르침이나 권위를 충분히 인정하지 못하는 것입니다. 제가 생각하기는 바로 그것이 모든 고통의 주원인인 것 같습니다. 그들은 성경으로 돌아오지 아니하고 자신들을 철저하고 완벽하게 성경에 굴복시키지 못합니다. 만일에 우리가 어린아이처럼 성경으로 돌아가서 그것을 우리의 진정한 가치로 삼고 그것으로 하여금 우리에게 말씀하도록 한다면, 이 같은 고통은 유발되지 않을 것입니다. 이런 사람들은 그렇게 못합니다. 저들이 하는 것은 저들 자신의 생각을 성경으로 혼합시키는 것입니다. 물론 저들은 자신들의 생각을 근본적으로 성경에서 끌어 왔다고 주장합니다. 하지만 그것은 결정적인 말입니다. 저들은 즉시 나아가서 그것을 수정합니다. 저들이 어떤 성경적 생각들을 용납하기는 합니다. 하지만 거기에는 다른 생각들과 또 옛날의 생활에서 비롯되고 또 저들이 끌어들이고 싶어하는 철학들이 들어 있습니다. 저들은 자연적인 생각들과 성경적인 생각들을 혼합합니다.

그러면서도 저들은 산상설교나 고린도전서 13장에 나오는 말씀을 좋아한다고 말합니다. 그들은 자신들이 그리스도를 구주로 믿는다고 주장합니다. 하지만 저들은 우리가 이 문제에 있어서 너무 깊이 들어가서는 안 된다고 강력하게 주장합니다. 그러면서 저들이 성경을 수정하기 시작합니다. 저들은 성경이 모든 면에서, 곧 설교와 삶과 교리와 세계적 조망에서 권위 있는 책으로 받아들이지 않습니다. 저들은 상황이 바뀌고 삶이 옛날과 달라졌다고 말합니다. 우리는 지금 20세기에 살고 있습니다. 그러므로 저들은 처음부터 끝까지 성경의 가르침을 정강하게 생각하기보다는 오히려 여기저기에서 자신의 생각을 첨가하여 수정하고 그것이 20세기에는 부적절한 말씀이라고 주장합니다. 하나님의 말씀은 시간을 초월합니다. 그것이 하나님의 말씀이기 때문에 우리는 그것을 순복하며 자신이 원하는 대로 자신의 방법을 채택하시는 그분을 신뢰해야만 합니다.

하지만 이런 상태에 대한 또 다른 원인은 대부분의 희생자들이 변함없이 교리에 관심을 가지지 않는다는 사실입니다. 당신은 교리에 관심이 있습니까? 종종 이 사람들은 너무나 어리석어서 저들이 영적으로 성경 읽는 것을 교리로 착각하고 있습니다. 저들은 자신들이 교리에 관심이 없다고 말합니다. 그리고 자신들이 좋아하는 것은 성경해석이지 교리가 아니라고 말합니다. 그들은 성경 속에 있는 교리와 성경으로부터 나온 교리를 믿어야 한다고 주장합니다. 그것은 거의 믿을 수 없을 정도로 사실입니다. 하지만 저들은 성경해석과 교리 사이에 치명적인 대조를 만들어 냅니다. 하지만 교리를 제시하는 것 외에 성경의 기록 목적이 무엇이라고 생각하십니까? 그것이 진리로 이끌지 못한다면 해석의 가치가 도대체 무엇이란 말입니까? 하지만 저들의 위치를 이해하는 것이 어려운 것만은 아닙니다. 상처를 주는 것은 바로 그 교리입니다. 사물에 초점을 맞추는 것도 바로 교리입니다.

그림을 보는 것과 말씀에 흥미를 가지고 그 의미의 그림자에 관심을 가지는 것은 별개의 문제입니다. 그것은 방해하지도 않고 또 죄에 관심을 집중시키지도 않습니다. 결정을 요구하지도 않습니다. 우리는 뒤에 물러앉아 그것을 즐길 수 있습니다. 하지만 교리는 우리에게 말하고 결정을 촉구합니다. 이것이 진리입니다. 그리고 이것은 우리를 검증하고 단련시키며 자신들을 살펴보도록 강요합니다. 그러므로 만일에 우리가 그 같은 교리를 반대하면서 시작한다면, 우리가 분명하게 보지 못할 것은 당연한 일입니다. 기독교 교회에서 만들어낸 모든 신조들의 주목적은 교리와 교의에 관한 모든 신앙고백과 더불어 사람들로 하여금 분명하게 보고 생각하도록 하는 데 있습니다. 이것이 바로 그것들이 어떻게 형성되었는가를 보여 주는 것입니다.

    기독교 교회 역사 가운데 초창기 여러 세기 동안 복음은 한 세대에서 다른 세대로 전파되었습니다. 하지만 어떤 사람은 잘못된 것을 말하기 시작했습니다. 예를 들자면, 혹자가 말하기를 그리스도께서 인간의 육체로 오시지 않았다고 했습니다. 다시 말해서 그것은 유령의 모습이었을 뿐이라는 것입니다. 모든 종류의 일들이 언급되고 또 많은 사람들이 불행하고 당황해 하였습니다. 그러므로 교회가 사도신경의 형태로 교리를 체계화하기 시작했습니다. 당신은 초기 교부들이 단순히 그 일이 즐겁기 때문에 그런 종류의 일들을 했다고 생각하십니까? 천만에 말씀입니다. 그것은 가장 실제적인 이유 때문에 그렇게 되었습니다. 진리는 정의되고 안전하게 보전되어야만 합니다. 그렇지 않으면 사람들이 잘못된 길로 걸어갑니다. 그러므로 만일에 우리가 교리를 반대한다면 우리가 사물을 분명히 보지 못한다 해도 놀랄 일이 아닐 것입니다. 또 우리가 불행하고 비참하게 된다 할지라도 당연한 일입니다. 성경 교리에 대한 두려움과 이해만큼 사람의 영적 안목을 분명하게 해 주는 것은 아무것도 없습니다.

    이 상태에 대한 마지막 설명으로 저는 많은 사람들이 성경에 대한 교리를 올바른 질서 속에 위치시키지 못하고 있다고 말씀드리고 싶습니다. 이것은 가장 중요한 부분입니다. 저는 이점에 대해서 언젠가 다시 말씀드릴 수 있기를 바랍니다. 하지만 저는 이것을 개인적인 경험에 의해서 알게 되었습니다. 우리가 성경 교리를 제 위치에 둔다는 것은 중요한 일입니다. 만일에 당신이 속죄의 교리 앞에 중생의 교리를 둔다면, 당신은 고통스럽게 될 것입니다. 혹시 당신이 하나님 앞에서는 일에 대한 분명한 입장을 정리하기 전에 중생이나 신생에 관심을 가지게 된다면, 당신은 잘못될 것이고 또 결국에는 비참하게 될 것입니다. 칭의 앞에 성화를 위치시킨다고 해도 똑같은 일이 적용될 것입니다. 그러므로 교리들이 제자리를 찾아가야만 합니다. 환언해서, 우리는 우리들이 지금 생각하고 있는 그 상태에 따른 가장 큰 요인은 일들을 바르게 생각하기를 거절하는 데 있다고 말함으로써 결론을 내릴 수 있습니다. 당신은 자신이 무엇을 붙잡거나 얻기도 전에 그것에 대해서 즐거워하다가는 치명적인 위험이 될 수도 있습니다. 그런 사람들은 일을 바르게 처리하기를 거절하는 자들입니다. 그들은 배우기를 싫어하고 또 여러 가지 이유로 가르치지 않으려고 하는 사람들입니다. 종종 자신들을 지나치게 보호하는 이들은 일반적으로 이 같은 영적 혼란의 희생자가 되고 있으며 보기는 보아도 동시에 이해하지 못하는 사람들이 되어가고 있습니다.

 그것은 우리에게 마지막 질문을 유발시킵니다. 이런 상태를 치유할 것은 무엇입니까? 그때를 위하여 저는 원리들만 제공하겠습니다. 첫 번째 원리는 명료성입니다. 무엇보다도 당신의 눈이 완치되었다고 주장하는 조급성을 피하십시오. 그것은 본문에 나오는 사람이 그렇듯이 큰 시험에 빠질 수밖에 없는 일입니다. 여기에 소경이었던 한 사람이 있습니다. 우리 주님이 그의 눈에 침을 바르고 말씀하시기를 "보이느냐?"라고 물으셨습니다. 그는 "보이나이다"라고 대답합니다. 얼마나 큰 시험이 저의 발뒤꿈치를 붙잡고 세상을 향해 외쳤습니까? "내가 보나이다." 어떤 면에서 그 사람은 볼 수 있었습니다. 하지만 그때까지만 해도 그의 시력은 완전치 못하고 또 불분명했습니다. 그가 분명하게 보기 전에 그것을 검증하지 못한 것은 가장 치명적인 일이었습니다. 그것은 하나의 큰 시험입니다. 저도 그것을 잘 이해할 수 있습니다. 하지만 그것은 치명적인 일입니다. 얼마나 많은 사람들이 현재 자신들이 볼 수 있다고 선언하며 또 그렇게 하도록 강요를 당하고 있느냐는 말입니다. 저들이 분명히 보지 못하고 또 여전히 혼돈된 상황에 있으면서도 많은 사람들이 특허나

낸 것처럼 그렇게 하고 있다는 말입니다. 그런 사람들이 참으로 해로운 일을 하고 있는 것입니다. 저들은 사람들을 걸어다니는 나무로 묘사합니다. 다른 사람들을 얼마나 잘못 인도하는 일인지 모릅니다!

두 번째 원리는 첫 번째 것과는 정반대입니다. 첫 번째에 관한 유혹은 저들이 본 것을 분명히 보기도 전에 달려가서 선포하는 것입니다. 하지만 두 번째에 관한 유혹은 완전히 소망이 없다고 느끼면서 다음과 같이 말하는 것입니다. "계속해야 될 요점이 없습니다. 당신은 내 눈에 침을 바르시고 또 나를 만지셨습니다. 어떤 면에서 저는 봅니다. 하지만 저는 사람들이 마치 나무가 걸어다니는 것처럼 보일 뿐입니다." 그 같은 사람들이 종종 본인에게 와서 자신들이 진리를 분명하게 볼 수 없다고 말합니다. 저들은 혼돈 가운데서 필사적이 되며 질문합니다. "내가 왜 볼 수 없습니까? 모든 것이 절망적입니다." 저들은 성경 읽는 것을 중단하고 기도하는 것도 멈추어 버립니다. 마귀가 많은 사람들을 거짓으로 실망시킵니다. 그러므로 저를 듣지 마십시오.

그렇다면 치료 방법은 무엇입니까? 옳은 길은 또 무엇입니까? 정직하게 되십시오. 그리고 우리 주님의 질문에 진실하게 또 솔직하게 대답하십시오. 그것이 바로 이 문제를 해결하는 모든 비결입니다. 그는 이 사람을 향하여 물었습니다. "네가 확실히 보느냐?" 그가 분명하게 그리고 정직하게 말합니다. "보입니다. 하지만 사람이 마치 나무가 걸어다니는 것처럼 보입니다." 저를 구원하는 것은 그의 분명한 정직이었습니다. 지금 질문은 우리가 어디에 서 있는가 하는 것입니다. 본 설교의 주목적은 "우리가 어디에 서 있는가?"라는 바로 그 질문입니다. "우리가 정확하게 무엇을 보는가? 우리가 사물을 분명히 보는가? 우리가 행복한가? 우리가 정말로 보는가? 우리가 하는가 하지 못하는가? 우리가 지금 서 있을 곳에 정확히 서 있는가? 우리가 하나님을 아는가? 우리가 예수 그리스도를 알고 있는가? 우리가 그를 알고 있을 뿐만 아니라 또한 구세주로 믿고 있는가? 우리가 말로 다할 수 없는 기쁨과 충만한 영광을 즐기고 있는가?" 그것이 바로 신약성경이 말씀하고 있는 그리스도인입니다. "우리가 보는가?" 한 번 솔직해 보시기를 바랍니다. 문제에 한 번 직면해 보십시오.

매우 정직한 마음으로 그 같은 질문에 답변해 보시기를 바랍니다.
 그 다음에 무엇을 해야 됩니까? 마지막에 할 일은 당신 자신을 그분에게 굴복하는 일입니다. 당신 자신을 이 사람이 그랬듯이 철저하게 복종하십시오. 그는 더 깊은 처방을 반대하지 않았습니다. 그는 그 안에서 오히려 즐거움을 얻었습니다. 제가 믿기는 우리 주께서 더 진전된 조처를 취해 주시지 않았더라면 그가 그렇게 해 달라고 요청했을 것입니다. 당신 역시 똑같이 하실 수 있습니다. 하나님의 말씀으로 다가오십시오. 그리고 질문을 멈추십시오. 올바른 순서로 약속을 붙잡고 출발해 보십시오. 그리고 다음과 같이 말해 보십시오. "어떤 대가를 치르고서라도 나는 진리를 따르겠다." 당신 자신을 진리에 매십시오. 그리고 그것에 복종하십시오. 어린아이처럼 철저하게 복종하고 또 당신에게 분명한 시력, 완벽한 시력을 주시사 몸을 성케 하신 그분에게 간청해 보시기를 바랍니다. 당신이 그렇게 하실 때 그것은 분명히 주께서 하실 수 있다는 사실을 상기시키는 저의 특권이 될 것입니다. 그렇습니다. 그분이 그렇게 해 주실 것이라고 제가 그 복된 이름을 빌어 당신에게 약속 드립니다. 그는 결코 어떤 일이든지 불완전하게 남겨 두시지 않습니다. 그것이 바로 여기에 나타난 가르침입니다.
 그 말씀을 들으십시오. 이 사람은 고침 받고 회복되어 모든 사람을 분명하게 볼 수 있습니다. 그리스도인의 위치는 분명한 입장입니다. 우리는 의심이나 불안의 상태일 수 없고 또 불확실성이나 불행의 상태에 남겨 두는 것을 뜻하지 않습니다. 당신은 하나님의 아들이 하늘로부터 강림하사 이 땅에서 사시고 행하셨음을 믿습니까? 그리고 예수께서 십자가 위에 못박혀 죽으시고 장사한 지 사흘 만에 부활하사 승천하시고 또 성령을 보내어 주신 것이 우리로 하여금 혼란의 상태에 남겨 두시려고 그렇게 하셨다고 생각하십니까? 천만에 말씀입니다. 그는 우리가 분명히 보고 또 하나님을 잘 알게끔 하시려고 이 땅에 오셨습니다. 그는 우리에게 영생을 주시려고 오셨습니다. "영생은 곧 유일하신 참 하나님과 그의 보내신 자 예수 그리스도를 아는 것이니이다"(요 17:3). 만일에 당신이 이렇게 검증한 결과 자신에게 불행하다고 생각된다면, 그에게 나오고 또 그의 말씀에게 나와서 그를 섬기고 그에게 간구해 보십시오. 그리고 그를 붙들고 찬양의 말씀으로 그에게 구하십시오.

> 거룩하신 하나님 성령이시여
> 이 내 영혼에 비춰소서
> 하나님의 말씀과 내면의 빛으로
> 내 영을 깨우시고 시력을 회복하소서.

그분이 약속하셨은즉 그렇게 해 주실 것입니다. 그렇게 된다면 당신은 보든지 보지 못하든지 더 이상 불확실한 그리스도인이 되지는 않을 것입니다. 그러므로 당신은 다음과 같이 말할 것입니다. "내가 보나이다. 내가 필요한 것 이상으로 그를 전부 보나이다. 내가 이제 그분에게 속한 것도 깨달았나이다."

제 4 장

지성 · 감정 · 의지

"하나님께 감사하리로다. 너희가 본래 죄의 종이더니 너희에게 전해 준 바 교훈의 본을 마음으로 순종하여 죄에게서 해방되어 의에게 종이 되었느니라"

(롬 6:17-18)

    그것은 흠정역에서 발견되는 것과 같은 단어입니다. 하지만 당신이 개역본에서는 '교리의 틀' 대신에 '교훈의 본'으로 되어 있음을 발견하게 될 것입니다. 우리가 앞으로 보겠지만 그것이 똑같은 것을 뜻함이 분명합니다. 그리고 제가 이 구절에 당신의 관심을 촉구하는 것은 본인이 원하기 때문이기도 하지만 그것으로 말미암아 '영적 침체'에 대한 원인과 치유책을 계속해서 심사숙고하기 위함입니다.
    그렇게 함으로써 우리는 이 특별한 상태가 일어나는 형식이 거의 끝없이 계속된다는 사실에 인상을 받아야만 합니다. 그것은 각기 다른 형식으로 다가오고 또 어떤 상태에 그렇게 많은 증상과 징조들이 나타날 수 있다는 사실에 놀랍니다. 물론 그 안에서 또 그 자체적으로 일어나는 문제에 대한 무지는 우리가 지금 살피고 있는 바로 그 상태에 이르도록 만들 수 있습니다. 당신이 언젠가 주 예수 그리스도를 믿을 것으로 생각하고 또 모든 당신의 문제를 뒤에 남겨 두고 나머지 이야기를 "그 이후로 저들이 매우 행복하게 살았다"라는 표현으로 마무리지을 것으로 믿는 그런 종류의 사람은 조만간 이 영적 침체로 말미암아 고통을 당할 것이 분명합니다. 우리는 이 같은 놀라운 삶 속으로 초대되었습니다. 그런데 이 영적 상태가 하나님의 은혜로 말미암았다는 사실입니다. 하지만 우리는 우리를 대적하는 또 다른 세력이 있다는 사실을 결코 잊어서는 안 됩니다.

우리는 하나님 나라의 시민입니다. 하지만 성경은 우리가 역시 영적 왕국인 다른 왕국에 의해서 반대를 받고 있다고 말씀합니다. 더군다나 우리는 줄곧 포위 공격을 당하고 있습니다. 우리가 '믿음의 싸움'을 싸우고 있는 것입니다. 하지만 우리의 싸움은 "혈과 육에 대한 것이 아니요 정사와 권세와 이 어두움의 세상 주관자들과 하늘에 있는 악의 영들에게 대함이라"고 했습니다(엡 6:12). 상황이 그러하기 때문에 우리는 우리가 지금 생각하고 있는 바로 그 상황에 따른 돌발 사태를 준비하지 않으면 안 됩니다. 우리는 모든 유형의 사람들과 모든 종류의 방법들이 나타날 것을 대비해야만 합니다.

사단의 모든 활동 가운데 그의 간교함만큼 특징 있는 것은 없습니다. 그는 능력이 있고 힘이 있으며 교묘합니다. 사도 바울은 그가 필요하다면 "광명의 천사로 자신을 바꿀 수 있다"고 우리에게 말씀한 바 있습니다. 그가 하고 싶어하는 한 가지 일은 하나님의 일을 무너뜨리고 파괴하는 것입니다. 하나님의 일 가운데 우리 주 예수 그리스도 안에서 그리고 그분을 통해서 나타나는 은혜의 사역보다 그가 더 무너뜨리기를 원하는 일은 없습니다. 그러므로 우리가 그리스도인이라는 순간부터 우리는 사단의 특별한 관심의 대상이 되는 것입니다. 그래서 야고보가 다음과 같이 말했던 것입니다. "내 형제들아 너희가 여러 가지 시험을 만나거든 온전히 기쁘게 여기라"(약 1:2). 우리는 기뻐합니다. 왜냐하면 그것이 신앙의 증거이기 때문입니다. 우리가 그리스도인이 되는 순간, 마귀는 특별히 우리가 낙심하는 데 관심을 가집니다. 우리가 비참하게 되는 것보다 마귀가 성공적인 일을 하는 다른 방법이 없기 때문입니다. 마귀는 찰스 램(Charles Lamb)이 묘사한 대로 '영혼의 토라짐고 풍진'으로 우리를 괴롭힙니다. 그 같은 그리스도인들은 쇠약증에 걸린 어린아이처럼 성장하지도 아니하고 건강이나 활력이 없어 보입니다. 그리고 이 같은 상태에 처해 있는 어떤 신자라도 다소간 자신의 믿음을 부인하고 오히려 사단을 기쁘게 하곤 합니다. 그렇기 때문에 사단은 우리 안에 이 같은 상태를 조장하며 끝없는 방법을 동원하여 우리에게 영향을 미치고 또 우리 안에 자신의 모습을 나타냅니다. 그러므로 우리는 변화무쌍한 상황으로 마귀가 역사한다는 사실을 예측해야만 합니다.

저는 지금 이런 상태에 따른 또 다른 일반적인 요인에 당신의 관심을 촉구하려고 합니다. 그것은 우리가 지금 살펴보고 있는 말씀 속에 묘사하고 있는 바로 그 내용입니다. 지금 이 말씀은 그리스도인에 대한 적극적인 묘사입니다. 하지만 우리가 그것을 부정적인 방법으로 사용할 수도 있습니다. 우리가 본문에서 묘사하고 있는 내용의 불일치가 모든 영적 침체를 유발하는 일반적인 요인들 가운데 하나입니다. 그런 그리스도인에 대한 완벽한 묘사가 여기에 있습니다. 바울이 이렇게 말합니다. "너희가 사단의 종이었으며 사단의 지배하에 있었도다. 그곳이 바로 너희가 머물던 곳이었다. 하지만 지금은 너희가 더 이상 그곳에 있지 않도다." 바울은 자신이 저들에 대해서 이렇게 말할 수 있게 된 것을 하나님께 감사하고 있습니다. 저들이 과거에는 그런 위치에 있었지만 지금은 더 이상 그런 상태에 있지 않다고 말합니다. 왜 그렇습니까? 이유인즉 다음과 같습니다. "너희가 본래 죄의 종이더니 너희에게 전하여 준바 교훈의 본을 마음으로 순종하여 저에게서 해방되어 의에게 종이 되었느니라." 그것이 바로 그리스도인에 대한 바울 사도의 묘사입니다.

당신은 바울이 강조하고자 하는 그 점이 그리스도인의 삶의 핵심이고 또 그리스도인의 균형 잡힌 삶이란 사실에 유의하셔야 합니다. 그것이 순종하는 삶이고 또 마음으로부터 의지력을 보이는 삶입니다. 거기에 마음과 지성에 찾아오는 정서와 감성 그리고 교훈의 본이 있습니다. 그렇게 그리스도인을 묘사할 때 바울이 강조하고자 하는 것은 그것이 바로 자신의 삶의 핵심이라는 사실입니다. 전인(全人)이라고 할 때 마음과 심령 의지가 다 포함됩니다. 그리고 영적 침체의 일반적 원인은 바로 그리스도인의 삶이 전인격적이고 균형 잡힌 삶이란 사실을 깨닫지 못하는 것입니다. 균형의 결핍은 그리스도인의 삶 속에 나타나는 고통과 불일치, 그리고 불안을 가장 촉진하는 요인 가운데 하나입니다.

　이 균형 감각의 결핍이 설교자 혹은 전도자에게, 너무 자주 그럴까봐 걱정이 되지만, 부담으로 작용하는 요인이 된다는 사실을 다시 한 번 지적해야만 하겠습니다. 한쪽으로 기울어진 그리스도인들은 일반적으로 교리에 대한 균형이나 원만함 혹은 전체성이 결여된 설교자들이나 전도자들에 의해서 만들어집니다. 우리가 공부를 더 하면 할수록 우리는 그리스도인들의 출생적 상황이 얼마나 치명적으로 중요한가를 깨닫게 될 것입니다. 저는 종종 어떤 사람이 이것을 연구의 과제로 삼고 또 그리스도인의 부차적인 과정과 저들이 개종할 때 사용되는 특별한 수단 혹은 방법 사이에 나타나는 관계를 연구해야만 한다고 생각합니다. 제가 확신하기는 이것이 중요하고 또 흥미 있는 일이라고 봅니다. 자녀들은 일반적으로 부모들의 특징을 물려받습니다. 마찬가지로 개종자들은 저들이 개종할 때 하나님께 쓰임 받은 사람들의 어떤 특징들을 본받는 경향이 있습니다.

　그것뿐만이 아닙니다. 사람들이 빛으로 나오게 된 그 모임의 형태나 성격, 그리고 중생할 때에 나타나는 모든 환경들이 개종자들의 그 이후 신앙의 역사에 우리가 생각하는 것보다 훨씬 더 영향을 끼치는 경우가 있습니다. 우리가 앞장에서 이미 그것을 생각해 보았으며 또 그것이 우리가 지금 살펴보고 있는 그 문제의 견지에서 볼 때 매우 의미 있는 것입니다. 그것은 어떤 특징들을 보여 주는 매우 다양한 형태의 그리스도인들이 있다는 설명입니다. 어떤 집단의 모든 회원들은 거의가 흡사합니다. 그리고 다른 사람들이 각각 다른 특징을 나타내는 동안 저들은 자신들에게 같은 소인을 찍는 것처럼 어느 정도까지 이것은 사실입니다. 우리가 특별한 형태의 사역과 연합시켰던 독특한 특징들을 가지게 되었고 또 균형 감각의 결여 때문에 기꺼이 희생자가 되어 결국 불행과 비참 속에 스스로 빠지게 된 것도 사실입니다.

사도 바울이 이것을 끄집어 낸 것은 그것이 실제적인 문제를 야기하기 때문입니다. 그는 로마에 있는 성도들에게 편지를 썼습니다. 우리는 바울이 그것을 논박하기 위해서 이 같은 입장을 생각했는지, 아니면 실제적으로 로마에 있는 성도들이 그 같은 형편에 처해 있었는지 확인할 길이 없습니다. 아마도 실제적으로 "은혜를 더하게 하려고 죄에 거하겠느뇨?"라고 말하는 사람들이 있었을 것입니다. 그렇지 않으면 오직 믿음으로 의롭게 된다는 교리를 완성한 후에 바울이 갑자기 "그렇게 놓아 두는 것은 위험하다"라고 말하고 또 다른 사람들이 "좋다. 우리가 은혜를 많게 하려고 죄에 머물겠느뇨?"라고 말했을지도 모릅니다. 왜냐하면 그가 "죄가 많은 곳에 은혜가 더욱 넘친다"고 말해 왔기 때문입니다. 초대 교회에 그 같이 논쟁하는 사람들이 있었습니다. 그리고 똑같은 일을 계속하는 사람들이 많았습니다. 저들의 태도는 다음과 같았습니다. "좋다. 그 교리의 견지에서 볼 때 사람이 무엇을 하는가 라는 문제는 그렇게 중요하지 않다. 오히려 죄를 많이 범하면 범할수록 그만큼 더 저를 용서하심으로 하나님께서 영광을 받으실 것이다. 그리스도인이 되었으므로 '내가 무엇을 하는가' 라는 문제는 그렇게 중요하지 않다. 내가 은혜로 가리움을 받을 것이기 때문이다."

사도 바울이 그것을 말했을까요? 그의 대답은 만일에 당신이 그 가르침을 이해하지 못했다면 그렇게 말할 수 있을 것이라는 사실입니다. 하지만 당신이 그 교리를 이해했다면, 그 같은 추론은 결코 하지 않았을 것입니다. 그것은 불가능한 일입니다. 그는 즉시 대답합니다. "그럴 수 없느니라 죄에 대하여 죽은 우리가 어찌 그 가운데 더 살리요"(롬 6:2). 그리스도인은 지금 그리스도 안에 있는 사람입니다. 그러므로 저는 그리스도와 함께 죽었고 또 그리스도와 함께 살았습니다. 그러므로 "은혜를 더하게 하기 위하여 죄에 거함이 어떤가?"라는 무서운 질문을 할 수 있는 사람은 그 교훈을 정말 붙잡지 못한 유일한 사람일 것입니다. 본문에서 제시되고 있는 바울의 핵심적인 주제는 진리를 붙잡는 것이 얼마나 중요한가를 보여 주는 것이며 또 복음의 핵심을 이해하는 것이 중요하다는 점을 피력하는 것입니다. 만일에 사람이 복음의 핵심을 붙잡으면 결국 어떤 결과에 필연적으로 이르게 되는가를 설명하려는 것이 그의 의도입니다.

    그 주제를 간략하게 몇 가지로 나누어서 생각해 보도록 하겠습니다. 여기에 몇 가지의 원리들이 설명되고 있습니다. 첫째, 영적 침체 혹은 그리스도인의 삶에 나타나는 불행이 종종 복음의 위대성을 깨닫지 못하는 데서 기인된다는 사실입니다. 그 사도는 '너희에게 전하여 준 교훈의 본'에 대해서 말씀하고 있고 또 '가르침의 표준'을 인용하고 있습니다. 사람들은 종종 자신들이 기독교에 대한 생각과 복음에 대한 전체적 메시지를 부적절한 용어로 쓰고 있기 때문에 그리스도인의 삶에 즐거움을 느끼지 못합니다. 어떤 사람은 그것을 단지 사죄의 메시지인 것으로 생각합니다. 만일에 당신이 저들에게 기독교가 무슨 종교인가 하고 묻는다면 저들은 대답할 것입니다. "만일에 당신이 주 예수 그리스도를 믿는다면, 당신의 죄가 사하여질 것입니다." 그리고 거기에서 멈출 것입니다. 그것이 전부입니다. 저들은 과거에 있었던 어떤 일에 대해서 불안해 합니다. 하지만 그리스도 안에서 하나님이 저들을 용서해 주신다는 말씀을 듣습니다. 저들이 용서를 받습니다. 그리고 저들은 거기에서 멈춥니다. 그것이 저들이 생각하는 기독교의 전부라는 것입니다.

    기독교를 도덕적으로만 생각하는 사람들이 있습니다. 자신들에 대한 저들의 관점은 용서가 필요치 않고 단지 고상한 삶의 방법만 원하는 것입니다. 저들은 세상에서 선을 행하고 싶고, 기독교는 저들에게 하나의 윤리적이고 도덕적인 프로그램이 될 뿐입니다. 그런 사람들은 불행할 수밖에 없습니다. 어떤 문제들이 불가피하게 저들의 생활 속에서 일어납니다. 그런데 그것들이 엄격하게 도덕적이지 못합니다. 예를 들자면 어떤 사람의 죽음이나 대인 관계 등이 바로 그것입니다. 도덕성이나 윤리가 그 점에서는 도움이 되질 않습니다. 그리고 저들이 복음이라고 생각하는 바가 그 상황에서 그들에게 무용지물이 되고 맙니다. 충격이 올 때 저들은 불행을 느낍니다. 왜냐하면 저들이 복음에 대한 분명한 관점을 가진 적이 없기 때문입니다. 그것은 편협한 관점일 뿐입니다. 저들은 단지 한 쪽 측면만 볼 것입니다. 또 한편 기독교가 어쩐지 좋고 아름답기 때문에 흥미를 가지는 사람들도 있습니다. 그것은 저들에게 매우 큰 심미안적 호소를 촉구합니다. 그것이 바로 복음을 묘사하는 저들의 방법입니다. 그리고 모든 메시지가 저들에게는 그것을 들을 때에 감동을 주는 매우 아름답고 놀라운 그 무엇일 뿐입니다.

저는 그 사도가 여기에서 '교훈의 본' 혹은 '교리의 틀'로 인용하고 있는 그것에 대하여 이 모든 불완전하고 단편적인 견해를 피력하고 있습니다. 그것은 바울이 로마서 안에서 힘있는 논쟁과 전제 그리고 영적인 상상의 나래를 펼치고 있는 큰 진리입니다. 그것이 바르 복음입니다. 만일에 토마스 카알라일(Thomas Carlyle)의 글을 인용한다면, 본 서신과 에베소서 및 골로새서에 나오는 모든 '무한대와 광대함', 바로 그것이 복음입니다. 우리는 이 같은 일들에 대한 정확한 안목을 가져야만 합니다. 하지만 혹자는 다음과 같이 말할지도 모릅니다. "당신이 에베소서와 골로새서에 대해서 말한다면, 당신은 단순히 복음의 말씀에 대해서만 말하고 있는 것이 아닙니다." 복음의 말씀 안에서 당신은 사람들에게 죄의 용서에 관해 설명하고 있는 것입니다. 어떤 면에서 그것은 옳습니다. 하지만 다른 면에서 생각할 때 그것은 옳지 않습니다.

저는 주일 밤에 이곳에 참석한 바 있는 한 남자로부터 한 통의 편지를 받았습니다. 그는 자신이 한 가지 발견을 했다고 말했습니다. 그가 했던 한 가지 발견은 그 예배가 분명히 신자들을 위한 그 무엇이 있는 전도 집회였다는 것입니다. 그는 말했습니다. 그날 밤에 그 같은 일이 있으리라고는 꿈에도 생각을 못했습니다. 저는 동시에 드리는 한 예배에서 불신자들에게 전파되는 복음 전도적 메시지와 성도들을 위해서 저들을 뒤집어 놓을 메시지가 한꺼번에 전파되는 것이 가능하다고는 결코 생각지 못했습니다. 그런데 그분이 위대한 고백을 하고 계신 것입니다. 그분은 저에게 자기 관점으로 볼 때 복음이란 바로 그런 것이라고 말했습니다. 어떤 한 가지 혹은 두 가지를 선택할 때 그것은 부분적이고 또 불완전한 견해일 수밖에 없습니다. 하지만 복음을 전하는 것은 '하나님의 모든 지혜'를 제공하는 것입니다. 그럼에도 불구하고 사람들은 너무 바쁘다고 말하거나 아니면 자신들이 그 모든 것을 따를 수 없다고 말합니다. 저는 당신에게 사도 바울이 그런 종류의 일을 노예들에게 말한 바 있음을 상기시키고 싶습니다. "힘있는 자가 많지 아니하고 고상한 자도 많이 부름 받지 아니하였도다." 그것이 바로 '이 놀라운 진리를 나타낼 때' 저들에게 제시했던 내용입니다. 복음이란 부분적인 그 무엇이나 혹은 단편적인 그 무엇이 아닙니다.

그것은 전체적인 삶과 전체적인 역사와 전세계를 포용합니다. 그것은 우리에게 창조와 최후심판과 그 중간에 있을 모든 것을 말해 줍니다. 그것은 인생에 대한 완벽하고 전체적인 관점을 시사합니다. 그런데 그리스도인의 삶에 불행을 체험하는 사람들이 많습니다. 이유인즉 저들이 이같은 삶의 방법이 전인적인 삶을 제공하고 또 자신의 경험 속에서 나타나는 모든 우발성을 포용한다는 사실을 깨닫지 못했기 때문입니다. 삶의 모습은 없고 단지 복음이 그에 대해서 말할 그 무엇을 가지고 있을 뿐입니다. 전체적인 삶이 복음의 영향력 밑으로 들어와야 합니다. 왜냐하면 그것이 모든 것을 함축하기 때문입니다. 복음은 우리의 삶 속에서 모든 것을 지배하고 통치하기 때문입니다. 우리가 만일에 그것을 깨닫지 못한다면 우리는 조만간 자신들이 불행한 상태에 있음을 발견하게 될 것입니다. 왜냐하면 저들이 해롭고 비성경적인 이분법을 탐닉하고 저들의 기독교를 자신들의 어떤 삶의 측면에 적용하며 한 걸음 더 나아가서 고통에 빠지도록 만들기 때문입니다. 그것은 매우 불가피한 일입니다. 바로 그것이 우리가 여기에서 맨 먼저 볼 수 있는 일입니다. 우리는 복음의 위대성과 또 그것의 광대하고 영원한 측면을 깨달아야만 합니다. 그리고 우리는 이 위대한 교리의 완벽성에 따른 풍부함과 부요함을 누리면서 살아야 합니다. 우리가 언제나 복음 속에 갇혀서 머물러 있으면 안 됩니다. 우리는 거기에서 출발하여 계속 전진해야만 합니다. 우리는 그것이 역사하는 것을 보고 또 위대한 내용에 이르도록 할 때, 복음이 얼마나 위대한 것이며 또 우리의 모든 삶이 그것에 지배를 받는 것이 얼마나 의미 있는 일인가를 깨닫게 될 것입니다.

그것은 우리에게 두 번째 문제에로 이끌어 줍니다. 그것은 우리가 똑같은 방법으로 그 메시지의 위대함과 전체성을 종종 깨닫지 못할 때에 우리의 전인격 역시 "너희에게 전하여 준 바 교훈의 본을 마음으로 순종하였도다"라는 그 메시지에 또 그것에 의해서 함께 연합되어야 하는 일에도 실패하고 맙니다. 인간은 참으로 놀라운 피조물입니다. 그는 마음과 심령과 의지를 가진 존재입니다. 그들은 세 가지 주요 요소들을 가지고 있습니다. 하나님께서 그에게 마음을 주셨고 심령을 주셨으며 또 그에게 활동할 수 있도록 의지를 부여하셨습니다. 그 복음이 가장 영광스러운 이유 중에 하나가 바로 이것입니다. 그것은 다름아닌 복음이 전인격을 취하기 때문입니다. 참으로 본인은 그런 일을 할 수 있는 것은 아무 것도 없다고 말씀드리는 데까지 나아가겠습니다. 이것이 삶과 죽음 그리고 영원에 대한 완벽한 견해를 제공하는 유일하고 완벽한 복음입니다. 그리고 복음은 전인격을 포용하기에 충분합니다. 우리가 그것을 깨닫지 못하기 때문에 우리에게 많은 고통이 뒤따릅니다. 우리는 이 위대한 복음에 대해서 부분적으로밖에 응답치 못합니다.

제가 설명한 부분을 입증시키기 위해서 좀더 구체적으로 말씀드리고 싶습니다. 그들의 경우에 있어서 머리만 쓰는 사람들 곧 지적이고 이해력이 뛰어난 사람들이 있습니다. 저들은 자신들이 기독교 철학이라는 관점에서 복음에 대하여 놀랍게 관심을 가지고 있다고 말합니다. 언제나 기독교적 관점에 대해서 이야기하고 또 오늘날의 특수 용어 곧 기독교적 통찰력을 사용하는 사람들이 있습니다. 그것은 순수하게 철학적이고 또 전적으로 지적인 그 무엇입니다. 저는 당신도 오늘날 수많은 사람들이 그 같은 입장을 취하고 있다는 사실에 동의하리라고 봅니다. 기독교는 저들에게 매우 흥미 있는 일이며 또 저들은 이 같은 기독교적 관점이 정치나 산업과 모든 영역에서 적용될 수만 있다면 우리의 문제들이 해결될 수 있으리라고 믿고 또 그렇게 주장합니다. 그것은 전적으로 지성적인 태도요 관점이 아닐 수 없습니다.

과거에도 그랬듯이 오늘날도 복음에 유일한 관심을 가진 사람들이 많지는 않지만 상당수 있습니다. 저들은 신학과 교리, 비유와 큰 문제들과 논쟁, 그리고 의논 등에 저들의 관심을 가집니다. 제가 이미 지나간 과거에 대해서 말씀드립니다. 제가 저들을 변호하고 싶지는 않습니다. 하지만 저들은 현상황을 매우 선호하는 사람들입니다. 그때 저들의 유일한 관심이 복음이었던 사람들은 신학적인 문제에 흥미를 가지고 있었고 또 그것들을 가지고 논쟁하고 토론했습니다. 그들의 마음이 매우 깊이 개입 되었으며 또 이것이 저들의 지적인 취미였고 관심사였습니다. 하지만 비극은 저들의 관심은 관심으로 끝나 버렸고 마음에 결코 감동적이지 못했다는 사실입니다. 저들의 삶에 주 예수 그리스도의 은혜가 없었을 뿐만 아니라 또한 평소에 나타나는 인간적 친절의 음료가 결핍되었습니다.

그들은 특별한 교리에 대해서 논쟁하며 거의 싸우다시피 합니다. 하지만 저들은 종종 접근하기 쉽지 않은 사람들이 되어 버립니다. 혹시 당신이 어려움 가운데 처하게 된다 할지라도 결코 그들에게 가지 못합니다. 당신은 저들이 이해하지도 못하고 또 동정하지도 못한다는 사실을 느끼게 될 것입니다. 더 나쁜 것은 저들이 그렇게 관심을 가지고 있는 진리를 자신들의 삶에 전혀 적용시키지 않는다는 점입니다. 그것이 단지 연구로 끝나는 그 무엇에 불과합니다. 그것이 저들의 행동이나 행위에 전혀 연결되지 않습니다. 전적으로 마음뿐입니다. 저들이 조만간 어려움에 빠지고 불행하게 될 것이 명약관화합니다. 삶의 종착역에 다가왔던 것처럼 된 사람을 만나 본 적이 있습니까? 그가 더 이상 책을 읽을 수도 없고 또 그가 막 임종하려고 할 때를 지켜본 적이 있습니까? 그런 사람을 한두 번 경험했을 때 저는 더 이상 다른 사람을 지켜보고 싶지 않았습니다. 자신이 죽어야만 한다는 사실을 인지할 지점에 이른 사람을 지켜보는 것은 참으로 무서운 일입니다. 자신이 논쟁하고 생각하고 심지어 변호까지 했던 그 복음이 결코 저를 붙들지 않았기 때문에 그에게 아무 도움이 되지 않는 것처럼 보입니다. 그것이 단지 하나의 지적인 취미 생활에 불과했기 때문입니다.

하지만 또 다른 사람들이 있습니다. 그들의 경우에는 복음이 저들의 마음에만 효과를 미친 것처럼 보입니다. 이것이 오늘날 보통 사람들의 경우입니다. 그들은 자신들이 정서적으로 해방을 얻었다고 느끼는 사람들입니다. 저들은 정서적 위기를 통과한 사람들입니다. 저는 이것을 평가 절하하고 싶지 않습니다. 오히려 순수하게 정서적으로 경험하는 것만

제4장 지성·감정·의지 75

으로는 진정 위기가 있다는 사실입니다. 이런 사람들에게는 자신들의 삶에 약간의 문제가 있을 수 있습니다. 저들이 어떤 특별한 죄를 범할 수도 있기 때문입니다. 저들은 그것을 잊어버리려고 애를 씁니다. 하지만 그것으로부터 벗어날 수 없습니다. 결국 저들은 그 같은 어떤 일로부터 해방을 줄 수 있는 듯한 메시지를 듣고 그것을 받아들입니다. 그러면 모든 것이 잘됩니다. 하지만 저들은 그것으로 끝납니다. 저들은 이 특별한 해방을 원했고 또 그것을 얻었습니다. 그것이 불완전한 복음의 제시를 통해서도 얻을 수 있습니다. 그리고 그것이 부분적이고 또 불완전한 경험으로 이끌어 줍니다. 저들이 원래 그것을 원했기 때문에, 그 같은 사람들은 정서적인 경험 외에 아무것도 하지 않았습니다.

그렇지 않으면 저들이 자연스럽게 신비주의 혹은 신비현상에 관심을 가질 수도 있습니다. 어떤 사람들은 자연적 신비 속에서 태어납니다. 차라리 그들에 대한 타계적인 그 무엇이 있습니다. 그리고 저들은 신비적인 것에 관심을 가집니다. 오늘날 이에 대한 관심이 지대하며 또 심리현상이나 특별한 감각적 경험에 흥미를 가지는 일이 많습니다. 그런 일에 관심을 가지는 사람들은 언제나 있었습니다. 그들은 자연적 신비주의자들이고 또 신비주의적 경험을 제공하는 것처럼 보이는 그 무엇에 이끌립니다. 저들은 성경으로 나아옵니다. 왜냐하면 저들이 성경 가운데서 자신들이 갈망하고 원하는 신비주의적 경험에 만족을 얻을 수 있을 것처럼 느끼기 때문입니다. 그들은 그것을 찾고 또 마침내는 그것을 얻습니다. 그리고 저들은 그 외의 것은 아무것도 얻지 못합니다.

그렇지 않으면 어떤 사람들은 단순히 저들이 복음의 제시에 의해서 혹은 교회의 분위기, 곧 페인트 칠한 창문이나 장식품, 예식, 찬송, 음악, 설교 등에 의해서 심미적으로 감동을 받기 때문에 이 같은 입장에 처하게 될 수도 있습니다. 그런 것들 중에 어느 하나 혹은 이 모든 것들에 감동을 받는 경우가 있습니다. 삶은 힘들고 또 저들에게 잔인하게 다가옵니다. 한 걸음 더 나아가서 환경이 저들을 고통스럽게 만듭니다. 하지만 저들은 특별한 예배에 동참하여 어쩐지 자신들에게 위로가 되며 마음이 평안해짐을 체험합니다. 그리고 행복감이나 만족감을 얻습니다. 그것이 바로 저들이 원하는 모든 것입니다. 저들이 그것을 얻되 더 이상 아무 것도 바라지 않습니다. 저들은 행복감을 느끼고 멀리 떠납니다. 하지만 저들이 확실히 그것을 느끼면서도 동시에 그들은 자신들이 곤경에 처해 있고 또 아무런 도움도 주지 못할 그런 형편에 놓여 있음을 발견하게 됩니다. 어느 날 그들은 어떤 위기를 직면하고 그것을 통과하지 않으면 안 되게 됩니다. 하지만 저들은 일들을 잘 생각해 볼 방법을 배운 바가 없습니다. 저들이 자신들의 느낌대로 사는 데 만족해 있었기 때문입니다.

또다시 다른 사람들은 어떤 집회에서 호소하는 말씀에 치우쳐 응답했기 때문에 한쪽으로 기울어진 사례도 있습니다. 지금은 나이가 많아서 목회사역으로부터 은퇴했지만 한 번은 우리나라에 방문한 적 있는 유명한 전도자의 상담실에서 일했던 분들이 자신들이 경험했던 일에 대하여 저에게 말하려고 했던 분들을 기억합니다. 그들은 상담실에 찾아왔던 사람들에게 무엇 때문에 그분을 방문했냐고 질문했다는 것입니다. 하지만 그 이유를 모른다고 대답하는 것을 매우 자주 들었습니다. 그래서 그분들이 물었습니다. "하지만 당신들은 상담실을 찾아오셨습니다. 무엇 때문에 오셨지요?" 그때 저들이 대답합니다. "저는 그 전도자께서 오라고 해서 왔습니다." 그 전도자는 이야기를 말하는데 놀랍고도 뛰어난 재능을 타고난 분이셨습니다. 그는 마치 연극을 하시듯 했습니다. 그리고 때로는 감동적인 이야기로 자기 주소를 말하면서 말을 맺습니다.

그 후에 저는 사람들로 하여금 앞으로 나아오도록 호소합니다. 그렇게 하면 일종의 환각 상태에서처럼 사람들이 복도를 따라서 상담실로 가게 되는데 저들은 그 이유를 알지도 모르는 상태가 됩니다. 저들은 감동을 받고 또 매료되어 버립니다. 하지만 거기에 진리의 개념은 있는 것 같습니다. 정서적으로 감동을 받는 것 그 이상은 아무것도 없습니다. 그러한 채로 저들이 상담실을 찾아옵니다. 그런 사람들이 언젠가는 어려움 속에 빠지는 것은 필연적인 일이 아닐 수 없습니다. 그들은 불행하게 될 것이고 또한 비참하게 될 것입니다. 그들이 침체될 것입니다. 이 사람들은 마음속에는 그 무엇이 들어 있지만 머리 속에는 전혀 아무것도 들어 있지 않는 그런 사람들입니다. 불행하게도 때때로는 의지적으로도 그렇습니다. 저들은 감정적으로 즐거우면 만족해 하고 또 느낌을 경험하면 흡족해 합니다. 그리고 저들은 마음과 의지에 진리를 적용하는 일에는 전혀 관심을 두지 않습니다.

그러면 마지막으로 당신이 저들의 의지가 개입된 사람들에게서 똑같은 것을 발견하게 될 것입니다. 그것은 가능합니다. 또 불행하게도 그런 일이 일어납니다. 왜냐하면 사람들이 기독교를 선택하도록 설득을 받기 때문입니다. 저들은 그것이 선한 삶이라고 믿고 또 저들이 엄숙하게 기독교를 신앙하기로 결정했다고 말합니다. 저는 우리가 이 같은 말로 결정하는 것을 피해야 한다고 생각합니다. 저는 그것을 좋아하지 않습니다. 그리스도를 위한 결심에 대하여 이야기하는 것은 제가 앞으로 보여 드리겠지만 현재 우리가 생각하고 있는 그 본문을 거부하는 것처럼 보입니다. 이 같은 '결심하기'는 종종 호소가 있을 때 그 결과로 말미암아 유발되기 때문입니다. 인간의 의지에 엄청난 폭격이 떨어졌을 때 반드시 응답하는 어떤 의지들이 있습니다. 저들은 자신들이 결심을 하도록 부름을 받았고 또 결심을 내리도록 압력을 받았기 때문에 결심하는 것입니다. 압력이 그 의지에 가해졌습니다. 그들은 저들이 결심해야만 된다는 말을 들었습니다. 그래서 결심한 것입니다. 하지만 저들은 자신들이 그렇게 해야만 될 이유를 언제나 알지 못합니다. 더군다나 그 후에는 계속해서 질문하기 시작할 것입니다. 그리고 저들은 자신들이 대답을 가지고 있지 않음을 발견하게 될 것입니다.

제가 이 문제를 다음과 같이 정리함으로써 종합해 보겠습니다. 기독교에 의해서 선택을 받는 대신에 자신이 기독교를 선택하기로 결정하는 사람들이 있습니다. 저들은 이런 긴장감을 느껴본 적이 없습니다. 그리고 "하나님, 제가 아무것도 할 수 없습니다. 나를 도우소서"라고 말할 느낌도 전에는 없었습니다. 그래서 저들은 모든 것을 배제시키고 진리가 자신들에게 다가올 때 그것을 받아들일 수밖에 없었던 것입니다. 그것이 바로 본 장에서 바울이 말하고 있는 내용입니다. 바울은 "하나님이 금하셨느니라"고 말합니다. "너희가 지금 무엇을 말하고 있는가? 아직도 진리가 무엇인지 깨닫지 못하고 있는가? 어떻게 너희가 은혜를 더하려고 죄를 범한다는 것인가?" 당신은 은혜가 무엇인가를 잘 모르는 것 같습니다. 진리를 이해했던 사람들만이 그것을 실천하고 싶어하는 사람들입니다. 다른 사람들의 비극은 저들이 결코 그것을 본 적이 없다는 사실입니다.

그렇다면 그것이 바로 그 상태에 대한 원인입니다. 하지만 제가 이것을 강조하고 싶습니다. 제가 지금까지 종종 설명드렸듯이, 당신은 어떤 사람들이 저들의 인격의 한 부분, 곧 머리에만 혹은 감정에만 또는 의지에만 치우쳐 있는 경우를 발견하게 될 것입니다. 저들이 잘못되었음을 우리가 함께 동의할 것입니다. 그렇습니다. 하지만 이 문제를 분명히 해 봅시다. 두 가지에만 치우쳐도 그것은 똑같은 잘못입니다. 의지가 빠지고 머리와 마음만 가지는 것도 똑같은 잘못입니다. 그리고 마음 없이 머리와 의지만 가지거나 혹은 머리 없이 마음과 의지만 가지는 것 역시 잘못입니다. 제가 생각하기는 사도 바울이 우리에게 강조하는 것이 바로 그것이라고 봅니다. 그리스도인의 입장은 삼중적입니다. 셋은 함께 있어야만 하고 또 동시에 같이 역사하고 언제나 셋이 합력해야만 합니다. 이 같은 위대한 복음이 사람의 전인격을 사로잡습니다. 만일에 전인격이 연합되지 않는다면, 당신이 지금 어디에 서 있는지 다시 한 번 생각해 보아야만 합니다. "너희에게 전하여 준 바 교훈의 본을 너희가 마음으로 순종하였도다." 얼마나 위대한 복음입니까! 그리고 얼마나 영광스러운 메시지입니까? 그것은 사람의 마음을 완전히 사로잡습니다. 그리고 저의 마음을 전적으로 감동시킵니다. 한 걸음 더 나아가서 의지의 영역에서 전심으로 순종하도록 이끌어 줍니다. 그것이 바로 복음입니다.

그리스도께서 우리를 온전한 사람들이 되도록 위하여 죽으셨습니다. 그렇게 하신 것은 단순히 우리 인격의 부분들만 구원하시거나 혹은 한쪽으로 치우친 그리스도인들이 되도록 하심이 아니라 오히려 우리들이 균형 잡힌 완전한 인격체가 되도록 하시기 위함이었습니다. 그것뿐만이 아닙니다. 만일 우리가 이 균형 감각을 잃게 된다면, 우리는 후에 고통을 당하게 될 것입니다. 왜냐하면 인간은 하나님께서 균형 있게 지으셨기 때문입니다. 그것을 생각해 보신 적이 있습니까? 하나님께서 우리 안에 세 종류의 세력들, 곧 마음과 심령과 의지를 어떻게 넣어 주셨는가를 심리학적으로 살펴보는 것은 참으로 재미있는 문제입니다. 그들은 얼마나 능력 있는 존재들입니까? 당신은 한 인격 속에 세 가지의 존재들이 상호 협력하는 것이 불가능하다고 생각했을 것입니다. 하지만 하나님께서 인간을 온전케 만드셨습니다. 당신은 주 예수 그리스도께서 모든 것을 완벽하게 하신 것을 보실 수 있습니다. 구원의 목적은 우리를 그렇게 완전하게 인도하시고 또 그의 형상을 이루사 죄의 영향력과 흔적이 제거되고 없어지도록 하는 것입니다.

이 균형에 대해서 마지막으로 말씀드리고 싶습니다. 이런 일들은 언제나 올바른 질서를 유지하게 됩니다. 본 절에 대한 궁극적 질서가 있습니다. 그리고 그 질서는 분명히 이렇게 나타납니다. 이 사람들은 죄에 사로잡힌 종들이었습니다. 하지만 저들이 더 이상 그렇지는 않습니다. 이유가 무엇입니까? 그 사도는 저들에게 나타난 교훈의 본에 대해서 말씀합니다. "너희에게 전하여 준 바 교훈의 본을 마음으로 순종하였도다." 전에 저들은 노예 상태에 있었습니다. 무엇이 저들을 이끌어냈습니까? 진리가 저들에게 나타났습니다. 저들이 단순히 마음의 영역에서 정서적으로 감동을 받은 것만은 아닙니다. 단순히 의지에게 감동을 준 것만도 아닙니다. 아닙니다. 진리가 제시된 것입니다. 우리는 언제나 이런 일들을 올바른 질서 속에 정리하지 않으면 안 됩니다. 진리가 먼저입니다. 교리가 먼저입니다. 가르침의 본이 우선입니다. 복음의 메시지가 우선입니다. 우리는 사람들이 단순히 정서적으로 매료되는 데 관심이 없습니다. 의지의 영역에 사로잡히는 데에도 관심이 없습니다. 우리는 말씀의 전파에만 관심이 있습니다. 사도들은 단순히 결과만 만들어 내고 사람들을 변화시키라고 보내심을 받은 것이 아닙니다. 그들은 복음을 전파하고 진리를 전파하며 예수님과 그의 부활, 그리고 이 메시지 곧 복음의 본과 그에 따른 내용들을 선포하라고 보내심을 받았습니다. 그런 것들이 신약성경에 사용된 용어들입니다. 그리고 교회들은 그것을 첫 번째로 놓는 일을 실패할 때 이 같은 영적 괴물들을 생산할 것이 분명합니다.

그리스도인은 그가 왜 그리스도인이 되었는가를 알아야만 합니다. 신자는 단순히 놀라운 그 어떤 일이 자신에게 일어났다고 말하는 사람만은 아닙니다. 전혀 그렇지 않습니다. 그는 자신에게 있는 소망에 대한 이유를 묻는 자들에게 대답할 준비가 되어 있는 사람입니다. 만일에 그럴 수 없다면, 자신의 위치를 확실하게 만드는 것이 더 나을 것입니다. 그리스도인은 왜 자신이 존재하고 또 자신이 어떤 존재인지 한 걸음 더 나아가서 자신이 서 있는 곳이 어디인지를 알아야만 합니다. 그는 자신에게 제시된 교훈을 가지고 있고 또 진리를 받은 바 있습니다. 이 건전한 '교훈의 본'이 그에게 임한 것입니다. 그의 마음에 왔습니다. 그래서 이것이 마음으로부터 시작되었습니다. 진리가 그의 마음에 임했으며 또한 성령의 조명으로 그의 이해력으로 파급되었습니다. 진리를 체험한 후에 그리스도인은 그것을 사랑하게 되었습니다. 또 그것은 저의 마음을 움직였습니다. 그는 자신이 어떤 존재인가를 보고 또 자신이 살았던 삶을 돌이켜 보고 그것을 미워했습니다.

만일 당신이 죄의 종이었던 자신의 진실을 보게 된다면 자신을 미워하게 될 것입니다. 또 당신이 그리스도의 사랑에 대한 영광스러운 진리를 보게 된다면 당신은 그것을 원하고 또 갈망하게 될 것입니다. 그래서 마음이 개입된 것입니다. 진실로 진리를 본다는 것은 당신이 그것에 감동을 받고 당신 자신이 그것을 사랑하게 됨을 뜻합니다. 당신은 어찌할 수 없습니다. 만일에 당신이 진리를 분명하게 본다면, 당신이 그것을 느낄 수밖에 없습니다. 그리고 나서 다음 단계로 이끌어 나가게 될 것입니다. 당신의 가장 큰 욕구가 실행되고 또 그것을 따라서 살게 되는 단계에까지 이른다는 말입니다.

그것이 바로 바울의 전체적인 논점입니다. 그는 당신이 계속해서 죄에 거한다고 말하는 것은 생각할 수 없는 일이라고 지적합니다. 만일에 당신이 그리스도와 일치됨을 깨닫기만 한다면, 다시 말해서 그리스도의 죽으심과 부활하심에 합하여 하나로 심어지기만 한다면, 당신은 결코 그렇게 말할 수 없을 것입니다. 당신이 "죄에 계속해서 거하겠느뇨?"라고 말하면서 동시에 그리스도와 합하여 하나 될 수는 없을 것입니다. 이 큰 진리가 전에 본인에게 호소했던 일들을 계속할 수 있는 면허증을 공급한다고 보십니까? 결코 그럴 수 없습니다. 그것은 상상 밖의 일입니다. 자신이 그리스도와 더불어 함께 부활했다고 인지하고 믿는 사람은 그와 더불어 새로운 삶을 불가피하게 살아가고 싶어할 것입니다.

　바울이 그의 강한 반론과 논증을 펼치고 있는 이것으로부터 저는 마지막 결론을 내리고자 합니다. 우리는 우리가 다른 사람들에게 말할 때에 마음이 결코 직접적으로 접촉될 수 없다는 사실을 깨닫지 않으면 안 됩니다. 좀더 말씀드리자면, 의지 역시 직접적으로 접근되지 않는다는 사실입니다. 이것이 개인적인 접촉이나 설교 시에 작용되는 가장 중요한 원리임을 명심해야만 하겠습니다. 마음은 이해력에 의해서 언제나 영향을 받습니다. 마음에 이어 심령과 의지도 역시 마찬가지입니다. 우리는 우리 자신들이나 아니면 다른 사람에게 있어서 마음을 직접적으로 공격할 권리가 없습니다. 제가 알기는 악한 삶을 사는 사람들은 거짓 위로와 자기 자신의 저주를 발견하게 됩니다.

　그 같은 사실 속에서 저들은 울기도 하고 또 신앙적인 집회에서 정서적으로 감동을 받습니다. "저는 잘못을 범하지 않고서는 아무것도 할 수 없습니다. 그렇지 않고서는 제가 이렇게 답변하지도 못합니다." 저들은 논쟁합니다. 하지만 그것은 거짓 추론이고, 저들의 정서적 대응은 저들 스스로에게서 만들어집니다. 진리에 대해서 반응을 나타냈더라면, 저들의 삶이 많이 달라졌을 것입니다. 우리는 마음에 접근해서도 안 되고 의지 역시 직접적으로 접근해서는 절대 안 됩니다. 진리는 하나님께서 사람에게 주시는 가장 큰 선물입니다. 다시 말해서 마음과 이해력 역시 마찬가지입니다. 하나님은 자신의 형상을 따라서 인간을 지으셨습니다. 그리고 이 형상의 가장 큰 부분이 진리를 이해할 수 있는 능력을 갖춘 마음이라는 데에는 의심의 여지가 없습니다. 하나님께서 우리에게 그것을 선물로 주셨고 또 하나님께서 우리에게 그런 방법으로 진리를 보내 주셨습니다.

　하지만 하나님은 혹자가 그것이 지성으로 끝난다고 생각하는 것은 금하십니다. 그것은 거기에서 출발하여 계속됩니다. 또 그것은 마음을 움직이고 결국에는 사람으로 하여금 의지에 복종하게 만듭니다. 그는 아까워하거나 억지로 순종하지 않고 온 마음을 다하여 순종합니다. 그리스도인의 삶이란 전인격을 취하고 바쳐서 영광스럽고 온전한 삶을 사는 것입니다.

　오 하나님이시여, 우리로 하여금 균형 잡힌 그리스도인들이 되게 하옵소서. 그리고 우리가 분명하고 확실하게 우리에게 전하여 준 바 교훈의 본을 마음으로 순종한다고 말할 수 있는 남녀 성도들이 되게 하옵소서.

제 5 장

한 가지 죄

"그러나 내가 긍휼을 입은 까닭은 예수 그리스도께서 내게 먼저 일절 오래 참으심을 보이사 후에 주를 믿어 영생 얻는 자들에게 본이 되게 하려 하심이니라"
(딤전 1:16)

지난 장에서 우리는 불행하게 사는 사람들과 또 마음과 심령, 그리고 의지 사이에 균형을 유지하는 데 실패했기 때문에 그리스도인의 삶을 진정 즐길 수 없는 이들에 대해서 생각한 바 있습니다. 디모데전서에서 바울은 이에 대하여 다음과 같이 언급하고 있습니다. "믿음과 착한 양심을 가지라 어떤 이들이 이 양심을 버렸고 그 믿음에 관하여는 파선하였느니라 그 가운데 후매내오와 알렉산더가 있으니 내가 사단에게 내어준 것은 저희로 징계를 받아 훼방하지 말게 하려 함이니라"(딤전 1:19-20). 그 같은 균형의 결여는 가장 큰 불행의 원인이 될 뿐만 아니라 또한 그리스도인의 삶 속에서 넘어지고 실패하는 요인이 된다는 사실입니다.

이 모든 것에 놀라는 어떤 사람들이 있습니다. 저들은 기독교에 대하여 그럴듯하고 또 피상적인 견해를 가지고 있습니다. 사람이 결심 카드에 서명하는 한 그는 그리스도인이 되고 또 그러하기 때문에 완전히 행복할 것으로 저들은 생각합니다. 하지만 경험과 교회의 역사가 분명히 보여 주듯이 그런 경우는 실제와 거리가 멀다는 사실입니다. 만일에 우리가 그 같은 피상적인 견해를 취한다면, 우리는 곧 모종의 고통을 경험하게 될 것입니다. 여러 가지 이유 때문에 언제나 고통을 당하는 그리스도인들이 있다는 사실입니다. 당신은 제가 지금 말씀드리고 있는 그 진리를 발견하지 않고서 신약성경에 나오는 서신들을 읽을 수는 없습니다. 만일에 단순하게 믿고 구원을 얻는 것이 목적을 이루는 것이라면, 어떤 의미에서 신약성경에 나오는 서신서들은 필요치 않을 수도 있습니다. 또 당신은 교회의 필요성도 전혀 느끼지 않을 것입니다. 사람들은 단지 구원을 받고 그리스도인으로서 남은 생애 동안 행복하게 살아갈 수 있습니다. 하지만 이것이 바른 성도의 삶이 아니라는 많은 증거가 있습니다. 신약시대 사람들은 믿고 그리스도인들이 되었습니다.

하지만 사도 바울이나 베드로, 요한과 다른 이들이 성도들에게 편지를 쓸 필요가 있었습니다. 왜냐하면 저들이 이런 면에서 혹은 다른 면에서 고난을 겪고 있었기 때문입니다. 저들은 여러 가지 이유 때문에 행복하지 못했습니다. 그들은 그리스도인의 삶을 즐기지도 못했습니다. 어떤 사람들은 구원받기 이전의 삶을 그리워하는 시험에 들기도 하고 또 다른 사람들은 심각한 시험에 빠지거나 잔인하게 핍박을 받는 사람들도 있습니다. 그러므로 신약성경의 서신서들이 존재함으로써 우리에게 불행이란 바로 그리스도인들을 괴롭히는 그 어떤 상황이란 점을 보여 주고 있습니다. 여기에 이상한 종류의 위로, 그럼에도 불구하고 매우 사실적인 위로가 있습니다.

혹시 제 말을 듣고서 어려움 가운데 처한 사람이 있다면, 제가 한 말씀드리겠습니다. 당신이 불행하거나 고통 중에 있다는 사실이 그리스도인이 아니라는 표시일 수 없습니다. 오히려 저는 한 걸음 더 나아가서 만일에 당신이 그리스도인의 삶을 살면서 한 번도 고난을 겪은 적이 없다면 당신이 진정 그리스도인인가를 매우 심각하게 생각해 보아야 한다고 말씀드리고 싶습니다. 거짓 평화 같은 것이 있을 수 있습니다. 그리고 믿는다는 착각도 있습니다. 전체적인 신약성경과 수세기에 걸친 교회의 역사는 "이것이 바로 신앙의 싸움이다"라는 사실을 웅변적으로 증거해 줍니다. 그리고 당신의 영혼 속에서 그 어떤 고통도 일어나지 않는다면 좋은 징조와는 거리가 멀다는 사실을 밝혀 보여줍니다. 참으로 그것은 단적으로 잘못된 그 무엇이 있다는 심각한 징조가 아닐 수 없습니다. 그렇게 말할 만한 매우 합당한 이유가 있습니다. 신자가 되는 그 순간부터 우리는 마귀가 주목하는 특별한 대상이 되는 것입니다. 그가 우리 주를 포위하고 공격했던 것처럼, 그는 역시 모든 주의 백성들을 포위하고 공격합니다.

그래서 야고보는 말했습니다. "내 형제들아 너희가 여러 가지 시험을 만나거든 온전히 기쁘게 여기라"(약 1:2). 그것이 바로 당신의 신앙을 입증하는 방법입니다. 왜냐하면 그것이 당신의 신앙의 시금석일 뿐만 아니라 또한 어떤 면에서 당신이 믿음을 가지고 있다는 증거가 되기 때문입니다. 우리가 그분에게 속하기 때문에 마귀는 우리를 방해하고 뒤집어 놓으려고 최선을 다할 것입니다. 하나님께 감사할 것은 그가 우리에게서 구원을 빼앗아 갈 수 없다는 사실입니다. 그가 우리의 구원을 빼앗아 갈 수 없는 반면에 마귀는 우리를 비참하게 만들 수는 있습니다. 만일에 우리가 마귀에게 귀를 기울일 정도로 충분히 어리석기만 하다면, 그는 우리의 구원의 기쁨을 심각하게 절감시킬 수 있습니다. 그것이 바로 끊임없이 시도하고 있는 마귀에 대한 정확한 설명입니다. 바로 그러하기 때문에 우리가 신약성경에 나오는 서신서들에 대한 교훈과 가르침을 받고 있는 것입니다.

본 장에서 우리는 이런 경로를 따라서 마귀가 공격해 오는 한 가지의 가장 평범한 방법을 상고해 보려고 합니다. 그것은 우리 앞에 펼쳐져 있는 이 특별한 구절에서뿐만 아니라 또한 그 사도가 자기 자신을 주 예수 그리스도의 복음의 일꾼으로 인용하고 있는 자서전적 부분인 본 장 전체에서 제시되고 있는 것입니다. 여기에 나타나고 있는 문제는 비참한 그리스도인들 혹은 저들의 과거, 즉 과거에 범했던 어떤 특별한 죄 때문이 아니면 저들의 경우에 우연히 죄로 규정되었던 특별한 형태의 문제 때문에 영적인 침체로 고통을 당하고 있는 사람들의 경우입니다. 제가 사역

중에 얻은 경험을 말씀드리고 싶습니다. 여러 해 동안 지나면서 그보다 많은 공통적인 어려움은 없습니다. 그것은 끊임없이 재발했으며, 저는 그 어느 것보다 이 특별한 일로 인하여 더 많은 사람들과 접촉해야만 했다고 생각합니다.

언뜻 보기에 여러분들 중에 어떤 사람들은 그런 사람들이 과연 그리스도인들인가 하고 의아하게 생각하며 의문을 제기할지도 모릅니다. 하지만 당신은 매우 잘못되었습니다. 그들은 그리스도인들입니다. 기독교 신앙에 대해서 말하도록 저들에게 물어 보십시오. 그리하면 저들이 완벽하게 답변할 것입니다. 그들은 믿음으로 의롭게 되는 칭의의 교리에 대해서 매우 분명한 것처럼 보입니다. 말하자면 저들은 자신들을 결코 선하다고 할 수 없다는 사실을 너무 분명하게 알고 있다는 말입니다. 그들은 자신들의 삶이나 활동 혹은 자신들이 할 수 있는 그 무엇도 신뢰하지 않습니다. 그들은 자신들이 전적으로 무능력하고 또 우리 주시요, 구세주이신 예수 그리스도 안에서 하나님의 은혜만 전적으로 의지할 것밖에 없음을 매우 잘 알고 있습니다. 저들은 그것을 매우 분명하게 알고 있으며 증거할 수도 있고 또 주 예수 그리스도만 신뢰하고 있습니다. 그렇다면 당신은 "저들에게 무엇이 문제인가?"라고 물어 볼 수 있습니다. 저들이 비록 이 중심 교리에 대해서 매우 분명하게 알고 있고 또 자신을 그리스도인이라고 말하지만, 그들은 결코 행복하지 못합니다. 그것이 바로 저들의 현실입니다. 저들 자신이 과거에 있었던 그 무엇 때문에 행복하지 못하다는 사실입니다.

당신 보기에 저들은 불행하게 보입니다. 참으로 비참하고 언제나 이런 것들에 대해서 말하고 있으며, 변화도 없이 그런 것을 끄집어내는 것처럼 보입니다. 다른 사람을 포함시키기도 하고 또 포함시키지 않는 그 어떤 행동 혹은 행위를 규칙적으로 하곤 합니다. 저들에 의해서 어떤 잘못들이 저질러집니다. 일반적으로 그것은 그 무엇, 다시 말해서 대단히 큰 무엇입니다. 그것은 저들이 계속해서 짖어대는 어떤 것입니다. 저들은 그것을 노래를 삼고 또 그것을 결코 떠날 수 없어 합니다. 그들은 언제나 그것을 분석하고 또 그것 때문에 자신들을 세밀하게 검토하며 자학

하기도 합니다. 그 결과는 저들이 불행하게 되는 것입니다. 어느 때는 그 것이 저들이 말했던 그 무엇이 되며 또 저들이 언젠가 언급했던 바로 그 어떤 말이 되곤 합니다.

제가 과거에 친히 경험한 바 있는, 이에 대한 가장 확실하게 도식화 할 수 있는 예증을 한 번 제시해 보겠습니다. 저는 제가 지금 언급하고 있는 그 부분을 설명하기 위해서 말씀드리고 있는 것입니다. 저는 제가 알고 있는 가장 극적인 개종 가운데 하나였던 사례로 77세에 기독교 신앙에로 귀의하여 그리스도인이 되었던 한 노인을 기억하고 있습니다. 그분은 매우 악한 삶을 살았습니다. 어느 때 혹은 다른 때에 그가 안 해 본 일은 거의 없습니다. 하지만 그가 복음의 소리를 듣게 되었고 드디어 늙은 나이에 개종하게 되었습니다. 드디어 그가 교회의 회원으로 받아들여지는 위대한 날이 찾아왔습니다. 그가 평생 처음으로 성찬예배에 참여하는 주일 저녁 시간이 되었을 때, 그분에게는 평생 동안 있었던 일 중에 최대의 사건이 아닐 수 없었습니다. 그의 기쁨은 필설로 형언할 수 없었습니다. 그리고 우리 모두도 그분 때문에 매우 기뻤었습니다. 이 기쁨은 계속되고 또 계속되었습니다.

다음날 아침, 우리가 아직 잠자리에서 일어나기도 전에, 그 가엾은 노인이 우리 집을 찾아와서 비참하고 낙담하는 표정을 짓고 서서 주체할 수 없는 눈물을 흘리며 우는 것이었습니다. 저는 놀라고 당황하였습니다. 특별히 그 전날 밤에 있었던 일 곧 그분의 생애 가운데 최대의 밤에 경험했던 모든 것의 극치를 생각할 때 당황해 할 수밖에 없었습니다. 저는 결국 그분의 육체적 정서를 안정시키는 데 성공했습니다. 그리고 그분에게 문제가 무엇이냐고 물었습니다. 그의 문제는 바로 이것이었습니다. 성찬예배를 마치고 집에 돌아갔을 때에 그는 약 30년 전에 있었던 그 어떤 일이 생각났습니다. 그는 여러 사람들과 어울려 술을 마시다가 종교에 대해서 논쟁을 벌이고 있었습니다.

그때 그는 "예수 그리스도는 사생아다"라고 조롱하며 멸시한 바 있었습니다. 그것이 갑자기 머리 속에 떠올랐으며, 그는 이 같은 죄를 용서받지 못할 것이라고 생각했습니다. 이 한 가지 죄! 아 그렇습니다. 술을 마시고 노름하며 또 부도덕한 일을 잊어버릴 때 그는 참으로 행복했습니다. 그 문제는 잘 되었습니다. 용서를 받았다는 말입니다. 그가 분명하게 이해를 하였습니다. 하지만 이 일, 세상의 구세주이신 하나님의 아들에 대해서 그가 말했던 그 일 말입니다. 그는 위로가 되질 않았습니다. 그 어떤 말로도 위안이 되지 않았다는 말입니다. 바로 이 한 가지가 그를 절망감에 사로잡히도록 만들었습니다. 저는 성경 말씀을 적용해서 그를 위로하여 기쁨을 회복시킬 수 있었기에 하나님께 감사를 드립니다.

제가 지금 말씀드리고 있는 것은 혹자가 과거에 그런 말을 하거나 아니면 그 같은 행동을 했다면 그것이 저에게 떠올라서 자신을 비참하고 절망적으로 만든다는 사실입니다. 비록 그가 기독교 신앙을 충분히 인정하고 있음에도 말입니다. 모순처럼 보이는 이 상태는 현실입니다. 그리고 우리는 그 같은 것을 인정해야만 합니다. 다른 경우에는 약속이나 맹세의 속박을 받을 수도 있습니다. 약속했다가 그것을 지키지 못할 때에 그것이 어려움을 야기합니다. 저는 사람들이 병들었을 때 만일에 병을 고쳐만 주신다면 이렇게 저렇게 하겠습니다라고 약속하거나 서약하는 사람들의 경우를 많이 보았습니다. 하지만 저들은 맹세를 지키지 못했습니다. 참으로 저들은 자신이 약속한 바를 지키기가 어렵게 되자 그 일을 수행하려고 어떤 다른 노력을 할 수밖에 없었습니다. 그래서 저들이 불행하게 되고 또 이 한 가지에 옥죄어 속박을 받게 됩니다.

제가 지금 여러분들의 주목을 집중시키고자 하는 바가 바로 그 같은 유형의 상황입니다. 이 사람들은 구원의 교리에 대한 분명한 입장을 가지고 있는 것 같습니다. 하지만 저들은 자신들의 경우에 죄, 곧 이 특별한 죄 혹은 자신들을 특별한 범주에 몰아넣는 그리고 자신들의 경우에 죄로 나타나는 경우는 예외로 하는 것 같습니다. 그들은 "예, 저도 압니다. 하지만…"이라고 말합니다. 저들은 낙심합니다. 그리고 저들은 비참한 그리스도인들이 됩니다. 다시 말해서 그들은 이런 상태의 영적 침체로 고통을 당하고 있다는 말입니다.

여기에 나타나고 있는 진정한 고통은 무엇입니까? 그 같은 상황에 대한 두 가지 중요한 설명이 있습니다. 첫 번째 설명이자 또 가장 중요한 설명은 마귀의 일입니다. 그가 우리에게서 구원은 빼앗아 갈 수 없지만, 마귀는 분명히 우리에게서 기쁨을 빼앗아 갈 수 있는 바로 그 장본인입니다. 그의 큰 관심은 어떤 사람이 그리스도인이 되는 것을 방해하는 것입니다. 하지만 그 일을 실패하면 그의 목적이 저들을 비참한 그리스도인들로 만들어 죄에 대한 확신 아래 있는 사람들을 뽑아서 다음과 같이 말하는 것으로 바뀝니다. "그것이 바로 기독교이다. 그 사람을 보아라. 기독교에 대한 참 모습이 거기에 있지 않은가! 저 비참한 피조물을 보라. 그대도 저 사람처럼 되고 싶은가?" 이런 상태를 유발하는 가장 중요하고 실제적인 원인이 바로 마귀 자신이란 점에 의심할 여지가 없습니다.

하지만 거기에는 부차적인 요인도 있습니다. 이것이 바로 제가 여기에서 강조하고 싶은 것입니다. 제가 다시 말씀드리고 싶은 것은 이런 상태가 거의 전적으로 교리의 무지에서 기인된다는 사실입니다. 신약성경에 나오는 구원의 교리를 분명하게 이해하지 못하기 때문입니다. 이것이 바로 그 상황을 잘 처리하는 본질입니다.

제가 이렇게 확실하고 단호하게 말씀드리는 것은 오해를 불사하고서라도 그것을 강조하고자 하기 때문입니다. 이런 상태에 있는 사람들이 해서는 안 될 한 가지는 그것으로부터 구원되기를 바라는 기도라는 데에 일리가 있습니다. 그것이 바로 저들이 언제나 하는 일이고 또 저들이 도움을 구하러 나올 때마다 변함없이 행하는 바로 그런 일입니다. 참으로 그것은 저들이 그 일을 해야만 된다고 일반적으로 들었던 바입니다. 그리스도인은 언제나 기도해야만 합니다. 그리스도인은 '쉬지 말고' 기도해야 합니다. 하지만 이것은 그리스도인이 한 순간이라도 기도를 멈추고 생각해 보아야만 될 바로 그 문제 중에 하나입니다. 왜냐하면 그리스도인의 삶에 제가 말씀드린 대로 아무것도 하지 않고 기도만 해 가지고서는 결코 그 문제를 해결할 수 없는 특별한 문제들이 있기 때문입니다. 때로는 당신이 기도를 멈춰야만 할 때가 있습니다. 왜냐하면 당신의 기도가 그 문제를 계속 생각하게끔 만들고 또 당신의 마음을 그것에 고착시켜 버리기 때문입니다. 그러므로 당신은 기도를 멈추고 생각하며 한 걸음 더 나아가서 당신이 가지고 있는 교훈의 말씀을 실천해야만 합니다.

당신은 어떻게 생각하십니까? 제가 제시하고 싶은 첫 번째 것은 당신이 사도 바울의 말씀을 이 경우에 적용할 수 있기 바랍니다. "나를 능하게 하신 그리스도 예수 우리 주께 내가 감사함은 나를 충성되이 여겨 내게 직분을 맡기심이니 내가 전에는 훼방자요 핍박자요 포행자이었으나 도리어 긍휼을 입은 것은 내가 믿지 아니할 때에 알지 못하고 행하였음이라 우리 주의 은혜가 그리스도 예수 안에 있는 믿음과 사랑과 함께 넘치도록 풍성하였도다 미쁘다 모든 사람이 받을 만한 이 말이여 그리스도 예수께서 죄인을 구원하시려고 세상에 임하셨다 하였도다 죄인 중에 내가 괴수니라 그러나 내가 긍휼을 입은 까닭은 예수 그리스도께서 내게 먼저 일체 오래 참으심을 보이사 후에 주를 믿어 영생 얻는 자들에게 본이 되게 하려 하심이니라"(딤전 1:12-16). 이것은 참으로 놀라운 일입니다. 당신은 바울이 하신 말씀에 주목할 것입니다. 여기에서 그는 주 예수 그리스도께서 자신을 구원하신 것은 저를 본으로 삼으시려 했다고 말합니다. 어떤 면에서 본입니까? 자신들의 특별한 죄가 어쩐지 하나님의 은혜와 자비의 한계를 넘을 것이라고 생각하는 사람들을 위한 본입니다. 그 사도의 논증은 자신의 경우가 충분하고도 유일무이한 증거가 될 수 있기 때문에 우리는 결코 그 같은 길을 따라갈 이유가 없다는 것입니다. 다시 말해서, 죄가 등급화될 수 있다고 믿고 또 특별한 죄들 가운데 구별이 있을 수 있다고 믿는 사람들이 있습니다. 저들은 어떤 사람의 죄는 용서받을 수 있고 또 어떤 사람들은 그것이 불투명한 것으로 구별합니다. 바로 그 같은 사람들에게 바울 사도가 자신의 경우를 들어 그 논증을 너무 충분하고 확실하게 설명하고 있는 것입니다. 그는 이렇게 말합니다. "당신이 무엇을 생각하든, 그리고 당신이 무슨 일을 했든 저를 생각해 보십시오. 저는 훼방자요 핍박자요 포행자였습니다."

그가 행한 일보다 무엇이 더 나쁘겠습니까? 그는 나사렛 예수 그리스도의 이름을 증오했습니다. 그는 예수님을 따르는 사람들을 핍박하고 출교시켜 버렸습니다. 그는 신자들에 대하여 위협과 살기가 등등하여 다메섹으로 내려갔습니다. 그는 훼방자와 핍박자의 상태에 있었습니다. 그러므로 사도가 말합니다. "제가 바로 시험적인 사례입니다. 당신이 자신에 대해서 어떻게 생각하든 그것을 저의 경우와 비교해 보시고 지금 당신이 서 있는 곳을 살펴보십시오." 그것이 바로 첫 번째 논증입니다. 그의 경우를 생각해 보시고 자신에게 말해 보십시오. "그가 자비하심을 얻었다면, 그가 용서를 받았다면, 나도 내 평생에 지은 이 죄를 다시 한 번 생각해 보아야만 하겠다." 그것이 바로 여러분들의 출발점입니다.

하지만 그 사도는 거기에서 멈추지 않습니다. 어떤 면에서 우리가 죄와 죄 사이에 차별을 두어서는 안 되기 때문입니다. 표면적으로는 그 사도가 그렇게 하는 것처럼 보입니다. "그리스도 예수께서 죄인을 구원하시려고 세상에 임하셨도다 내가 죄인 중에 괴수니라." 마치 큰 죄인과 작은 죄인, 혹은 죄가 적은 죄인들이 있는 것처럼 보입니다. 하지만 그가 이것을 뜻하지는 않습니다. 저가 그런 뜻으로 말할 수는 없습니다. 만일에 그렇다면 그가 주장하는 본질적인 교리와 모순되기 때문입니다. 그가 뜻하는 바는 사람이 하나님을 가까이 하면 할수록 그만큼 더 그의 죄가 더 크게 보이기 때문입니다. 사람이 자기 영혼의 더러움을 볼 때 "나는 죄인의 괴수입니다"라고 말합니다. 그렇게 말할 수 있는 사람은 그리스도인뿐입니다. 세상 사람은 결코 그렇게 말할 수 없습니다. 그는 언제나 자신이 선한 사람임을 증명합니다. 하지만 바울은 제가 방금 말씀드렸듯이 그 이상으로 고백하고 있는 듯합니다. 그는 그리스도인의 인격을 거스르는 이 같은 죄인이 죄인 중의 죄인이라는 사실을 한 방법으로 제시하고 있는 것 같습니다. 하지만 그는 이것을 "내가 믿지 아니할 때에 알지 못하여"라고 표현하면서 자신이 뜻하는 바를 분명히 밝히고 있습니다. 그렇게 설명함으로써 바울은 죄의 등급을 없애 버렸습니다. 어느 한 편에서 볼 때 그의 죄는 가장 악한 것 같습니다. 하지만 다른 각도에서 볼 때 그것은 모든 죄의 총괄입니다. 왜냐하면 유일한 하나의 죄가 있는 것이며 그것은 다름아닌 불신앙의 죄입니다.

바로 그것이 이 문제에 관한 신약성경의 큰 교리입니다. 그것은 이 같은 사람들이 그 무엇보다 꽉 붙잡아야만 되는 일입니다. 그러므로 우리는 언제나 하나님과의 관계라는 측면에서 생각해야지 특별한 죄의 관점에서 생각해서는 안 됩니다. 우리는 모두 그 핵심과 다른 곁길로 나가려는 경향이 있습니다. 그러므로 우리가 어떤 개종자들은 다른 사람보다 더 분명하게 경험된다고 생각하는 습성이 있습니다. 하지만 그렇지 않습니다. 이 세상에서 가장 존경할 만한 사람이나 아니면 가장 사악하고 무법한 자가 구원을 받으려면 하나님의 똑같은 은혜가 필요합니다. 하나님의 은혜 외에 그 무엇도 사람을 구원할 수 없습니다. 그리고 모든 사람을 구원하는 데는 똑같은 은혜가 필요합니다. 하지만 우리는 그렇게 생각하지 않습니다. 우리는 어떤 사람의 개종이 다른 사람의 그것보다 뚜렷하다고 생각합니다. 왜냐하면 우리가 자신의 교리 속에 머물러 있는 잘못을 범하기 때문입니다. 우리는 죄와 죄를 차별화시킵니다. 그리고 어떤 사람의 죄는 다른 사람의 죄보다 더 악하다고 생각합니다. 하지만 모든 것은 하나님과 우리의 관계로 귀결됩니다. 그것은 전적으로 신앙과 불신앙의 문제입니다.

성경에 이에 대한 놀라운 사례들이 많이 나오고 있습니다. 요셉 같은 사람이 영적인 통찰력과 뛰어난 지혜를 보여 주었던 사실이 바로 그 점입니다. 보디발의 아내가 유혹할 때 그가 말했습니다. "내가 어찌 이 큰 악을 행하여 하나님께 득죄하리이까?" 요셉을 괴롭혔던 것은 여인에 대한 범죄의 가능성이 아니라 하나님 자신에 대한 관계였습니다. 그것이 바로 참된 영적 생각입니다. 우리는 죄 자체에 대해서 많이 생각할 필요가 없습니다. 그것이 바로 우리가 하고자 하는 경향입니다. 요셉에게 죄가 되도록 했던 것은 그가 하나님과 더불어 갖는 관계가 포함되었습니다. "만일에 내가 그렇게 한다면 나는 하나님께 득죄하게 됩니다." 다윗도 똑같은 일을 목격했습니다. 그는 살인자요 또한 간음한 사람이었습니다. 이것이 바로 저를 괴롭힌 것이었습니다. "내가 주께만 범죄하여 주의 목전에 악을 행하였나이다"(시 51:4). 그는 자신이 다른 사람들에게 범한 잘못을 최소화하지 않았습니다. 그가 그 모든 것을 알고 있었습니다. 하지만 그것이 가장 큰 범과는 아니었습니다. 가장 큰 잘못은 하나님과의 관계였습니다. 당신이 그 같은 것을 생각하는 순간 특별한 죄들을 잊게 될 것입니다. 그리고 당신은 하나의 죄가 다른 죄보다 더 악하다는 사실을 잊을 것입니다. 바울이 말하기를 '내 불신앙', 그것이 고통이요 특별한 행동이 아니라는 것입니다. 참으로 중요한 것은 하나님과의 관계요 또한 율법입니다.

신약성경은 이에 대해서 매우 충격적인 몇 가지 교훈을 주고 있습니다. 당신이 갈라디아서 5장을 통하여 바울이 시사하고 있는 육체의 일에 대한 항목을 살펴보셨는지 모르겠습니다. "육체의 일은 현저하니 곧 음행과 더러운 것과 호색과 우상숭배와 술수와 원수를 맺는 것과 분쟁과 시기와 분냄과 당 짓는 것과 분리함과 이단과 투기와 술취함과 방탕함과 또 그와 같은 것들이라." 우리는 그 같은 일들에 대해 깨끗합니까? 천만에 말씀입니다. 우상숭배에 대해서는 확실합니까? 술수에 대해서는 분명합니까? 그리고 미움, 미움에 대해서는 어떻습니까? 죄가 음행하는 자들과 불결한 어떤 사람들에게만 적용된다고 보십니까? 하지만 제가 생각하기에는 천만의 말씀입니다. 원수 맺는 것과 분쟁과 시기와 분냄과 당 짓는 것과 분리함과 이단 등이 다 죄입니다. 당신은 그것들이, 다시 말해서 시기와 사기 등이 얼마나 혼합되었는가를 발견하게 될 것입니다.

그렇습니다. 실제적 행동으로 뿐만 아니라 마음으로 범하는 죄까지 서로 얽혀 있습니다. 술취함과 반역 등이 바로 그것입니다. 얼마나 긴 항목입니까? 우리 주께서 똑같은 말씀을 해 주심으로써 악한 생각들과 살인 등이 바로 우리의 마음으로부터 나온다는 사실을 상기시킨 바 있습니다. 주님은 그것들을 함께 묶어 놓으셨습니다. 어떤 큰 죄뿐만 아니라 또한 모든 죄, 어떤 특별한 죄, 하나님과 더불어 잘못된 관계를 야기하는 죄, 곧 불법과 탈법 등을 함께 묶어 놓았습니다. 야고보가 그의 서신서 2:10에서 딱 한 번 이점을 지적한 적이 있습니다. "누구든지 온 율법을 지키다가 그 하나에 거치면 모두 범한 자가 되느니라." 그러므로 당신은 우리 모두가 똑같은 수준임을 알게 될 것입니다. 만일에 악한 자가 당신으로 하여금 죄가 서로 다르다고 생각하게끔 만든다면, 사람이 율법 중에 어떤 특별한 것을 범하는 것이 문제가 아니라 그 중에 하나라도 범하면 그가 모든 것을 범하는 죄가 있다고 대답해 보십시오. 정말 중요한 것은 어떤 특별한 한 가지가 아닙니다. 중요한 것은 그 법입니다. 그것이 죄를 바라다보는 하나님의 방법입니다. 그러므로 마귀가 당신을 잘못 인도하지 않도록 하십시오. 그것이 율법입니다. 어떤 특별한 죄가 아닙니다. 문제는 하나님의 율법과의 관계입니다. 하나님 자신의 인격과의 관계가 중요합니다.

그것이 우리로 하여금 세 번째 요점에 이르게 합니다. 이 같은 형태의 불행한 그리스도인과의 문제는 그가 성경을 진심으로 믿지 않는다는 데 있습니다. 그것을 생각해 보신 적이 있습니까? 당신은 자신의 문제란 자기가 범한 무서운 죄라고 말할 것입니다. 하나님의 이름으로 그것은 당신의 문제가 아니라고 말씀드리고 싶습니다. 당신의 문제는 불신앙입니다. 당신은 하나님의 말씀을 믿고 있지 않습니다. 제가 요한일서를 인용한 바 있고 또 우리가 제1장을 읽은 적이 있습니다. "만일 우리가 우리 죄를 자백하면 저는 미쁘시고 의로우사 우리 죄를 사하시며 모든 불의에서 우리를 깨끗케 하실 것이요." 그것이 바로 성령 하나님께서 그의 종을 통하여 말씀하신 절대적인 진술입니다. 거기에는 제한이 없습니다. 또 죄와 죄 사이에 차별도 없습니다. 저는 그 어떤 자격도 전혀 볼 수가 없습니다. 당신이 어떤 죄를 범하든, 그리고 그 죄의 분량이 얼마나 되든 그것은 문제가 되질 않습니다. 그것이 무엇이든지 중요치 않습니다. 만일에 우리가 우리 죄를 자백하면 저는 미쁘시고 의로우사 우리 죄를 사하시고 모든 불의에서 깨끗케 하신다고 했습니다.

그러므로 그 말씀을 믿지 아니하고 계속해서 죄 가운데 거한다면, 당신은 하나님의 말씀을 아직 받아들이지 않고 있다고 말씀드릴 수 있습니다. 당신은 하나님을 그의 말씀을 따라 섬기지 아니하고 그가 당신에게 말씀하신 대로 믿지 않는 것입니다. 그것이 바로 진짜 죄입니다. 당신은 언젠가 베드로에게 어떤 일이 일어났는가를 기억하실 것입니다. 사도행전 10장을 보십시오. 그가 잠깐 동안 시간을 가지려고 옥상에 올라갔을 때 환상 중에 큰 보자기가 하늘로부터 내려와 네 발 달린 각종 짐승들을 보여 주면서 "일어나 잡아 먹어라"는 음성이 들렸습니다. 베드로는 "주여 그럴 수 없나이다 속되고 깨끗지 아니한 물건을 내가 언제든지 먹지 아니하였나이다"라고 대답했습니다. 그에게 어떤 일이 발생했는지 기억하시죠? 하늘로부터 다시 음성이 그에게 들려왔습니다. "하나님께서 깨끗케 하신 것을 네가 속되다 하지 말라." 당신이 어떤 일을 하고 있는가를 아시겠습니까? 하나님은 결국 이렇게 말씀하십니다. "너는 내가 일어나 잡아먹어라 명한 바를 속되거나 깨끗지 않다고 고집을 부리고 있구나 하나님께서 깨끗케 하였으니 속되다 하지 말지니라." 그것이 바로 어떤 특별한 죄 때문에 여러 해 동안 영적 침체에 빠져 살고 있는 혹자들에게 이 순간 분명하게 말씀드리고 싶은 바입니다.

그들은 과거의 사건 때문에 평생을 불행하게 살 수도 있습니다. 저는 그것이 무엇이든지 상관없습니다. 제가 지금 하나님의 이름으로 말씀드리고 싶은 것이 이것입니다. "하나님께서 깨끗케 하신 것, 곧 그의 독생자의 보혈로 정하게 하신 것을 속되거나 깨끗지 못하다고 말하지 마십시오." 그의 아들 우리 주 예수 그리스도의 보혈이 모든 죄와 불의로부터 우리들을 깨끗케 하셨습니다. 나의 친구들이여, 하나님의 말씀을 믿으십시오. 그 죄를 용서해 달라고 광란적으로 계속 기도하지는 마십시오. 하나님의 말씀을 믿으십시오. 그분에게 용서의 메시지를 달라고 요구하지 마십시오. 그분은 이것을 벌써 당신에게 주셨습니다. 당신의 기도가 그 점에 있어서 불신앙을 매우 잘 표현해 줄 수도 있습니다. 그분과 그의 말씀을 신뢰하십시오.

이런 사람들에게 따르는 또 다른 문제는 저들이 갈보리 언덕에 세워진 십자가 위에서 주님이 행하신 바를 충분히 이해하지 못하는 것처럼 보인다는 점입니다. 그들은 주님의 희생적이고 대속적인 죽음을 믿습니다. 하지만 저들은 그것이 뜻하는 바 함축적 의미를 깨닫지 못하고 있습니다. 저들은 그 교리를 충분히 붙잡지 못했습니다. 그들은 구원받는 것을 충분히 압니다. 제가 지금 그리스도인들에 대해서 말씀드리고 있습니다. 하지만 저들은 침체 상태에 있습니다. 왜냐하면 저들이 그것의 의미를 완전히 깨닫지 못하기 때문입니다. 그들은 저가 자기 백성을 저희 죄에서 구원하시던 바로 초기에 천사가 요셉에게 선포하셨던 그 내용을 잊고 있는 것입니다(마 1:21). 천사가 당신이 범한 한 가지 죄를 제외하고 모든 나머지 죄로부터 구원하실 것이라고 말하지 않았습니다. 그렇지 않습니다. "그가 자기 백성을 저희 죄에서 구원하리라." 베드로가 똑같은 것을 말하는 것을 들어보십시오. "친히 나무에 달려 그 몸으로 우리 죄를 담당하셨으니 이는 우리로 죄에 대하여 죽고 의에 대하여 살게 하려 하심이라. 저가 채찍에 맞음으로 너희는 나음을 얻었도다"(벧전 2:24). 자격이나 제한은 없습니다.

다음과 같은 사도 바울의 말을 들어보십시오. "하나님이 죄를 알지도 못하신 자로 우리를 대신해 죄를 삼으신 것은 우리로 하여금 저의 안에서 하나님의 의가 되게 하려 하심이니라"(고후 5:21). 모든 것, 즉 모든 죄가 포함됩니다. 제한은 없습니다. 그리고 남겨져야 할 것은 아무것도 없습니다. 그의 백성의 모든 죄들이 거기에 있습니다. 모든 죄 말입니다. 주께서 친히 십자가 위에서 말씀하시지 않았습니까? "다 이루었다." 완벽하게 마치셨던 것입니다. 어떤 의미에서 그렇습니까? 과거에 우리가 범했던 모든 죄를 처리했을 뿐만 아니라 또한 우리가 앞으로 범할 수 있는 모든 죄까지 다 처리한다는 의미에서 모든 것을 마쳤다는 사실입니다. 그것은 단번에 완벽하게 드리는 희생 제물이었습니다. 그가 또다시 십자가에 돌아오지 않으실 것입니다. 모든 죄가 최종적으로 그리고 완전히 해결되었습니다. 아무것도 미해결로 남은 것은 없습니다. 다 이루었습니다. 우리가 떡과 포도주를 들면서 서로 상기하고 또 선포해야 할 것은 그 일이 완벽하게 이루어졌다는 점입니다. 아직 해결되지 않고 남아 있는 것은 아무것도 없습니다. 특별한 죄에 관련된 자격은 없습니다. 그를 믿는 사람들의 모든 죄는 다 해결되었고, 또 하나님께서 먹구름 같은 죄를 다 씻어 내셨습니다. 당신이 앞으로 범할지도 모르는 죄까지 거기에서 다 처리되었습니다. 당신이 그에게 나아갈 때 당신 자신을 깨끗케 할 것은 그의 아들 예수 그리스도의 보혈입니다.

그러므로 우리가 나아가야 할 다음 단계는 우리가 칭의에 관한 분명한 견해를 수립해야만 하는 것입니다. 저는 이것을 앞장에서 취급한 바 있습니다. 하지만 다시 한 번 상고하도록 하겠습니다. 칭의가 우리의 죄를 용서받고 또 하나님 자신에 의해서 우리가 의롭다고 선언하심을 얻는 것뿐만 아니라 또한 우리가 믿는 순간 단순히 의롭게 되는 데에서 일보 전진하여 영구히 의롭게 되는 것임을 기억해야만 하겠습니다. 왜냐하면 칭의가 하나님에 의해서 용서받고 또 그의 아들 우리 주 예수 그리스도의 적극적인 의로 덧입음을 뜻하기 때문입니다. 그것이 바로 칭의가 뜻하는 바입니다. 그것은 당신의 죄가 용서함을 받는다는 그 이상의 의미를 함축합니다. 다시 말해서 그것은 예수 그리스도의 의로 옷 입음을 뜻합니다. 그는 결국 이렇게 말씀하실 것입니다. "너는 의인이다. 죄인이 아님을 내가 안다. 오히려 너는 의로운 내 자녀가 되었다. 나는 네가 그리스도 안에서 그의 거룩과 의로 덧입힘 받은 것을 보았노라." 하나님께서 우리에게 그 같이 선언하실 때, 그것은 단 한 번으로 완성되는 것입니다. 그래서 당신은 숨김을 받습니다. 당신 자신과 자신의 모든 인격과 생명이 그리스도의 의를 힘입어 하나님 앞에 서게 됩니다. 하나님의 말씀의 권세와 존경심을 가지고 제가 당신에게 말씀드리고 싶은 것은 하나님께서 더 이상 당신의 죄를 보시지 않는다는 점입니다. 그는 당신에게서 그리스도의 의를 봅니다. 그것을 붙드십시오.

결국 모든 것이 여기에 이릅니다. 문제의 핵심 요인은 우리와 그리스도간에 연합하는 일을 깨닫는 데 실패하는 것입니다. 많은 사람들이 기독교란 우리 죄를 용서받는다는 의미에서 구원받음을 뜻하는 것으로 생각하는 것 같습니다. 하지만 그것은 단지 시각에 불과할 뿐입니다. 다시 말해서 그것은 한 측면에 지나지 않는다는 말입니다. 실제적으로 구원이란 그리스도와 연합하고 하나가 되는 것을 뜻합니다. 우리가 아담과 하나였듯이 지금은 우리가 그리스도와 하나가 됩니다. 우리가 그리스도와 함께 십자가에 못박혔습니다. 바울도 "내가 그리스도와 함께 십자가에 못박혔다"고 말한 바 있습니다. 그분에게 있었던 모든 일은 곧 저에게 일어났던 것입니다. 그래서 바울은 "나와 그리스도는 하나라"고 했습니다. 바울의 로마서 5장과 6장을 읽어 보십시오. 그 교훈은 우리가 그리스도와 함께 죽고, 함께 장사된 후 함께 부활했다는 것입니다. 또 그리스도 안에서 그리고 그와 함께 하늘 보좌에 앉게 되었다는 것입니다. 그것이 바로 성경적인 가르침입니다. "이는 너희가 죽었고 너희 생명이 그리스도와 함께 하나님 안에 감추었음이니라"(골 3:3). 옛 사람은 십자가에 못박혀 죽었고 모든 것이 그에게 속하게 되었습니다. 그의 죄들이 모두

처분되었습니다. 당신이 그리스도와 함께 장사되고 그리스도와 함께 부활했다는 것입니다. "이와 같이 너희로 너희 자신을 죄에 대하여는 죽은 자요 그리스도 예수 안에서 하나님을 대하여는 산 자로 여길지어다"(롬 6:11).

그러므로 이렇게 요약해 보겠습니다. 당신과 나, 특히 저에게는 이것이 그리스도인의 삶 가운데서 찾은 위대한 발견 중에 하나입니다. 저는 제가 처음에 이것을 깨달았을 때 느꼈던 해방감을 결코 잊을 수 없습니다. 당신과 저는 결코 과거를 돌아다볼 필요가 없습니다. 우리는 하나님을 찬양하고 또 그리스도 예수 안에서 나타난 그의 은혜를 노래하도록 이끌어 준 그 일을 제외하고는 과거에 있었던 그 어떤 죄를 돌이켜보아서는 안 됩니다. 저는 당신에게 그렇게 하시도록 권면합니다. 만일에 당신이 과거를 돌아보고 그것으로 말미암아 낙심하여 그리스도인으로서 절망감을 느끼는 결과를 초래한다면, 당신 역시 바울이 했던 일을 반복해야만 할 것입니다. 바울은 자신이 훼방자였다고 고백했습니다. 하지만 바울이 거기에서 멈춘 것이 아닙니다. 또다시 그가 "나는 복음 전할 자격이 없노라"고 말했습니까? 사실상 그는 정반대로 말했습니다. "나를 능하게 하신 그리스도 예수 우리 주께 내가 감사함은 나를 충성되이 여겨 내게 직분을 맡기심이니라." 바울은 과거를 보고 자신의 죄를 보지만 한쪽 구석에 머물러 서서 "나는 그리스도인의 자격이 없습니다. 나는 무서운 죄를 범했습니다"라고 말하지 않았습니다. 절대로 그렇게 하지 않았습니다. 그가 한 일과 또 그에게 효과를 미친 것은 저로 하여금 하나님을 찬양하도록 했습니다. 그는 하나님의 은혜에 영광을 돌리며 말했습니다. "우리 주의 은혜가 그리스도 예수 안에 있는 믿음과 사랑과 함께 넘치도록 풍성하였도다."

그것이 바로 과거를 회상하는 방법입니다. 그러므로 만일에 당신이 자신의 과거를 바라보며 침체되었다면, 그것은 당신이 마귀에게 귀를 기울이고 있다는 뜻입니다. 하지만 당신이 과거를 회상하면서 "불행하게도 내가 이 세상의 신에게 속아 소경 되었던 것이 사실입니다. 하지만 그의 은혜가 풍성하심을 인하여 감사합니다. 그의 사랑과 자비가 너무 풍성하고 충만하게 임하여 모든 죄를 용서받았을 뿐만 아니라 또한 내가 새사람이 되었으니 감사합니다"라고 말할 수 있다면 모든 것이 다 잘된 것입니다. 그것이 바로 우리가 과거를 바라다보는 방법입니다. 우리가 그렇게 하지 못하고 오히려 절망 가운데 빠져도 당연하다고 말한다면 저희는 거의 시험에 빠진 것입니다.

왜 하나님을 신뢰하는 대신에 마귀를 믿습니까? 일어나서 당신 자신에 관한 진리를 깨달으십시오. 모든 과거는 지나갔습니다. 그리고 당신은 그리스도와 하나 되었고, 또 당신의 모든 죄는 단 한 번으로 영원히 씻음을 받았습니다. 하나님의 말씀을 의심하는 것이 죄임을 기억하십시오. 하나님께서 이미 해결해 주신 과거를 받아들이고 그것으로 인하여 현재와 미래에 우리가 누릴 기쁨과 소망을 빼앗겨 버리는 것은 역시 죄입니다. 의심하고 머뭇거리던 사도 베드로에게 하나님께서 들려주셨던 바로 그 말씀에 귀를 기울이십시오. "하나님께서 깨끗케 하신 것을 속되다 하지 말라." 당신의 모든 죄를 깨끗하게 씻어 하나님의 자녀를 삼으신 그 놀라운 은혜와 긍휼을 기뻐하십시오. "주 안에서 항상 기뻐하십시오. 내가 다시 말하노니 기뻐하십시오."

제 6 장

헛된 후회

"맨 나중에 만삭되지 못하여 난 자 같은 내게도 보이셨느니라 나는 사도 중에 지극히 작은 자라 내가 하나님의 교회를 핍박하였으므로 사도라 칭함을 받기에 감당치 못할 자로라 그러나 나의 나 된 것은 하나님의 은혜로 된 것이니 내게 주신 그의 은혜가 헛되지 아니하여 내가 모든 사도보다 더 많이 수고하였으나 내가 아니요 오직 나와 함께 하신 하나님의 은혜로라"

(고전 15:8-10)

현대를 살고 있는 남녀들은 매력적인 그 무엇에만 관심을 가질 준비가 되어 있습니다. 우리는 광고의 시대를 살고 있으며 사람들은 저들에게 말해지는 어느 것이라도 다 믿을 준비가 된 것 같습니다. 저들은 광고를 믿습니다. 그리고 저들은 자신들이 들은 것을 믿습니다. 그러므로 저들은 기쁘고 행복하고 승리하는 삶을 살고 있다는 인상을 주는 그리스도인들에게서 그 무엇을 보려고 합니다. 그리고 저들이 몰려와서 그 같이 성공적인 삶을 사는 비결을 발견하지나 않을까 생각합니다. 그러므로 외부에 있는 대중들에 대한 설명이 곧 내부에 있는 사람들의 상태라는 추론을 만들어 내는 것이 잘못된 것은 아닙니다. 종종 우리는 우리 자신들이 지쳐 있고 또 침체되어 있는 듯한 인상을 풍길 때가 있습니다. 참으로 어떤 사람들의 상태라는 추론을 만들어 내는 것이 잘못된 것은 아닙니다. 종종 우리는 우리 자신들이 지쳐 있고 또 침체되어 있는 듯한 인상을 풍길 때가 있습니다. 참으로 어떤 사람들에게는 그리스도인이 된다는 것이 전에는 전혀 염려되지 않았던 많은 문제들을 직면해야만 한다는 것을 뜻하는 듯한 인상을 줍니다.

그러므로 피상적으로 사건을 바라다볼 때, 세상 사람은 당신이 교회 안에 있는 사람보다 교회 밖에 있는 사람들이 더 행복할 것으로 생각한다는 결론에 이르게 됩니다. 물론 그가 잘못하고 있는 것입니다. 하지만 우리는 우리 중에 어떤 사람들이 죄에 대한 책임을 져야 한다고 변명하며 또 너무 자주 우리가 영적 침체로 고통을 당하되 다소간은 비참한 신자가 되어 버린다는 사실을 인정해야만 합니다. 왜냐하면 안타깝고 슬프게도 우리가 구속적 은혜의 복음을 잘못 제시하고 있기 때문입니다.

물론 이 모든 것이 우리가 매우 힘있는 원수와 대치하고 있다는 사실에서 기인됩니다. 우리가 그리스도인이 되는 순간 우리는 성경에서 '공중의 권세 잡은 자', '불순종의 아들들 가운데 역사하는 영', '세상의 신', '사단', 그리고 '마귀'라고 묘사되고 있는 가장 교활하고 힘있는 자의 공격 대상이 되어 버린다는 사실입니다. 우리가 계속해서 연구하되 특별히 마귀가 우리에게 다가와서 공격하는 방법을 고찰하고 또 우리가 알지도 못하는 사이에 자신을 속이고 미혹하는 그의 간교한 비법을 생각해 본다면, 우리는 왜 그렇게 많은 사람들이 실패하는가를 이해하기 시작할 것입니다. 물론 그가 우리에게 접근할 때에 '빛의 천사'인 양 혹은 교회의 친구처럼 복음과 전도에 관심을 가지는 자처럼 다가오기 때문에 가장 간교하고 가장 위험한 존재인 것입니다. 성경에 의하면 그는 이 점에 있어서 그 누구보다 간교하다고 말씀하고 있습니다(고후 11장). 그의 능력이 있을 뿐만 아니라 또한 간교합니다. 우리가 이 같은 유형의 문제와 침체의 현상들을 계속해서 연구하면 할수록 우리는 그만큼 더 분명하게 깨달을 것입니다.

이렇게 볼 때 우리 자신들은 마귀와 그의 공격을 준비해야만 하겠습니다. 그것을 준비하는 방법은 성경을 연구하는 것입니다. 우리는 바울의 방법을 통해서 통찰력을 얻을 수 있습니다. 사도 바울은 고린도 교회 성도들에게 "우리가 그 궤계를 알지 못하는 바가 아니다"라고 언급한 적이 있습니다(고후 2:11). 하지만 비극적인 것은 그렇게 많은 사람들이 그의 간계를 모르고 또 그의 존재마저도 믿지 않는다는 사실입니다. 심지어 그것을 아는 사람들마저 그가 언제나 거기에 있으며, 또 그렇게 간교한 많은 모습으로 나타날 수 있다는 점을 기억조차 못합니다. 마귀가 우리에게 행하는 바를 객관적으로 바라다 볼 때, 우리는 우리 자신들이 어떻게 그렇게도 어리석은가를 깨닫고 놀라지 않을 수 없습니다. 이런 영적 침체의 경우들 가운데 몇 가지 생각하면 아마도 당신이 다음과 같이 질문할 것입니다. "사람이 어찌 그렇게까지 타락할 수 있을까?" 모든 것이 너무 분명하고 확실한 것처럼 보입니다. 하지만 우리는 계속해서 똑같은 덫에 걸리고 있습니다. 교활한 마귀의 방법 때문입니다. 그는 아주 매력적인 방법으로 우리에게 일을 꾸밉니다. 그래서 우리가 어떤 일이 일어났는지 조차 전혀 깨닫기도 전에 자신이 거의 타락해 있음을 발견하게 됩니다. 이것을 해결할 수 있는 방법은 오직 한 가지밖에 없습니다. 그의 수법을 연구하는 것입니다 그리고 이 영적 침체 상태에 관해서 가르치고 있는 바 다양한 성경적 교훈을 살펴보는 것입니다. 바로 그것이 우리가 지금 연구하는 중에 중점적으로 살펴보고자 하는 내용입니다.

　이제 우리가 과거 속을 배회한 나머지 현재에 장애를 입고 있는 다른 사람들의 경우를 고찰해 보아야 하겠습니다. 그들이 고통을 당하고 있는 것은 현재의 어떤 특별한 죄 때문이 아니라 오히려 자신이 왕국 밖에 있던 그 어느 때에 있었던 문제 때문입니다. 그들은 최근에서야 그 곳으로 들어왔습니다. 이것은 또다시 영적 침체의 가장 보편적인 원인이 되고 있습니다. 이 사람들은 자신들이 그 많은 시간을, 다시 말해서 그렇게 오랜 세월을 낭비했다는 사실 때문에 침체되어 있습니다. 저들은 그리스도인이 되는데 그렇게도 주춤거렸던 것입니다. 저들은 자신들이 그렇게도 많은 기회들을 놓쳐버린 데 대한 자책으로 언제나 슬퍼하고 있습니다.

또 선을 행하고 남을 도우며 봉사할 기회를 상실한데 대해서 괴로워하고 있습니다. 저들은 말합니다. "내가 만일에 젊어서부터 이 모든 것을 깨달았더라면, 나는 자발적으로 봉사했을 것이다. 하지만 내가 이제서야 이것을 깨달았으니 너무 늦었구나. 좋은 기회는 다 지나가 버렸어!" 그렇지 않으면 그들은 "만일 …했더라면 지금쯤 그것들을 다 이루었을지도 모른다"는 말로 정리할 수도 있습니다. "만일에 …만 했더라면." 그것이 저들의 외침입니다.

하지만 저들은 믿지 않았습니다. 그리고 이러한 것들을 이해하지 못한 채로 세상에서 보낸 여러 해 동안의 삶을 돌이켜 보면서 저들은 자신들이 행한 일들에 대한 헛된 후회로 가득 채우고 있습니다. 왜냐하면 저들이 은혜 가운데 성장했을 것이고 또 그 점에서 오늘까지 이르렀을 수도 있었기 때문입니다. 저들은 그런 방법으로 과거를 회상하며 후회하고 슬퍼합니다. 역으로 저들은 자신들이 누렸을 수도 있는 기쁨을 회상하며 또 자신들이 가졌을지도 모르는 행복하고 즐거운 경험의 나날들을 생각해 봅니다. 하지만 너무 늦었습니다. 좋은 기회들은 다 지나가 버렸습니다. 왜 저들이 그렇게도 어리석었던가요? 왜 저들이 소경처럼 살아왔던가요? 왜 저들이 그렇게도 게을렀던가요? 저들은 복음을 들었습니다. 저들은 좋은 책들을 읽었습니다. 어떤 면에서 저들은 좋은 느낌을 느꼈습니다. 하지만 거기로부터 얻은 것은 아무것도 없었으며 호기는 다 지나가 버리도록 했습니다. 결국 저들은 이제서야 깨닫게 되었으며, "만일에 …만 했더라면"이라는 생각으로 고통만 당하고 있습니다.

이것이 많은 사람들에게서 나타나는 매우 보편적인 현상이며 또한 그것이 영적 침체의 상황을 설명해 주고 있습니다. 우리가 이것을 어떻게 처리하며 그에 관해서 무엇이라고 말해야 할까요? 믿는 일에 너무 게을렀다는 사실을 후회하는 것이 저들에게는 지극히 당연하다고 말함으로써 이야기를 시작해 보도록 하겠습니다. 하지만 그것 때문에 비참하게 되는 것은 매우 잘못입니다. 당신이 어떤 일을 후회하지 아니하고 과거사를 돌이켜 볼 수는 없습니다. 그것은 당연한 것입니다. 하지만 이런 상태를 유입시키는 간교함이 바로 거기에 있으면서도 우리가 합법적인 후회와 또 비참과 낙담에 이르게 하는 잘못된 상황 사이에 놓여 있는 좋은 한계선을 넘을 수도 있습니다. 그리스도인의 삶이란 바로 정교하게 균형 잡힌 삶이라고 볼 수 있습니다. 그것은 가장 빼어난 모습 중에 하나입니다. 그것이 지금까지 자칫 잘못하면 이쪽으로 아니면 저쪽으로 쉽게 넘어질 수 있는 칼날 끝을 걸어가는 사람에게 비유되어 왔습니다. 우리는 언제나 그 간교한 특징을 설명해야만 하고 또 지금 설명하고 있는 것이 바로 그것들 중에 하나입니다. 다시 말해서 합법적인 후회와 낙심과 비참에로 이끄는 잘못된 상태 사이에서 나타나는 특징입니다.

그렇다면 우리가 이런 관점에서 비참하게 되는 것을 어떻게 피할 수 있습니까? 우리는 이 같은 맥락에서 본문을 통하여 사도 바울이 자기 자신에 대해서 말씀한 바를 고찰해 보려고 합니다. 저에게 있어서 이것은 언제나 우리 주님이 마태복음 20:1-16에 기록된 비유를 통해 가르쳐 주셨던 완벽한 설명처럼 보입니다. 그것은 각각 다른 시간에 포도원에 들어가서 일하라고 고용된 일꾼들에 관한 내용입니다. 어떤 사람은 제11시가 될 때까지 고용되지 못했습니다. 우리는 그 비유로부터 제11시에 고용되었던 사람들, 곧 왕국에 마지막으로 들어왔던 사람들의 입장을 고찰해 볼 수 있습니다.

하지만 우리가 그 문제를 특별히 성경적 관점에서 살펴보기 전에, 먼저 일반적인 방법으로 생각해 보았으면 합니다. 이런 상황에서 적용될 수 있는 상식적이며 또 보편적 지혜로 이해되는 어떤 원리들이 있습니다. 성도가 상식을 따르는 것이 잘못이라고 생각하는 사람들이 없지 않습니다. 저들은 자신들이 언제나 특별한 영적 방법으로 모든 일을 행하여야 한다고 생각하는 것처럼 보입니다. 저는 그것이 매우 비성경적이라고 봅니다. 그리스도인은 불신자보다 열등하지 않습니다. 그는 언제나 월등합니다. 그리스도인은 불신자가 하는 모든 것들을 할 수 있을 뿐만 아니라 심지어 그보다 더 많은 것을 할 수 있습니다. 그것이 그리스도인을 보는 방법입니다. 그는 상식을 상황에 적용할 수 있는 사람이고 또 그렇게 하는 것이 당연하고 합법적입니다.

만일에 당신이 그런 수준으로 마귀를 정복할 수만 있다면 그 수준으로 저를 정복해 보십시오. 당신이 그 같은 수준에서 저를 정복할 수만 있다면 그 마귀를 정복하는 수준은 그렇게 중요한 문제가 되지 않습니다. 만일에 당신이 그를 패배시킬 수만 있다면, 상식으로 그리고 보통의 지혜로 저를 제거해 버리십시오. 제발 그렇게 하시기를 바랍니다. 그리스도인이 그렇게 하는 것은 지극히 옳고 합법적인 일입니다. 저는 사람들이 이 같은 문제로 어려움 중에 있는 것을 종종 발견하기 때문에 이 모든 것을 말씀드리고 있습니다. 그리고 저는 사람들이 상식적인 입장에서 완전히 분명한 그 무엇을 하기보다는 오히려 어떤 일을 위하여 기도함으로 많은 시간을 보내고 있다는 사실을 발견하고 이렇게 말씀드립니다.

제가 뜻하는 바를 다시 한 번 설명해 드리겠습니다. 저는 이런 상태에 있는 어떤 사람이든 그가 자신에게 말하고 싶은 첫 번째 문제가 과거에 있었던 그 어떤 실패 때문에 순전히 시간과 정력을 낭비하고 있는 현재의 비참한 상황이라고 제시할 수 있습니다(누군가가 이런 상태에 있는 사람을 도와 주어야 하는 것도 똑같이 사실입니다). 그것은 분명합니다. 그것은 상식입니다. 과거는 되돌릴 수 없습니다. 그리고 당신도 그것을 어떻게 할 수 없습니다. 당신은 단순히 앉아서 절망하며 당신의 여생을 반복하고 또 반복해서 후회의 쳇바퀴를 돌려보지만 그것은 당신이 한 일에 그 어떤 변화도 만들지 못합니다. 그것은 상식이며 그것을 논증하기 위해서 특별한 기독교적 계시가 필요한 것이 아닙니다. 세상은 그 자신의 지혜로 "엎질러진 우유는 울어봐도 소용이 없다"라고 우리에게 말합니다. 그렇습니다. 마귀에게 그것을 한 번 인용해 보십시오. 왜 그리스도인이 다른 사람보다 더 어리석어야 합니까? 왜 당신은 어떤 상황에 자연스러운 상식이나 인간적인 지식을 적용할 수 없습니까? 하지만 그것은 많은 사람들이 실패하는 바로 그것입니다. 결과는 저들이 바꿀 수도 없고 되돌려 놓을 수도 없는 일들에 대하여 후회함으로 시간과 정력만 허비하는 것입니다. 그것은 세상적인 상식의 기준에서나 가능한 매우 어리석고 비이성적인 일이 아닐 수 없습니다.

그러면 이에 대한 하나의 원리를 설정해 보겠습니다. 우리는 자신들에 의해서 효과를 미칠 수도 없고 혹은 변화를 가져올 수도 없는 그 어떤 일 때문에 두 번째 걱정을 해서는 절대로 안 되겠습니다. 괜히 정력만 낭비할 뿐이기 때문입니다. 만일에 당신이 어떤 상황에 대해서 아무것도 할 수 없다면 그에 대한 생각을 중단해 버리십시오. 그것을 결코 돌이켜 보지 마십시오. 절대로 그것을 생각하지도 마십시오. 만일에 당신이 그렇게 한다면, 마귀가 당신을 패배시킬 것입니다. 막연하고 쓸모 없는 후회는 비이성적인 것으로 없애 버리지 않으면 안 됩니다. 나의 친구들이여, 그런 일에 골몰하지 마십시오. 기독교적 입장을 떠나서라도, 그렇게 하는 것은 어리석은 일입니다. 그것은 단지 정력과 시간만 낭비하는 일일 뿐입니다.

좀더 앞으로 전진해서 과거에 집착하는 것이 현재의 실패를 야기시킬 뿐이라는 사실을 깨달았으면 합니다. 당신이 주저앉아서 과거를 슬퍼하고 이미 저질러 버린 모든 일을 후회만 하고 있다면, 당신은 자신을 장애자로 만들 뿐만 아니라 또한 현재에 아무 일도 하지 못하도록 방해하고 있는 것입니다. 그것이 기독교입니까? 물론 그렇지 않습니다. 기독교는 상식 그 이상입니다. 물론 그것이 상식을 포함하는 것은 사실입니다. 아, 하지만 당신은 그런 말을 듣는다면, 행동으로 옮겨 보십시오. 우리 주님 자신도 세상의 자녀들이 그 세대에 있어서는 빛의 자녀들보다 더 지혜롭다고 말씀하신 바 있습니다. 주께서 그 불의한 청지기에게 말씀하셨고, 저 역시 똑같은 일을 하고 있습니다.

일반적인 지혜의 입장에서 볼 때 세상은 이 문제에 관한 한 완벽하게 옳습니다. 과거 때문에 현재를 저당 잡히는 것은 잘못입니다. 다시 말해서 과거로 하여금 현재를 깨어 버리도록 허용하는 것은 언제나 잘못이란 말입니다. 죽은 과거로 하여금 그 죽은 자를 장사하게 하십시오. 당신으로 하여금 현재를 실패하도록 만드는 과거에 속한 그 어떤 것을 받아들이는 것보다 더 비난받고 또 사고의 일반적 규범에 의해서 심판받을 것은 아무것도 없습니다. 그리고 과거에 대한 이 같은 병적인 관심 역시 그렇습니다. 제가 지금 묘사하고 있는 사람들은 현재에 실패하고 있는 사람들입니다. 현재를 살거나 혹은 그리스도인의 삶을 사는 대신에 그들은 과거를 인하여 앉아서 울고 있습니다. 그들이 과거를 기억하면서 후회할 뿐 현재에는 아무것도 하지 않고 있다는 말입니다. 그 얼마나 잘못된 일입니까?

상식과 일반적 지혜의 관점에서 본 저의 세 번째 논증은 바로 이것입니다. 만일에 당신이 과거에 대해서 말하고 있는 바를 스스로 믿는다면, 그리고 당신이 과거에 그렇게 많은 시간을 허비했다는 사실을 진심으로 슬퍼한다면, 이제 당신이 할 일은 그것을 위해서 지금 계획을 세우는 것입니다. 그것이 상식이 아닙니까? 여기에 철저히 낙담한 사람이 있습니다. 그가 말합니다. "만일에 내가 그 시간을 낭비만 하지 않았더라면 좋았을 것을!" 하지만 제가 이렇게 말씀드리고 싶습니다. "잃어버린 그 시간을 위하여 어떤 계획을 세우고 계십니까? 왜 당신 자신이 어떻게 할 수 없는 과거에 대하여 말씀하심으로 지금의 정력까지 낭비하고 계십니까? 왜 당신은 자신의 힘을 현재의 일에 투자하지 않습니까?" 제가 단호하게 말씀드립니다. 왜냐하면 이 같은 상황은 철저하게 다루어져야 하며 또 그 같은 사람들에게 취할 마지막 일은 저들을 불쌍히 여기는 일이기 때문입니다. 만일에 당신이 이 같은 상태로 고통을 받고 있다면, 친히 수습하십시오.

그리고 상식적인 관점에서 자신을 스스로 점검해 보십시오. 당신은 지금 바보처럼 행동하고 있습니다. 당신은 비이성적이고 또 시간과 에너지만 낭비하고 있는 것입니다. 당신은 자신이 말하고 있는 바를 진정으로 믿지 않고 있습니다. 만일에 당신이 잃어버린 과거를 슬퍼하고 있다면 지금 현재를 위한 계획을 세워보십시오. 그리고 지금 이 순간의 삶에 전적으로 자신을 투자해 보십시오. 그것이 바로 사도 바울이 취했던 방법입니다. 그는 말합니다. "맨 나중에 만삭되지 못하여 난 자 같은 내게도 보이셨느니라." 그는 결국 이렇게 고백합니다. "나는 많은 시간을 허비하였습니다. 다른 사람들이 모두 앞서 갔습니다." 그는 계속해서 다음과 같은 말을 첨가할 수 있었습니다. "나는 저들보다 더욱 많이 수고하였습니다. 하지만 내가 한 것이 아닙니다. 내가 나 된 것은 나와 함께 해 주신 하나님의 은혜 때문이었습니다."

매우 좋습니다. 상식과 일반적이고도 인간적인 지혜의 견지에서 일을 처리한 논증과 처리 방법이 여기에 있습니다. 그것이면 충분합니다. 아니, 그것으로 충분해야만 합니다. 하지만 그럼에도 불구하고 이것을 뛰어넘어 저편으로 가 보겠습니다. 저는 그리스도인이 불신자보다 못하지 않다고 말씀드린 바 있습니다. 그는 언제나 그 이상이어야 합니다. 그는 불신자가 가지고 있는 상식과 지혜를 모두 가지고 있습니다. 그는 언제나 그 이상이어야 합니다. 그는 불신자가 가지고 있는 상식과 지혜를 모두 가지고 있습니다. 오히려 그보다 더 많은 것들을 첨가적으로 가지고 있습니다. 여기에서 우리는 대사도의 진술과 또 마태복음 20장에 나오는 포도원의 비유에서 주님이 가르쳐 주신 교훈을 접하게 됩니다.

사도 바울이 말했던 내용을 살펴보도록 하겠습니다. 우리는 그가 자기 생애 가운데 매우 큰 죄를 범했다고 말하는 것을 생각해 보았습니다. 우리는 역시 이 문제와 똑같은 것을 발견할 것입니다. 그 사도는 부활 현상에 관한 설명을 하고 있습니다. 그의 직접적인 관심은 그 위대한 교리에 관한 것입니다. 하지만 그는 다음과 같은 방법으로 말하고 있습니다. "맨 나중에 …나에게도 보이셨느니라." 그 사도는 자신이 너무 늦게 그리스도인의 삶 속으로 합류하게 된 것을 후회하고 있음이 틀림없습니다. 그가 '맨 나중에'라고 말하고 있는데, 우리는 그가 무슨 의미로 그렇게 말했는지 분명하게 알았으면 합니다. 그는 자신이 사도들 가운데 부활의 주님을 맨 나중에 본 사람이라는 뜻으로 그렇게 말했습니다. 그들은 모두 다 예수님을 서로 다른 방법으로 목격했습니다. 그때까지 바울은 저들과 함께 하지 못했습니다. 그 당시에 바울은 비방자요 핍박자로 있었습니다. 그러므로 '맨 나중에'라는 말은 사도들 가운데 마지막이란 뜻입니다. 사도들 가운데 그가 맨 나중 사람일 뿐만 아니라 또한 그가 문자적으로 부활의 주님을 목격했던 모든 사람들 중에 마지막 사람이라는 사실입니다.

사도 바울이 다메섹 도상에서 주님을 만난 이후에 육안으로 부활의 주님을 만난 사람은 아무도 없습니다. 그는 한 번에 500여 형제에게 자신을 보이셨습니다. 우리는 저들의 이름을 다 알지 못합니다. 하지만 그분은 자신을 저들에게 보이셨으며 여기에 기록된 허다한 증인들에게 나타나셨습니다. 그를 목격했던 모든 사람들 가운데 바로 마지막 사람이 다소 사람 사울이었습니다. 다메섹 도상에서 있었던 일은 바울이 환상을 본 것이 아닙니다. 그 이후로 많은 사람들이 환상을 보았습니다. 하지만 바울은 역사적으로 영광의 주를 목격한 것입니다. 그러므로 바울이 여기에서 고백하고 있는 것입니다. "맨 나중에 내게도 보이셨느니라." 그것이 바로 저를 사도로 만드신 사건이었습니다. 그는 부활이란 역사적 사실에 증인이 된 것입니다. 하지만 그가 지금 강조하고 있는 한 가지는 자신이 모든 사람 가운데 마지막 사람이라는 점입니다.

하지만 그것으로 만족하게 생각하지 아니하고 오히려 다음과 같은 말을 첨가합니다. "만삭되지 못하여 난 자 같은 내게도 보이셨느니라." 자신의 영적 출생에 부자연스럽거나 때에 맞지 않는 그 무엇이 있다는 것입니다. 그는 다른 사람과 같지 않았습니다. 다른 사람들은 주님의 가르침에 귀를 기울였습니다. 그리고 저들은 주님을 따라다녔습니다. 저들은 주께서 십자가에 달리실 때에도 그리고 무덤에 장사되고 부활 후 40일 동안 이 땅에 머물다가 승천하실 때에도 주님과 함께 있었습니다. 그들은 처음부터 마지막 순간까지 온전히 그분과 함께했습니다. 하지만 바울은 계속해서 반대만 했던 사람으로서 그의 영적 출생이 부자연스럽고 또 만삭되지 못하여 태어난 자 같은 인물이었다는 것입니다. 그는 이처럼 엉뚱하고 이상한, 그래서 모든 사람 가운데 마지막 사람이라고 말하고 있습니다.

그것이 바로 바울이 자신에 대하여 말한 내용입니다. 물론 그가 후회스럽게 생각할 수밖에 없었습니다. 그는 처음부터 그랬어야만 했습니다. 그는 재능이 있었습니다. 또 기회도 주어졌습니다. 하지만 그는 복음을 싫어했습니다. 그는 속으로 자신이 예수라는 이름에 반대하는 많은 일들을 해야만 한다고 생각했던 것 같습니다. 사울은 예수를 신성모독자로 취급했습니다. 그래서 그를 따르는 자들과 교회를 없애 버리려고 애썼습니다. 그때 사울은 외인이었습니다. 하지만 모든 다른 사람들은 동참하고 있었습니다. 그러나 '맨 나중에', 그리고 이상한 방법으로 그가 합류했습니다. 그가 남은 생애 동안 그 과거에 관한 헛된 후회로 얼마나 자신의 인생을 쉽게 허비하며 보냈겠습니까? 그는 여기에서 다음과 같이 말하고 있습니다. "맨 나중에 내게도 보이셨느니라. 내가 교회를 핍박했기 때문에 사도들 중에 지극히 작은 자로다."

그것은 모두 사실입니다. 그리고 사울은 그것을 철저하게 뉘우쳤습니다. 하지만 그것이 바울을 마비시키지는 못했습니다. 그가 한쪽 구석에 앉아서 "나는 맨 나중에 합류했다. 내가 왜 그랬던가? 내가 어떻게 주님을 거절했던가?"라고 탄식하며 자신의 여생을 낭비하지 않았다는 말입니다. 그것이 바로 영적 침체에 빠진 사람들이 하는 상투적인 삶의 방식입니다. 하지만 바울은 그리하지 않았습니다. 그를 사로잡았던 것은 저로 하여금 완전히 동참하도록 만들었던 놀라운 은혜였습니다. 그래서 사울이 놀라운 열정을 가지고 새생명 속으로 들어오게 된 것입니다. 그가 비록 어떤 면에서 맨 나중에 합류했지만, 그는 첫 번째 사람이 되었습니다.

그 다음에 나오는 교훈은 무엇입니까? 사도 바울의 교훈을 가지고 마태복음 20장에 나오는 이 비유의 견지에서 그것을 살펴보도록 하겠습니다. 왜냐하면 그들 두 가지 사건이 똑같은 것을 말씀하고 있기 때문입니다. 당신이 그리스도인이라고 할 때 무엇보다 중요한 것은 과거에 당신이 어떤 사람이었는가가 아니라 현재 당신이 어떤 사람인가 하는 것입니다. 그것이 어리석은 자의 소리처럼 들립니까? 그것은 매우 분명한 말입니다. 중요한 것은 당신의 과거가 아니라 현재입니다. 그렇습니다. 제가 이렇게 설명할 때 그것은 분명한 사실입니다. 하지만 마귀가 우리를 공격할 때 그것은 종종 어렵게 보입니다. 사도 바울은 자신이 하나님의 교회를 핍박했기 때문에 하나님의 사도로 부름 받을 자격이 없다고 말했습니다. 하지만 그는 계속해서 말합니다. "그러나 내가 나 된 것은 하나님의 은혜로다." 자신의 과거가 뭐 그리 중요하겠습니까? 당신도 '내가 나 된 것은'이란 부분을 강조해 보시기 바랍니다. 당신의 과거를 결코 중요하게 생각하지 마십시오. 그리스도인이란 위치의 본질은 당신의 현재임을 스스로 상기하시기를 바랍니다. 모든 죄로 얼룩진 과거가 있기 마련입니다. 하지만 스스로 다음과 같이 말해 보시기 바랍니다.

구속, 치유, 회복, 용서
나처럼 복 받은 사람이 누구인가
그를 찬양함이 옳도다.

"나의 나 된 것은." 자신의 과거가 어떠하든지! 중요한 것은 현재의 나 자신입니다. 내가 어떤 사람입니까? 나는 용서받았습니다. 나는 십자가 위에서 흘리신 그의 아들 예수 그리스도의 보혈로 하나님과 화목했습니다. 나는 하나님의 자녀입니다. 나는 하나님의 가족에 입양되었고 또 그리스도와 더불어 함께 상속자가 되었습니다. 나는 영화롭게 되었습니다. 그것이 중요합니다. 중요한 것은 나의 과거가 아니요 또한 지금까지 어떻게 살았느냐가 아닙니다. 만일에 원수가 당신을 이 같이 괴롭힌다면, 바울 사도가 했던 대로 해 보시기를 바랍니다. 그에게 돌아서서 당당하게 말해 보십시오. "네가 말하고 있는 것은 다 옳다. 과거에 나는 네가 말하는 대로 살았다. 하지만 내게 중요한 것은 과거가 아니라 현재다. 내가 나 된 것은 하나님의 은혜로 말미암았다."

두 번째 추론은 이것입니다. 그것들은 모두 단순하고 분명합니다. 중요한 것은 당신이 하나님의 나라에 들어온 시기가 아니라 지금 당신이 그 나라 안에 왔다는 그 사실 자체입니다. 그것이 중요한 일입니다. 우리가 좀더 일찍 예수 믿지 않은 것을 슬퍼하는 것은 참으로 어리석은 일입니다. 그리고 현재 우리가 즐길 수 있는 많은 일들을 우리에게서 빼앗아 가도록 허용하는 것도 답답한 일입니다. 그것은 마치도 큰 전시장에 가서 길다란 행렬을 발견하는 사람과 같습니다. 그가 매우 늦게 온 것입니다. 그가 전시장에 도착하기는 했습니다. 하지만 그가 오랫동안 기다려야 합니다. 그는 겨우 마지막에 가서야 입장하게 됩니다. 그가 문으로 들어와야만 하는데도 오히려 그 문에 서서 "내가 먼저 들어갔어야 했는데 얼마나 부끄러운 일인가? 내가 좀더 일찍 오지 못한 것이 얼마나 안타까운 일인가?"라고 말한다면, 당신은 그런 사람에 대해서 어떻게 생각하시겠습니까? 당신은 웃으실 것입니다. 그렇게 함이 당연합니다.

하지만 저는 아마도 당신 자신이 자신에 대해서 그렇게 웃을 것이라고 지적하는 바입니다. 왜냐하면 그것이 바로 당신이 영적으로 처신하고 있는 정확한 모습이기 때문입니다. "왜 그렇게 늦게 떠났던가?" 내 친구여, 그림들을 즐겨 보십시오. 조각 작품들을 잘 감상하십시오. 그리고 전시된 보물들을 마음껏 즐기십시오. 당신이 입장한 시간은 그렇게 중요하지 않습니다. 당신이 지금 그 전시장 안에 있고 또 전시된 작품들이 모두 당신 앞에 있다는 바로 그 사실이 중요한 것입니다. 당신이 그 전시장에 입장했던 그 시간은 중요한 것이 아닙니다.

마태복음 20장으로 다시 돌아가 보십시오. 포도원에 마지막으로 들어왔던 사람들이 있습니다. 그들은 십일 시에 들어왔습니다. 하지만 저들도 들어왔습니다. 중요한 것은 들어왔다는 바로 그 사실입니다. 저들은 선택되었습니다. 그리고 고용되었으며 또 들어왔습니다. 당신이 언제 들어왔는가 혹은 어떻게 들어왔는가가 중요한 것이 아니라 들어왔다는 사실 그 자체가 중요한 것입니다. 저는 장시간 동안 바로 이 점을 강조하는 바입니다. 우리는 초지 일관해서 그것을 말하고 있습니다. 중요한 것은 개종의 방법 혹은 모양이 아니라 바로 당신이 구원받았다는 점입니다. 하지만 사람들은 앉아서 저들이 어떻게 들어왔으며 언제 어떤 모양과 어떤 방법으로 들어왔는가를 걱정합니다. 하지만 그것은 전혀 문제가 되지 않습니다. 문제는 당신이 들어왔다는 점입니다. 만일에 당신이 들어왔다면 그것을 인하여 기뻐하십시오. 그리고 당신이 밖에 있었을 때를 잊어 버리십시오.

하지만 우리는 앞으로 더 전진해야만 하겠습니다. 저는 이 같은 영적 침체에 관한 특별한 표현 현상이 이 사람의 잘못되고 병적인 자신에 대한 선입견 때문이라고 말씀드릴 수 있습니다. 제가 방금 우리는 이런 상태에 단호해야만 한다고 말씀드렸습니다. 이 사람들에게 있어 정말 고통스러운 것은 여전히 '자기 자신'이라고 말해야만 합니다. 저들이 무엇을 하고 있습니까? 저들이 하나님의 심판으로부터 벗어난 반면에 여전히 저들은 자신들을 심판하고 있습니다. 그들은 자신들에게 채찍질하고 있고 또 자신들이 그렇게 오랫동안 시간을 낭비하여 늦게 들어왔다는 이유로 추상적인 생각을 하며 스스로를 혹평하고 있습니다. 그리고 자신들을 계속해서 저주하고 있습니다. 저들이 매우 겸손해지고 또 참으로 회개하는 것처럼 보입니다. 하지만 그것은 하나의 위선일 뿐이며, 자기 충족에 지나지 않습니다. 고린도전서 4장에서 똑같은 교훈을 주고 있는 바울에게 귀를 기울여 봅시다. "사람이 마땅히 우리를 그리스도의 일꾼이요 하나님의 비밀을 맡은 자로 여길지어다 그리고 맡은 자들에게 구할 것은 충성이니라 너희에게나 다른 사람에게나 판단 받는 것이 내게는 매우 작은 일이라 나로 나를 판단치 아니하나니 내가 자책할 아무것도 깨닫지 못하나 그러나 이를 인하여 의롭다함을 얻지 못하노라 다만 나를 판단하실 이는 주시니라"(1-4절).

그리스도인으로서 우리는 우리에게 대한 심판을 그에게 맡겨야 합니다. 그는 심판주이십니다. 그러므로 당신은 그분의 시간을 낭비하거나 아니면 당신 자신을 저주하는 일에 자신의 시간이나 정력을 허비할 권리가 없습니다. 자신을 잊어버리십시오. 그리고 심판을 그분에게 맡겨 버리십시오. 그리고 일이나 열심히 하십시오. 이 모든 고통은 심판 문제에 있어서 병적으로 잘못된 자신에 관한 선입견 때문에 오는 것입니다. 그뿐만 아닙니다. 그것은 우리가 할 수 있다는 입장에서 생각하려는 삐뚤어진 행위로 말미암아 나타나는 결과입니다. 이런 유형의 사람은 우리에게 매우 겸손한 모습으로 다가와서 "만일에 제가 좀더 일찍 회개하고 돌아왔더라면 많은 일을 했을 텐데!"라고 말합니다. 어떤 면에서 그것은 옳은 말입니다. 하지만 다른 측면에서 볼 때 그것은 매우 잘못된 것이며 또 철저한 거짓이라고 봅니다. 포도원의 품꾼에 관한 주님의 비유는 그 같은 논쟁을 중단하도록 의도되었습니다.

제가 그것을 매우 적극적으로 설명하면서 결론을 내리도록 하겠습니다. 저는 이 사람들이 가지고 있는 고통 가운데 일부가 자기 자신들에 대한 잘못된 선입견 때문이라는 사실을 앞에서 언급한 바 있습니다. 그들은 그리스도인으로서 저들이 자신을 부인하며 십자가를 지고 그를 따라야 한다는 사실을 배우지 못한 것 같습니다. 우리는 자신과 또 우리의 과거와 현재와 미래를 그분의 손에 맡겨야 합니다. 아, 그렇습니다. 하지만 저들은 왜 병적으로 자신들에 대한 선입견에 사로잡혀 있는 것입니까?

제5장 헛된 후회 *115*

우리가 마땅히 알아야만 될 그분과 또 그분의 방법을 아는 일에 우리는 실패하고 말았습니다. 그것이 진정한 고통입니다. 만일에 우리가 그를 바라다보는 일에 시간을 투자했더라면, 우리는 곧 우리 자신을 잊어버렸을 것입니다. 저는 조금 전에 당신이 전시관 안에 들어갔으면 문에 서서 자신이 늦게 들어 왔음을 슬퍼하지 말고 차라리 그곳에 진열되어 있는 보물들을 잘 구경하는 것이 옳다는 사실을 말씀드린 바 있습니다.

제가 이것을 영적인 영역으로 장소를 한 번 바꾸어 보겠습니다. 당신은 영적생명 속으로 들어왔습니다. 그렇다면, 이제 자신을 쳐다보지 말고 그분을 즐겨보기를 바랍니다. 그리스도인과 비그리스도인의 다른 점은 무엇입니까? 바울은 고린도후서 3장에서 비그리스도인은 수건으로 자신의 눈을 가리고 그리스도와 하나님을 보기 때문에 정확히 볼 수 없는 사람들이라고 말씀하고 있습니다. 그렇다면 그리스도인은 어떤 사람입니까? 18절에 보면 그의 묘사가 이렇게 나타나고 있습니다. 우리 모두 곧 그리스도인들인 우리 모두가 다 수건을 벗은 얼굴로 거울을 보는 것같이 주의 영광을 보매 저와 같은 형상으로 길이에 관심을 두지 않으시고 관계에 관심을 가지십시오.

이제 마지막 원리를 살펴보도록 하겠습니다. 하나님의 왕국에서 그의 은혜보다 더 중요한 것은 아무것도 없습니다. 그것이 바로 이 비유의 핵심입니다. 하나님은 사물을 바라다보시는 색다른 방법을 가지고 계십니다. 그는 사람이 보는 것처럼 보시지 않습니다. 그는 사람들이 계산하는 것처럼 계산하지 않습니다. 처음부터 끝까지 모두 은혜로 됩니다. 맨 마지막에 들어온 사람들도 처음에 들어왔던 사람들처럼 똑같이 한 데나리온씩 받았습니다. 그들도 처음 사람들처럼 똑같은 품삯을 받았다는 말입니다. 참으로 주님은 다음과 같이 말씀하심으로 우리에게 진리를 가르치고 계십니다. "이와 같이 나중 된 자로서 먼저 되고 먼저 된 자로서 나중 되리라." 우리는 육적이고 인간적이며 세속적인 방법으로 생각하는 것을 멈춰야만 합니다. 하나님과 그리스도의 왕국에서 적용되는 관점은 은혜 곧 은혜만 역사하는 관점입니다. 그것은 모든 다른 규정들을 단절해 버립니다. 중요한 것은 은혜입니다. 하나님의 은혜로 내가 나 되는 것입니다. 그러므로 자신이 무엇을 하지 못했다든지 아니면 여러 해 동안 시간을 낭비했다는 생각은 중단해 버리십시오.

그리고 하나님의 왕국에서 중요한 것은 그의 은혜라는 사실을 깨달으시기 바랍니다. 언젠가는 나중에 들어왔던 여러분들 중에 많은 사람들이 먼저 되었다는 사실에 놀라게 될 것입니다. 그리고 마태복음 25장 마지막 부분에 설명되고 있는 비유에 나오는 사람들처럼, 당신도 "내가 언제 이 일을 했으며 또 언제 저 일을 했나이까?"라고 질문하게 될 것입니다. 그때에 은혜가 얼마나 충만한가를 당신은 알게 되고 또 목격하게 될 것입니다.

좋습니다. 저는 구약에 나오는 말씀으로 한 가지 권면을 드리면서 결론을 맺고자 합니다. 그러므로 "너는 아침에 씨를 뿌리고 저녁에도 손을 거두지 말라. 이것이 잘 되는지, 저것이 잘 되는지, 혹 둘이 다 잘 되는지 알지 못함이니라." 저는 제가 일평생 동안 그리스도 밖에 있었고 또 죄와 세상에서 살다가 나이가 많이 든 후에 그리스도의 왕국에 들어왔으나 제가 앞에서 언급했던 그런 종류의 시험에 빠져든 어떤 사람에게 잘 설명할 수 있을지 의문입니다. 만일에 그런 경우라면 제가 당신에게 이렇게 말씀드려 보겠습니다. "저녁에, 곧 당신의 인생의 황혼기라고 해서 하나님의 왕국에서 나타나게 될 그 놀라운 은혜를 향한 당신의 손을 거두지 마십시오. 그것은 초자연적인 것입니다. 당신이 심판 날에 젊어서부터 구원의 길로 나왔던 저들보다 더 큰 상을 받을 수 있을지도 모릅니다." 얼마나 영광스러운 복음입니까? 젊음, 아, 젊음이란 말이 얼마나 좋은 말인지 모릅니다. 하지만 나이의 문제는 하나님 나라에 적합하지 않습니다. 우리처럼 그렇다면 그것은 비성경적인 강조일 뿐입니다. "아침에 너는 씨를 뿌릴지니라." 그렇습니다. 저도 똑같이 힘주어 그렇게 말할 것입니다. 하지만 "저녁에라도 너의 손을 거두지 말지니라."

그 다음에 성경 어디에서라도 발견될 수 있는 가장 위로가 되고 또 놀라운 말씀 중에 하나가 무엇인지 생각나십니까? 그것은 요엘 선지자가 위대한 환상 가운데서 이해하게 된 그리스도의 강림에 관한 말씀입니다. 강림하실 그리스도에 대한 내용입니다. 그가 전파하도록 부탁받은 것이 바로 그 말씀입니다. "내가 전에 너희에게 보낸 큰 군대 곧 메뚜기와 늣과 황충과 팟종이의 먹은 햇수대로 너희에게 갚아 주리니"(요엘 2:25).

그가 약속하셨습니다. 그분은 그 약속대로 하실 수 있습니다. 그는 황폐했던 햇수대로, 다시 말해서 메뚜기와 늣과 황충과 팟종이가 먹은 햇수대로 갚아 주신다고 했습니다. 아무것도 남아 있지 않던 그때에 저가 말씀하십니다. "내가 황충이가 먹은 햇수대로 너희에게 갚아 주리라." 만일에 당신이 그것을 자신의 능력과 힘으로 할 수 있다는 입장에서 생각한다면, 시간이 그 계약의 본질을 좌우할 것입니다. 하지만 우리는 그것이 문제가 되지 않는 영역 안에 들어왔습니다. 그는 오셔서 일 년에 열 배라도 보상하실 수 있는 열매를 주십니다. "황충이 먹은 햇수대로 내가 갚아 주리라." 그것이 바로 우리 주님의 특징입니다. 우리의 구주가 바로 그런 분이시고 또 하나님이 그런 분이십니다. 그러므로 제가 이 같은 입장에서 말씀드릴 수 있습니다.

결코 다시는 뒤를 보지 마십시오. 현재 당신의 시간을 낭비하지 마십시오. 정력을 낭비하지도 마십시오. 과거를 잊고 당신이 하나님의 은혜로 지금 당신이 된 것을 기뻐하십시오. 그로 그의 놀라운 은혜로 말미암아 당신을 변화시킨 하나님의 섭리를 통해서 자신의 삶과 실존이 참으로 놀라움을 깨닫고 당신의 경우에도 나중 된 자가 먼저 된다는 진리가 이루어졌음을 발견해 보십시오. 그리고 당신이 당신 된 것과 또 당신이 하나님의 왕국에 들어왔다는 사실을 인하여 하나님을 찬양하시기를 간절히 바랍니다.

제 7 장

미래에 대한 두려움

"하나님이 우리에게 주신 것은 두려워하는 마음이 아니요 오직 능력과 사랑과 근신하는 마음이니"   (딤후 1:7)

이 말씀 속에서 우리가 일반적으로 '영적 침체'로 묘사해 왔던 그 상태에 대한 또 다른 원인을 살펴보게 되었습니다. 이런 상태 혹은 이 같은 영혼의 질병이 우리를 감염시키거나 아니면 공격해 오는 방법은 거의 끝이 없는 것 같습니다. 우리는 우리의 대적 마귀가 얼마나 간교한가와 자신을 광명의 천사로 변장을 잘 하는가에 대해서 설명한 바 있습니다. 그것은 맞는 말입니다. 그에 대해서 말할 때 마귀는 매우 무모한 놈이라고 말하는 것도 똑같은 사실입니다. 제가 의미하는 바는 그가 중단하거나 포기할 줄 모른다는 뜻입니다. 그 녀석은 우리를 낙심시키는 일이나 아니면 하나님의 일을 불신하도록 만드는 일에는 수단 방법을 가리지 않습니다. 그는 상대가 얼마나 강한가에 대해서도 관심이 없습니다. 또 그는 절차나 접근 방법을 바꾸는 데에도 주저하지 않습니다. 그가 전에 우리에게 말했던 것을 뒤집는 것도 머뭇거리지 않습니다. 그의 유일한 목적과 관심은 하나님의 이름과 그의 사역을 훼손하는 것입니다. 특별히 그는 우리 주 예수 그리스도를 통하여 이루시는 구원사역에 있어서 하나님의 큰 역할을 좌절시키려는 의도를 가지고 있습니다.

하나님께서 원래 이 세상을 창조하실 때에 자신이 지으신 모든 것이 하나님 보시기에 심히 좋았다고 우리는 들었습니다. 하나님은 그로 인하여 매우 기뻐하셨습니다. 그것이 완벽했기 때문입니다. 마귀는 질투심으로 가득했습니다. 그의 악의는 하나님의 창조를 망가뜨리고 훼손하기로 결심하였고, 드디어 하나님의 창조물 중에 최고의 작품인 인간에게 그의 노력이 집중되었습니다. 만일에 그가 사람만 낙심시킨다면, 창조의 정점이 훼손당하게 될 것입니다. 그래서 우리가 기억하는 대로, 마귀는 여인에게 접근하여 그녀를 속이고 결국 그녀로 하여금 남편을 잘못된 길로 유혹하여 인간이 타락하도록 만들었던 것입니다. 하지만 인간의 이야기는 그 지점에서 끝나지 않습니다. 하나님께서 위대한 구속의 방법을 생각하시고 계획하셨기 때문입니다. 이것이 하나님의 그 위대한 영광에 어떤 의문점을 제기할 수는 없었습니다. 구속은 오히려 창조보다 더 위대한 사역이었습니다. 우리가 특별히 하나님께서 이루신 그 구속의 방법을 생각할 때 그렇습니다.

하나님께서 성육신이라는 놀랍고도 기적적인 방법, 곧 모든 사람들이 경이하게 생각할 수밖에 없는 방법으로 그의 독생하신 아들을 이 세상에 보내시고 또 무엇보다도 그를 내어 주사 십자가 위에서 죽게 하신 것을 생각할 때 그렇습니다. 죄로 말미암아 타락한 인간이, 결국에는 모든 피조물이 함께 회복되고 구속되기에 이르렀습니다. 그러므로 그 반대자요 대적인 마귀의 최대 관심은 어떻게 하든지 하나님의 사역을 불신하게 만들고 또 그의 명예를 훼손시키려는 것이 분명합니다. 이 목적을 이루기 위하여 구원의 상속자인 그리스도인들을 특별한 목표로 삼고 또 저들을 낙심시키고 침체시키는 것이 가장 적합한 마귀의 의도일 수밖에 없습니다. 그렇게 함으로써 이 자랑스러운 구원이 상상의 한 파편일 수밖에 없다는 인상을 주고 또 그렇게 믿고 있는 우리들이 간교하게 고안된 이야기를 믿게끔 할 수 있다고 생각하기 때문입니다. 우리가 낙심하고 부담을 느끼며 비참하다는 인상을 주는 그 같은 상태에로 이끌어 오는 것보다 더 좋은 방법이 무엇이겠습니까?
　우리는 우리들로 하여금 과거에 집착하게끔 함으로써 마귀가 어떻게 우리를 침체시키려 하는가를 고찰해 보았습니다. 과거에 얽매여 살므로 우리는 낙심하게 됩니다. 하지만 마귀가 그렇게 하는 데 실패한다면, 우리는 그가 방법을 전적으로 바꾸어 우리로 하여금 이번에는 미래를 보도록 할 것이라는 예상을 하지 않으면 안 됩니다. 이것이 바로 그의 수법입니다. 그것이 또한 우리가 지금 살펴보고 있는 본문의 특별한 내용입니다. 우리는 미래에 대한 두려움, 곧 미래에 대해서 걱정하기 때문에 영적인 침체를 겪고 있는 사람들의 경우를 살펴보려고 합니다.
　이것이 매우 보편적인 상황이며 또 그 원수가 종종 분명한 정반대의 상반된 개념으로 꼭 같은 사람들 속에 똑같은 근본적 상황을 만들어 내는 바로 그 방법을 주목해 보는 미래에 대해서 말하기 시작합니다. 그 결과 저들은 언제나 현재에 침체되고 맙니다. 당신은 그것들을 죄 용서, 심지어 매우 예의적인 그 특별한 죄마저도 용서해 주신다는 사실에 만족합니다. 당신은 저들이 여러 해를 낭비해 버렸다 할지라도 그가 황충이 먹은 햇수대로 갚아 주신다는 사실을 이미 살펴보았습니다. 그리고 나서 저들은 말합니다. "아, 그렇습니다." 하지만 결국 저들은 미래, 곧 앞에 놓여 있는 미래에 대한 두려움에 관하여 말하기 시작합니다.
　성경에 이에 대한 가르침이 참으로 많습니다. 하지만 저는 이 특별한 상황에 대한 가장 좋은 실례가 사도 바울이 그 전에 나왔던 말씀과 더불어 본문의 말씀을 쓰고 있는 대상인 디모데일 것이 틀림없다고 믿습니다. 틀림없이 그것이 저의 특별한 문제였습니다. 그리고 이것 때문에 그 사도가 저에게 두 편의 편지를 썼을 것이 확실합니다. 디모데는 장차 임할 고난과 시련에 대한 두려움 때문에 바울을 의지하고 있었습니다. 그리고 두 권의 전체적인 목적이 바로 디모데로 하여금 미래를 대하는 문제를 잘 대처하라는 데 두고 있습니다. 그러므로 우리는 디모데처럼 그 같은 문제로 시간을 낭비해서는 안 되겠습니다. 저는 단순히 미래에 대한 염려 때문에 영적으로 침체되었던 사람의 실례로 디모데를 인용하고 있을 뿐입니다.

이런 상태의 원인이 무엇입니까? 어려움의 특별한 형편이 무엇이며 또 그것이 만들어 내는 문제들이 무엇입니까? 그리고 그것의 희생자들은 어떤 말을 합니까? 우리가 들 수 있는 원인들 가운데 가장 첫 번째 요인이자 중요한 요인은 틀림없이 성품 곧 특별한 표정일 것입니다.

우리는 모두 다르게 태어났습니다. 우리 중에 두 사람도 정확히 똑같지 않습니다. 우리는 각자 자신들의 독특한 특성과 덕성, 실패, 약점 그리고 결점들을 가지고 있습니다. 인간이란 매우 섬세하고 균형이 잘 잡힌 존재입니다. 근본적으로 우리는 모두 똑같은 일반적 특징들을 가지고 있습니다. 하지만 상대적으로 경우마다 엄청난 차이점을 나타냅니다. 그러므로 각자의 성품은 다양하고 또 다릅니다. 우리가 이 사실을 마음속에 기억하는 것이 매우 중요합니다. 하지만 혹자는 이렇게 말합니다. "이제 우리는 그리스도인이 되었습니다. 사람이 그리스도인이 되면, 모든 차이점들이 다 극복됩니다." 그것은 전체적인 문제에 관하여 실제적으로 오류를 범하고 있는 것입니다. 세상에서 중생할 때 변화되는 것보다 더 깊은 변화는 없습니다.

하지만 중생, 곧 우리의 영혼 가운데서 나타나는 하나님의 사역은 우리 속에 신적인 원리와 영적 생명을 심어 주시는 것이지 사람의 성품이 변화하는 것은 아닙니다. 당신의 성품은 여전히 그대로 남아 있습니다. 당신이 그리스도인이 된다는 사실은 당신 자신의 삶을 중단한다는 것을 의미하지 않습니다. 당신이 살아있는 한 당신은 자신으로서 살아야만 합니다. 그리고 당신 자신은 자신이고 다른 사람은 다른 사람입니다. 바울도 구원을 받고 회심한 이후에라도 본질적으로 그 이전과 똑같은 사람이었습니다. 그가 특별한 그 어떤 사람이 된 것이 아닙니다. 베드로도 여전히 베드로였고, 요한 역시 요한 그대로였습니다. 성품적으로, 그리고 본질적으로 특징에 있어서 똑같았다는 말입니다. 그것이 바로 그리스도인의 삶의 영광이 나타나게 될 부분입니다. 그것은 자연과 피조물에 있는 다양성과 같습니다. 꽃들을 보십시오. 두 송이가 똑같은 것은 없습니다. 기본적인 통일성 가운데 나타난 다양성. 그것은 하나님께서 펼쳐놓으신 경이로운 방법입니다. 교회는 정확히 똑같습니다. 하지만 우리는 모두 다릅니다. 성품이 다릅니다. 우리는 모두 우리 자신들입니다. 그것이 바로 교회의 위대한 영광 중의 하나입니다. 하나님께서 다양한 방법으로 성령을 통하여 자신의 은사를 나누어 주셨습니다. 그럼에도 불구하고 우리의 본질적인 개성은 회심 이전과 정확히 똑같은 상태로 남아 있습니다. 제가 말하는 개성이란 특별한 방법으로 우리가 일하는 우리의 성질을 뜻합니다. 우리가 똑같은 일을 하지만, 우리는 서로 다르게 그 일들을 처리합니다. 그리스도인들로서 우리는 똑같이 본질적인 일들을 합니다.

하지만 우리가 일하는 방법은 서로 다릅니다. 설교자들이 같은 복음을 전파하고 또 똑같은 그리스도인들이 삶을 살 때 차이점이 있음을 생각해 보십시오. 하지만 저들의 표현 현상은 각각 다릅니다. 하나님께서 복음을 전파하기 위하여 이 같은 차이점을 사용하십니다. 그가 어떤 한 사람을 사용하시어 한 유형의 사람들에게 감동을 줄 수 있는 메시지를 준비하시는 반면에 다른 사람을 통해서 다른 종류의 사람들에게 감동을 주도록 사용하실 수 있습니다. 서로 다른 표현 현상을 통해서 다른 사람들에게 감동을 주시는 것은 지극히 옳은 방법입니다. 하나님은 그런 방법으로 모든 사람을 사용하십니다.

그러므로 무엇보다 먼저 우리가 성품을 꼽았습니다. 성품이 신경질적이고 불안해 하며 겁많은 사람들이 있습니다. 제가 듣기는 바울 자신도 이런 유형의 사람이었습니다. 그는 신경질적인 사람이었고 천성적인 의미에서 자신감이 결여된 사람이었습니다. 그가 고린도에 갔을 때 그는 약하고 두려워하며 매우 떨고 있었습니다. 바울은 천성적으로 겁이 많은 사람이었습니다. 그는 싸울 줄도 모르고 두려움에 잠기는 사람이었습니다. 그는 천성적으로 그런 사람이었습니다. 디모데도 역시 특별히 그랬던 것 같습니다. 그렇게 태어나는 사람들이 있습니다. 또 자신감과 확신에 차 있는 사람들이 있습니다. 저들은 아무것도 두려워하지 않습니다. 그들은 무엇이든지 부닥칩니다. 그들은 어디든지 당당하게 섭니다. 그들은 신경질이란 의미조차 모릅니다. 이 두 종류의 사람들이 그리스도인이 됩니다. 하지만 그런 관점에서 볼 때 저들은 서로 다릅니다. 어느 때는 치명적으로 전혀 딴판인 경우도 있습니다.

가장 큰 어려움을 잘 해결하고 또 대중 앞에서 말하는 설득력이 있는 사람들이 있습니다. 하지만 그와는 정반대의 사람들도 있습니다. 그러므로 이런 성품의 문제는 불안과 침체의 특이한 형태의 원인들을 연구할 때 매우 중요한 부분이 아닐 수 없습니다. 미래에 대해서 염려하는 사람들의 경우를 연구할 때 나타나는 또 다른 일들이 있습니다. 당신은 저들이 그리스도인들이 직면하는 과업의 성격에 대해서 언제나 관심을 가지고 있음을 발견하게 될 것입니다. 그들은 기독교적 요인에 매우 수준 높은 개념을 가지고 있습니다. 우리가 그들이 말하는 것들을 가지고 판단한다면, 그들은 그리스도인의 삶에 매우 고상한 생각을 부여합니다. 이 사람들은 그리스도인이 된다는 것이 쉽지 않다는 것을 깨닫습니다. 그것은 단순히 회심해서 당신의 남은 생애 동안 장미꽃 침대에 누워 사는 꿈 같은 사건이 아닙니다. 결코 그렇지 않습니다. 저들은 그것이 고차원적 부르심, 곧 신앙의 싸움으로 봅니다. 그들은 사람의 고차원적인 특성을 봅니다. 또 저들은 그것을 그리스도를 따르는 것으로 봅니다. 그들은 신약성경을 읽고 틀림없이 지성인이 되며 사명과 부르심의 위대함을 깨닫게 됩니다.

하지만 그것이 이번에는 저들을 억압하기도 합니다. 왜냐하면 자신들이 얼마나 왜소한가를 동시에 깨닫기 때문입니다. 다시 말해서 저들이 실패에 대해서 두려워한다는 말입니다. 저들은 그 이유가 쇠퇴해질 것을 걱정합니다. 저들은 자신이 복음을 좋아한다고 말합니다. "저는 죄를 용서받았다고 믿습니다. 진실한 신자가 되고 싶습니다. 하지만 저는 실패하지 않을까 걱정됩니다. 제가 집회에 참석하고 있고 또 그리스도인들과 동석하고 있을 때에는 모든 것이 다 잘 됩니다. 하지만 제가 살아가면서 자신과 자신의 약함을 발견합니다. 할 일은 엄청납니다. 정말 어려움이 많습니다." 저들이 지금 실패를 두려워하고 있는 것입니다. 그들은 하나님과 주 예수 그리스도, 그리고 하나님의 교회를 이 땅으로 끌어내리기를 원치 않습니다. 그리스도인의 삶을 살아야 할 저들은 누구입니까? 사명의 막중함과 자기 자신의 부족에 대한 심각한 깨달음, 그리고 필요들이 저들을 짓누르고 있는 것입니다. 그렇지 않으면 저들이 일반적 실패

제7장 미래에 대한 두려움 **125**

에 대한 두려움 때문에 고통을 당할지 모릅니다. 그렇기 때문에 저들은 특별한 어떤 일에 손가락도 댈 수 없습니다.

만일 저들이 어떤 특별한 일을 두려워하고 있는 것은 아닌지, 그리고 그 사실조차 모르고 있는 것은 아닌지 당신이 물어볼 수 있습니다. 하지만 저들이 일반적인 두려움을 가지고 있으며, 또 미래에 대해서, 앞으로 일어날 일에 대해서, 그리고 고난을 위하여 부르심을 받을지도 모르는 일에 대한 불안을 느낄 수도 있다는 사실입니다. 저는 종종 그런 사람들을 만나야만 했습니다. 저는 한 자매가 제게 말한 것을 기억합니다. "그렇습니다. 제가 믿습니다. 하지만 제가 저 자신을 그리스도인이라 부를 수 있을지 잘 모르겠습니다." 제가 "왜 아니겠어요?"라고 말했을 때 그녀는 이렇게 대답했습니다. "저는 과거에 그리스도를 위해서 핍박받았던 사람들과 또 지금도 핍박을 받고 있은 사람들에 대해서 읽어 본 적이 있어요. 그리고 저도 제 자신이 그런 입장에 직면했다는 생각을 하려고 매우 애를 썼어요." 그 여자는 당시에 세 살 난 사내아이를 데리고 있었습니다. 그녀가 말하기를 "당신도 아시겠지만 만일에 제가 신앙을 부인하든지 아니면 이 아이를 포기하든지 둘 중에 하나를 선택해야만 할 상황에 이르게 된다면, 무엇이라고 말할지 저는 잘 모르겠어요. 저는 제가 큰 믿음을 가지고 있다고 생각되지 않아요. 제가 어떤 대가를 치르고서라도 예수님을 첫째로 꼽을 용기가 있는지 혹은 필요할 때에는 순교의 고통을 참을 수 있는지 의심스러워요. 그래서 자신을 그리스도인으로 부를 권리가 없다고 생각한 것입니다. 그녀는 과거에 그런 시험을 받아본 적이 없고 또 앞으로도 그런 일이 없을 것입니다. 하지만 그녀는 그 가능성이 의심스럽고 또 그것이 저를 침체시키고 있습니다. 그런 영적 침체는 미래에 대한 두려움에서 기인됩니다. 종종 이것이 상상적인 공포가 되기도 합니다.

우리가 그 사례들을 많이 확보할 수 있을지라도 이런 봉사에 머물러 있어서는 안 됩니다. 특이한 것은 그런 일들이 현재 우리들을 완전히 사로잡아 활동하지 못하도록 마비시켜 버릴 수 있다는 사실입니다. 그런 사람들은 종종 현재를 비효율적으로 만들어 버리는 이 같은 두려움에 몰입되거나 사로잡힐 위험성을 가지고 있습니다. 바로 그것이 디모데가 가지고 있던 고통의 본질이었다는 데에는 전혀 의심의 여지가 없습니다. 바울은 감옥에 갇혀 있었고 디모데는 저에게 어떤 일이 일어날까를 염려하기 시작했습니다. 바울이 죽었더라면 디모데는 어떠했을까요? 교회에 닥쳐올 어려움들을 디모데 혼자서 어떻게 감당하며 또 디모데 자신을 포함해서 몰려오기 시작했던 핍박에 어떤 모습을 보였겠습니까? 바울은 그와 함께 있을 때에 안 된다고 했습니다. "그러므로 네가 우리 주의 증거와 또는 주를 위하여 갇힌 자 된 나를 부끄러워 말고 오직 하나님의 능력을 좇아 복음과 함께 고난을 받으라"(딤후 1:8). 미래에 대한 두려움은 틀림없이 디모데가 당한 고통의 본질이었습니다.

그런 상태를 우리가 어떻게 처리하느냐가 우리 앞에 당면한 문제입니다. 그것을 어떻게 처리할 수 있을까요? 우리가 앞에 나오는 문제를 처리할 때 채택했던 그 절차를 채택하는 것보다 더 좋은 방법을 생각한 적이 없습니다. 우리가 정확한 성경적 가르침에 이르기 전에 몇 가지 예비적인 일반적 숙고들이 있습니다. 그러므로 저는 몇 가지의 전제를 제시하겠습니다. 먼저 해야만 될 일은 합법적인 예상과 무력화시키는 예상 사이에 정확히 선을 긋는 지점을 알고 찾는 일입니다. 우리가 미래에 대해서 생각하는 것은 지극히 당연합니다. 그리고 미래에 대해서 전혀 생각하지 않는 사람은 어리석은 사람입니다. 하지만 성경을 통해서 우리가 언제나 경고를 받는 것은 미래에 대하여 염려하는 것입니다. "내일 일을 염려하지 말라"는 "내일 일을 염려하는 죄를 범하지 말라"는 뜻입니다. 그것은 어떤 생각도 하지 말라는 의미는 아닙니다. 그렇지 않으면 농부가 쟁기로 밭을 갈아 골을 내고 씨를 뿌리지 않을 것입니다. 그는 미래를 내다봅니다.

하지만 자신이 일한 최종적인 결과에 대해서 걱정하고 염려하는 것에 그의 시간 대부분을 보내지 않습니다. 아닙니다. 오히려 그는 합리적인 생각을 하고 그 이후에는 그대로 놓아둡니다. 또다시 여기에서 나타나는 전체적인 문제는 선을 어디에서 긋느냐 하는 것입니다. 요점을 생각해 봅시다. 만일에 당신이 요점을 지나친다면 염려하게 되고 불안하게 됩니다. 그래서 결국은 마비시키고 장애를 일으킵니다. 다시 말해서 미래에 대하여 생각하는 것이 지극히 당연한 일이지만, 그 생각에 대해서 자신이 지배를 받는다면 그것은 참으로 잘못된 일입니다. 이런 두려움에 먹이가 되어 버리는 사람들의 고통은 저들이 미래 때문에 지배를 받고 그 생각에 통제를 받으며 손들이 묶여 있고 아무 일도 못하며 그에 대한 두려움으로 침체되어 버리는 것입니다. 사실상 저들은 알지 못하는 미래에 완전히 통치를 받습니다. 그것은 언제나 잘못입니다. 생각하는 것은 옳은 일입니다. 하지만 그 미래에 통치를 받는 것은 모두 잘못입니다. 그것이 기본적인 전제이고 또 세상은 그것을 발견했습니다. 그것은 우리로 하여금 우리가 도달할 때까지 다리를 건너가지 말라고 달했습니다.

그것을 당신의 기독교적 가르침에 대입시켜 보십시오. 왜냐하면 세상이 거기에서는 옳기 때문입니다. 그리고 그리스도인은 그 지혜를 받아들여야만 합니다. 참으로 똑같은 결과에 대한 많은 성경적 진술이 속담처럼 되었습니다. "내일 일을 염려하지 말라." "한 날의 괴로움은 그날에 족하니라." 확실히 신약성경은 그런 개념을 말씀하고 있으며 또 그것을 영적인 형태로 제시하고 있습니다. 하지만 그것이 최저 상태에서는 사실입니다. "그날의 괴로움은 그날에 족하니라." 그 말은 상식처럼 들립니다. 우리가 앞에서도 살펴보았듯이 과거에 대해서 지나치게 관심을 가지는 것은 시간 낭비일 뿐입니다. 그리고 그 순간이 불분명한 미래에 대해서 걱정하는 것도 똑같이 잘못입니다. "저로서는 한 걸음이면 족합니다." 현재를 최선을 다해서 사십시오. 그리고 당신의 과거로 하여금 현재를 볼모잡지 않도록 하는 것만큼이나 미래로 하여금 현재를 저당 잡지 못하도록 하십시오.

이제 사도 바울이 말씀한 바를 생각해 보도록 하겠습니다. 그는 보다 수준 높은 논리를 설명하고 있으며 또 우리에게 이중 인격에 대한 특별한 교훈을 베풀고 있습니다. 무엇보다 먼저 책망이 나오고 두 번째는 상기를 시키는 방법입니다. 이 두 가지는 완벽하게 활기를 주고 본질적인 동기를 부여합니다. 첫 번째 것은 그가 디모데에게 책망할 때 나타났습니다. 그가 디모데를 향하여 말씀합니다. "하나님께서 우리에게 주신 것은 두려움의 영이 아니니라." 그것이 바로 책망입니다. 그 당시 디모데는 두려워하는 마음으로 죄를 짓고 있었습니다. 그는 두려움에 사로잡혀 있었습니다. 그래서 바울이 저를 책망하는 것입니다. 하나님은 우리에게 두려움의 영을 주시지 않고, 오히려 능력과 사랑과 온전한 마음을 주십니다. 그 원리 곧 여기에 나오는 교리는 우리의 본질적인 고통의 문제입니다.

만일에 우리가 이 특별한 영적 침체 현상으로 고통을 겪고 있다면, 그것은 하나님께서 우리에게 주시고 또 지금도 우리에게 성령의 은사를 주고 계신다는 사실을 깨닫지 못한 것입니다. 그것이 모든 그리스도인들의 고통이듯이 디모데 역시 참으로 그런 고통을 겪은 적이 있었습니다. 그것은 하나님께서 우리를 위하여 역사하셨고 또 지금까지도 역사하고 계신다는 사실을 깨닫지 못한데서 기인됩니다. 사실상 우리는 주께서 약간 다른 의미로 사용하신 바 있는 그 단어들을 우리가 사용할 수 있습니다. 하늘에서 불을 내려 사마리아 사람들을 태워 버리자고 했던 요한과 야곱에게 대답하실 때 주님은 이렇게 말씀하셨습니다. "너희는 어떤 영에 속했는지 알지 못하느냐." 그것이 바로 바울이 디모데에게 말씀하고 있는 내용입니다. 그것은 부정적인 것이었습니다. 하지만 이것은 긍정적입니다. 그 사도가 디모데에게 하나님의 선물을 상기시키기 위해서 말하지 않으면 안 되었습니다.

우리의 두려움은 상기하는 일, 곧 생각하는 일에 실패하기 때문이며, 우리 자신을 그의 손에 맡기지 못하는 데서 기인됩니다. 당신은 자신이 미래를 바라다보고 어떤 일을 상상하며 "나는 무슨 일이 일어날지 잘 모르겠어!"라고 말하고 있음을 발견하게 될 것입니다. 그 후에도 당신의 상상력은 당신과 더불어 더 멀리 나아갑니다. 그래서 당신은 그 일에 사로잡히게 되고 또 당신 자신이 누구이며 무슨 일을 해야만 될 사람인가를 생각지 못하게 됩니다. 이런 일이 당신을 짓누르고 당신을 침체시킵니다. 지금부터 당신이 해야만 될 첫 번째 일은 당신 자신을 굳게 하고 자신을 일으켜 세우며 스스로 활동하고 스스로 몰입하며 자신에게 말해야만 합니다. 바울이 그렇게 했던 것처럼, 우리들도 스스로 어떤 일을 상기시켜야만 합니다. 제가 이해하기로는, 바울이 결국 디모데에게 큰 일을 말씀하고 있습니다. "디모데야, 네가 자신과 또 인생을 생각하고 있구나. 네가 해야만 될 모든 일은 네가 아직도 평범한 사람인 것처럼 생각하는 것이다. 하지만 디모데야, 너는 평범한 사람이 아니다. 너는 그리스도인이다. 너는 거듭난 사람이다. 하나님의 영이 네 속에 있다. 하지만 네가 이런 일을 직면할 때 너는 과거에 그랬던 것처럼 아직도 평범한 사람으로 생각하고 있구나."

우리들도 이런 문제로 고통을 겪고 있지는 않습니까? 우리가 진실로 그리스도인이고, 진리를 믿으며 중생하고 하나님의 자녀가 되었을지라도, 이 같은 상태로 빠져 들어간다면 우리는 전혀 이런 일들이 자신에게 일어나지 않을 것처럼 생각하기 시작해야만 합니다. 세상 사람 곧 중생한 적이 없는 사람처럼, 우리는 미래로 하여금 우리에게로 와서 자신을 지배하도록 허용하고 또 우리가 우리 자신의 약함과 무기력을 소명의 위대함과 우리 앞에 놓인 엄청난 사명과 비교해 보아야 합니다. 그리고 우리는 우리 자신들이 단순히 자연적인 자아일 뿐이라는 데까지 내려가야 합니다. 바울이 디모데에게 말하기를, "네가 하나님의 성령의 은사를 받았다는 사실을 기억하고 또 우리의 인생에 대한 전체적인 전망 때문에 그 미래가 실제적으로 달라야만 한다는 사실을 깨달아야 한다"고 했습니다.

우리는 새로운 차원에서 고통을 생각해야만 하며 또 새로운 각도에서 모든 것을 직면해야만 합니다. 우리가 그 모든 것을 직면하는 방법은 우리들에게 성령께서 내주하고 계신다는 사실을 상기시켜 줍니다. 미래가 있습니다. 고차원적인 소명이 있습니다. 핍박도 있습니다. 반대도 있습니다. 원수도 있습니다. 저는 그 모든 것을 봅니다. 저는 제가 약함을 인정합니다. 저는 필요한 능력과 재질도 부족합니다. 하지만 저는 포기하기보다는 차라리 다음과 같이 계속 고백하겠습니다. "그렇습니다. 저는 그 모든 것을 알고 있습니다." 그 순간 저는 그 말, "하지만 저는 바울이 저에게 하라고 부탁한 대로 그렇게 하겠습니다"라는 고백을 하려고 합니다. 또 저는 이렇게 고백하겠습니다. "하지만 하나님의 영이 내 안에 계십니다. 하나님께서 저에게 그의 성령을 주셨습니다." 그 순간 저는 모든 전망이 달라졌다고 말하겠습니다. 다시 말해서 우리는 말하는 것을 배워야 합니다. 이 같은 입장에서 중요한 것은 우리의 참된 모습이 아니라 그분의 참된 모습입니다. 디모데는 본래 약하고 그 원수는 강합니다. 그런데 그 사명은 중차대합니다. 그렇습니다. 하지만 그는 자신만을 생각하거나 그 상황을 자신의 입장에서만 생각하지 않습니다. 하나님께서 두려움의 영을 주시지 않고 오히려 능력의 영을 주셨기 때문입니다. 그러므로 우리 자신의 약함을 생각해서는 안 됩니다. 하나님의 영의 능력을 생각해야 합니다. 우리의 교리를 균형 있게 유지하고 또 전체적인 입장을 분명히 보아야 할 때는 바로 우리가 그 일을 시작할 때입니다.

저는 우리의 모든 성품들이 다르다는 사실을 강조하는 고민을 경험한 적이 있습니다. 그런데 저는 또다시 그것을 강조하고 싶습니다. 하지만 이 부분에서 저는 분명히 말씀드리겠습니다. 우리의 성품들이 각자 다르지만, 그 성품들이 사명을 대할 때 아주 큰 차이점을 만들어 내지는 않습니다. 여기에서 구속의 기적이 나타납니다. 우리는 하나님께로부터 자신의 성품을 부여받았습니다. 다시 말씀드리자면, 우리의 성품들은 모두 다릅니다. 하지만 그것들은 역시 하나님께로부터 받은 것입니다. 하지만 그것이 성품에 의해서 지배를 받는 그리스도인으로서의 우리의 참된 모습은 아닙니다. 우리는 성령에 의해서 지배를 받아야 함에 틀림없습니다. 당신이 저들을 그런 질서 속에 집어 넣어서는 안 됩니다. 여기에 권세와 능력이 있습니다. 그리고 그것들을 활용하는 특이한 성품도 있습니다.

그러나 중요한 것은 한 사람의 그리스도인으로서 당신이 성령에 의해서 지배를 받아야만 한다는 점입니다. 그리스도인으로서 매우 비극적인 것은 그가 자신의 성품에 의해서 지배를 받도록 허용하는 것입니다. 자연인은 언제나 자신의 성품에 지배를 받습니다. 그는 스스로 자신을 어떻게 할 수 없습니다. 하지만 중생이 만들어 내는 차이점은 심지어 성품을 지배하는 더 높은 통치력이 있다는 사실입니다. 그 순간 성령이 들어오셔서 성품을 포함한 모든 것을 다스리십니다. 그러므로 그가 당신의 성품과 더불어 자신의 특별한 방법으로 역사하도록 도우십니다. 그것이 바로 구속의 은혜입니다. 성품은 여전히 남아 있습니다. 하지만 성품이 더 이상 저를 다스리지 못합니다. 성령께서 다스리시기 때문입니다.

자세히 한 번 생각해 보도록 하겠습니다. "하나님께서 우리에게 두려움의 영을 주시지 아니했노라." 그러면 그가 우리에게 즈신 영은 어떤 영입니까? 유의해 보십시오. "하나님이 우리에게 주신 것은 두려워하는 영(마음)이 아니요 오직 능력과 사랑과⋯." 그것이 바로 제가 첫 번째로, 그리고 매우 정당한 것으로 생각하는 바입니다. 우리에게는 사명이 있습니다. 그리고 우리는 자신의 약함을 압니다. 그렇습니다. 하지만 약한 자에게도 능력이 있습니다. 그리고 그것은 가장 이해력이 있고 감각적이며 생각할 수 있는 능력을 뜻합니다. 당신이 그리스도인의 삶을 살지 못할까봐 걱정이 되십니까? 대답은 이렇습니다. "두려워 떪으로 너희 구원을 이루라 너희 안에서 행하시는 이는 하나님이시니 자기의 기쁘신 뜻을 위하여 너희로 소원을 두고 행하게 하시느니라"(빌 2:12-13). 두려움과 떨림이 남아 있습니다. 그것이 부분적으로는 당신의 성품 때문입니다.

그러나 당신은 "당신 안에서 두려워하거나 아니면 더 이상 두려움에 복종하는 사람이 되지 않습니다. 당신은 두려움과 떨림으로 자신의 구원을 이루어야 합니다. 그럼에도 불구하고 능력이 있습니다. 당신 속에서 일하는 것은 소원을 두고 자신의 기쁘신 뜻대로 역사하는 하나님의 능력입니다. 하지만 이것은 그리스도인의 삶을 살아가는 문제뿐만 아니라 또한 유혹이나 죄와의 싸움에 참고가 됩니다. 그것은 인내하는 능력, 곧 형편이나 상황이 어떠하든지 간에 그것을 버티어 나갈 수 있는 능력을 뜻합니다. 좀더 앞으로 나아가 봅시다. 그것은 가장 겁 많은 사람도 모든 일에, 심지어 죽기까지 능력을 부여받을 수 있음을 뜻합니다. 당신은 그것을 사도들에게서 볼 수 있습니다. 당신은 특별히 죽음을 두려워하고 죽기를 무서워했던 베드로 같은 사람에게서 볼 수 있습니다. 베드로는 그 두려움 때문에 주님을 부인까지 했습니다. 그는 주님을 모른다고 말했습니다. "나는 그를 알지 못합니다. 나는 그와 아무 상관도 없습니다." 그는 맹세하고 저주하면서 그 복된 주님, 가장 큰 은인을 자신의 목숨을 구원하기 위해서 부인하였습니다.

그러나 사도행전을 통해서 그 이후의 베드로의 모습을 보십시오. 능력의 성령께서 그에게 임하신 후에 그는 죽을 준비가 되어 있었습니다. 그는 권세자들을 만나고 또 그 어떤 사람이라도 만날 태세를 갖추고 있습니다. 그것은 기독교 교회의 긴 연감에 나타난 가장 영광스러운 일들 중에 하나입니다. 그런데 그런 일은 지금도 여전히 일어나고 있습니다. 저는 그리스도인들에게 순교자들의 이야기나 신앙고백자들, 교부들, 청교도들, 그리고 계약자들의 이야기를 읽는 것은 결코 지루하지 않다고 말합니다. 저들의 이야기를 읽어 보십시오. 그리하면 당신의 신앙이 강해질 뿐만 아니라 용기 있는 사람들이 될 것입니다. 그리고 당신은 연약한 여인들이나 소녀들, 심지어 어린아이들까지 그리스도를 위하여 영광스럽게 죽어감을 발견하게 될 것입니다. 그들은 스스로가 그렇게 될 수 없습니다. 저들이 능력의 성령을 받았기 때문입니다.

그것이 바로 여기에서 바울이 의도하는 바입니다. 그가 디모데에게 말씀합니다. "그렇게 말하지 말라. 네가 마치 자연인처럼 말하고 있구나. 너는 네 자신의 능력으로 그 같은 것을 모두 직면해야만 하는 것처럼 말하고 있구나. 하지만 하나님께서 너에게 능력의 성령을 주셨다. 앞으로 나아가라. 그가 너와 함께 하시리라. 네가 너 자신을 알지 못하는구나. 너는 너 자신에게 놀랄 것이다. 심지어 죽음을 직면할지라도, 너는 그의 영광스러운 이름을 위하여 부끄러움과 죽음의 고통을 받을 자로 여김 받은 것을 인하여 기뻐하리라. 능력! 그것이 주어졌도다. 우리를 대적하는 일들을 인하여 침체되는 시험을 받을 때에 당신과 제가 할 일은 '나는 성령님을 모시고 있다. 그는 능력의 성령이시다'라고 고백하는 것이다."

그 다음에 할 일은 '사랑'이라고 바울이 언급하고 있습니다. 저는 이것이 가장 흥미 있고 매력적이라는 사실을 발견합니다. 여러분 가운데 얼마나 많은 분들이 사랑을 이 부분에 위치시킬 것인가 의문스럽습니다. 왜 그가 사랑을 여기에 위치시켰다고 생각하십니까? 하나님께서는 두려워하는 마음을 주시지 아니하고 능력과 사랑의 마음을 주셨습니다. 그렇습니다. 제게는 능력이 필요하다고 생각합니다. 하지만 왜 사랑입니까? 이 겁 많은 사람에게 필요한 것은 사랑이 아니지 않습니까? 왜 그가 사랑의 마음을 두 번째에 놓았을까요? 여기에 아주 멋진 일종의 심리학이 있습니다. 이 두려워하는 마음의 주요 원인이 결국 무엇일까요? 대답은 '자아', 곧 자기 사랑, 자존심, 자기 보호라고 볼 수 있습니다. 이런 고통의 본질은 이 같이 두려워하는 사람들이 너무 자아에 빠져 있기 때문이란 사실을 깨달은 적이 있습니까? 저들은 "내가 어떻게 이것을 할 수 있을까? 만일에 실패하면 어떡하지?" 등등 끊임없이 자신들을 돌아보고 자신들을 바라보며 또 자신들에게 관심을 쏟고 있습니다. 자신을 극복할 수 있는 유일한 길이 있습니다. 그것은 여기에 사랑의 마음이 들어오는 것입니다. 그것이 자아를 치료할 수 있는 유일한 방법입니다. 당신은 당신 자신의 자아를 어떻게 할 수 없습니다. 그 가엾은 사람들이 수도사나 은둔자가 되는 것은 결정적인 오류를 범하는 것입니다. 저들이 세상과 다른 사람들을 멀리 떠날 수는 있습니다. 하지만 저들이 자기 자신들로부터 도망가지 못합니다. 당신의 자아는 당신 안에 있습니다. 그리고 당신은 그것을 제거할 수 없습니다. 당신이 자기 자신을 억제하려고 하면 그만큼 더 당신 자신은 당신을 고통스럽게 만들 것입니다. 자아를 극복할 수 있는 유일한 방법이 있습니다. 그것은 당신이 다른 사람 혹은 다른 그 무엇에 완전히 몰입하고 당신 자신에 대해서 생각할 시간을 전혀 가지지 않는 것입니다.

하나님께 감사하십시오. 하나님의 성령께서 그것을 가능하도록 만들어 주시기 때문입니다. 그는 '능력의 영' 이실 뿐만 아니라 또한 '사랑의 영' 이시기도 합니다. 무슨 뜻입니까? 그것은 하나님에 대한 사랑, 우리를 지으신 그 위대하신 하나님에 대한 사랑을 뜻합니다. 우리는 지옥이 마땅한 존재들입니다. 그는 우리를 영원하신 사랑으로 사랑해 주셨습니다. 바울은 디모데에게 그것을 생각하며 또 자신에 대한 것은 모든 것을 잊어버리고 하나님의 사랑에 몰입하라고 말씀합니다. 사랑의 영! 바로 그것이 당신을 자기 흥미, 자기 관심, 그리고 자기를 인한 침체로부터 건져 줄 것입니다. 왜냐하면 침체는 자아, 곧 자기 관심으로 말미암기 때문입니다. 그것은 모든 면에서 자아를 억제합니다. 그러므로 자신에게 이 영원하고 놀라운 하나님의 사랑, 곧 우리의 죄에도 불구하고 우리를 언제나 귀하게 쳐다보시며 구속의 방법을 계획하사 아들이라도 아끼지 않으시고 우리를 위하여 그를 내어놓으신 하나님에 대해서 말해 보십시오.

그 후에 어떻게 해야 됩니까? 계속해서 성자의 사랑을 생각하시되, 그 사랑의 넓이와 길이와 깊이와 높이를 생각하십시오. 모든 지식을 초월한 그리스도의 사랑을 아십시오. 영원한 영광의 표징을 다 내어놓으시고 하늘 보좌로부터 강림하시어 아기로 태어나사 목수로 일하시고 자신을 대적하는 죄인들의 억지와 모순들을 다 감수하신 그분을 묵상하십시오. 또 거룩한 얼굴에 인간들이 침을 뱉으며 뺨을 때리고 가시면류관을 씌우며 망치로 손과 발에 못 박히신 그분을 생각하십시오. 그분이 십자가에 계십니다. 거기에서 그분은 무엇을 하고 계십니까? 그가 우리를 위해서 죽으셨습니다. 그래서 당신과 제가 용서를 받고 하나님과 화목하게 되었습니다. 그분의 사랑을 생각하십시오. 그리하면 당신이 그에 대한 모든 것을 알고, 또 당신 자신을 잊게 될 것입니다.

그 다음에는 형제에 대한 사랑을 생각해 보십시오. 다른 사람, 곧 저들의 필요와 저들의 관심이 무엇인가를 생각하십시오. 제가 계속할까요? 디모데는 "스스로 죽을지도 모른다"라고 말한 것처럼 보입니다. 이에 대해서 바울이 "다른 사람들을 생각해 보아라. 죄 가운데서 멸망할 사람들을 바라보라. 그리고 너 자신을 잊어버려라"고 말합니다. 잃어버린 자를 위한 사랑을 계발하십시오. 그리고 똑같은 방법으로 형제들에 대한 사랑을 생각하십시오. 또 이 세상에서 가장 위대하고 고상한, 곧 이 복되고 영광스러운 복음을 생각하십시오. 당신 자신을 위해서 그렇게 하십시오. 이것이 바로 그 사도가 능력의 마음과 사랑의 마음이라고 할 때 뜻했던 바입니다. 만일에 당신이 사랑의 마음에 사로잡힐 때 당신은 자신을 잊게 될 것입니다. 그렇게 되면 당신은 자신을 위하여 자기 생명까지 내어놓으신 그리스도 외에는 아무것도 중요하지 않다고 말하게 될 것입니다. 당신에게 그보다 더 많이 줄 것은 아무것도 없습니다. 당신도 진젠도르프 백작처럼 열정을 가지고 "그분, 그분밖에 없습니다"라고 말하게 될 것입니다. 그것이 바로 '사랑의 마음'입니다.

마지막으로 '근신하는 마음'입니다. "두려워하는 마음이 아니요 오직 능력과 사랑과 근신하는 마음"이라고 했습니다. 이것은 무슨 의미입니

제7장 미래에 대한 두려움 *135*

까? 그것은 두려운 마음에 대한 좋은 해독제, 곧 자제력, 훈련, 균형 잡힌 마음이라는 뜻입니다. 당신과 제가 비록 겁이 많고 신경질적이라 할지라도, 하나님께서 우리에게 주신 마음은 자제력이 있고 훈련된 마음이고 또 판단력이 있는 마음이라는 말입니다. 우리 주님은 바울보다 먼저 우리가 모두 그렇게 생각해야만 한다고 말씀하신 바 있습니다. 바울은 우리 주님의 말씀을 반복하고 있고, 또 그 가르침에 대한 해석을 하고 있을 뿐입니다. 당신은 주께서 제자들을 파송하실 때에 가르치고 당부하신 바를 기억할 것입니다. 주님은 저들에게 미움을 받고 핍박을 받을 것이며 결국 자신의 삶을 포기하고 싶거나 아니면 치명적인 시련을 겪게 될 날이 올 것이라고 경고하셨습니다. 주님은 계속해서 말씀하십니다. "너희가 넘기움을 받을 때에 어떻게 말할까, 그리고 무엇을 말할까 염려하지 말라. 왜냐하면 바로 그 시간에 너희가 말할 것을 너희에게 주실 것이기 때문이다." 당신은 심판을 받게 될 것입니다. 그리고 저들은 당신을 말로 책잡기 위해서 별 짓을 다 할 것입니다. 하지만 걱정하지 마십시오. 주께서 말씀하시기를, 바로 그 시간에 당신에게 말할 것을 주신다고 했습니다. 그러므로 당신은 걱정할 필요가 없습니다. 당신은 이성을 잃지 않을 것입니다. 너무 흥분되고 놀라서 할말을 잊는 경우도 있을 것입니다. 왜냐하면 바로 그 시간에 주께서 당신에게 할말을 주실 것이기 때문입니다. 지혜의 마음과 근신하는 마음이 바로 그것입니다.

제가 이 점을 매우 간단하게 설명하기 위해서 예를 하나 들겠습니다. 그것은 스코틀랜드에서 언약자들이 개종할 때 있었던, 한 소녀에 관한 이야기입니다. 그녀가 주일 오후에 있었던 언약자들이 주관하는 성찬예배에 참석하려고 했습니다. 물론 그 성찬예배는 철저하게 금지된 예배였습니다. 영국 왕의 병사들이 이 같은 성찬예배에 참석하려고 모여드는 사람들을 도처에서 감시하고 있었습니다. 이 소녀가 막 모퉁이를 돌아서서 길을 가고 있을 때 한 무리의 군인들을 정면으로 마주치게 되었습니다. 그녀는 자신이 올무에 걸렸다는 사실을 깨달았습니다. 그 순간 소녀는 무엇이라고 말할까 걱정이 되었는데, 자신이 벌써 질문에 대답하고 있음을 발견하게 되었다는 것입니다. "제 오빠가 죽었습니다. 오늘 오후에 그의 유서가 읽혀지는데 나는 그가 나에게 어떤 일을 했는지 혹은 무엇을 나에게 남겨 놓았는지 그 유서를 읽을 때 그것을 들으러 갑니다." 그래서 그 소녀는 통과되었습니다. 하나님께서 주신 것은 두려워하는 마음이 아니요 오직 능력과 사랑과 근신하는 마음입니다. '지혜의 마음, 분별력 있는 마음, 그리고 이해하는 마음'이 아닐 수 없습니다. 그는 당신으로 하여금 뱀처럼 지혜롭게 하십니다. 원수들의 질문에 당신은 완벽하게 대답할 것입니다. 하지만 원수들이 그것을 이해하지도 못하겠고 당신은 무사히 도피하게 됩니다. 아, 그렇습니다. 오빠가 죽었습니다. 그리스도께서 그녀를 위해서 죽으셨습니다. 그래서 그 성찬예배 석상에서 유서가 읽혀지고 또 주께서 그녀를 위하여 어떤 일을 행하시고 무엇을 남겨 주셨는가를 상기시켜 주실 것입니다. 당신도 아시겠지만, 그리스도의 왕국에서는 가장 무지하고 또 가장 신경질적인 사람이라 해도 근신하는 마음과 지혜로운 마음을 갖게 됩니다. 주께서 말씀하십니다. "무엇을 말할까 염려하지 말라. 바로 그 시간에 내가 할 말을 네게 주리라."

그분은 당신이 무엇을 하고 또 무슨 말을 할 것인가를 말씀해 주실 것입니다. 필요할 때마다 당신을 보호해 주십니다. 우리는 스스로 살아갈 수 없습니다. 우리는 자신들을 평범한 사람이라고 생각하지 않습니다. 우리는 자연인들이 아닙니다. 우리는 거듭난 사람들입니다. 하나님께서 우리에게 성령을 주셨는데 그 성령은 능력과 사랑과 근신하는 영이십니다. 그러므로 특별히 미래에 대한 두려움 때문에 영적 침체에 빠지는 분들께 저는 하나님의 말씀과 그 사도의 말을 빌어 이렇게 말씀드리고 싶습니다. 은사를 살리십시오. 자신에게 당당히 말하십시오. 진정한 자기 자신을 생각하십시오. 미래로 하여금 당신을 붙잡도록 허락하거나 또는 미래가 당신을 붙잡고 있다는 생각하는 대신에 오히려 자신에게 당당히 말하고 또 당신이 누구이며 당신이 어떤 사람인가를 상기하고 당신 안에 성령님이 계신 것을 생각하십시오. 그리고 당신이 성령님의 성품을 가지고 있음을 생각하고 굳세게 앞으로 전진해 나가십시오. 아무것도 두려워하지 말고 현재를 살며 미래를 준비하고, 자기 목적, 곧 당신을 위하여 모든 것을 다 주신 그분을 영화롭게 하시기를 간절히 바랍니다.

제 8 장

감정

"그러므로 내가 나의 안수함으로 네 속에 있는 하나님의 은사를 다시 불일 듯하게 하기 위하여 너로 생각하게 하노니"　　　　　　　　　(딤후 1:6)

이것은 위대한 진술입니다. 하지만 그 속에 들어 있는 우리의 기본적인 관심은 그 안에 있는 하나님의 은사를 불일 듯 이는 효과를 위하여 그 사도가 디모데에게 말씀하는 그 권면에 있습니다. 저는 우리가 '영적 침체'로 묘사해 왔던 그 주제를 총괄적으로 생각하려는 시도로 그것에 당신의 관심을 촉구하는 바입니다. 우리는 소위 비참한 그리스도인의 경우를 진단하고 처방하려고 애쓰고 있습니다. 그리고 우리는 지금까지 그 용어 자체에 대해서, 그리고 그 자체 안에서 그런 상태에 대하여 본질적으로 잘못된 것에 우리의 관심을 돌리고 있다는 사실을 지적하는 데 많은 수고를 하였습니다. 이 말은 정말 모순되는 것 같습니다. 하지만 우리는 그것으로 함께 조화를 이루도록 만들지 않으면 안 됩니다. 왜냐하면 그것이 어떤 종류의 사람들, 곧 비참한 그리스도인들을 정확하게 묘사하고 있기 때문입니다. 그것은 불가능합니다. 하지만 실제적으로 그것은 사실입니다. 그런 일이 있어서는 안 됩니다. 그럼에도 불구하고 그런 일이 있습니다. 우리가 구약과 신약에 나오는 성경의 가르침을 이해한다면 이 같은 상태를 처리해야만 하는데 그것이 바로 우리의 임무이기 때문입니다.

제가 알기로는 그 상태를 전혀 인식하지 못하고 성급하게 그것을 털어 내버리려고 하면서 말하기를 그리스도인이란 하루 종일 흥얼거리면서 노래하고, 개종한 이후에는 계속해서 영혼의 표면에 파문치는 일없이 모든 것이 잘되고 있다는 이야기만 하는 사람들로 생각하는 사람들이 있습니다. 저들이 그 상황을 전혀 인식하지 못하기 때문에, 그들은 침체를 경험하는 사람들에 대하여 심각한 의심을 품고, 심지어 그런 사람들이 과연 그리스도인인가 하고 회의를 품기도 합니다. 우리는 성경이 그런 친구들에게 매우 호의적이고 또 그리스도인이라도 침체할 수 있는 가능성이 있다고 분명히 가르침으로써 마치 그것을 인정하고 있다는 점을 거듭 설명한 바 있습니다. 하지만 저들은 이것을 인정하지도 않고 또 그 사실을 알지도 못합니다. 그것은 단지 그런 경우를 이해하고 또 하나님께서 성경 안에 매우 풍성하게 예비해 놓으신 치료 방법을 저들에게 적용하도록 영혼을 육성하고 돌보는 데 관심을 가진 어떤 사람들의 임무일 뿐입니다.

우리는 벌써 이런 상태에 따른 많은 원인들을 고찰했으며 지금도 계속하고 있습니다. 그것들은 거의 끝이 없습니다. 제가 당신에게 상기시켜 드렸듯이 우리가 매우 간교하고 힘있는 대적과 마주하고 있기 때문입니다. 그 원수는 우리가 우리 자신들에 대해서 아는 것보다 더 잘 알고 또 더 많은 것을 압니다. 더군다나 그의 큰 목표와 노력은 하나님의 영광과 주 예수 그리스도의 영광을 손상시키는 것입니다. 그리스도인들을 비참하게 만들고 또 낙심시키는 것보다 이 일을 할 수 있는 더 효과적이고 좋은 방법이 없습니다. 왜냐하면 우리가 그것을 좋아하든 좋아하지 않든 세상이 우리 안에서 보는 바에 따라 여전히 하나님과 주 예수 그리스도를 판단하고 또 우리가 그렇게 한다고 저들을 책망만 할 수 있지 못하기 때문입니다. 우리가 어떤 요구를 할 수 있습니다. 우리가 우리 자신들에게 적용할 수 있는 그리스도인이라는 표시가 하나의 요구이자 곧 도전입니다. 그리고 세상은 우리를 보는 대로 명명합니다. 세상은 "당신은 매우 큰 것을 요구합니다"라고 말합니다. 그리고 나서 또 말하기를, "그게 기독교냐? 그것이 우리를 초청하게 된 이유냐?"라고 말합니다. 문제될 것이 전혀 없습니다. 이에 대해서 분명하게 해 둡시다. 무엇보다 그것은 대부분의 사람들이 기독교 밖에 있다는 점과 또 기독교 안에 있는 사람들의 상태가 바로 그러하다는 사실을 나타내 줍니다. 당신 주변에서 경험했던 어떤 부흥에 대한 이야기를 읽어 보십시오. 아마도 당신은 그 시작이 언제나 대동소이함을 발견하게 될 것입니다. 한 사람 혹은 때때로 많은 사람이 갑자기 살아 있는 참된 그리스도인의 삶을 살게 되고 또 다른 사람들이 저들에게 관심을 집중하기 시작합니다. 밖에 있는 세상도 감동을 받게 되고 마침내 주목하게 됩니다. 부흥은 언제나 교회에서 시작됩니다. 그리고 세상이 그것을 목격하고 관심을 집중하기 시작합니다. 바로 그러하기 때문에 신자들의 상태가 매우 중요한 것입니다.

우리는 마귀가 들어와서 우리로 하여금 과거에 집착하도록 만드는 바로 그 방법을 고찰한 바 있습니다. 어떤 죄는 우리가 시간을 허비하면서 범한 것입니다. 우리는 그것을 매우 슬퍼하면서 현재를 비참하게 살아가고 있습니다. 이유인즉 우리가 지나간 과거에 대하여 염려하고 있기 때문입니다. 우리는 그가 그렇게 역사하지 않았다면, 그는 완전히 전법을 바꾸었을 것이라는 사실을 앞에서 이미 살펴보았습니다. 그는 우리로 하여금 미래에 대한 두려움과 예감에 사로잡히게끔 함으로써 현재에 낙심하도록 시도했을 것입니다.

이제 우리가 다른 주제로 옮겨 보고자 합니다. 그것은 미래에 대한 관점 때문에 유발되는 두려움과 불안과 매우 깊이 관계가 있습니다. 이 주제는 6절에 나타나고 있으며 그것은 모든 감정의 문제 곧 그리스도인의 삶 속에서 나타나는 불행의 원인으로서 바로 이 감정의 문제가 그렇게 자주 대두되는 것은 아무것도 없습니다. 어디로 그것들이 들어오며 또 그것들이 무엇을 한다는 말입니까? 사람들은 이 문제를 인하여 끊임없이 고통을 겪고 있습니다. 그리고 제가 확신하기는 목회 사역에 종사했던 분들은 모두 바로 이 감정의 문제만큼 사람들이 목사님에게 상담하러 가지고 나오는 특별한 주제가 없다는 점에 동의하리라고 봅니다. 그것은 매우 당연한 일입니다. 왜냐하면 결국 우리 모두가 행복하기를 원하기 때문입니다. 그것은 인간이 태어나면서부터 가지고 오는 본성입니다. 아무도 비참해지기를 원치 않습니다. 저는 즐겁게 사는 것 같지만 비참하고 또 불행한 것처럼 보이지만 그 속에서 행복을 찾아내는 사람들이 있다는 사실을 깨닫게 되었습니다.

저는 믿음과 관련해서 마음과 지성의 우선권을 강조하는 것을 사역의 소명에 응답하는 큰 부분으로 생각하고 있습니다. 제가 비록 그런 자세를 유지하고 있지만, 저는 감정, 정서 그리고 분명한 감수성이 매우 중요하다는 사실을 똑같이 주장할 준비가 되어 있습니다. 우리는 저들이 우리의 마무리에 매우 지배적인 역할을 했던 바로 그 같은 방법으로 결론을 내렸습니다. 참으로 본인이 생각하기는 그리스도인들뿐만 아니라 또한 모든 사람들에게 있어서 세상에서의 우리의 삶에 가장 중요한 문제 가운데 하나가 우리의 감정과 정서를 올바르게 처리하는 것이라고 봅니다. 나타난 대황폐 현상이나 비극, 그리고 세상에서 발견된 비참함이나 사악함은 단순히 사람들이 자신들의 감정을 어떻게 처리할 줄 몰랐기 때문이라는 사실입니다. 인간이 그렇게 창조되었기 때문에 감정이 매우 중요한 위치를 차지합니다. 참으로 중생 혹은 신생이 우리를 위하여 할 수 있는 마지막 일은 마음과 정서와 의지를 제자리에 돌려놓는 것이라고 말할 매우 좋은 사례가 여기에 있습니다. 우리가 이 주제를 분석하면서 일보 전진하여 그 문제를 생각해 보도록 하겠습니다. 그것이 매우 훌륭한 주제임이 확실합니다. 아무도 그것을 간단하게 취급할 수 없습니다. 오히려 그것이 매우 중요하기 때문에 우리는 그 주제에 대한 이해력을 확보하지 않으면 안 되겠습니다.

아무튼 예비적으로 지적해 두어야만 될 한 가지 요점이 있는데, 저에게는 매우 흥미 있는 내용이 아닐 수 없습니다. 제가 초두에서 제시했던 대로, 그것은 이 특별한 문제와 또 미래에 대한 신경질적이고 걱정이 되는 또 다른 문제 사이에 이상한 관계가 있다는 사실입니다. 이러한 일들이 병행하는 경향이 있습니다. 그러므로 두 가지 일들이 본 장에서 동시에 발견된다 해도 놀랄 일은 아닙니다. 디모데가 본래적으로 염려가 많은 사람이었음이 분명합니다. 하지만 동시에 그는 침체에 빠진 사람이었습니다. 이 같은 사람에게서 종종 두 가지의 일들이 발견됩니다. 그러므로 다시 한 번 우리는 다른 사람보다 천성적으로 침체에 더 잘 빠지는 경향이 있는 사람들이 있다는 사실을 지적해야만 하겠습니다. 저는 이 전체적인 고찰과 더불어 관계를 맺고 있는 이 매우 중요한 진술을 재삼 강조하고 싶습니다. 우리가 비록 회심하고 중생했다고 하지만 아직까지 우리의 근본적인 인격이 변화되지 못했습니다. 그 결과 회심하기 전에 다른 사람보다 더 낙심하길 잘했던 사람이 회심 후에도 더 많이 투쟁해야만 할 것입니다.

우리는 모두 그리스도인의 삶에 따른 어떤 공통적인 문제들을 가지고 있습니다. 하지만 우리들에게는 역시 특별한 문제들도 있습니다. 우리는 받은 바 은사가 각각 다릅니다. 우리가 모두 똑같은 달란트를 가지고 있지 않습니다. 우리가 직면하는 어려움의 문제는 정확하게 똑같습니다. 사람은 마음으로 자신의 슬픔을 인지합니다. 그리고 각 사람은 자신이 짊어지고 다니는 무거운 짐이 있습니다. 우리는 자신에게 특별히 고통을 주는 그 무엇을 다 가지고 있습니다. 그것은 우리의 성격 혹은 본래적 성품의 영역에 속하는 그 무엇입니다. 그러므로 태어나면서부터 내향적이거나 침울하고 침체된 성품을 가진 사람은 그리스도인의 삶을 살아갈 때에 그 점을 마음에 새겨야만 합니다. 그 같은 사람에게 나타날 위험성은 침체에 빠지게 되는 것입니다. 특별히 감정의 문제와 연관될 때 그렇습니다.

그러므로 제가 보기에 우리가 해야만 될 가장 유익한 일은 이 주제를 일반적인 방법으로 살펴보는 것입니다. 그리고 나중에 특별한 방법으로 되돌아오는 것이 좋을 것 같습니다. 그래서 감정과 또 그리스도인의 삶의 현장에 대하여 말하는 수많은 진술들을 정리해 보겠습니다. 우리가 첫 번째로 직면하는 문제들 가운데 하나가 바로 이것입니다. 감정은 어디에서 유입되는가? 감정의 좌소는 어디인가? 그리스도인의 경험 속에서 그것의 입장은 어떠해야만 하는가? 제가 이에 관련된 수많은 일반적 진술들을 정리해 보겠습니다. 분명히 첫 번째로 그리고 가장 중요한 것은 참된 그리스도인의 경험 속에서 감정이 개입되지 않을 수 없다는 사실입니다. 저들 역시 감정을 느낄 수밖에 없다는 뜻입니다. 우리는 사도 바울이 로마서 6:17을 통해서 로마인들에게 말씀하는 그의 진술을 생각할 때 그것을 보게 됩니다. 큰 강조점은 예수 그리스도의 복음이 너무 위대하고 영광스러워서 그것이 단순히 인간의 한 부분이 아니라 전인을 일으켜 세운다는 사실입니다. 그러므로 제가 지금 지적하고 싶은 것은 우리의 마음과 의지뿐만 아니라 또한 감정이 능동적으로 개입되어야만 한다는 점입니다. 만일에 당신과 제가 감정에 의해서 감동을 받은 바 없다면, 우리는 기초부터 다시 한 번 점검해 보는 것이 옳을 것 같습니다.

만일 워즈워드 같은 시인이라면 자연을 생각하면서 다음과 같이 말할 수 있을 것입니다. "저는 승화된 사고에 대한 기쁨으로 나를 뒤흔들어 놓는 어떤 임재를 느꼈습니다." 신비적인 시인이었다면 그런 것을 말할 수 있을 것입니다. 당신과 저라면 복음이나 메시지, 구세주, 하나님에 관해서 얼마나 그렇게 말할 수 있었을까요? 더군다나 하나님의 성령과 같은 능력과 감화력을 가지고 말했을 것입니다. 당신은 기쁨이란 그리스도인의 경험 가운데 매우 실제적인 부분이라는 사실을 한눈에 발견하지 못한 채로 신약성경을 읽어 내려갈 수는 없습니다. 회심이 하는 매우 고무적인 일들 가운데 하나는 우리를 매우 무서운 구덩이로부터 건져내고 우리의 발을 진흙에서부터 반석으로 옮겨 놓는 일이며 한 걸음 더 나아가서 우리의 삶을 입가에 언제나 새로운 노래를 주어 흥얼거리며 즐겁게 살아가도록 하는 것입니다. 감정이 개입되었음을 뜻합니다. 복음이 우리 속에 들어올 때 그것은 우리의 전인 속에 역사합니다. 그가 영광스러운 진리를 볼 때 그것은 저의 심령을 감동시킵니다. 한 걸음 더 나아가서 그것은 똑같은 방법으로 그의 마음을 움직이고 그의 의지를 감동시킵니다.

제가 하고 싶은 두 번째 진술은 바로 이것입니다. 이것들은 매우 쉽고 기본적인 사항들입니다. 하지만 우리는 그것들을 망각함으로 말미암아 종종 어려움을 겪게 됩니다. 둘째는 우리가 감정을 지어낼 수 없다는 점입니다. 우리는 그것을 마음대로 명령할 수 없습니다. 제가 이것을 매우 분명하게 설명하겠습니다. 당신은 자신 안에서 스스로 감정을 창출할 수 없습니다. 아마도 당신이 억지로 울고 눈물을 자아낼 수 있을 것입니다. 하지만 그 필요성이 진정한 감정을 뜻하는 것은 아닙니다. 진정한 정서와는 거리가 먼 거짓 감성이 있습니다. 그것은 우리의 통제를 벗어나는 그 무엇입니다. 우리는 그것을 만들어 낼 수 없습니다. 오히려 당신이 그것을 만들어 내려고 노력하면 할수록 당신은 성공하지 못할 것입니다. 다시 말해서 당신이 스스로 감정을 조작하려고 하면 할수록 당신은 그만큼 비참함 속에 빠져들게 된다는 사실입니다. 이런 견지에서 볼 때 인간은 자신의 주인일 수 없습니다. 그는 감정을 창출하거나 만들어 낼 수는 업습니다. 그렇게 시도하는 것은 오히려 고통만 증대시킬 뿐입니다.

그것은 저로 하여금 다음의 진술에 이르게끔 하고 있습니다. 우리의 감정만큼 자신으로 하여금 그렇게 변덕을 부리도록 만드는 것은 없음이 분명합니다. 우리는 매우 변덕스러운 피조물들입니다. 우리에게 속하는 모든 것 중에 감정은 가장 변덕스럽습니다. 그것들이 그렇게 많은 요인들에 의존하기 때문입니다. 감정에 영향을 끼치는 것들이 매우 많습니다. 성질뿐만 아니라 육체적 상태 또한 영향을 끼칩니다. 당신도 알다시피 옛날 사람들은 감정이 신체의 여러 기관에 위치하고 있는 것으로 믿었습니다. 어떤 면에서 볼 때 저들이 옳습니다. 저들이 말하는 점액질과 우울질의 경우에 그렇습니다. 황달에 걸린 사람에게는 모든 것이 노랗게 보이는 법입니다. 진리의 요소가 여기에 있습니다. 육체적 조건들이 우리들에게 깊이 영향을 끼칩니다. 그러므로 우리가 또다시 당신이 신자가 된다는 것이 반드시 이 모든 타고난 경향들을 잃어버린다는 것을 뜻하지 않는다는 사실을 조심스럽게 고찰해야만 하겠습니다. 그것들은 여전히 그곳에 있습니다.

그러므로 이 모든 요인들 때문에 우리의 기분이 타뀌는 경향이 있습니다. 우리는 자주 우리 자신들 때문에 놀랐었습니다. 아침에 일어나서 우리는 스스로 침울한 기분에 빠지거나 아니면 그 전날과 매우 다른 상태에 처해 있는 자신을 발견하곤 합니다. 그것을 설명할 수 있는 방법을 전혀 알지 못합니다. 어제는 완벽하게 행복감을 느끼며 또 다른 위대하고 영광스러운 새 날을 꿈꾸며 잠자리에 들었을 것입니다. 하지만 당신은 아침에 일어나서 침체되고 좋지 않은 기분 속에 잠겨 있는 자신을 발견할 수도 있습니다. 갑자기 어떤 설명도 없이 그런 상태에 빠져 있는 자신을 당신은 발견하게 될 것입니다. 그것이 바로 문제의 본질입니다. 다시 말해서 우리의 감정은 변화 무쌍하다는 말입니다. 제가 강조하고 싶은 것은 그것에 의해서 통제를 받는 것이 위험하다는 사실입니다. 우리는 이미 우리의 성격의 경우에도 그것이 어떠한 것이든지 똑같다는 사실을 살펴본 바 있습니다. 우리는 모두 성격을 하나님께로부터 부여받았습니다. 그분은 우리 중에 두 사람도 똑같지 않도록 지으셨습니다. 우리에게는 서로 다른 점이 있습니다. 그렇습니다. 우리는 우리 자신의 성품이 있습니다. 하지만 너무 잘못되거나 또는 불신자라도 우리의 성품으로 하여금 우리 자신을 다스리도록 허용할 만큼 잘못된 것은 아무것도 없습니다. 물론 그렇게 함으로써 영광을 돌리는 사람들이 있습니다. 우리 모두는 "나는 항상 내 마음을 말합니다. 나는 언제나 내 생각을 말합니다"라고 말하는 사람들을 알고 있습니다. 그런 사람들이 자기 의로 다른 사람들의 감수성을 짓밟을 때 나타나는 해악을 생각해 보십시오. 모든 사람들이 그렇게 한다면 어떻게 되겠습니까? 저들은 "나는 그런 사람입니다"라고 말합니다. 저들에게 할 수 있는 대답은 저들이 그렇게 해서는 안 된다는 것입니다. 저들의 성격을 바꿀 수 있다는 뜻은 아닙니다. 하지만 저들이 자신들의 성격을 조절해야 한다는 뜻입니다.

다시 말해서 성품은 하나님께서 주신 선물입니다. 하지만 타락의 결과와 죄 때문에 성품이 제 위치를 지켜야만 한다는 사실입니다. 그것이 놀라운 선물입니다. 하지만 그것은 조절되어야만 합니다. 그것은 감정과 매우 똑같습니다. 우리의 감정은 언제나 우리 자신을 통제하려고 추구합니다. 그래서 우리가 이것을 깨닫지 않으면, 저들은 틀림없이 그렇게 합니다. 그것은 우리가 기분이나 변덕스러움을 말할 때 바로 그것을 의미합니다. 기분은 우리 자신에게 내려오는 것처럼 보입니다. 우리는 그것을 원하지 않습니다. 하지만 그것은 그곳에 있습니다. 그것이 우리를 통제하고 사로잡을 위험이 있습니다. 우리는 아침에 좋지 않은 기분 속에서 잠을 깹니다. 그러면 그날 하루 종일 그 같은 기분에서 지내게 되고 또 우리를 바로잡아줄 그 어떤 일이 일어날 때까지는 그 같은 기분에 젖어 있게 되는 경향이 있습니다. 구약성경에 매우 좋은 사례가 나오는데 이스라엘 왕 사울의 경우가 바로 그것입니다. 우리의 위험은 우리 자신들이 자신의 감정에 복종하고 또 그것들로 하여금 우리를 명령하고 통치하며 주관하고 한 걸음 더 나아가서 우리의 삶 전체를 통제하도록 허용하는 것입니다.

마지막으로 이 같은 맥락에서 본인이 우리는 어떤 특별한 형태의 감정이나 경험을 가지지 못했기 때문에 그리스도인이 전혀 아니라고 생각하는 위험성에 관심을 돌리고 싶습니다. 영적 관점으로부터 나온 이것은 이런 상태에 대한 가장 평범한 표현 가운데 하나입니다. 저는 지금 간증을 할 동안 어떤 놀라운 느낌을 증언하는데, "그런데 저는 그런 경험이 없습니다"라고 스스로 말하는 사람들이 있습니다. 그리고 그들은 자신들이 정말 그리스도인인가 하고 의아하게 생각하기 시작합니다. 제가 이미 말씀드린 바를 다시 한 번 반복하고 싶습니다. 감정이란 진정한 기독교 속에도 개입되어야만 합니다. 하지만 우리가 어떤 특별한 감정을 가지지 않았다는 단순한 사실이 우리가 그리스도인이 아니라는 것을 뜻할 필요성은 없습니다. 감정은 실제적입니다. 하지만 혹시 우리가 어떤 특별한 감정을 실제적인 것으로 가정할 때 우리는 마귀의 매우 좋은 희생물이 될 수 있을 것이고 또 우리의 모든 삶을 불행과 비참함과 협소함 속에서 보내고 말 것입니다. 비록 우리가 모든 시간을 진실한 그리스도인으로 산다고 할 지라고 그렇습니다.

저로서는 이것이 매력적인 주제입니다. 하지만 본인은 스스로 본 주제를 벗어나 지엽으로 흐르려는 유혹을 피하고 싶습니다. 그러나 이 특별한 부분이 성품의 문제를 야기할 뿐만 아니라 또한 극적인 문제를 일으킬 것이 틀림없습니다. 그리고 특별한 기독교 신앙 속에서 살고 있는 사람들이 분명히 있습니다. 그리고 저들은 일반적으로 켈트족에 속합니다. 그들 중에 어떤 사람은 그리스도인들이 너무 기뻐하는 것은 잘못이라고 말하는 데까지 너무 앞서갑니다. 저들은 감정을 두려워합니다. 그래서 저들은 행복이나 기쁨의 감정은 거의 거짓된 것으로부터 기인된다고 말할 준비가 다 되어 있습니다. 그런 유형의 사건은 민족에만 국한되지 아니하고 오히려 어떤 교단의 특징으로도 역시 나타납니다. 매우 엄격한 침례교 창설자들 가운데 하나인 필포트(J. C. Philpot)가 전파한 설교가 있습니다. 그 설교의 제목은 '어두움 속을 행하는 빛의 자녀와 빛 가운데 행하는 어두움의 자녀'였는데, 그것은 이사야서 50장 마지막 두 절을 근거로 한 것이었습니다. 설교에서 그는 당신이 거짓된 감정의 촛불을 켤 수 있다고 주장했습니다. 당신이 놀라운 종류의 불이 역사하도록 할 수 있지만 그것은 오래가지 못한다는 것입니다.

그는 계속해서 말하기를, "하나님의 진실한 자녀는 그가 자기 자신의 마음의 역병과 자신의 죄악성 때문에 이 세상을 무겁고도 고통스럽게 살아가며 또 자기 자신의 죄와 또 하나님의 위대하심과 광대하심을 언제나 의식하며 살아간다"고 했습니다. 저는 그의 주요 강조점에 큰 연민의 정을 느낍니다. 하지만 제 생각에는 그 설교에서 그렇게 위대하고 경건한 설교자께서 너무 지나치게 나갔다고 봅니다. 왜냐하면 그가 우리에게 남긴 마지막 인상은 만일에 당신이 행복하다면 당신에게 마치 무슨 잘못이 있거나 아니면 당신이 전혀 그리스도인이 아니라는 것입니다. 그것이 너무 지나치다는 말입니다. 틀림없이 자신들이 그리스도인이라고 생각하는 사람들이 있습니다. 하지만 저들의 경험은 영적이라기보다는 차라리 심리적인 경우가 많습니다. 공허하고 천박한 행복은 그리스도인의 기쁨이 아닙니다. 하지만 기쁨이란 결코 그리스도인의 것이 아니라고 말하는 데까지 나아가서도 안 됩니다.

그러면 이 모든 것에 대해서 성경은 무엇이라고 말씀합니까? 그리고 이런 감정의 문제를 우리가 어떻게 취급해야만 할까요? 제가 많은 것을 제시하도록 하겠습니다. 첫 번째 것은 매우 낙심한 상태라면, 당신은 기쁜 감정의 부재상황에 따른 분명한 이유가 없음을 확인해야만 합니다. 예를 들어, 혹시 당신에게 죄책감이 있다면 당신은 비참하게 될 것입니다. 죄인의 길은 힘이 듭니다. 만일 당신이 하나님의 법을 어기고 그의 규례를 범한다면, 당신은 행복하지 못할 것입니다. 만일 당신이 그리스도인이 된다고 하면서 자신의 의지에 충실하고 또 자신이 좋아하고 싫어하는 것을 따라 살 수 있다고 생각한다면, 당신의 신앙생활은 비참한 것이 될 것입니다. 그에 대해서 논쟁할 필요는 없습니다. 밤이 낮의 뒤를 따르는 것과 같기 때문입니다. 만일 당신이 어떤 습관적인 죄에 안착하고 있거나 혹은 성령께서 당신의 양심을 통해 정죄하고 있는 그 어떤 일을 계속해서 붙들고 있다면, 당신은 행복하지 못할 것입니다.

그때 유일하게 당신이 할 일은 그것을 고백하고 인정하며 회개하고 즉시 하나님께 나아가서 당신의 죄를 하나님께 말씀드리십시오. 아무것도 숨기지 마십시오. 그리고 당신이 그렇게 했기 때문에 하나님께서 당신을 용서하셨다는 사실을 믿으십시오. "만일 우리가 우리 죄를 자백하면 저는 미쁘시고 의로우사 우리 죄를 사하시며 모든 불의에서 우리를 깨끗케 하실 것이요." 만일 죄를 회개하지 않는다면, 그것이 당신을 불행하게 만드는 요인이 될 것입니다. 그리고 저로 하여금 다른 요인들에 대한 목록을 만들게 함으로써 저와 당신의 시간만 낭비하게 될 것입니다. 이런 점에서 얼마나 많은 사람들이 올무에 걸려들지 도릅니다. 그에 대해서 완벽하게 분명히 하도록 합시다. 당신의 양심으로 하여금 자신에게 말하도록 하십시오. 당신 안에 계신 성령을 통하여 말씀하시는 하나님의 음성을 들으십시오. 만일에 저가 그의 손가락으로 그 무엇을 만지고 있다면 그것을 떼어 버리십시오. 당신은 자신이 어떤 죄에 머무는 동안 이 문제를 해결하기를 바랄 수 없습니다.

그러나 그것을 당연하게 받아들이고 또 그것이 원인이 아니라고 생각하면서, 본인이 말하고 싶은 것은 바로 이것입니다. 감정에 너무 지나치게 집중하는 실수를 만들지 마십시오. 무엇보다 그것을 가장 중요한 것으로 만드는 무서운 잘못을 피하시기 바랍니다. 제가 이것을 반복하여 설명하는 것을 결코 역겨워하지 않습니다. 왜냐하면 이것이 넘어지게 하는 요인이라는 사실을 너무 자주 목격했기 때문입니다. 감정이란 결코 첫 번째 자리를 차지할 그 무엇이 아닙니다. 그것들은 결코 중심축이 될 수 없습니다. 만일 당신이 그것들을 그 같은 위치에 둔다면, 당신은 불행하게 될 필요성 때문에 그런 것입니다. 다시 말해서 하나님 자신이 작정하신 그 질서를 당신이 따르지 않기 때문에 그렇게 하는 것이라는 말입니다.

감정이란 언제나 어떤 일이 있은 다음에 나오는 결과입니다. 성경을 읽어 본 사람이라면 누구든지 사람이 자신도 모르게 특별한 잘못에 어떻게 빠져드는가를 이해하게 될 것입니다. 시편 34편 기자가 다음과 같이 말한 바 있습니다. "여호와의 선하심을 맛보아 알지어다." 당신이 맛보기 전에는 알 수 없습니다. 당신은 그것을 알 수 없습니다. 그리고 당신이 그것을 맛보기 전에는 느낄 수 없습니다. "맛보아 알지어다." 그것은 마치도 밤이 낮을 이어 뒤따르는 것과 같습니다. 맛보기 전에 아는 것은 불가능한 일입니다. 그것은 성경 도처에서 끊임없이 강조되는 진리입니다. 결국 우리가 성경에서 얻은 바가 진리입니다. 그것은 하나의 정서적인 충동질이 아닙니다. 그것은 우리에게 기쁜 경험을 주는 것과 원래 관계되는 그 무엇도 아닙니다. 그것은 기본적인 진리입니다. 그 진리는 마음 속에 선언되고 또 하나님께서 사람에게 주시는 매우 값진 선물입니다. 우리가 그것을 이해하고 또 우리 자신들을 진리에 복종할 때 감정이 따라오는 것입니다.

저는 가장 먼저 자신에게 다음과 같은 질문을 결코 하지 않습니다. "내가 이에 대해서 무엇을 느끼는가?" 제가 먼저 할 질문은 오히려 "내가 그것을 믿는가?" 하는 것입니다. "내가 그것을 받아들이는가? 그것이 나를 사로잡는가?" 좋습니다. 제가 그 무엇보다 가장 중요하게 여기는 기준은 바로 그것입니다. 우리는 감정에 너무 지나치게 초점을 맞추어서는 안 됩니다. 당신 자신의 맥박이 영적 성품이거나 한 것처럼 그것을 느끼려고 너무 많은 시간을 낭비하지 마십시오. 그리고 당신의 감정을 분석하고 평가하는 데 지나치게 많은 시간을 써 버리지 마십시오. 그것은 병적 상태로 접어드는 고속도로일 뿐입니다.

이 모든 문제는 매우 간교한 것이고 또 그 간교함이 종종 이 같은 방법으로 유입된다는 사실입니다. 당신은 모든 세기를 통해서 활동했던 위대한 성자들의 생애를 읽고 저들 모두가 자기 검증의 중요성을 강조했다는 사실을 발견하게 될 것입니다. 그들이 주장하는 신학적인 특별한 견해에 대해서는 존경할 수 없지만, 저들은 이 같은 점에서 모두 한결같습니다. 저들은 우리가 우리 자신들을 검증해야 한다고 주장합니다. 그리고 우리의 마음을 살펴보아야만 한다는 것입니다. 저들이 그렇게 살아왔다는 사실은 우리 역시 자연적으로, 그리고 불가피하게 우리 자신들의 감정을 살펴보지 않으면 안 된다는 것을 의미합니다. 저들은 우리가 신학적 논쟁에 흥미를 가지고 있는 지성주의자가 아니라는 점을 확실하게 해 두기를 바랍니다. 그리고 저들은 우리가 도덕적 규범에만 흥미를 가지는 도덕주의자가 아니라는 점을 확실하게 해 두기를 원합니다. 하지만 저들을 따르는 데에는 우리가 너무 감정을 중요하게 여기는 경향이 언제나 나타납니다.

성자 헨리 마틴(Henry Martyn)은 이에 대한 분명한 사례가 될 것입니다. 하지만 고전적인 사례는 17세기 미국에서 살았던 토마스 쉐퍼드(Thomas Sheppard)라는 이름을 가진 사람이라고 봅니다. 그는 자기 자신을 곤고한 자로 만들었던 완전한 사례가 될 것입니다. 그는 영국의 심장부에서 미국으로 건너가 미국 땅을 밟고, 또『열 처녀의 비유』라는 훌륭한 책을 썼던 가장 위대한 성자들 가운데 한 사람이었습니다. 그 가엾은 사람은 끊임없이 침체된 채로 살아갔습니다. 왜냐하면 그가 자신의 감정에 너무 집착하고 또 거짓 감정의 위험에 사로잡혀 있었기 때문이었습니다. 그는 자신을 스스로 곤고하게 만들었습니다.

그러므로 제가 지적하고 싶은 다음 요점은 바로 이것입니다. 우리는 이 세상에서 기뻐하는 것과 행복을 느끼는 것 사이에 큰 차이점이 있다는 사실을 인정해야만 합니다. 성경은 우리에게 항상 기뻐하라고 말씀합니다. 바울의 서정시인 빌립보서를 읽어 보십시오. 거기에서 그는 이렇게 말하고 있습니다. "주 안에서 기뻐하라. 내가 다시 말하노니 기뻐하라." 그는 계속해서 말합니다. 기뻐하라는 것은 명령입니다. 그렇습니다. 하지만 세상에서 기뻐하는 것과 행복한 것은 매우 큰 차이가 있습니다. 당신은 자기 자신을 행복하게 할 수 없습니다. 하지만 당신은 자기 자신을 즐겁게 할 수는 있습니다. 당신이 언제나 주 안에서 기뻐한다는 의미에서 그렇습니다. 행복은 우리 자신들 안에 있는 그 무엇입니다. 하지만 기쁨함은 주 안에 있습니다. 그렇다면 주 안에서 기뻐하는 것과 행복하게 느끼는 것 사이에 나타나는 큰 차이점을 명확하게 구별짓는 것은 참으로 중요합니다.

고린도후서 4장을 펼쳐 보십시오. 거기에서 당신은 그 대사도가 놀랍게 비교하는 대조법을 통해서 모든 것을 매우 분명하고 명확하게 설명하고 있음을 발견하게 될 것입니다. "우리가 사방으로 우겨쌈을 당하여도 (그 순간 사도가 매우 행복감을 느꼈으리라고는 생각지 않습니다) 싸이지 아니하며, 답답한 일을 당하여도 (그 순간 그는 전혀 행복감을 느끼지 않았습니다) 낙심하지 아니하며, 핍박을 받아도 버린 바 되지 아니하며 거꾸러뜨림을 당하여도 망하지 아니하고 우리가 항상 예수 죽인 것을 몸에 짊어짐은 예수의 생명도 우리 몸에 나타나게 하려 함이라." 다시 말해서 사도 바울은 육적인 의미에서 일종의 행복한 사람의 모델을 제시하지 않았습니다. 하지만 그는 여전히 기뻐하고 있습니다. 그것이 바로 이 두 상태에 대한 차이점입니다.

그것은 우리로 하여금 이런 점에서 중요한 것은 어떻게 우리 자신을 감동시키는가를 아는 것이라는 매우 실제적인 면에 이르게 해 줍니다. 그것이 바로 이 문제에 대한 전체적인 핵심입니다. 제가 당신에게 상기시킨 바대로, 그 분위기가 당신에게 젖어들 때에 나타날 위험은 우리가 그것으로 하여금 우리를 압도하고 또 우리가 패배하여 낙심하지나 않을까 하는 것입니다. 우리는 그런 것으로 구원받고 싶다고 말합니다. 하지만 그것을 위하여 아무 조처도 취하지 않습니다. 그 사도가 디모데에게 이렇게 말씀하고 있습니다. "은사를 불일 듯 일으키기 위하여…." 우리는 나태함과 우울증을 멀리하지 않으면 안 됩니다.

당신은 자기 자신에게 말해야 합니다. 제가 이것을 앞에서 여러 차례 말씀드렸거니와 지금 또다시 말씀드립니다. 왜냐하면 성경이 하고 있는 바는 우리가 우리에게 말하는 방법을 가르치고 있다는 생각 때문입니다. 제가 여러분께 상기시켜 드리고 싶은 것은 당신이 자기 자신에게, 이 공포스러운 자신에게 말해야만 한다는 사실입니다. 그렇게 말씀하십시오. 그리하면 은사가 불일 듯하게 될 것입니다. 당신 자신에게 어떤 것을 상기시키십시오. 당신 자신에게 자신이 누구이며 또 어떤 일을 하는 사람인가를 확인해 보십시오. 당신은 당신 자신에게 이렇게 말해야 합니다. "나는 너에게 지배받지 않겠다. 이런 기분이 나를 통제하지 못한다. 나는 벗어나겠다. 그리고 나는 쉬겠다." 그러므로 일어나서 걸어 보십시오. 그리고 무엇인가를 시도해 보십시오. 은사를 불일듯 일으켜 보십시오. 바로 이것이 끊임없는 성경의 권고입니다. 만일에 당신이 이런 기분으로 하여금 자신을 통제하도록 한다면, 당신은 비참하게 될 것입니다. 그러므로 그것을 허락해서는 안 됩니다. 그런 것들을 떨쳐 버리십시오. 그것을 인정하지 마십시오. 다시 말하건대 게으름을 멀리하십시오.

하지만 그 일을 어떻게 하시겠습니까? 이런 방법으로 해 보십시오. 당신이나 제가 할 일은 감정을 선동시키는 것이 아니라 믿도록 하는 것입니다. 우리는 성경 어디에서도 우리가 감정으로 구원 얻는다고 말씀하고 있음을 듣지 못했습니다. 우리가 들은 것은 믿음으로 구원받는다는 것입니다. "주 예수 그리스도를 믿으라 그리하면 너희가 구원을 얻으리라." 결코 감정을 최우선적인 자리에 위치시키지 마십시오. 이것이 바로 우리가 할 수 있는 그 무엇입니다. 우리는 우리 자신을 결코 행복하게 만들 수 없습니다. 하지만 우리는 자신들로 하여금 믿도록 상기시킬 수는 있습니다. 나는 자신으로 하여금 믿도록 권고할 수 있습니다. 나는 시편 기자가 42편에서 했던 대로 자신에게 말할 수 있습니다. "내 영혼아 네가 어찌하여 낙망하며 어찌하여 내 속에서 불안하여 하는고 너는 하나님을 바라라 그 얼굴의 도우심을 인하여 내가 오히려 찬송하리로다."

너는 바라라. 너는 믿으라. 너는 신뢰하라. 그것이 바로 방법입니다. 그리고 나서야 우리의 감정이 자신들을 돌볼 수 있을 것입니다. 저들을 인하여 걱정하지 마십시오. 자신에게 말하십시오. 비록 마귀가 당신이 느끼지 못하기 때문에 그리스도인이 아니라고 제시할지도 모릅니다. 그 때에 이렇게 말하십시오. "아니다. 나는 어느 것도 느끼지 않는다. 하지만 내가 느끼든 느끼지 않든 나는 성경을 믿는다. 나는 하나님의 말씀이 진리이며 또 내 영혼이 말씀 위에 머물리라. 그리고 나는 그것이 이루어질 것을 믿는다." 바울은 믿음을 첫 번째 자리에 위치시키고 또 그것을 계속 유지시켰습니다. 그렇습니다. 필포트(J. C. Philpot)는 그 점에 있어서 옳았습니다. 빛의 자녀가 종종 어둠 속에서 걷고 있는 것이 발견됩니다. 그럼에도 불구하고 그 길을 계속 걷습니다. 하지만 그가 주저앉아서 자신을 불쌍하게 생각하지는 않습니다. 그것이 바로 빛의 자녀가 어둠 속을 걷는 그런 경우입니다. 그는 이 경우에 있어서 주의 얼굴을 뵙지 못합니다. 하지만 그는 그분이 거기에 계신 것을 압니다. 그러므로 그가 계속해서 살아갑니다.

이렇게 설명드리는 것이 차라리 낫겠습니다. 만일 당신이 참으로 행복하고 복되기를 원한다면, 그리고 그리스도인으로서 참된 기쁨이 무엇인가를 알고 싶어한다면 여기에 비법이 있습니다. 의에 주리고 목마른 사람이 참으로 복된 사람입니다. 행복을 추구하는 자가 복된 사람이 아닙니다. 스릴이 넘치는 것을 찾지 마십시오. 차라리 의를 추구하십시오. 자신을 돌아보십시오. 그리고 자신의 감정을 향하여 이렇게 말씀해 보십시오. "나는 감정에 대해서 염려할 시간적 여유가 없다. 나는 그 외 다른 것에 흥미를 가지고 있다. 나는 행복하고 싶다. 하지만 그보다 의롭고 싶다. 거룩하고 싶다. 나는 나의 주님을 닮고 싶다. 나는 그분이 이 땅에서 사셨던 것처럼 살고 싶다. 나는 그분이 걸어가셨던 그 길을 일생 걷고 싶다." 당신은 요한이 그의 첫 번째 서신에서 말했던 대로, 그분이 이 세상에 계셨던 것처럼 이 땅에 있습니다. 당신의 모든 목적을 의로움과 거룩함에 두십시오. 만일 당신이 그렇게만 한다면, 당신은 복될 것이며 채워질 것이고 또 당신이 그렇게도 열망하던 행복을 얻게 될 것입니다. 행복을 찾아보십시오. 당신은 결코 찾을 수 없을 것입니다. 의를 추구하십시오. 그리하면 당신이 행복하게 됨을 발견하게 될 것입니다. 그 행복이 당신이 알지 못하는 사이에, 심지어 당신이 그것을 찾기도 전에 그곳에 오게 될 것입니다.

마지막으로 그것을 이렇게 설명해 보겠습니다. 당신은 놀라운 기쁨을 알고 싶습니까? 당신은 묘사할 수 없는 행복을 경험하고 싶습니까? 하실 일은 한 가지밖에 없습니다. 참으로 그를 찾으십시오. 그분 자신에게 마음을 돌이키십시오. 주 예수 그리스도께 돌이키십시오. 만일에 당신이 위축된 감정에도 불구하고 주저앉아서 자신을 불쌍하게 생각하지 않는다는 사실을 발견한다면, 어떤 다른 것을 시도하지 마십시오. 이것이 바로 그에 대한 단순한 본질입니다. 그분에게 직접 나아가서 그분의 얼굴을 구하십시오. 마치도 어린아이가 누가 자신의 기쁨을 빼앗아 가거나 파괴할 때에 아버지나 어머니에게 달려가듯이 그렇게 한 번 해 보십시오.

만일 당신이나 제가 이 같은 상황 때문에 상처를 입는다면 오직 한 가지 할 일이 있습니다. 그에게 나아가는 것입니다. 만일에 당신이 주 예수 그리스도를 추구하고 그를 찾는다면, 당신이 행복이나 기쁨에 대해서 염려할 필요는 없습니다. 그분이 우리의 기쁨이요 우리의 행복입니다. 그는 역시 우리의 화평이십니다. 그는 생명이시고 모든 것이 됩니다. 그러므로 충동과 우리의 감정을 중앙에서 이 큰 탁월성에 부여시키려는 사단의 유혹을 피하십시오. 중앙에는 오직 거기에 계셔야만 될 유일하신 분인 영광의 주님을 모십시오. 그분은 당신을 사랑하사 십자가를 짊어지고 또 당신의 죄와 행위에 따른 징벌과 부끄러움을 다 담당하셨습니다. 그를 찾으십시오. 그의 얼굴을 구하십시오. 그리하면 이 모든 것들이 당신에게 더하게 되는 역사가 일어나게 될 것입니다.

제 9 장

포도원 품꾼들

"천국은 마치 품꾼을 얻어 포도원에 들여보내려고 이른 아침에 나간 집주인과 같으니 저가 하루 한 데나리온씩 품꾼들과 약속하여 포도원에 들여보내고 또 제 삼시에 나가 보니 장터에 놀고 섰는 사람들이 또 있는지라 저희에게 이르되 너희도 포도원에 들어가라 내가 너희에게 상당하게 주리라 하니 저희가 가고 제 육시와 제구시에 또 나가 그와 같이 하고 제십일 시에도 나가 보니 섰는 사람들이 또 있는지라 가로되 너희는 어찌하여 종일토록 놀고 여기 섰느뇨 가로되 우리를 품꾼으로 쓰는 이가 없음이나이다 가로되 너희도 포도원에 들어가라 하니라 저물매 포도원 주인이 청지기에게 이르되 품꾼들을 불러 나중 온 자로부터 시작하여 먼저 온 자까지 삯을 주라 하니 제십일시에 온 자들이 와서 한 데나리온씩을 받거늘 먼저 온 자들이 와서 더 받을 줄 알았더니 저희도 한 데나리온씩 받은지라 받은 후 집주인을 원망하여 가로되 나중 온 이 사람들은 한 시간만 일하였거늘 저희를 종일 수고와 더위를 견딘 우리와 같게 하였나이다 주인이 그 중의 한 사람에게 대답하여 가로되 친구여 내가 네게 잘못한 것이 없노라 네가 나와 한 데나리온의 약속을 하지 아니하였느냐 네 것이나 가지고 가라 나중 온 이 사람에게 너와 같이 주는 것이 내 뜻이니라 내 것을 가지고 내 뜻대로 할 것이 아니나 내가 선하므로 네가 악하게 보느냐 이와 같이 나중 된 자로서 먼저 되고 먼저 된 자로서 나중 되리라"

(마 20:1-16)

    저는 영적 침체라는 주제에 대해서 우리가 크게 생각하려는 일환으로 이 비유 속에 함축하고 있는 특별한 가르침에 당신의 관심을 촉구하는 바입니다. 혹시 당신이 그런 표현을 더 좋아한다면 그리스도인의 삶에 따른 불행의 주체, 곧 비참한 그리스도인에게 관심을 돌려 봤으면 합니다. 저는 우리가 전환점에 이르렀다고 봅니다. 지금까지는 우리가 예비적 어려움의 범주에 해당하는 고통들에 대해서 생각해 보았습니다. 다시 말해서 최초의 거침돌, 곧 믿음과 그리스도인의 삶에 입문할 때 불분명한 태도를 취하기 때문에 일어나는 고통들만을 고찰해 보았다는 뜻입니다.

    이제 우리는 일보 전진하지 않으면 안 되겠습니다. 우리가 결코 모든 예비적인 고통들을 다 살펴본 것은 아닙니다. 그런 의미에서 우리의 노력이 소모적인 것도 아니었습니다. 하지만 우리는 넘어지게 하고 고통스럽게 하며 불행하게 만드는 보다 중요한 요인들을 하나씩 끄집어내어 살피려고 애를 썼습니다. 우리가 지금 살피려고 하는 고통의 종류나 유형은 예비적 단계 이후에 나타나는 경향이 있는 것들입니다. 물론 이 같은 고통들은 어떤 면에서도 다가올 수 있습니다. 하지만 그것들은 자기들 나름대로 일종의 집단을 형성해서 나타납니다.

    그것들을 생각하면서, 우리는 또다시 그리스도인의 삶 가운데 위험이 없는 부분은 전혀 없다는 사실을 성경이 매우 분명하고 확실하게 밝혀 주고 있음을 상기하기 않으면 안 되겠습니다. 당신이 예수 믿고 회심하는 순간 당신의 모든 고통들이 종식되고 다시는 어려운 문제를 만나지 않을 것이라는 인상을 주는 것이 신약성경의 가르침인 것처럼 하는 것보다 거짓된 교훈은 없습니다. 그렇습니다. 그것은 진리가 아닙니다. 그것이 진리가 아닌 것은 우리에게 원수 곧 우리 영혼의 대적이 있기 때문입니다. 우리는 원수와 더불어 대적하는 것뿐만 아니라 또한 내적으로 옛 성품이 우리 안에 있고, 이 두 가지가 서로 연합하여 우리에게 고통과 시련들을 가져오는 것이 확실합니다. 그러므로 이런 점을 감안하여 성경을 이해하는 것이 우리의 급선무입니다. 그래야만 우리가 그 원수의 속임수와 간교함에 사로잡히지 않게 됩니다.

그가 전에 우리 주님을 따라다녔듯이 지금은 언제나 우리를 따라다니고 있습니다. 그가 광야에서 우리 주님을 사십 일 동안 시험하고 유혹했을 때 우리가 듣기로는 마지막에 저가 '잠깐' 주님을 떠났을 뿐이라고 했습니다. 그는 집요하게 주님을 떠나지 않고 따라다니되, 다시 돌아와서 그를 접근하고 또 접근해서 줄곧 따라다녔던 것입니다. 겟세마네 동산에서 끝까지 벌였던 그의 활동을 눈여겨 보십시오. 그는 복된 주님께서 십자가에 달려 죽으시는 그 마지막 순간까지 공격하고 있었습니다. 그 녀석은 낙심하지 않는다고 말씀드리고 싶습니다. 그것이 현실입니다. 현실은 언제나 용기를 내야 합니다. 사람들을 약간 졸린 상태에 이르게 했다가 저들로 하여금 갑자기 예상치 못한 어려움에 접하여 깨어나도록 하는 것보다 더 나쁘거나 혹은 비난받을 일도 없습니다. 우리가 할 일은 성령의 견지에서 이 같은 일을 대비하고 있는 것입니다. 미리 경고받는 대로 미리 무장하고 있어야 하는 것입니다. 그리고 우리는 언제나 다음과 같이 가르치고 있는 능력 있는 하나님의 말씀을 우리 앞에 두고 있습니다. "그러므로 하나님의 전신갑주를 입으라." 우리는 단지 하나님께서 우리를 위하여 예비하신 이 강한 갑주의 분리된 조각들을 걸치기 위하여 본 연구에 심혈을 기울일 것입니다.

그러므로 제가 지금 강조하려고 하는 부분은 그것을 정확하게 출발하는 것이 치명적이고도 가장 중요한 것이지만 그것만으로는 충분하지 않다는 사실입니다. 우리는 똑같은 방법으로 계속해야만 합니다. 만일에 우리가 그렇게 하지 않는다면, 우리는 곧 불행한 자신을 발견하게 될 것입니다. 다시 말해서 저는 우리가 지금까지 고찰했던 일들에 대해서 매우 분명한 입장이고 또 복음이 우리에게 제시되고 우리가 회심했으며 한 걸음 더 나아가서 우리가 정확하게 출발하고 참다운 그리스도인의 삶을 살고 있으며 초보적인 난관에 대한 경고에 귀를 기울였다 할지라도 우리가 똑같은 길로 계속해서 나가지 않거나 혹은 진로를 그대로 유지하지 못한다면, 우리는 곧 다시 어려움을 만나게 될 것입니다. 요한복음 8:30 이하에 보면 사도 요한이 제시한 많은 예증들이 나옵니다. 우리 주님께서 어느 날 오후에 자신과 아버지의 관계에 대해서 말씀을 가르치고 계셨습니다. 우리가 들을 수 있는 말씀은 바로 이것입니다. "이 말씀을 하시매 많은 사람이 믿더라." 그때 우리 주께서 저들을 쳐다보시면서 말씀하셨습니다. "너희가 내 말에 거하면 참 내 제자가 되고 진리를 알지니 진리가 너희를 자유케 하리라." 그들은 출발을 잘한 것 같습니다. 하지만 저들이 참으로 자유롭기 위해서라면 계속해서 그 상태를 유지했어야만 했습니다. 씨 뿌리는 자의 비유에 나오는 사람들 중에 혹자들은 과연 그러하였습니다. 진리를 기쁨으로 받았지만 오래가지 못했던 자들이 있었습니다. 다시 말해서 계속하는 것의 중요성이 바로 생명적인 원리이며 또한 이 비유의 견지에서 저와 여러분들이 함께 생각해 보기를 원하는 바입니다.

우리가 그것을 살펴보게 될 때, 우리가 정확하게 접근하고 참되게 이해해야만 한다는 사실이 매우 중요합니다. 만일에 우리가 그것을 정확하게 해석하지 않는다면 이것은 매우 위험한 비유의 말씀이라고 정중하게 말씀드릴 수 있습니다. 그 속에 오직 한 가지의 중요한 일 곧 '제 십일 시'만을 붙드는 사람들이 많습니다. 저들은 스스로 다음과 같이 말합니다. "나는 이제 내 구원에 대해서 걱정하지 않습니다. 십일 시에 들어갔던 사람들처럼 나도 그렇게 할 것이기 때문입니다. 저들도 아침 일찍 출발했던 사람들과 똑같이 보수를 받지 않았습니까?" 이보다 더 치명적인 실수가 있을 수 없습니다.

라일 감독(Bishop Ryle)이 죽어가는 도둑에게 이렇게 말한 바 있습니다. "죽음의 침상에서 구원받은 사람은 거의 없습니다. 그러나 십자가 상 위의 한 강도는 구원받았습니다. 그러므로 누구든지 절망해서는 안 됩니다. 하지만 오직 한 사람밖에 없습니다. 그러므로 누구든지 그렇게 할 수 있으리라고 생각해서는 안 됩니다." 또 다른 위험성은 그 비유를 알레고리(풍유)로 보는 것입니다. 그 교훈의 말씀 한 부분 부분에 어떤 영적 진리를 부과하는 방법으로 해석하는 것을 뜻합니다. 종종 그렇게 해석하곤 했습니다. 하지만 모든 것을 사실에 그렇게 적용함으로써 우리는 이것이 하나의 비유라는 점을 생각하지 못하고 또 비유란 일반적으로 어떤 한 진리만을 설명하기 위한 것이란 점을 간과할 수 있습니다. 예를 들어, 바로 그 같은 이유 때문에 마태복음 13장에서 당신은 우리 주님이 천국에 관한 연속적인 비유의 말씀을 가르치고 계심을 발견하게 됩니다. 하나의 비유는 한 측면을 보여줍니다. 다른 비유 역시 진리의 또 다른 한 측면만을 강조하고 있습니다. 그러므로 우리는 조심해야 합니다.

우리는 세부적 상황이 진리에 대한 모종의 풍유적인 제시를 나타내기나 하는 것처럼 해석해서는 안 됩니다. 그러므로 다른 모든 비유와 마찬가지로 이 비유 역시 하나의 큰 진리를 교훈하려는 의도에서 제시되었습니다. 그것이 무엇입니까? 그 대답은 분명히 '천국은' 이라는 단어에서 발견될 것입니다. 이 점에 있어서 성경을 하나의 구분을 짓도록 해 주는 장들로 나누게 된 것은 가엾은 일이 아닐 수 없습니다. 분명히 그 주제는 우리가 19장 마지막 부분에 나오는 내용의 연속임에 틀림없습니다. 우리가 알고 있는 그 사건은 부자 청년 관원에 관한 것입니다. 소위 그것은 젊은이가 슬퍼하면서 멀리 가 버렸다는 사실을 제자들에게 들려주시는 주님의 말씀이라고 봅니다. 당신은 베드로가 주님께 말씀한 바를 기억하실 것입니다. "우리가 모든 것을 버리고 주를 좇았사오니 그런즉 우리가 무엇을 얻으리이까?" 바로 이것 때문에 우리 주님께서 본 비유를 말씀하셨던 것입니다. 베드로가 질문합니다. 결국 그는 이렇게 말했습니다. "보시옵소서, 주님, 우리가 모든 것을 버렸습니다. 그리고 당신을 좇았습니다. 우리가 모든 것을 포기하였사오니 우리에게 무엇을 주시려 하나이까?"

우리 주께서 그의 질문에 이렇게 대답하십니다. "너가 진실로 너희에게 이르노니 세상이 새롭게 되어 인자가 자기 영광의 보좌에 앉을 때에 나를 좇는 너희도 열두 보좌에 앉아 이스라엘 열두 지파를 심판하리라. 또 내 이름을 위하여 집이나 형제나 자매나 부모나 자식이나 전토를 버린 자마다 여러 배를 받고 또 영생을 상속하리라. 그러나 먼저 된 자로서 나중 되고 나중 된 자로서 먼저 될 자가 많으니라. '천국은' 마치 집주인과 같으니라." 다시 말해서 이 비유의 전체적인 요점은 베드로가 물어보았던 그의 질문 때문에 언급되어졌습니다. 우리 주께서 베드로의 질문을 들으시고 그의 물음에 답변하셨습니다. 하지만 그는 분명히 베드로의 질문 속에 매우 잘못되고 거짓된 언급이 있음을 간파하신 것 같습니다. 그래서 그를 책망하고 꾸짖으며 한 걸음 더 나아가서 그를 가장 엄하게 경고하시려는 의도로 우리 주님이 본 비유를 말씀하셨다고 봅니다. 제가 보기에는 "그러나 먼저 된 자로서 나중 되고 나중 된 자로서 먼저 될 자가 많으니라"는 말씀을 반복하는 방법으로 그 뜻을 분명하게 함축한 사실이 그것을 입증합니다. 당신은 그것을 첫 부분과 끝 부분에서 발견하게 됩니다.

그 다음에 우리가 집중시켜야만 될 원리가 여기에 있습니다. 그것이 무엇입니까? 그것은 어떤 교리입니까? 그것은 그리스도인의 모든 삶이 처음부터 끝까지 다 은혜로 말미암는다는 것입니다. 그것이 메시지 또한 교리이며 원리입니다. 이제 우리가 앞서 연구한 이 비유의 가르침을 살펴보도록 하겠습니다. 하지만 우리는 한 가지 요점을 살펴보는 데 관심을 가질 것입니다. 이것이 은혜의 대원리이기 때문입니다.

마지막에 들어왔던 그 사람들도 처음에 왔던 사람들과 똑같게 보수를 받았습니다. 그리고 나서 우리는 나이가 많이 든 후에 회심하는 사람들에게 나타나는 낙심의 문제를 취급하려고 합니다. 우리는 결코 너무 늦은 경우가 아님을 이미 살펴보았습니다. 구원이란 젊은 사람들만을 위한 것이 아니라 모든 사람을 위한 것이기 때문입니다. 종종 생의 후반부에 회심한 사람이 구원이 자기에게 너무 늦게 찾아왔다는 이유로 마귀에게 시험을 받는 경우가 있습니다. 자신이 수년 동안이나 낭비했다는 이유가 바로 그 원인입니다. 그런 사람들에게 우리 주께서 제십일시에 사람들을 불러 포도원으로 보냈다는 비유의 말씀이 매우 큰 위로가 됩니다. 그 같은 관점에서 우리가 그것을 살펴보았습니다. 하지만 지금 우리가 연구하는 부분에서의 강조점은 차라리 처음에 들어왔던 사람들에게 있습니다. 그 비유의 주목적이 저들에게 말씀하고 또 저들에게 가장 신중하고 엄한 경고가 발효되는 데 있음에 의심의 여지가 없습니다.

이 사람들에 관한 요점은 저들이 올바른 방법으로 시작했다가 후에 어려운 문제에 부닥치게 되었다는 것입니다. 그 같은 일이 얼마나 자주 일어나는지 모릅니다! 그러하기 때문에 신약성경에 그런 구절이 자주 나타나고 있습니다. "너희가 달음질을 잘하더니 누가 너희를 꾀더냐?" 어떤 면에서 볼 때 신약성경에 나오는 서신서들이 바로 그 같은 사람들을 돕기 위해서 기록된 것 같습니다. 초기 그리스도인들은 믿고 교회 안으로 들어 왔습니다. 하지만 낙심하게 되었고 바로 그 같은 사람을 돕기 위해서 서신서들이 기록되었다고 봅니다. 그것이 바로 끊임없이 우리를 괴롭히고 있는 것이며, 그리스도인의 삶을 통해서 우리의 발걸음을 비틀거리게 만드는 위험이 되고 있습니다. 출발을 정확하게 했다는 것으로 만족할 수는 없습니다. 우리는 계속해서 바른 길로 나가지 않으면 안 됩니다. 제가 이에 대한 많은 예를 들어보도록 하겠습니다. 많은 부분에 대한 위험이 차라리 속박에로 되돌아가도록 했습니다. 그리고 우리의 주변에서 펼쳐지고 있는 예식들은 현재에도 진정한 위험이 되고 있습니다. 하나님의 자녀들이 되는 영광스러운 자유에 대해서 알고 있는 사람들은 종종 속박 상태로 되돌아가고 또 비참하게 되고 불행하게 되는 경우가 있습니다. 좋습니다. 이제 본 비유 가운데 나타나고 있는 대로 이 문제에 대해서 한 번 생각해 보도록 하겠습니다. 무엇보다 먼저 고통의 원인이 무엇인가를 분석해 보도록 합시다. 왜 이른 아침에 포도원에 들어왔던 이 사람들이 마지막에는 괴로운 모습을 보였던가요? 여기에서 저들이 불만족하고 있으며 또 원망과 불평을 표현하고 있습니다.

그 고통의 원인이 무엇이었던가요? 저는 그들의 자신에 대한 태도와 일에 대한 자세가 분명히 잘못되었다는 것을 첫 번째 원리로 설정할 수 있다고 봅니다. 저는 2절에 나오는 "저가 하루 한 데나리온씩 품꾼들과 약속하여 포도원에 들여보내고"라는 표현 가운데 '약속하여'라는 말이 중요하다고 주장하는 사람들과 의견을 같이합니다. 우리가 첫 번째 사람들의 경우에 있어 합의했다는 말만 들어도 그것이 합당한 거래였음이 분명하다고 봅니다. 당신도 기억하시겠지만 우리는 그가 제삼시에 나가보니 장터에 놀고 섰는 사람들이 또 있었다고 듣습니다. 그가 저들에게 말했습니다. "너희도 포도원에 들어가라 내가 너희에게 상당하게 주리라." 그런 식으로 그 다음에 나오는 품꾼들에게 저가 말했다는 것입니다. 여기에서는 합의된 것이 없습니다. 그는 단순히 "너희도 가서 일하라 내가 상당하게 주리라"고 말했을 뿐입니다. 그리고 저들은 매우 즐겁게 들어갔습니다. 하지만 마지막에 가서 품삯 때문에 불평했던 첫 번째 사람들과는 저들이 요구하는 품삯에 대한 합의가 제시되었던 것처럼 보입니다. 그러므로 우리가 저들의 태도에 무엇인가 잘못된 것이 있구나 하고 첫눈에 느낄 수 있습니다. 저들은 어떤 것을 요구하고 또 어떤 것들에 대한 약정을 위하여 거래를 깨는 경향이 있습니다.

그들에 대하여 이렇게 생각하는 우리의 판단이 잘되었든지 아니면 그릇되었든지 간에, 저들이 자신들의 일에 대하여 매우 관심을 가지고 있으며 또 자신들이 하고 있는 바에 대해서 매우 신경을 쓰고 있다고 말하는 것은 옳습니다. 일하면서 저들은 의식적으로 자신들이 하고 있는 바에 눈길을 돌린 것 같습니다. 그것이 얼마나 무서운 일인지 모릅니다! 하지만 우리도 그런 죄를 범하고 있지 않습니까? 하나님은 복음을 증거하는 사람들의 가장 큰 문제가 무엇인가를 알고 계십니다. 증거자들이 복음을 전파할 때 부닥치는 문제는 자신을 바라보고, 자신을 주목하는, 한 걸음 더 나아가서 언제나 자신을 의식하는 위험성이 있습니다. 그것은 우리의 모든 봉사 영역에서 그리고 우리가 행하는 모든 일에서 나타날 수 있는 일입니다. 물론 그것이 자연인에게서 나타나는 것은 매우 당연한 일입니다. 그는 언제나 연극을 하고 또 자신을 지켜보는데, 이런 일이 우리들로 하여금 그리스도인의 삶속에서도 나타나도록 하는 경향이 있습니다. 이런 사람들은 분명히 자신들이 한 모든 일에 매우 큰 관심을 보입니다. 본문에서 저들이 한 말로 보아 저들은 줄곧 자신들을 응시해 왔음에 틀림없습니다.

다음 사항으로 넘어가 보겠습니다. 저들은 자신들의 업적을 평가하고 있습니다. 저들은 다른 사람들에 대한 설명도 했습니다. 그리고 저들은 자신들이 세웠던 조심스러운 기록을 가지고 있으며 또 자신들이 얼마나 오랫동안 일했는가를 말하고 있을 뿐만 아니라 또한 자신들이 얼마나 많은 시간을 수고와 더위를 견디며 노동했는가를 언급하고 있습니다. 저들은 모든 것을 상세히 알고 있으며 세밀한 기록을 가지고 있고 또 그것을 설명하고 있다는 말입니다. 바로 그것이 저들에 대한 우리 주님의 첫 번째 언급입니다. 잠깐 동안 거기에서 쉬고 그것을 우리 속에 깊이 가라 앉히도록 합시다. 우리 주님은 그런 태도를 책망하는 데 관심이 있습니다. 그것이 하나님의 나라에서는 운명적인 것입니다. 그는 이것을 베드로의 진술 속에서 갈파했습니다. "우리가 모든 것을 버리고 당신을 좇았사온즉 무엇을 얻으리이까?" 거래하자는 제안과 요구 조건이 거기에 함축되어 있습니다. 기본적인 태도가 잘못되고 또 영의 영역 혹은 하나님의 나라와는 정반대적임을 우리가 볼 것입니다. 하지만 그런 일이 분명히 있고 또 이 같은 잘못된 태도가 결국 우리를 어려움에 이르게 만듭니다. 그것이 이 사람들의 경우에 그랬던 것처럼 말입니다.

 우리 주님께서 가장 은혜롭게 복을 베푸시려는 바로 그 현장에서 사람으로 하여금 고통스럽게 만들다니 얼마나 가엾고 비극적인 일인지 모릅니다. 이 비유를 그렇게 두렵게 만든 것은 이 사람들이 자신의 본색을 드러냈기 때문입니다. 그리고 저들을 사로잡고 있던 두서운 영이 집주인께서 은혜를 베풀어 처음에 들어왔던 사람들과 똑같이 마지막에 들어왔던 사람들에게도 한 데나리온씩 주려고 했던 바로 그 순간에 정체를 드러냈던 것입니다. 그것이 노출되었고 결국 고통에 이르게 되었습니다. 이 사람들을 보십시오. 저들의 본래 잘못된 태도와 저들이 은혜의 원리를 망각해 버리므로 그들은 자신들이 다른 사람들보다 더 많은 것을 받으리라고 기대했었고, 또 그것이 합당하고 당연한 일이라고 생각했습니다. 물론 저들이 매우 논리적이었고 초지일관했던 것도 사실입니다. 자신들의 원리와 자신들의 태도로 시작했으니 그것이 논리적인 결론이었을 것입니다. 저는 바로 그 같은 방법으로 시작했기 때문에 현상태에 이르게 되었다고 말씀드릴 수 있습니다. 저들은 자신들에게 더 많은 수식어가 붙고 또 더 많은 것을 부여받아야 마땅하다고 생각했습니다. 그들은 자신들이 기대했던 것을 얻지 못했기 때문에 더 많은 것을 요구했습니다.

우리가 말씀드리고 싶은 다른 것은 저들이 불평하기 시작했다는 점입니다. 이제 저들의 행복과 기쁨은 모두 사라져 버렸습니다. 저들에게 여분의 그 무엇이 주어지지 않았기 때문에 저들이 불평하고 있는 것입니다. 그것이야말로 무서운 일이 아닙니까? 하지만 우리 주님께서 본문을 통하여 묘사하고 있는 대로 그리스도인들이 바로 이와 똑같은 죄를 범할 수 있는 현실입니다. 이렇게 불평하는 경향은 옛날 이스라엘 자손들에게서도 있었습니다. 그리고 이 시점에서 이 사람들이 그랬던 것처럼 당신 자신도 자신에 대한 연민의 정을 느끼며 자신의 권리를 바르게 행사할 수 없다고 생각하고 또 당신이 대우를 제대로 받지 못한다고 느낄 수 있습니다. 신약성경에서 이에 대한 큰 강조점이 나타나고 있습니다. 당신은 사도 바울이 빌립보 교인들을 향하여 그에 대한 문제를 어떻게 말씀했는지 기억하실 것입니다. 그는 저들에게 하늘의 별들처럼 되어야 하며, 모든 일을 원망과 다툼 없이 해야 한다고 상기시킨 바 있습니다. "이는 너희가 흠이 없고 순전하여 어그러지고 거스르는 세대 가운데서 하나님의 흠없는 자녀로 세상에서 그들 가운데 빛들로 나타내며 생명의 말씀을 밝혀 나의 달음질도 헛되지 아니하고 수고도 헛되지 아니함으로 그리스도의 날에 나로 자랑할 것이 있게 하려 함이라"(빌 2:14-16). 그리스도의 백성들이 예수 그리스도 안에서 기뻐하는 대신에 비참하게 되고 원망이나 한다면 얼마나 비극적인 일입니까? 그것은 저들이 모든 것이 은혜로 말미암는다는 사실을 망각한 결과입니다. 저들은 처음부터 끝까지 그리스도인의 삶의 전 과정을 통해서 나타나는 대원칙을 망각해 버리고 말았습니다.

하지만 그것이 전부는 아닙니다. 그것은 또 다른 일, 소위 다른 사람을 경멸하는 것과 동시에 다른 사람을 상당히 질투하는 경우를 초래하게 됩니다. 비유에 나오는 그 사람들은 "나중 온 이 사람들은 한 시간만 일하였거늘 저희를 종일 수고와 더위를 견딘 우리와 같게 하였나이다"라고 말했습니다. 그것은 탕자의 비유 가운데 나오는 큰아들의 원리이며 또 신약성경 여러 곳에서 그 실례를 찾아 볼 수 있습니다. 이런 경향이 유입되면 충성된 증인이었던 성도들을 공격하고 또 가장 훌륭한 일을 해 왔던 이들을 공격합니다. 그것은 가장 교묘한 방법으로 유입되며 저들을 비참하게 만듭니다. 왜냐하면 자신들이 받는 것보다 다른 사람들이 더 큰 상을 받는다고 느끼기 때문입니다. 여러 해 동안 헐뜯는 삶을 살았었다고 설명하는 휴 레드우드(Hugh Redwood)의 글을 읽었던 사람들은 이것이 바로 그의 고통의 원인이었다는 사실을 깨닫게 될 것입니다. 구세군 간부들의 자리바꿈이 그로 하여금 자신은 더 이상 인기가 없게 되었음을 느끼게 됐습니다. 다른 사람들이 진급하고 호감을 얻게 되었으며 자신은 스스로 안타깝게 생각했고 한 걸음 더 나아가서 뒤로 물러가 범죄하기에 이르렀습니다. 『그늘 아래 계신 하나님』(God in the shadows)이란 그의 책을 읽어보십시오. 그리하면 당신은 세밀한 설명을 발견하게 될 것입니다. 바로 그런 것이 여기에서 실례로 드릴 수 있는 유형입니다. 이 사람들은 다른 사람들을 경멸하고 있습니다. 저들은 자신들이 아주 적은 것을 성취한 반면에 다른 사람들은 많은 것을 성취했다는 데 대한 질투심을 느끼고 있는 것입니다. 그러므로 저들의 전체적인 태도는 이기적이고 자기 중심적이라고 봅니다.

하지만 무엇보다도 이것은 가장 진지하고 또 가장 무서운 일입니다. 저들은 마음속으로 그 집주인이 잘못되었다는 감정을 가지고 있었습니다. 이런 상태에 이른 이 사람이 자신들을 잘못 대우하고 있다고 스스로를 설득했던 것입니다. 저들이 철저하게 잘못했습니다. 그 같은 태도를 보여야만 하고 또 그렇게 느껴야만 될 기초적인 근거가 전혀 없습니다. 그리스도인들은 그렇게 하나님께서 정당하지 못하시다고 느끼도록 마귀에게 시험을 받습니다. 마귀가 성도에게 다가와서 말합니다. "그대가 얼마나 많은 것을 이루어 놓았는지 보라. 그런데 얻은 것이 무엇인가? 다른 친구들을 보라. 아무것도 하지 않았다. 하지만 그가 얻은 것을 보라." 그것이 바로 마귀가 속삭이는 말입니다. 그런데 이 사람들이 그의 말을 들은 것입니다. "더위와 온 종일 수고를 견딘 우리가 겨우 한 데나리온씩 받다니, 더군다나 한 시간밖에 일하지 않은 다른 사람들과 똑같이 받다니 어처구니 없구나." 그것이 바로 악령이 하는 일이고 성도들을 매우 심각하게 만드는 일입니다. 그런 상태에서 그리스도인들은 매우 조심하지 않는다면, 하나님께 불의에 대한 책임을 돌릴 것입니다. 그는 하나님께서 자신에게 정당하지 못하시며 자기의 권리를 보장해 주시지도 않고 또 자신에게 합당한 보수도 주지 않는다는 느낌을 받을 수 있습니다.

자아란 얼마나 비참하고 못났으며 얼마나 지저분한 것인지 모릅니다. 우리는 모두 죄인입니다. 어떤 형태나 모습이든 간에 우리 중에 모든 사람은 다 죄인입니다. 마귀가 우리에게 접근할 때 우리는 그를 듣습니다. 그때 우리는 하나님께서 우리를 취급하심에 있어 정당하고 의로우신가를 의심하기 시작합니다. 자아란 있는 그대로 폭로될 필요가 있습니다. 지저분하고 더러운 가운데 자리잡고 있는 죄도 가면을 벗을 필요가 있습니다. 우리 주님께서 본 비유를 통하여 하셨던 대로 그 잘못된 영을 그렇게 취급하는 것은 놀랄 일이 아닙니다. 그것이 영혼의 대적이기 때문입니다. 그것은 비참과 불행에로 인도하곤 합니다. 여러 가지 이유 때문에 그렇게 할 수밖에 없습니다. 그것은 철저하게 잘못되었으며 변호해 줄 일말의 가치도 없습니다.

그것은 본인을 치유의 길로 이끌어 주고 있습니다. 처방이 무엇입니까? 하나님의 왕국의 통치 원리를 이해하는 것입니다. 그 원리가 매우 확실한 것처럼 보이지만 우리에게는 세부적인 것을 망각해 버리는 경향이 있습니다. 우리 주님은 여기에서 오직 한 번만 그것을 설명하고 계십니다. 저는 그가 말씀하신 바를 다른 말로 설명하겠습니다. 그 원리는 하나님의 나라에서 모든 것이 실제적으로 다른 나라에서의 그것과는 전혀 다르다는 사실입니다. 결국 그가 말씀하시기를, 하나님의 나라에서는 당신이 전에 알고 있던 그것과는 다르다고 하십니다. 그것은 새롭고 다른 그 무엇입니다. 우리가 깨달아야만 될 첫 번째 일은 그리스도 안에 있으면 새로운 피조물이 되고 옛 것은 지나가 버리며 모든 것이 새롭게 된다는 것입니다.

만일 우리가 깨달을 것을 깨닫게 된다면, 우리는 모든 것이 달라진 새로운 영역 안에 머물게 됩니다. 전체적인 기초가 달라지고 옛 생활의 원리와는 아무런 관계도 없어집니다. 우리가 이것을 좀더 자세히 생각해 보아야 하겠습니다. 하지만 먼저 새로운 원리에 밑줄을 긋도록 하겠습니다. 우리는 매일 같이 우리의 삶에 대한 고백을 해야 하겠습니다. "자, 나는 그리스도인이다. 내가 그리스도인이기 때문에 나는 하나님의 나라에 살고 있다. 그러므로 내가 생각하는 모든 것이 달라야만 한다. 여기에서는 모든 것이 다르다. 나는 옛날 사고대로 생각할 수 없다. 옛날의 기분이나 사고의 개념은 이제 새로워져야만 한다." 우리는 구원을 오직 한 가지, 말하자면 용서에만 국한시키는 경향이 있습니다. 하지만 우리는 그 원리를 그리스도인의 삶 전체에 적용시키지 않으면 안 되겠습니다.

좋습니다. 그것을 마음속에 새기십시오. 그리고 여기에서 자세한 것 중에 몇 가지를 더 말씀드리겠습니다. 먼저 말씀드리고 싶은 것은 이것입니다. 하나님의 나라에서 거래나 권리라는 개념으로 생각해서는 안 됩니다. 그것은 철저하게 숙명적인 것입니다. 내가 이것을 하기 때문에 혹은 내가 저것을 했기 때문에 내가 그 무엇을 보상받을 수 있는 권리가 있다는 생각만큼 잘못된 것은 없습니다. 이런 경우를 자주 만나게 됩니다. 저는 매우 복음적인 그리스도인처럼 보이는 사람들이 그렇게 생각하는 경우를 알고 있습니다. 저들은 이렇게 말합니다. "우리가 어떤 일을 위하여 기도한다면, 우리가 그것을 얻을 수밖에 없습니다. 예를 들어 우리가 부흥을 위하여 밤새껏 기도했다면, 우리는 부흥을 가져와야만 합니다." 저는 종종 이것을 기독교의 '슬롯머신 속의 동전'이라고 묘사해 왔습니다. 당신이 동전을 넣고 초콜렛 막대기를 끌어당기거나 당신이 원하는 대로 작동시킵니다. 이것이 바로 그와 똑같은 태도입니다. 과거에 사람들이 밤새워 부흥을 위하여 기도하므로 부흥이 왔습니다.

그러므로 밤새워 기도회를 가집시다. 그리하면 부흥이 올 것입니다. 하지만 그것은 분명히 우리 주께서 가르쳐 주신 전체적인 원리를 부인하는 것입니다. 저는 그것이 무엇이든 상관없습니다. 그것이 기도이든 아니면 기타의 무엇이든 저는 그런 점에서 논쟁하고 싶지 않습니다. 하지만 내가 무엇을 하기 때문에 무엇을 얻어야 한다는 명제는 절대 바람직하지 않습니다. 물론 원리란 실천되어야만 진실하게 쇼일 수 있습니다. 그렇게 많은 기도회가 열린다고 생각해 보십시오. 하지만 부흥은 찾아오지 않았습니다. 저는 감히 그렇게 되지 않은데 대해서 하나님께 감사드리고 싶습니다. 만일에 우리가 이런 일들을 자기 마음대로 명령하게 된다면 입장이 어떻게 될까요? 하지만 우리는 그렇게 할 수 없습니다. 이처럼 거래하려는 생각은 없애 버려야 합니다. 만일에 내가 이것을 한다면 어떤 일이 일어날 것이라는 생각 말입니다. 당신이 원할 때마다 부흥을 체험할 수 없습니다. 그리고 당신이 어떤 일을 했다는 결과로 부흥이 있으리라는 것도 금물입니다. 성령님이 주인이십니다. 그분은 주권적인 주님이십니다. 그는 자신이 원하시는 때에 그리고 원하시는 방법대로 이 일을 행하십니다. 다시 말해서 우리는 전혀 권리가 없다는 사실을 깨달아야만 합니다. 하지만 혹자는 말합니다. "사도 바울이 고린도후서 5장에서 심판과 상급에 대하여 말씀하지 않았던가요?" 분명히 그랬습니다. 바울이 고린도전서 3장에서도 그 같이 말씀하셨으며 또 우리 주님 자신께서 누가복음 12장에서 매를 많이 맞을 자와 적게 맞을 자에 관해서 친히 말씀하신 것도 사실입니다. 좋습니다. 그렇다면 그것이 무슨 뜻입니까? 대답은 심지어 상급도 은혜로 말미암는다는 사실입니다. 주께서 저들에게 상을 주셔야만 할 필요성은 없습니다. 만일에 당신이 결정할 수 있고 또 저들이 어떻게 될 것인가를 예측할 수 있다고 생각한다면, 당신은 매우 잘못된 것입니다. 그리스도인의 삶 속에서 모든 것이 처음부터 끝까지 은혜로 되기 때문입니다. 거래라는 입장에서 생각하고 결과에 따라 불평하는 것은 그를 신뢰하지 못하는 것을 뜻합니다. 우리는 그가 공의롭고 정당하지 않게 우리를 대우하신다고 생각하지 않도록 우리의 마음을 관장할 필요는 없습니다.

만일 당신이 그런 식으로 출발한다면 당신은 자신을 망치는 것으로 끝낼 것입니다. 우리 주님이 가르쳐 주신 방법을 저는 좋아합니다. 만일에 당신이 하나님과의 거래를 깬다면, 당신은 그 거래만큼은 얻을 것이지만 그 이상은 얻을 수 없을 것이 확실합니다. 처음에 왔던 이 사람들은 하루에 한 데나리온씩 받기로 약속했습니다. 집주인이 저들에게 말했습니다. "좋소. 한 데나리온씩 주겠소." 하지만 다른 사람들이 왔을 때는 저들에게 말했습니다. "들어가서 일하시오. 내가 상당하게 주리이다." 저들은 자신들이 기대했던 것 이상으로 많은 품삯을 받았습니다. 마지막에 왔던 사람들도 한 데나리온씩 받았습니다. 하지만 저들은 그렇게까지 기대하지 않았었습니다. 저들은 자신들이 생각했던 것보다 훨씬 더 많이 받았습니다. 하지만 처음에 왔던 사람들은 한 데나리온 외에 아무것도 더 받지 못했습니다.

동료 그리스도인들이여, 하나님과 더불어 장사하려고 하지 마십시오. 만일에 당신이 그렇게 하려고 한다면, 당신은 거래하는 만큼만 얻을 것입니다. 그러나 당신이 그의 은혜에 모든 것을 맡긴다면, 당신은 자신이 생각했던 것보다 훨씬 더 많이 얻게 될 것입니다. 바리새인들에 대해서 주님이 이렇게 말씀하셨습니다. "진실로 저들은 이미 상을 받았느니라." 저들은 이런 일들을 사람에게 보이려고 하였습니다. 사람들에게 보이려고 한 것, 바로 그것이 저들이 원하는 바였습니다. 저들은 그것만을 얻을 것이며, 더 이상 얻을 것은 얻을 것입니다.

좋습니다. 이제 또 다른 원리를 생각해 보도록 하겠습니다. 기록을 보전하려고 하거나 아니면 당신 자신의 일을 설명하려고 하지 마십시오. 기록 보유자가 되기를 포기하십시오. 그리스도인의 삶에서 우리는 그의 영광과 그를 기쁘시게 하는 것 외에 아무것도 욕심을 부려서는 안 됩니다. 당신의 눈을 시계에 맞추지 말고 그분과 그분의 일에 맞추십시오. 자신이 한 일과 수고를 기록·보관하지 말고 그와 그분의 영광, 그분의 사랑, 그분의 명예, 그리고 그분의 왕국 확장에 당신의 초점을 맞추십시오. 그런 일에만 관심을 집중시키고 그 외에 것에는 신경을 쓰지 마십시오. 당신이 일을 하는 데 몇 시간을 투자했는지 아니면 당신이 얼마나 많은 일을 했는지 마음에 두지 마십시오. 결국 장부 정리는 그분에게, 그리고 그분의 은혜에 맡기십시오. 그분으로 하여금 계산하도록 하십시오. 그분이 말씀하도록 하고 당신은 듣기만 하십시오. 당신의 오른손이 하는 것을 왼손이 모르도록 하십시오. 바로 그것이 그리스도의 왕국에서 일하는 방법입니다. 당신의 오른손이 하고 있는 것을 왼손이 모르도록 하는 방법으로 당신이 일해야 합니다. 이렇게 하면 은밀한 중에 보시는 하나님 아버지께서 공개적으로 갚아 주시겠다고 했습니다. 계산하려고 시간을 낭비할 필요가 없습니다. 그가 다 보고 계시기 때문입니다. 그의 계산은 참으로 놀랍습니다. 제가 아는 것 중에 하나님의 계산법만큼 그렇게 낭만적인 것이 없다고 찬사해도 좋을지 모르겠습니다. 하나님의 나라에서 놀라게 될 준비를 하십시오. 나중 된 자가 먼저 될 것입니다. 우리의 물리적인 눈으로 볼 때 완전한 역전 현상, 곧 나중 된 자가 먼저 되고 먼저 된 자가 나중 되며 모든 것이 뒤집히는 역사가 일어날 것입니다. 모든 세계가 은혜로 뒤집히게 됩니다. 이것은 사람으로 되지 아니하고 오직 하나님으로만 가능합니다. 그것이 바로 하나님의 왕국입니다. 이 얼마나 놀라운 일인지 모릅니다.

개인적인 고백을 하도록 하겠습니다. 제 사역에 있어, 이런 일들은 저에게 종종 일어나곤 합니다. 종종 하나님께서 주일에 은혜를 베풀어 주십니다. 그리고 저는 특별한 자유로움을 의식했습니다. 그런데 저는 마귀의 음성을 들을 정도로 어리석었던 적이 있습니다. 그가 이렇게 말합니다. "그래 다음 주일까지 기다려봐. 놀라운 일이 있을 꺼야. 엄청난 사람들이 몰려올 것이 틀림없어." 그래서 저는 그 다음 주일에 강단으로 올라갑니다. 겨우 소수만이 참석하고 있음을 발견합니다. 하지만 또 다른 경우에도 제가 강단에 가서 서지만 부담스럽고 설교는 엉망이 되며 스스로 나약해지며 좌절감에 빠지게 될 때 마귀가 와서 이렇게 말합니다. "다음 주일에는 아무도 안 올 꺼야." 하지만 하나님께 감사하게도 다음 주일에는 더 많은 사람들이 온 것을 발견했습니다. 그것이 바로 하나님의 계산법입니다. 당신은 결코 모르실 것입니다. 제가 힘없이 강단에 올라갔다가 능력 있게 마칠 때가 있습니다. 또 저는 자신감 있게 올라갔다가 바보 같은 느낌으로 내려올 때도 있었습니다. 그것이 하나님의 계산법입니다. 그는 우리가 우리 자신들을 아는 것보다 우리를 더 잘 아십니다. 그는 언제나 우리를 놀라게 하십니다. 당신은 그가 하시려는 일을 결코 알 수 없습니다. 그분의 장부 관리는 제가 이 세상에서 알고 있는 것 중에 가장 낭만적입니다.

우리 주님께서 그것을 또다시 마태복음서 25장에 나오는 세 번째 비유를 통해서 말씀하신 바 있습니다. 당신은 세상 끝에 상 받기를 기대하고 왔다가 아무것도 받지 못한 사람들에 대한 묘사를 기억하실 것입니다. 오히려 그가 다른 사람들에게는 이렇게 말씀하십니다. "내 아버지께 복 받을 자들이여 나아와 창세로부터 너희를 위하여 예비된 나라를 상속하라. 내가 주릴 때에 너희가 먹을 것을 주었고 목마를 때에 마시게 하였고 나그네 되었을 때에 영접하였고 벗었을 때에 옷을 입혔고 병들었을 때에 돌아보았고 옥에 갇혔을 때에 와서 보았느니라." 그때에 저들이 대답할 것입니다. "우리는 아무것도 아니하였나이다 우리가 어느 때에 주의 주리신 것을 보고 공궤하였으며 목마르신 것을 보고 마시게 하였나이까 어느 때에 나그네 되신 것을 보고 영접하였으며 벗으신 것을 보고 입혔나이까?" 주인은 이렇게 대답하십니다. "내가 진실로 너희에게 이르노니 너희가 여기 내 형제 중에 지극히 작은 자 하나에게 한 것이 곧 내게 한 것이니라." 얼마나 놀라운 일이 되겠습니까? 이런 삶이야말로 낭만으로 충만한 삶이 아닐 수 없습니다. 우리의 원장(元帳, leader)은 시대를 초월하고 가치를 초월합니다. 우리가 하나님의 나라에 있고 또 그것이 하나님의 계산법이기 때문입니다. 그것은 전적으로 은혜로 되어집니다.

좋습니다. 이제 마지막 원리를 생각해 보겠습니다. 그것은 우리가 모든 것이 은혜로 되어짐을 깨달아야만 할 뿐 아니라 또한 그것이 이렇게 되어진다는 사실을 기뻐해야 한다는 점입니다. 그것이 이 사람들에게는 비극입니다. 저들은 오직 한 시간만 일한 사람들이 한 데나리온씩 받는 것을 보았습니다. 그것을 보고서 저들이 기뻐하기보다는 오히려 불평하고 원망하며 그것은 불의한 일이고 또 자신들이 정당하게 대우를 받지 못하는 처사라고 느꼈습니다. 행복한 그리스도인의 삶을 사는 비결은 모든 것이 은혜로 됨을 깨닫고 또 그를 인하여 기뻐하는 것입니다. 다른 곳에서 우리 주님이 이렇게 말씀하신 적이 있습니다. "너희가 자기의 할 일을 다 한 후에 말하기를, 우리는 무익한 종이라 우리의 할 일을 했을 뿐이라." 이것이 그분이 보시는 관점이요 또한 가르침입니다. 그리고 이것이 바로 그 모든 비결입니다. 이것이야말로 그분 자신의 방법이 아닙니까? 바울이 말합니다. 모든 사람은 자신의 일을 돌볼 뿐만 아니라 다른 사람의 일도 돌아보라고 했습니다. 이것이 당신의 마음속에 있도록 해야만 될 그리스도의 마음입니다.

그것이 무슨 뜻인지 당신도 알 것입니다. 그는 자신을 바라보지 않았으며 자신을 생각하지 않았습니다. 그는 자기 유익만을 추구하지 않았습니다. 그는 자신의 명예를 생각지 않았으며 자신의 영원한 영광의 흔적조차도 없애 버렸습니다. 그는 하나님과 동등됨을 전혀 주장하지 않으시고 오히려 자신의 뜻대로 되지 않게 해달라고 말씀하셨습니다. 전혀 그렇게 하지 않으셨습니다. 모든 것을 밀쳐내 버리셨습니다. 그는 겸손하셨고 또한 자신을 기억치 않으셨습니다. 그는 오직 하나님의 영광만을 추구하면서 일하시고 인내하셨습니다. 그는 아버지께서 영광을 받으시고 또 남녀 백성들이 아버지께 나아오는 것보다 더 중요한 것은 아무것도 없었습니다. 그것이 바로 비결입니다. 시계를 바라보지 아니하고 자기가 한 일의 분량을 계산하지 아니하며 장부에 자신의 업적을 기록하지 않고 오직 하나님의 영광을 제외한 모든 일은 잊어버리고 그분을 위하여 일하도록 부름 받은 것을 특권으로 생각하며 우리를 귀하게 여기사 어두움에서 빛으로 인도하신 그 하나님의 은혜를 생각하며 감사하며 사는 성도들이 되어야 하겠습니다.

처음에도 은혜요 마지막에도 은혜입니다. 그러므로 당신이나 제가 죽음의 침대에 눕게 될 때에 우리를 위로하고 도와주며 힘있게 할 것은 처음부터 우리를 도와주었던 바로 그 은혜입니다. 우리가 어떻게 살았는가 혹은 우리가 무엇을 했는가가 문제가 아니라 우리 주 예수 그리스도 안에 있는 하나님의 은혜가 바로 문제입니다. 그리스도인의 삶은 은혜로 시작하여 은혜로 지속하고 은혜로 끝납니다. 은혜는 참으로 놀라운 은혜입니다. "나의 나 된 것은 오직 하나님의 은혜로다." "내가 아니요 나와 함께 하시는 하나님의 은혜로다."

제10장

너희 믿음이 어디 있느냐?

"하루는 제자들과 함께 배에 오르사 저희에게 이르시되 호수 저편으로 건너가자 하시매 이에 떠나 행선할 때에 예수께서 잠이 드셨더니 마침 광풍이 호수로 내리치매 배에 물이 가득하게 되어 위태한지라 제자들이 나아와 깨워 가로되 주여 주여 우리가 죽겠나이다 한대 예수께서 잠을 깨사 바람과 물결을 꾸짖으시니 이에 그쳐 잔잔하여지더라 제자들에게 이르시되 너희 믿음이 어디 있느냐 하시니 저희가 두려워하고 기이히 여겨 서로 말하되 저가 뉘기에 바람과 물을 명하매 순종하는고 하더라" (눅 8:22-25)

우리 주 예수 그리스도께서 제자들에게 말씀하신 바 있는 이 문제에 특별히 당신의 관심을 촉구합니다. 그가 저들에게 "너희 믿음이 어디 있느냐?"라고 말씀하셨습니다. 참으로 저는 영적 침체라는 주제를 숙고하는 한 방편으로 이 전체적인 사건에 당신의 관심을 집중시키고 싶습니다. 우리는 벌써 그런 상태에 관한 많은 요인들을 생각해 보았습니다. 하지만 주님의 삶과 사역 가운데 있었던 이 특별한 사건이 또다시 우리로 하여금 다른 원인을 직면하도록 이끌어 주고 있습니다.

여기에 취급되는 것은 전체적인 문제이고 또 신앙의 본질에 관한 문제입니다. 다시 말해서 어려움 속에 빠져 있는 그리스도인들이 많고 또 믿음의 본질을 제대로 이해하지 못하기 때문에 종종 불행하게 느끼는 신자들이 많습니다. 당신은 이렇게 말할지 모르겠습니다. "좋습니다. 만일에 저들이 믿음의 본질을 이해하지 못하고 있다면, 저들이 어떻게 그리스도인일 수 있겠습니까?" 그 대답은 사람을 그리스도인으로 만드는 것은 바로 믿음의 은사를 받았다는 사실입니다. 우리는 성령을 통하여 하나님께 믿음의 은사를 부여받았습니다. 그리고 우리는 예수 그리스도께서 우리를 구원해 주심을 믿습니다. 하지만 그것이 믿음의 본질을 완전히 이해하고 있다는 것을 뜻하지는 않습니다. 그런 과정을 통과한 후 우리가 진실한 그리스도인이 될 수 있고 또 믿음의 은사를 받음으로 말미암아 순전한 구원을 얻을 수 있습니다. 하지만 우리는 진실로 믿음이 무엇인가를 이해하지 못하기 때문에 바로 뒤이어 영적으로 고통을 겪는 경험이 있을 수 있습니다. 그것은 은사로 주어집니다. 하지만 우리는 그것으로부터 그에 대한 몇 가지 일들을 해결하지 않을 수 없게 됩니다.

이 같은 획기적인 사건이 본래적인 믿음의 은사와 믿음의 행위 혹은 결과적으로 나타나는 신앙적인 삶을 구별시켜 주는 매우 중요한 계기를 부여합니다. 하나님은 이 같은 그리스도인의 삶으로 우리를 시작하게끔 만드십니다. 그 후에 우리는 그 안에서 살아가야만 합니다. "우리는 보이는 대로 사는 것이 아니라 믿음으로 산다"라는 명제가 바로 지금 우리가 고찰하고 있는 주제입니다.

그 특별한 주제를 실제적으로 취급하기 전에, 저는 이 큰 사건 안에서와 그 사건 자체에 대해서 몇 마디 말씀을 드리고 싶습니다. 어떤 입장에서 보면 그것이 매우 흥미 있고 중요한 사실일 것입니다. 예를 들어 그것은 주님 자신의 인격에 대하여 우리에게 많은 것을 말씀해 줍니다. 그것은 우리로 하여금 독단처럼 묘사되고 있는 바를 만나도록 해 줍니다. 다시 말해서 주 예수 그리스도의 인격 속에 갈등이 있는 것처럼 보인다는 말입니다. 그는 지치고 피곤한 상태에 계셨습니다. 사실상 매우 피곤하셨습니다. 그래서 곯아떨어질 수밖에 없었습니다. 이 사건은 소위 공관복음, 곧 마태복음, 마가복음, 누가복음에 기록되어 있습니다. 그것은 우리 주 예수 그리스도의 인격을 이해한다는 관점에서 볼 때 매우 중요합니다. 그의 인성, 곧 그가 곤핍하고 때로 지치고 피곤하셨기 때문에 잠에 곯아떨어지실 수밖에 없었습니다. 다시 말해서 폭풍이 일고 있었음에도 불구하고 그가 계속 주무셨다는 말입니다. 그는 약함에 순응하실 수밖에 없었고 또 우리들 중에 어느 사람처럼 몸과 육체를 가지신 인간이셨습니다. 아, 그렇습니다.

하지만 잠깐 기다려 보십시오. 제자들이 그에게 와서 깨우며 이렇게 말했습니다. "주여 우리가 죽겠나이다." 그때에 예수님은 일어나서 바람과 물결을 꾸짖어 잠잠케 만드셨습니다. 공관복음서 기자들 가운데 한 사람은 '아주 잔잔하게 되거늘'이라고 묘사했습니다. 제자들이 이 모든 것을 보고 기이히 여기며 서로 "이 어떠한 사람이기에 바람과 바다도 순종하는고"라고 탄성을 질렀던 것은 그렇게 놀랄 일이 아닙니다. 그는 심지어 바람과 바다에게도 명령하셨으며 저들은 그의 명령에 순종했습니다. 인간이시면서 동시에 그는 분명히 하나님이셨습니다. 그는 만물에게 명령하실 수 있었습니다. 그래서 주님은 바람을 잠잠케 하셨고 또 바다 물결을 멈추도록 하셨습니다. 그는 자연과 모든 피조물의 주인이십니다. 또 그는 우주의 주인이십니다. 이것이 바로 예수 그리스도의 신비요 경이로움입니다. 하나님과 인간, 한 인격 속에 담기신 두 본성입니다. 두 본성이 혼합되지는 않았지만 똑같은 인격 속에 상존하그 계셨습니다.

우리는 여기에서 출발해야 합니다. 우리가 그 점에 대한 입장이 명확하지 못하다면 앞으로 전진해 나갈 목표가 없기 때문입니다. 당신이 주 예수 그리스도의 독특한 신성을 믿지 못한다면, 당신이 어떤 사람이 되었든지 간에 그리스도인이라고 볼 수 없습니다. 우리는 선량한 사람을 찾고 있지 않습니다. 우리는 단순히 세상에 있었던 가장 위대한 교사에 관심을 가지고 있지 않습니다. 우리는 영원하신 아들 하나님께서 이 세상에 계셨으며 그가 인간의 성품을 입으시고 우리 가운데 거하신 인간 중에 인간 곧 신인(神人)이셨다는 사실을 직면합니다. 우리는 성육신이란 신비와 경이, 그리고 동정녀 탄생을 직면하지 않으면 안 됩니다. 그 모든 것이 여기에 있습니다. 그리고 이것이 놀라운 영광의 충만 가운데 빛을 발하고 있습니다. "이 어찌된 사람인고?" 그는 인간 이상이신 분임이 틀림없습니다. 그는 역시 하나님이십니다.

하지만 제가 보기에, 그것이 이 특별한 사건의 독특한 목적은 아닌 것 같습니다. 당신은 다른 곳에서도 그 같은 계시를 얻게 됩니다. 그것은 모든 복음서를 통해서 줄곧 빛을 발하고 있습니다. 하지만 그 구별된 특별한 사건들은 우리들을 가르치기 위한 어떤 특별하고 독특한 메시지를 각자 함축하고 있는 듯 보입니다. 이런 경우에 그 메시지가 제자들에 관하여 또 저들이 처하고 있는 형편에 대하여 교훈해 주고 있음에 의심의 여지가 없습니다. 그것은 신앙과 본질 혹은 신앙의 특징에 관한 큰 교훈이 아닐 수 없습니다. 당신은 어떻게 생각하실지 모르지만 저는 제자들에게 쉬임없이 감사하고 싶습니다. 저는 제자들이 범한 모든 실수들을 기록한 것이 어찌나 감사한 일인지 모르겠습니다. 저들이 범한 모든 실수들을 통해서 제 자신을 볼 수 있기 때문입니다. 우리가 이런 성경 말씀들을 가지게 된 것이 하나님께 얼마나 감사한 일인지 모릅니다. 하나님께서 우리에게 단순히 복음만 주시지 아니하고 그런 말씀까지 주신 것은 참으로 감사한 일입니다. 우리가 이와 같은 설명을 읽고 또 거기에 묘사된 내용을 통해서 우리 자신들을 볼 수 있음은 참으로 놀랍습니다. 진리를 증거함을 보여 주시고 묘사해 주신 것을 인하여 우리는 하나님께 참으로 감사를 드립니다.

그러므로 우리는 주께서 이 사람들을 책망하시는 모습을 발견하게 됩니다. 주께서 저들을 책망하셨습니다. 왜냐하면 저들이 놀라고 두려움에 사로잡히며 믿음이 없는 모습을 보였기 때문입니다. 여기에서 저들은 주님과 함께 배를 타고 있었습니다. 그때에 폭풍이 일어났고 저들은 곧 어려움에 봉착하게 되었습니다. 저들은 물을 퍼내었습니다. 배 안에 물이 가득 들어왔기 때문에 몇 분 아니면 그 배가 가라앉을 것이라는 사실을 저들이 알아차릴 수 있었습니다. 저들은 자신들이 할 수 있는 모든 일들을 다 해 보았습니다. 하지만 좋아지는 것처럼 보이지 않았습니다. 저들을 놀라게 한 것은 배가 사납게 흔들리는 가운데서도 우리 주님이 그렇게 곤히 잠들어 계셨다는 사실이었습니다. 그래서 저들은 주님을 깨우며 말했습니다. "주여, 주여, 우리가 죽게 되어도 돌아보지 아니하시나이까?" 그가 일어나셨습니다. 바람과 바다를 꾸짖으시고 주님은 다시금 제자들을 책망하셨습니다.

이제 우리는 이 책망을 관찰하고 또 그가 말씀하신 바를 이해하기 위해서 주의를 기울이지 않으면 안 되겠습니다. 먼저 주님은 제자들이 이 같은 상태에 처하게 됨을 인하여 저들을 책망하고 계십니다. "너희 믿음이 어디 있느냐?"라고 주께서 말씀하셨습니다. 마태는 이렇게 말합니다. "오, 믿음이 적은 자들아!" 다른 곳에서처럼 여기에서도 주님은 저들의 불신앙에 놀라고 계십니다. 주님은 자신이 저들과 함께 계실 동안에 당황하고 두려워하며 놀라고 있음에 대하여 저들을 책망하셨습니다. 그것이 바로 우리 자신들이나 서로에게 적용할 수 있는 첫 번째 큰 교훈입니다. 그리스도인이 그 같은 상태에 빠지게 되는 것은 매우 잘못된 일입니다. 저는 환경이 어떠한가를 상관하지 않습니다. 그리스도인이라면 그렇게 흥분해서는 안 됩니다. 그리스도인이라면 이렇게까지 이성을 잃어서는 안 됩니다. 그리스도인이라면 절대로 갈 데까지 가서는 안 됩니다.

그리스도인이라면 결코 자신을 자제하지 못하는 상황에 빠질 수 없습니다. 그것이 바로 첫 번째 교훈 곧 우리가 앞에서 강조했던 교훈입니다. 왜냐하면 그것이 신약성경의 가르침 가운데 하나의 본질적인 부분이기 때문입니다. 그리스도인은 결코 세상 사람들처럼 낙심하고 흥분하며 당황하고 어찌할 줄을 몰라 하는 광적 상태에 이를 수 없습니다. 그것은 비그리스도인들의 고통에 대한 전형적인 반작용입니다. 그러므로 그렇게 되는 것은 매우 잘못된 것입니다. 그리스도인은 다른 사람들과 달라야 합니다. 그리스도인들은 비그리스도인들이 소유하지 못한 그 무엇을 가지고 있습니다. 그리스도인들을 위한 이상이 빌립보서 4장을 통해서 바울 사도가 완벽하게 언급한 바 있습니다. "내가 궁핍하므로 말하는 것이 아니라 어떠한 형편에든지 내가 자족하기를 배웠노니 내가 비천에 처할 줄도 알고 풍부에 처할 줄도 알아 모든 일에 배부르며 배고픔과 풍부와 궁핍에도 일체의 비결을 배웠노니 내게 능력주시는 자 안에서 내가 모든 것을 할 수 있느니라."그것이 바로 그리스도인의 입장입니다. 그것이 그리스도인이란 말이 의미하고 바라는 사실입니다. 그리스도인은 감정에 의해서 결코 끌려 다니지 않습니다. 그들은 결코 그런 사람들이 아닙니다. 그리스도인에게 그런 현상이 나타나면 잘못입니다.

제가 당신에게 보여 주기를 원하는 바는 그리스도인이라면 언제나 절제할 수 있어야 한다는 사실입니다. 이런 사람들에게 나타나는 고통을 저들이 자제할 줄 모르기 때문에 빚어지는 현상입니다. 그러하기 때문에 저들이 비참하게 되고 또 불행하게 됩니다. 그러하기 때문에 하나님의 아들이 저들과 함께 배 안에 계심에도 불구하고 놀라며 흥분하게 되었다는 말입니다. 제가 이 점을 너무 강하게 강조할 수는 없습니다. 저는 그것을 그리스도인은 자제력을 잃어서는 안 되며 또 어떤 상황에 처하든지 간에 흥분하거나 공포에 떨며 놀라는 상태에 빠져서는 안 된다는 단순한 전제를 제시하는 것으로 대치하겠습니다. 그것이 우리에게 주시는 첫 번째 교훈임에 분명합니다. 이 사람들의 입장은 놀라운 것이었습니다. 저들은 위험에 빠져 있었으며 또 다음 순간에 자신들이 물속에 빠질 것처럼 보였습니다. 하지만 우리 주님은 결국 이렇게 말씀하십니다. "너희가 그런 상태에 놓여 있어서는 안 된다. 나의 제자들로서 너희가 심지어 어려움에 빠진다 할지라도 그런 상태에 놓여질 권리는 없다."그것이 바로 첫 번째 교훈입니다.

두 번째로 이런 상태에 빠진다는 것이 매우 큰 잘못이라는 이유는 그것이 믿음의 부족과 그분에 대한 확신의 결핍을 뜻하기 때문입니다. 그것이 바로 고통이요 또 그것 때문에 책임도 큽니다. 그것 때문에 주께서 그 점에서 이 사람들을 책망하셨습니다. 그는 결국 이렇게 말씀하십니다. "그럼에도 불구하고 내가 너희와 함께 있음을 느끼느냐? 너희가 나를 믿지 않느냐?"마가는 저들에 대해서 이렇게 보고하고 있습니다. "우리가 죽게 되어도 돌아보지 아니하시나이까?"저는 그들이 단지 자신들만을 생각하거나 혹은 자신들의 안전만을 염려했다고는 생각지 않습니다. 저는 그들이 너무 자기 중심적이었다고 생각하지도 않습니다. 그들이 주님에 대해서는 전혀 생각 없이 자신들만을 염려하여 "우리가 물속에 빠지는 데도 돌아보지 아니하십니까?"라고 말했다고는 생각하지 않습니다. 제가 믿기는 저들이 주님도 역시 포함시켰다고 봅니다. 저들은 자신들이 물속에 빠지려고 하고 있다고 생각했습니다. "선생님, 우리가 죽게 되어도 돌아보지 아니하시나이까?"

하지만 아직도 흥분하고 있고 놀라고 있다는 사실은 언제나 확실한 신뢰감의 부족과 그분에 대한 확신의 결핍을 의미합니다. 그것은 우리를 향하신 그의 관심과 우리를 돌보신다는 믿음의 부족에서 기인합니다. 또 그것은 우리가 처한 상황에 대해서 스스로 책임지고 또 스스로 돌보는 것을 뜻하며, 한 걸음 더 나아가서 주님은 전혀 관심조차 없으시며 우리를 위하여 그 무엇도 하실 수 없다고 생각하는 것을 상징합니다. 바로 그것이 이 상황을 그렇게 심각하게 만들었습니다. 하지만 저는 우리가 그것을 언제나 깨달을 수 있는지 궁금합니다. 우리가 제자들의 경우를 객관적으로 살펴보는 것은 확실하리라고 봅니다. 하지만 당신과 제가 흥분되거나 마음이 산란해지고 무엇을 어떻게 해야 할지 모를 때, 매우 신경질적이고 긴장된 것처럼 보일 것이고 또 어떤 사람이 보아도 다음과 같이 말할 수밖에 없을 것입니다. "저 사람은 주님에 대한 믿음이 크지 않구나. 결국 그리스도인이라고 단정할 만한 확실한 부분이 많지 않은 것 같다. 내가 저 사람을 보면 기독교란 별 가치가 없는 종교처럼 보인다." 전쟁 때에는 우리 모두가 예외적인 방법으로 이 같은 시련을 겪을 수밖에 없습니다. 하지만 평화시에도 우리의 앞길을 가로질러 어려움이 찾아올 때가 있고 또 우리는 즉시 그를 믿고 신뢰하는지 아니면 그렇지 못하는지 반응을 보이거나 반작용을 나타냄으로 자신의 신앙 여부를 입증합니다. 그러므로 저는 두 가지의 큰 교훈이 분명하게 표면화되는 것처럼 보입니다. 우리는 자신이 어떤 상황에 처하든지 흥분되고 마음이 산란해지는 경우를 결코 허용해서는 안 되겠습니다. 왜냐하면 그것이 믿음의 부족과 신뢰의 결핍, 그리고 우리의 복된 주님과 하나님에 대한 확신이 모자란다는 증거이기 때문입니다.

하지만 본문의 말씀을 좀더 자세히 살펴보고, 그 사건과 그것이 주는 큰 교훈을 이끌어 내기 위한 몇 가지 원리들을 설정하도록 하는 것이 좋겠습니다. 무엇보다 먼저 전체적인 믿음의 문제를 살펴보면서 소위 '믿음의 시련'이라고 일컫는 바에 대해서 한 마디 말씀드리겠습니다. 성경에는 사람의 믿음의 시련에 대한 이 같은 생각으로 충만합니다. 히브리서 11장을 펼쳐보십시오. 어떤 면에서 볼 때 그것은 믿음의 시련이라는 이 주제에 대한 상세한 설명 외에 아무것도 아니라고 볼 수 있습니다. 거기에 나오는 모든 사람들이 시련을 겪었습니다. 저들은 대단한 약속들을 받았고 또 저들이 그것들을 수용했지만 모든 것들이 잘못되어가고 있는 것처럼 보였습니다. 그것이 저들에 대한 진실이었습니다. 노아 같은 사람이 겪은 시련을 생각해 보고 또 아브라함 같은 사람의 시련도 한 번 생각해 보십시오. 야곱이 당한 시련을 고찰해 보시되 특별히 모세가 참고 견딘 고난을 생각해 보십시오. 하나님께서 저들에게 믿음의 은사를 주시고 그 후에 시련도 주셨습니다. 베드로전서 1장에서 그 사도는 같은 일을 분명히 말씀하고 있습니다. "너희 믿음의 시련이 불로 연단하여도 없어질 금보다 더 귀하여 예수 그리스도의 나타나실 때에 칭찬과 영광과 존귀를 얻게 하려 함이라." 그것이 모든 성경의 주제입니다. 당신은 그것을 족장들의 역사와 구약 성도들의 역사를 통해서 발견하게 될 것입니다. 또 당신은 그것을 신약성경의 흐름 속에서도 찾아볼 수 있을 것입니다. 참으로 그것은 신약성경의 마지막 책, 곧 계시록에서 특별히 취급하고 있는 주제입니다.

그러면 이에 대해서 분명하게 해 봅시다. 우리는 우리의 믿음이 시련을 받을 위치에 놓이게 될 수 있다는 사실을 이해함으로써 출발하지 않으면 안 됩니다. 폭풍과 시련은 하나님께서 허용하십니다. 우리가 만일에 그리스도인의 삶을 살거나 아니면 그리스도인의 삶을 살려고 노력한다면, 그 순간 그것이 그리스도에게서 나와서 당신의 전체적인 삶에 대하여 더 이상 걱정하지 않는 것을 뜻한다고 가정할 때, 우리는 무서운 오류를 범하고 있는 것입니다. 사실상 그것은 하나의 망상이요 사실이 아닙니다. 우리의 믿음은 단련되어야만 합니다. 그래서 야고보는 다음과 같이 말씀하기에 이른 것입니다. "내 형제들아 너희가 여러 가지 시험을 만나거든 온전히 기쁘게 여기라"(약 1:2). 하나님께서는 폭풍을 허락하시고 또 어려움을 허용하십니다. 그는 바람을 불게 하시고 물결을 일게 하시며 모든 것이 잘못되는 것처럼 보이도록 하시며 심지어 우리가 어려움에 빠지도록 하시기도 합니다.

우리는 하나님께서 자기 백성들을 이끄사 '진노한 문명의 물매돌과 화살'로부터 완벽하게 보호를 받을 수 있는 모종의 이상세계로 인도하시지 않는다는 사실을 깨닫고 이해하지 않으면 안 됩니다. 전혀 그렇지 않습니다. 우리는 다른 사람들과 마찬가지로 똑같은 세상에서 살고 있습니다. 참으로 사도 바울은 그보다 훨씬 더 했던 것 같습니다. 그는 빌립보 교회 성도들에게 이렇게 말하고 있습니다. "그리스도를 위하여 너희에게 은혜를 주신 것은 다만 그를 믿을 뿐 아니라 또한 그를 위하여 고난도 받게 하심이라"(빌 1:29). 우리 주님도 말씀하셨습니다. "세상에서는 너희가 환난을 당하나 담대하라 내가 세상을 이기었노라"(요 16:33). "담대하라." 그렇습니다. 하지만 당신도 환난을 당하게 된다는 사실을 기억하십시오. 바울과 바나바가 선교 여행을 다니면서 교회들을 방문하기도 하며 또 저들을 경고하기도 했습니다. "우리가 하나님 나라에 들어가려면 많은 환난을 겪어야 할 것이라"(행 14:22).

우리가 이 문제에 경고받는 것은 미리 준비하기 위한 것이라는 사실을 깨달음으로 출발하는 것이 옳습니다. 만일에 우리가 그리스도의 사람을 마술적인 개념으로 이해하고 있다면, 우리는 어려움 속에 빠져 있는 자신을 발견할 것이 틀림없습니다. 어려움이 올 때 우리가 "왜 이것을 허용하셨나이까?"라고 질문할 시험을 받을 소지가 있기 때문입니다. 우리는 그 같은 질문을 해서는 안 됩니다. 만일에 우리가 이 기본적인 진리를 깨닫기만 한다면, 우리는 결코 그렇게 질문하지 않을 것입니다. 우리 주님은 주무십니다. 그리고 폭풍이 오도록 허용하십니다. 그 입장은 참으로 필사적으로 되고 우리는 삶의 위협을 느끼는 것으로 나타납니다. 모든 것이 우리를 위협하는 것처럼 느껴집니다. 하지만 여기에서 그것이 잘 해결됩니다. 한 그리스도인 시인이 우리를 위하여 다음과 같은 시를 기록한 바 있습니다.

모든 것이 우리에게 불리하고
절망으로 빨려드는 것처럼 보일 때
하지만 그는 결코 절망에 이르지 않습니다.

그러므로 시인은 다음과 같이 계속 읊고 있습니다.

우리는 한 문이 열림을 보고
한 귀로 우리의 기도를 들으리.

하지만 상황은 필사적으로 되었습니다. 모든 것이 우리에게 불리하고 우리가 절망에로 빨려 들어갑니다. 그때에 우리가 준비할 것이 있습니다. 그렇습니다. 하지만 우리는 거기에서 앞으로 더 나아갈 수밖에 없습니다. 우리에게 이런 모든 일들이 일어날 때에 우리 주님은 철저하게 무관심한 것처럼 보입니다. 바로 그 지점에서 신앙의 참된 시련이 시작됩니다. 바람과 물결은 충분히 사납고 물은 배 안으로 유입됩니다. 놀라운 일이 아닐 수 없습니다. 하지만 저들에게 일어나는 가장 무서운 일은 그의 분명한 무관심이 아닐 수 없습니다. 아직까지 주무시고 계시며 전혀 돌보지 않습니다. "선생님, 우리가 죽게 되어도 돌아보시지 아니 하시나이까?" 그는 무관심하신 분으로 나타나고 있습니다. 우리에게도 무관심하시고 자신에게도 무관심하시며 자신의 원인과 그의 나라에도 무관심하신 것 같습니다. 이 사람들의 감정을 한 번 상상해 보십시오. 저들은 그분을 따랐고 또 그분의 왕국 도래에 관한 교훈을 들었습니다. 저들은 그분이 행하신 기적들을 목격했고 또 저들이 일어나기를 원했던 기적들이 일어났습니다. 그런데 지금은 배가 부서지고 물속에 잠길 마지막이 도래하거나 하는 것처럼 모든 상황이 그렇게 보인다는 말입니다.

그의 무관심 때문에 이 얼마나 면목없는 상황으로 변해 버렸습니까? 우리가 만일에 이에 대한 그 무엇을 알지 못한다면, 그리스도인의 삶 속에서 참으로 어린아이가 되고 말 것입니다. 이 같은 시련과 어려움의 입장에 관한 어떤 것을 알고 있지 못하지요? 그렇습니다. 하나님께서 어쩐

제10장 너희 믿음이 어디 있느냐? **183**

지 돌보고 계시지 않다는 감정을 가지셨지요? 그에 다하여 하나님께서 어떤 것도 하지 않으십니다. "왜 하나님께서 성도인 나에게 비그리스도인들의 손에서 고통을 당하도록 허용하십니까?" 많은 사람들이 하는 질문입니다. "왜 하나님께서 다른 사람이 아닌 나에게 고통을 당하도록 허용하십니까?" "왜 나는 실패하고 있는데 저 사람은 성공하고 있습니까?" "왜 하나님께서 그 일에 대한 어떤 조처를 내리지 않으십니까?" 그리스도인들이 그 같은 질문을 얼마나 자주하는지 모릅니다. 저들은 오늘날 교회의 모든 상황에 대해서 그렇게 물었습니다. "왜 하나님께서 부흥을 주시지 않습니까?" "왜 하나님께서 국수주의자들이나 무신론자들에게 승진을 허락하십니까?" "왜 하나님께서 개입하사 어떤 일을 행하시므로 그의 일을 회복하시지 않습니까?" 제자들이 배 안에서 말했듯이 왜 우리도 종종 그 같은 말을 하도록 유혹을 받는지 모르겠습니다.

하나님께서 이런 일들을 허용하시고, 더군다나 그가 종종 그에 전혀 관심을 보이지 않는다는 사실을 제가 믿음의 시련으로 묘사하고 있는 바와 매우 일치합니다. 그 같은 상황들은 그 안에서 우리의 믿음이 단련받고 훈련받는 것입니다. 하나님께서 그것을 전적으로 허락하시고 또 허용하십니다. 그래서 야고보는 우리에게 이런 일이 발생할 때 기쁘게 여기라고 말씀하고 있습니다. 이것이 바로 큰 주제 곧 믿음의 시련입니다. 오늘날 우리는 이와 같은 주제에 대해서 많이 말하지 않고 있습니다. 그렇지요? 하지만 우리가 17세기나 18세기로 돌아간다면, 그것이 그때에 매우 유명했던 주제임을 발견하게 될 것입니다. 제가 생각하기로는 그것이 많은 방법에 있어 청교도들의 중심적인 주제였다고 봅니다. 그것은 18세기 복음의 각성기가 도래할 때까지 계속해서 돋보이는 주제였습니다. 믿음의 시련과 그것들을 극복하는 방법, 신앙의 행위, 믿음의 삶 등은 저들의 끊임없는 주제였습니다.

이제 두 번째 질문으로 나아가겠습니다. 믿음의 본질, 곧 믿음의 특징이 무엇입니까? 이것은 본 사건 속에 담겨 있는 특별한 메시지 중에 가장 뛰어난 것입니다. 그리고 저는 누가복음서에 나타난 이에 대한 기록이 가장 분명하고 특이하게 표현되었다고 생각합니다. 그러므로 제가 이 사건을 그 특별한 복음서로부터 취하여 주님이 "너희 믿음이 어디 있느냐?"라고 질문하신 그 방법을 강조하고 있는 것입니다. 거기에 전체적인 문제의 열쇠가 있습니다. 당신이 우리 주님의 질문을 관찰해 보실 수 있습니다. 그것은 주께서 저들에게 믿음이 있는가를 완벽하게 알고 계신 것을 함축합니다. 그가 저들에게 물으신 그 질문은 이렇습니다. "그것이 어디 있느냐? 너희가 믿음을 가지고 있다. 그런데 그것이 이 순간에 어디 있느냐? 그것이 당연히 여기에 있어야 하는데 지금 어디 있느냐?" 그것은 우리가 믿음의 본질을 이해하게끔 하는 열쇠가 됩니다.

먼저 그것을 부정적인 입장에서 생각해 보도록 하겠습니다. 믿음이란 단순한 감정의 문제가 아님이 분명합니다. 감정의 문제일 수 없는 것은 이런 종류의 상황에 처할 때마다 사람의 감정이 매우 변덕스러울 것이기 때문입니다. 그리스도인이란 모든 일이 잘못될 때 낙심하는 사람임을 뜻하는 것이 아닙니다. 그는 언제나 '기뻐하라'고 부탁 받는 사람입니다. 감정이란 행복에만 의존되는 것이 아닙니다. 기쁨은 감정보다 더 큰 그 어떤 것 안에서 얻어집니다. 만일에 믿음이 감정에만 의존되는 문제라면, 일이 잘못될 때 감정이 변화하며 믿음도 사라지고 말 것입니다. 하지만 믿음은 감정만의 문제가 아닙니다. 그러므로 믿음은 전인(全人), 곧 마음과 지성과 이해력을 다 포함합니다. 우리가 앞으로 살펴볼 것이지만, 그것은 진리에 대한 반응입니다.

두 번째 문제도 여전히 중요합니다. 믿음은 자동적으로 행동하는 그 무엇이 아닙니다. 믿음은 마술적으로 행동하는 그 무엇도 아닙니다. 제가 생각하기로는 이것이 어느 때에 혹은 다른 때에 죄를 범해왔던 큰 실수라고 봅니다. 우리는 믿음이란 자동적으로 행동하는 그 무엇처럼 생각하는 듯 싶습니다. 제가 보기에 많은 사람들이 믿음을 마치 온도 조절 장치와 비슷한 그 무엇으로 생각하는 것 같습니다. 당신은 난방 장치와 관계를 맺고 있습니다. 일정한 수준에 온도 조절 장치를 부착하면 당신이 원하는 온도가 계속 유지되며 또 기계는 자동으로 돌아가게 됩니다. 만일에 온도가 너무 높다 싶으면, 조절 장치가 작동하여 온도를 낮춰 줍니다. 만일에 당신이 더운 물을 사용하는 데 온도가 낮으면 온도 조절 장치가 스스로 작동하여 물의 온도를 높여줍니다. 당신은 그것에 어떤 일도 할 필요가 없습니다. 온도 조절 장치가 스스로 알아서 작동하고 또 온도가 원하는 수준으로 자동으로 되돌아가게 됩니다. 믿음도 그처럼 작동하는 것으로 생각하는 사람들이 많습니다. 저들은 자신들에게 어떤 일이 생겨도 중요하지 않게 생각합니다. 믿음이 작동하여 모든 것을 잘 해결해 줄 것으로 보기 때문입니다. 하지만 믿음이란 마술적으로 혹은 자동적으로 작동하는 그 무엇이 아닙니다. 만일에 그렇다면 이 사람들은 결코 어려움에 빠지지 않았을 것입니다. 믿음이 작동해서 사나운 물결을 잠잠케 만들고 만사가 잘 되었을 것이기 때문입니다. 하지만 믿음은 그런 것이 아닙니다. 그런 사람들은 그것에 관한 한 큰 오류를 범하고 있는 것입니다.

그러면 믿음이 무엇입니까? 그것을 적극적인 입장에서 살펴봅시다. 여기에서 교훈하고 있는 원리는 믿음이란 활동성이라는 것입니다. 그것은 운동해야만 되는 그 무엇입니다. 그것은 스스로 작동하게 되어 있지 않습니다. 당신과 내가 그것을 작동시켜야 합니다. 그것은 활동성의 한 형식입니다.

이제 그것을 약간 분석해 보도록 하겠습니다. 믿음은 당신과 내가 작동하도록 해야만 될 그 무엇입니다. 그것은 우리 주님께서 이 사람들에게 말씀하신 것과 정확히 같습니다. 그는 말씀하셨습니다. "너희 믿음이 어디 있느냐?" 그것은 "너희가 왜 믿음을 가지고 있지 않으며 이 상황에서 그것을 적용하지 않느냐?"라는 의미입니다. 당신도 알다시피 그것은 저들이 그렇게 하지 못했고 또 제자들이 믿음을 작동시키지 못했기 때문에 불행하게 되고 당황하는 형편에 처하게 된 것입니다. 그러면 사람이 어떻게 믿음을 작동시킬 수 있습니까? 제가 믿음이란 우리가 마땅히 적용해야만 할 그 무엇이라고 할 때, 무슨 뜻이라고 봅니까? 제가 그것을 이런 방법으로 나누어서 생각할 수 있습니다. 제가 어려운 입장에 봉착했을 때 취해야만 될 첫 번째 일은 자신이 상황에 지배를 받지 않도록 하는 것입니다. 당신도 아시겠지만 이것은 소극적인 면입니다. 이 사람들은 배 안에 있었습니다. 주님은 잠드셨고 파도는 사나웠습니다. 물이 배

안으로 들어왔고 저들은 충분한 속도로 배를 저어갈 수 없었습니다. 거의 가라앉을 처지였으며 저들의 고통은 상황에 지배를 받을 수밖에 없는 정도였습니다. 저들은 믿음을 적용해야만 했고 또 그것을 담당해야만 했습니다. "아닙니다. 우리는 두렵지 않습니다"라고 저들은 말해야만 했습니다. 저들은 그런 식으로 출발해야만 했습니다. 하지만 저들은 그렇게 하질 못했습니다. 저들은 상황으로 하여금 자신들을 지배하도록 허용하고 말았습니다.

믿음이란 공포를 거절하는 것입니다. 당신은 믿음에 대한 그런 유형의 정의를 좋아하십니까? 그것이 너무 세속적이고 충분히 영적이지 못한 것처럼 보이십니까? 그것이 바로 믿음의 본질입니다. 믿음은 있을 수 있는 두려움을 거절하는 것입니다. 브라우닝(Browning)이 믿음에 대해서 다음과 같이 정의한 바 있는데 제가 생각하기에는 바로 그 같은 생각에서 비롯되었다고 봅니다. "나에게 있어 믿음이란 영원한 불신을, 미가엘의 발 밑에 있는 뱀처럼 꼼짝하지 못하도록 잠재우는 것을 뜻한다." 미가엘이 있습니다. 그런데 뱀이 그의 발 밑에 있습니다. 미가엘이 그의 발의 압력으로 뱀을 짓밟아 꼼짝 못하게 한다는 말입니다. 믿음이란 불신을 짓밟아 꼼짝 못하게 하는 것입니다. 그것이 바로 제자들이 하지 못했던 일입니다. 그들은 상황으로 하여금 자신들을 사로잡도록 했습니다. 그래서 저들이 놀라게 된 것입니다. 하지만 믿음은 그런 일을 허용하지 않는 것입니다. "나는 이런 상황에 지배받지 않겠다. 나는 자신을 잘 다스리겠다"라고 말하는 것이 믿음입니다. 그렇게 함으로 당신은 자신을 책임져야 하며, 자신을 바로 세우고, 자신을 통제하지 않으면 안 됩니다. 당신 자신의 마음대로 행해서는 안 되고 또 자신에게 몰입해서도 안 됩니다.

그것이 우선 과제입니다. 하지만 거기에서 끝나면 안 됩니다. 그것으로 충분하지 않습니다. 왜냐하면 그것이 체념 이상의 아무것도 아닐 것이기 때문입니다. 그것은 믿음의 전부가 아닙니다. 첫걸음을 옮겨 딛고 자신을 추스른 후에 당신이 믿고 있고 또 알고 있는 바를 한 번 회상해 보십시오. 그것은 또다시 이 어리석은 제자들이 하지 못했던 그 무엇일 것입니다. 만일에 저들이 잠깐만 멈추고 생각했더라면 "이제 어떻게 할까? 주께서 함께 타고 계신 배가 가라앉을 수 있을까? 그가 하실 수 없는 일이 있을까? 우리는 그가 행하시는 기적들을 보아 왔다. 그는 물로 포도주를 만드시고 또 소경과 절름발이를 고치실 뿐만 아니라 심지어는 죽은 자를 살리신 바 있다. 그런 분이 우리들과 또 자신이 함께 이런 방법으로 수장되는 것을 허용하실까? 불가능한 일이다. 어떤 경우에 있어서라도 그는 우리를 사랑하시며 우리를 돌아보신다. 그는 우리의 모든 머리카락까지 헤아리신다고 말씀하신 바 있다."

그것이 바로 믿음이 추론하는 방법입니다. 믿음은 말합니다. "좋다. 나는 물결과 파도가 사납게 일어나는 것을 본다. 하지만 언제나 이렇게 일어나지는 않을 것이다." 그것이 바로 믿음입니다. 그것은 진리를 붙들고 또 알고 있는 바가 사실로 나타날 것으로 추론합니다. 그것이 바로 믿음을 적용시키는 방법입니다. 이 사람들은 그렇게 하지 못했습니다. 그렇기 때문에 저들이 흥분하게 되었고 또 두려움에 사로잡히게 되었습니다. 만일에 우리도 똑같은 일에 실패한다면, 당신과 저도 두려움에 사로잡히고 흥분하게 될 것입니다. 그러므로 환경이 어떻든 간에 굳게 서서 잠깐 동안 기다려야 할 것입니다. 그리고 이렇게 말해야 합니다. "그래 모든 것을 인정한다. 하지만 어떻게 할 것인가? 하나님이 계시지 않은가? 하지만 주 예수 그리스도께서 계시지 않는가? 하지만 어떡한단 말인가? 온전한 구원이 있을 것이다." 그것이 바로 믿음이 하는 바입니다. 모든 것이 나를 대적하여 절망의 구렁으로 몰아넣으려고 하고 있습니다. 앞으로 어떤 일이 일어날지 이해할 수 없는 상황입니다.

하지만 저는 압니다. 저는 하나님께서 나를 매우 사랑하사 독생자를 바로 나를 위하여 이 땅에 보내어 주신 것을 압니다. 하나님께서 내가 원수되었을 때 그의 아들을 보내어 갈보리 언덕 십자가에서 죽게 하신 것을 압니다. 내가 원수 되었고 또 반역적인 외인이었을 때 주께서 나를 위하여 이렇게 하셨습니다. 나는 하나님의 아들이 나를 사랑하사 자신을 내어준 것을 압니다. 그의 보혈의 대가로 내가 구원을 받았고 하나님의 자녀가 되었으며 또 영원한 축복의 상속자가 되었음을 압니다. 나는 그것을 압니다. 매우 잘 알고 있습니다. "우리가 원수되었을 때 그 아들의 죽으심으로 말미암아 하나님으로 더불어 화목되었은즉 화목된 자로서는 더욱 그의 살으심을 인하여 구원을 얻을 것이니라"(롬 5:10). 그것은 필수 불가결한 논리이며 믿음은 그렇게 논증합니다. 믿음은 스스로 성경이 '그 위대하고 고귀한 약속들'로 말씀하고 있는 바를 상기시켜 줍니다. 믿음은 말합니다. "나를 그렇게까지 멀리 인도해 주셨던 그분이 여기에 와서 넘어지게 하리라고는 생각할 수 없습니다. 그것은 불가능합니다. 그것은 하나님의 성품과 일치하지 않습니다." 그러므로 상황이나 환경에 지배받기를 거절함으로써, 믿음은 자신이 믿는 바와 알고 있는 바를 스스로 상기시켜 줍니다.

그리고 다음 단계는 믿음이 모든 것을 특별한 상황에 적용시켜 준다는 사실입니다. 또다시 말씀드리지만 그것은 이 사람들이 하지 못한 그 무엇입니다. 그러하기 때문에 우리 주께서 이런 방법으로 저들에게 말씀하신 것입니다. "너희 믿음이 어디 있느냐? 너희가 마땅히 가지고 있어야만 하고 또 적용해야만 했는데 왜 그렇게 하지 못했느냐? 너희가 어찌하여 이 같은 상황을 참아야 할 줄 알지 못했느냐? 그리고 왜 이 특별한 문제에 초점을 맞추지 못했느냐?" 그것이 바로 신앙을 적용시키는 다음 단계입니다. 이 순간에 당신의 상황이 어떠하든 간에, 그것을 감당하기 위하여 당신과 하나님 사이에 맺고 있는 관계의 진실을 모두 알아야만 합니다. 그렇게 된다면 당신은 하나님께서 당신을 해롭게 할 만한 그 어떤 일도 일어나지 못하도록 하리라는 사실을 너무 분명하게 알게 될 것입니다. "모든 것이 합력하여 하나님을 사랑하는 자들에게 선을 이루느니라."

그가 당신을 영원한 사랑으로 사랑하시기 때문에 당신은 머리카락 하나라도 해를 입지 않을 것입니다. 저는 앞으로 일어나는 모든 일을 당신이 이해하게 될 것이라고 말씀드리지는 않습니다. 당신이 그 모든 것을 완벽하게 설명할 수는 없을 것입니다. 하지만 당신은 하나님께서 무관심하지 않다는 것은 확실히 알게 될 것입니다. 그것은 불가능합니다. 당신을 위하여 모든 큰 일을 행하신 그분이 모든 일에 당신에게 관심을 가질 것은 틀림없습니다. 그리고 혹시 먹구름이 두껍게 끼어서 그분의 얼굴을 뵐 수 없을 때에도 당신은 하나님께서 그곳에 계심을 알게 될 것입니다.

"찡그런 섭리 뒤에 하나님은 미소짓는 얼굴로 숨어 계십니다." 이제 그것을 붙드십시오. 당신은 그분의 미소를 볼 수 없다고 말할 것입니다. 땅에서 만들어진 구름이 그분을 보지 못하도록 방해한다는 점에 저도 동의합니다. 하지만 그분은 거기 계십니다. 그분은 결코 당신에게 해를 끼치는 일이 일어나도록 허용하지 않으십니다. 하나님께서 허용하시는 것 외에 아무것도 당신에게 일어날 수 없습니다. 그것이 무엇이든지 간에 저는 염려하지 않습니다. 크게 실망할 일이나 혹은 질병 아니면 모종의 비극이 있을 수도 있습니다. 하지만 그것이 무엇이든 걱정 없습니다. 당신도 이에 대해서 확신하게 될 테지만 하나님께서 그런 일이 당신에게 일어나도록 허용하십니다. 왜냐하면 그것이 결국 당신에게 유익이 될 것이기 때문입니다. "무릇 징계가 당시에는 즐거워 보이지 않고 슬퍼 보이나 후에 그로 말미암아 연달한 자에게는 의의 평강한 열매를 맺느니라"(히 12:11). 그것이 바로 믿음이 일하는 방법입니다.

하지만 당신과 내가 그것을 작동해야만 합니다. 그것은 자동적으로 움직이지 않습니다. 당신은 믿음의 눈으로 그 사건을 바라보면서 다음과 같이 말해야 합니다. "좋다. 하지만 나는 이것이 하나님께로부터 온 줄 안다. 왜냐하면 내가 그것을 이 상황에 적응하려고 하기 때문이다. 그러므로 이것은 내가 생각하는 바가 될 수 없다. 그 속에 다른 의미가 들어 있을 것임에 틀림없다." 그리고 거기에 당신을 위한 하나님의 은혜로운 목적이 개입되었음을 발견하는 것으로 끝을 맺어야 합니다. 또 당신의 믿음을 적용시키고 한 걸음 더 나아가서 그것을 붙들고 있어야 합니다. 당신은 움직이는 것을 거절해야만 합니다. 마귀가 와서 당신을 공격할 것입니다. 물이 배 안으로 쏟아지는 것처럼 보일 것입니다. 하지만 당신은 "좋다. 악한 것으로 줄이어 오도록 하라"라고 말해야 합니다. 당신은 믿음 위에 굳게 서야 합니다. 그리고 스스로 이렇게 말씀해 보십시오. "나는 이것을 믿는다. 나는 이것을 의지한다. 나는 확신한다. 앞으로 어떤 일이 일어날지 이해할 수 없지만 나는 이것을 끝까지 붙들겠다."

그것은 저로 하여금 결어, 곧 세 번째 원리인 가장 약한 자 혹은 가장 믿음이 작은 자의 가치를 취급하도록 하고 있습니다. 우리는 믿음의 시련에 관해서 고찰해 보았습니다. 그리고 믿음이 본질에 관해서도 살펴 보았습니다. 이제 믿음이 가장 약한 자 혹은 믿음의 가장 작은 자의 가치에 대해서 생각해 봄으로써 말씀을 맺도록 하겠습니다. 그 상황에서 제자들의 믿음이 참으로 작고 시시하며 불완전하다 할지라도, 결국에는 저들이 옳은 결단을 내릴 수 있는 충분한 양의 믿음을 가지고 있었다는 사실입니다. 저들은 주께로 나아갔습니다. 흥분되고 낙심하며 또 놀라고 탈진한 상태로 그들이 주님께 나아갔습니다. 그들은 아직까지도 주께서 그 상황에 어떤 일인가를 하실 수 있다는 생각을 가지고 있었습니다. 그래서 저들이 주님을 깨우며 부르짖었습니다. "주여, 왜 무엇인가를 행하지 않으시나이까?" 그것이 매우 형편없는 믿음이라고 당신이 말할지 모르겠습니다. 매우 약한 믿음, 하지만 하나님께 감사할 것은 그것이 믿음이라는 사실입니다. 심지어 겨자씨만한 믿음이라도 그것이 우리를 주님께 인도하기 때문에 가치가 있습니다.

당신이 주님께 나아갈 때, 이것이 바로 당신이 발견할 그 무엇입니다. 그가 당신에게 실망하고 또 그가 이것을 숨기지 않을 것입니다. 그가 당신을 책망하게 될 것입니다. "왜 네가 생각하지 못했느냐? 왜 네가 믿음을 적용하지 못했느냐? 왜 세속적인 사람 앞에서 흥분을 보였느냐? 왜 네가 전혀 그리스도인이 아닌 것처럼 처신하고 있느냐? 왜 네가 마땅히 해야 할 바 너의 믿음을 적용하지 못했느냐? 태풍과 폭풍을 만났음에도 불구하고 당당하게 서 있는 너의 모습을 보았더라면 내가 참으로 기뻤을 것이다. 그런데 너는 왜 그렇게 하지 못했느냐?" 주님은 자신이 우리에게 실망하셨다는 사실을 알리고 싶어하십니다. 그리고 우리를 책망하십니다. 하지만 그의 이름은 참으로 복되십니다. 그럼에도 불구하고 주님은 우리들을 영접해 주십니다. 그는 우리를 쫓아내지 않으십니다. 그는 이런 제자들을 몰아내지 않으셨습니다. 그는 저들을 영접해 주셨고 또 우리들을 받아주십니다. 그렇습니다. 그는 우리들을 용납해 주실 뿐만 아니라 또한 우리에게 복 주시고 평강도 주십니다. 그가 바람과 바다를 꾸짖어 매우 잔잔케 하셨습니다. 그는 저들이 매우 걱정하던 상황을 기뻐하는 상황으로 만드셨습니다. 저들의 믿음이 부족함에도 불구하고 그렇게 하셨습니다. 은혜스러운 주께서 그렇게 하셨습니다. 그러므로 당신과 내가 그분을 믿고 따라야만 합니다. 그가 종종 우리 때문에 실망하시고 또 우리를 책망도 하시지만, 그는 결코 우리를 외면하지 않으십니다. 그는 우리를 용납해 주시고 복 주시며 평강으로 부어 주십니다. 참으로 주님은 자신의 제자들을 위하여 역사하셨듯이 오늘 우리들을 위해서도 은혜를 베풀어 주십니다. 저들이 전에 주님에 대해서 생각했던 것보다 더 크게 생각할 수 있도록 평강으로 저들에게 채워주셨습니다. 그들은 놀랐습니다. 그리고 주님의 놀라운 능력을 인하여 경외감에 사로잡혔습니다. 그는 예전처럼 모든 축복의 정점에서 그것을 약속대로 부어주셨습니다.

만일에 당신이 시련과 고난과 시험받는 상황에 처하게 된다면, 그것이 당신의 믿음을 확증하고 또 당신의 믿음을 보이고 분명하게 드러내며 한 걸음 더 나아가서 그의 위대하고 거룩하신 이름에 영광을 돌릴 기회로 삼으시기를 바랍니다. 만일에 당신이 그 일을 실패하거나 당신이 너무 약해서 당신의 믿음을 적용하지 못한다면, 그리고 혹시라도 마귀나 지옥 또는 세상에 포위 공격을 당하고 있다면, 즉시 주님께 달려가라고 말씀드리고 싶습니다. 그리하면 주께서 당신을 영접하시고 축복하실 것입니다. 또 그가 당신을 구원하시고 평강으로 채워주실 것입니다. 하지만 믿음이란 활동성이라는 사실을 기억하십시오. 그리고 믿음은 적용해야만 될 그 무엇입니다. "너희 믿음이 어디 있느냐?" 믿음은 언제나 필요한 장소와 시간과 시련 받을 때에 그곳에 있어야 한다는 점을 확실하게 해 두고 싶습니다.

제 11 장

물결을 보고서

"예수께서 즉시 제자들을 재촉하사 자기가 무리를 보내는 동안에 배를 타고 앞서 건너편으로 가게 하시고 무리를 보내신 후에 기도하러 따로 산에 올라가시다 저물매 거기 혼자 계시더니 배가 이미 육지에서 수리나 떠나서 바람이 거슬리므로 물결을 인하여 고난을 당하더라 밤 사경에 예수께서 바다 위로 걸어서 제자들에게 오시니 제자들이 그 바다 위로 걸어오심을 보고 놀라 유령이라 하며 무서워하여 소리 지르거늘 예수께서 즉시 일러 가라사대 안심하라 내니 두려워 말라 베드로가 대답하여 가로되 주여 만일 주시어든 나를 명하사 물 위로 오라 하소서 한대 오라 하시니 베드로가 배에서 내려 물위로 걸어서 예수께로 가되 바람을 보고 무서워 빠져 가는지라 소리 질러 가로되 주여 나를 구원하소서 하니 예수께서 즉시 손을 내밀어 저를 붙잡으시며 가라사대 믿음이 적은 자여 왜 의심하였느냐 하시고 배에 함께 오르매 바람이 그치는지라 배에 있는 사람들이 예수께 절하며 가로되 진실로 하나님의 아들이로소이다 하더라" (마 14:22-33)

우리가 다음으로 생각하려는 이 사건은 지난번에 누가복음 8장에서 생각했던 것과 많은 공통점을 가지고 있습니다. 이 사건을 이루고 있는 주요 핵심은 다른 것과 마찬가지로 믿음의 본질과 성격, 그리고 그것에 대한 올바른 관점을 가지는 것이 얼마나 중요한가에 관심을 집중시키고 있습니다. 하지만 약간 다른 방법으로 기술된 것도 물론 사실입니다. 거기에서 우리가 보았던 주요 문제는 믿음이 활동성이며 또 그것이 마땅히 적용되어야만 될 그 무엇이라는 점을 깨닫는 데 실패했다는 것입니다. "너희 믿음이 어디 있느냐?" 그 제자들은 믿음을 가지고 있었습니다. 하지만 저들은 자신들이 직면한 특별한 문제에 초점을 맞추지 못했습니다. 앞으로도 우리가 살펴볼 수 있겠지만, 여기에서 우리는 일반적으로 믿음의 특징 문제를 고찰하도록 하겠습니다. 그런데 그것이 약간 다른 측면에서 생각될 것입니다.

하지만 그것이 아주 중요하기 때문에 우리가 매우 생명력 있고 실제적인 하나의 전초적 사건을 살펴보지 않고서 우리가 생각하려는 중요한 문제를 접근할 수 없습니다. 또다시 바다에 폭풍이 일었던 그 사건을 생각함에 있어 우리가 관심을 가져야만 될 첫 번째 일은 우리 복되신 주님의 성품 혹은 당신이 더 좋아한다면 인격이라는 부분입니다. 여기에서 한 번 더 생각해 볼 것은 예수님이 그 안에 하나님의 신성과 그의 독특한 신격이 충만하심을 나타내신다는 사실입니다. 우리는 폭풍과 사나운 파도에도 불구하고 주님 자신이 물 위를 걸으시는 장면을 봅니다. 또 우리는 그가 자신의 종들과 사도들로 하여금 똑같은 일을 할 수 있도록 만드시는 그의 능력을 인지합니다. 또다시 우리는 그가 물결을 명하시고 관장하심을 봅니다.

우리가 이 같은 예비 지식을 가지고 출발할 수밖에 없습니다. 왜냐하면 우리가 그분에 대한 분명한 입장을 취할 수 없다면, 믿음의 문제에 대한 고찰을 시작할 수도 없고 또 믿음에 대한 참된 이해도 불가능하기 때문입니다. 만일에 그렇다면 어떤 종류의 믿음에 대해서도 말할 수 없을 것이며, 기독교 신앙에 대해서 전혀 언급할 이유가 없을 것입니다. 우리의 복된 주님의 인격에 대한 선행적 고찰이 미리 이루어지지 않는다면 그렇다는 말입니다. 나사렛 예수께서 하나님의 독생자이시고 또 그가 영광의 주 곧 주 예수 그리스도이시라는 고백으로 시작하지 않는다면, 합당한 기독교 메시지가 있을 수 없습니다. 그렇게 할 때 당신은 영광으로 충만하시고 우주의 주인이시며 또 모든 피조물의 주인으로 우뚝 서 계신 주님을 만나게 될 것입니다. 주님은 그것을 나타내시고 또 그것을 논증하십니다. 우리는 바로 그것으로 시작해야 합니다. 복음서의 전체적인 목적이 그분을 묘사하기 위한 것이기 때문입니다. 그것은 우리의 주제를 생각함에 있어 필요한 것입니다. 그는 우리의 모든 문제를 해결하시는 분이란 사실을 자각하기 위하여 어떤 형식 혹은 어떤 고양을 취함은 잘못이라는 점을 논증하기 위해서라도 필요합니다.

하지만 이 사건에 기록된 특별한 목적이 베드로에게 일어났던 일에도 관심을 촉구하고 있다는 점에 있어 똑같이 분명하게 나타나고 있습니다. 우리는 우리 주님이 복음서 도처에서 영광과 신성의 충만한 모습으로 나타남을 봅니다. 하지만 각각 독립된 사건들은 무엇인가 특별한 의미를 내포하고 있으며 특별한 목적을 가지고 있습니다. 여기에 나오는 사건에도 특별한 의미가 있음이 확실합니다. 그것은 특별히 사도 베드로에게 영향을 끼치고 있습니다.

베드로가 시작은 잘했습니다. 매우 웅장하게 시작했습니다. 그러다가 문제에 빠져 들게 되었고 결국에는 좋지 않게 끝내고 맙니다. 그것이 바로 본문의 그림입니다. 베드로, 그는 처음에는 믿음이 충만했습니다. 하지만 마지막에는 비참하게 실패로 끝을 맺고 맙니다. 필사적으로 울부짖는 것이 그의 모습입니다. 이것이 얼마나 순식간에 일어났는지 모릅니다. 우리는 이 특별한 바다, 그리고 그 바다의 특징 중에 하나가 갑자기 돌풍에 휩싸이게 된다는 사실을 듣습니다. 어떤 때에는 바다가 매우 잔잔합니다. 하지만 다음 순간에 갑자기 돌풍이 불어닥칩니다. 이번 경우에도 바다에 그 같은 일이 일어났습니다. 베드로가 그 같은 일을 당한 것입니다. 모든 것이 갑작스런 상황으로 바뀌었다는 말입니다.

제가 이 사건을 이해하건대, 자세히 살펴보면 치명적인 일이 발생했던 것입니다. 그것이 이 사건의 강조점입니다. 폭풍을 잔잔케 하는 기적과 본문의 사건 사이에 나타나는 큰 차이점이 바로 그것입니다. 폭풍이 일어나서 제자들을 당황케 만드는 새로운 요인이 되었습니다. 주님은 주무셨고 폭풍은 사납게 일었습니다. 하지만 이 순간까지 베드로에게 관한 한 아무런 일도 일어나지 않았습니다. 새로운 일이란 아무것도 없었습니다. 색다른 일이 없었다는 말입니다. 폭풍은 벌써 시작되었습니다. 주님 앞에서 사납게 불어왔으며 제자들이 있는 그곳, 다시 말해서 배 가까이까지 사납게 불어왔습니다. 우리가 듣기로 이 배는 바다 가운데 있었다고 했습니다. 배는 물결과 파도에 기우뚱거렸고 주님은 산에서 홀로 기도하고 계셨습니다. 바로 이것이 우리가 강조하고 싶은 것입니다. 주님이 계시지 않은 때에 배를 타고 가는 제자들에게 폭풍이 몰아닥쳤던 것입니다. 바로 그때 주님이 갑자기 나타나시면서 사건이 전개됩니다.

기억해야 할 것은 베드로가 배 밖으로 발을 내딛었을 때에 불평해야만 할 새로운 요인이 전혀 없었다는 사실입니다. 그렇다고 해서 베드로가 잔잔한 물 위로 발을 내디딘 후에 폭풍이 왔다는 말은 아닙니다. 그 폭풍은 주께서 배에 가까이 오시기 전부터 벌써 있었습니다. 제가 이해하기는 바로 그 점이 매우 중요한 부분입니다. 다른 상황을 유발할 만한 새로운 요인이 없었습니다. 오히려 베드로가 고난 속으로 들어가게 되었고 결국 불행과 놀람과 필사적인 상황으로 빠져 들게 된 것입니다. 그것이 바로 문제입니다. 왜 그렇게 되었을까요? 대답은 고통이 전적으로 베드로 안에서부터 기인되었다는 사실입니다. 우리 주께서 분명한 진단을 내리셨습니다. 그것은 믿음이 적었다는 것입니다. "믿음이 적은 자여, 왜 의심하였느냐?" 의심의 문으로 들어간 것은 믿음이 적었기 때문입니다. 제가 보기에는 여기에서 우리가 배워야만 될 많은 교훈이 있다고 봅니다. 우리가 그것을 배워야만 한다면, 그것을 붙들어야 합니다. 그것이 많은 영적 침체라는 공격으로부터 우리를 구원할 수 있기 때문입니다.

첫 번째 본인은 당신에게 베드로의 정신성(mentality) 혹은 당신이 더 좋아한다면 베드로의 성품이라고 묘사하고 싶은 바에 관심을 촉구하고 싶습니다. 우리는 사람이 개종해서 구원을 받고 그리스도인이 된다 할지라도 성품은 변하지 않는다는 말을 자주 강조한 바 있습니다. 저들은 옛날 그대로 남아 있습니다. 당신은 어떤 특별한 사람이 되지 않습니다. 당신은 여전히 당신입니다. 우리는 모두 다음과 같이 말할 수 있습니다. "내가 사는 것은 내가 아니요 내 속에 계신 그리스도이시니라." 그리고 다음과 같이 말을 첨가하기도 합니다. "내가 지금 육체 안에서 살고 있음은 하나님의 아들을 믿는 믿음으로 사느니라." 그럼에도 불구하고 '나' 는 여전히 똑같습니다. 당신은 언제나 당신입니다. 당신이 비록 그리스도인이 되었다 할지라도 당신은 여전히 당신입니다. 당신은 자신의 고유한 성품을 가지고 있고 또 자신의 독특한 특징을 가지고 있습니다. 그 결과 우리는 모두 자신의 특별한 문제를 안고 있는 것입니다. 우리 모두에게 기본적으로 평범한 어떤 문제들도 있습니다. 때로는 우리의 특별한 문제가 일반적인 죄의 범주에서 기인되기도 하고 타락의 결과로 말미암기도 합니다. 하지만 그것은 몇 가지 방법, 곧 다른 이유로부터 기인됩니다. 우리는 모두 이 같은 사실에 정통하고 있습니다.

모든 교회의 구성원들이 똑같지는 않습니다. 어떤 단체의 모든 회원들도 서로 다릅니다. 심지어 소수라도 똑같지 않습니다. 우리는 모두 특별히 그리고 예외적으로 조심해야만 될 그 어떤 일들을 가지고 있습니다. 다른 사람들은 그런 일 때문에 전혀 고통을 받지 않을 수도 있습니다. 아, 그렇습니다. 하지만 저들은 다른 일들에 대해서 매우 주의를 기울여야 합니다. 성품이 급한 사람은 자신들의 성품에 세심한 주의가 필요합니다. 그리고 성품이 냉담하거나 비활력적인 사람도 조심할 필요가 있습니다. 왜냐하면 그의 모든 정신성이 소극적이어서 마땅히 일어서야만 할 때에 일어설 수 없는 경향이 있기 때문입니다. 환언해서, 우리는 모두 특별한 어려움을 가질 수 있고 또 하나님께서 우리에게 주신 특별한 성품으로 말미암아 일반적으로 문제점들이 야기되는 것입니다. 이 같은 맥락에서 본인이 더 말씀드리고 싶은 것은 우리가 가장 조심해야 할 것은 바로 우리가 가지고 있는 우리의 장점 혹은 강점일 것이라는 사실입니다. 우리 모두가 자신의 최대 강점에서 궁극적으로 실패하는 경향이 있기 때문입니다.

저는 베드로의 경우에 그것이 사실이었다고 믿습니다. 베드로의 큰 특징은 그의 활력과 빠른 결단력, 그리고 적극적인 성품입니다. 그는 정열적이고 충동적인 사람이었습니다. 바로 그것이 계속해서 저를 고통 속으로 몰아넣는 거침돌이었습니다. 활력적인 성품을 갖는 것은 매우 큰 장점입니다. 제가 전기를 읽고 바르게 저들을 이해했다고 볼 때, 세계에서 가장 유명한 사람들 가운데 어떤 사람들은 주로 저들의 지적 능력이나 지혜 때문이 아니라 차라리 저들의 순수한 활력 때문에 그렇게 되었다고 설명드릴 수 있겠습니다. 당신이 많은 위인들의 전기를 읽을 때에 이 점을 유의해 보시기를 바랍니다. 활력은 매우 귀한 자질입니다. 또 그것은 일반적으로 결단력을 수반하는 그 무엇입니다. 하지만 이것은 베드로를 끊임없이 고통으로 이끌고 갔던 그 무엇입니다. 그것은 종종 안정되지 못한 그리스도인의 삶을 초래합니다. 균형을 잃은 그리스도인의 삶 말입니다. 여기에 우리가 얼마나 완벽한 실례를 가지고 있습니까?

이 사건 초기에 주님을 인정하던 베드로의 모습을 살펴보십시오. 그는 폭풍 가운데 떠 있는 배를 타고 있었습니다. 그는 주님에게 "만일에 주시어든 나를 명하사 물 위로 걸어오라 하소서"라고 말할 정도로 충분한 믿음이 있었습니다. 그리고 베드로는 발걸음을 물 위로 옮겨 놓았습니다. 얼마나 훌륭한 믿음입니까? 그렇습니다. 하지만 바로 그 다음 순간의 베드로를 보십시오. 그는 두려워서 부르짖고 있습니다. 그것이 바로 베드로의 평상시의 특징입니다. 우리 주님께서 그의 죽으심에 대하여 말씀하실 때에 베드로가 얼마나 실망하려고 했습니까? 그는 머뭇거리지 않고 말합니다. "모든 사람이 당신을 버릴지라도 나는 결코 당신을 버리지 않겠나이다." 하지만 얼마 되지 않아서 그는 맹세를 깨뜨리고 그를 알지 못한다고 저주하며 부인했습니다. 바로 그것이 제가 여기에서 말하는 베드로의 정신 자세입니다. 불안전한 성품, 어느 때는 산꼭대기에 올라가고 또 어느 때는 가장 깊은 곳까지 내려가는 그런 종류의 사람입니다. 열정과 격분이 충만하여 우리는 아무것도 느끼지 못하는 것처럼 만들고, 또 어느 때는 너무 실망하고 위협적이어서 그리스도인의 삶을 완전히 포기할 것처럼 보이기도 합니다. 당신도 그런 타입을 알고 계실 것입니다.

이것이 어떻게 된 것입니까? 도대체 극도의 기쁨과 비참한 실패로 왔다갔다 하는 원인이 무엇입니까? 대답은 그것이 성품에서 기인된다는 사실입니다. 이런 종류의 사람이 당하는 고통은 그가 생각 없이 행동하는 경향 때문입니다. 그의 신앙은 충분한 생각에 기초를 두지 못했습니다. 그러므로 그에게 뒤따르는 문제는 저가 올바르게 생각하지 못하고 또 올바르게 일을 처리하지 못하는 것입니다. 베드로에게 있어서도 바로 그것이 문제였습니다. 복음서에 보면 그는 언제나 첫 번째 자원자였습니다. 요한복음 21장에 나오는 사건을 예로 해서 생각해 봅시다. 제자들이 고기를 잡으러 가서 밤새껏 잡았으나 한 마리도 잡지 못했습니다. 바로 그때에 우리 주님이 해변에 나타났습니다. 그때에 요한이 말하기를 "주시다"한즉 베드로가 어부의 겉옷을 벗고 바다 속으로 뛰어들어 그에게 나아갔습니다. 그는 언제나 첫 번째 사람이었고 또 무슨 일에나 첫번째 사람이었습니다. 그것이 바로 베드로에게 문제였습니다. 당신은 오순절 이후에 있었던 베드로의 사건이 또다시 완벽한 사례가 됨을 발견하게 될 것입니다.

그 사건은 갈라디아서 2장에 나옵니다. 그는 여전히 충동적인 사람이었습니다. 그래서 바울이 그를 마땅히 그렇게 해야만 하는데도 믿음으로 의롭게 된다는 문제를 확실하게 하지 못했기 때문에 책망한 것입니다. 그는 변명하지 못했습니다. 왜냐하면 그가 이방인들을 기독교 속으로 받아들이는 첫 번째 사람이었기 때문입니다. 당신은 고넬료 사건을 기억하실 것입니다. 사도행전 10장에서 당신이 그 설명을 읽을 때, 당신은 매우 높이까지 올라가고 있는 베드로를 발견하게 될 것입니다. 유대인에게 있어서 이방인을 기독교에 받아들인다는 것은 엄청난 사건이었습니다. 하지만 그는 안디옥으로 돌아갔습니다. 야고보에게서 어떤 사자들이 왔을 때에 그는 자리를 피하였습니다. 그래서 바울이 베드로와 대면하게 된 것입니다. 베드로에게 어떤 일이 있었습니까? 그것은 고질적인 문제였습니다. 그는 모든 의미를 생각함 없이 어떤 위치를 수용해 버렸던 것입니다. 그러므로 이런 유형의 사람들이 문제를 만나는 것은 필수 불가결합니다. 활력이 넘치고 결단력이 있고 충동적인 사람은 문제를 바로 생각하고 이해하며 그것을 붙드는 대신에 본능적으로 일을 처리하는 경향이 있습니다. 그 결과로 영적인 생활에 무모한 변화를 일으키게 됩니다. 바로 이것이 영적 침체의 일반적 원인이 되며 또 그러하기 때문에 우리가 그것을 취급해야만 합니다.

　그것은 저로 하여금 두 번째 문제를 취급하도록 촉구합니다. 저는 이것을 강조하고 싶습니다. 그것은 다름 아닌 의심에 관한 이 사건의 가르침입니다. "믿음이 적은 자여, 왜 의심하였느냐?" 이것은 매우 중요한 가르침입니다. 그것을 인하여 하나님께 감사드립니다. 여기에서 우리가 배워야만 될 첫 번째 교훈은 우리 자신들도 종종 의심하게 된다는 사실입니다. 이런 점에 있어서 그것이 단지 베드로만의 문제라고 비난할 사람은 아무도 없습니다. 그는 자신이 물결을 바라다봄으로 의심을 품게 되었습니다. 그는 스스로 일어날 필요가 없는 문제 속으로 자신을 몰고 들어갔던 것입니다. 우리 주께서 베드로에게 "베드로야, 조심해라"고 말했기 때문도 아니었습니다. 당신이 지금 어떤 일을 하고 계신지 아십니까? 아닙니다. 다른 사람은 한마디의 말도 하지 않았습니다. 베드로가 스스로 물결을 바라다봄으로 의심을 야기시킨 것입니다.

　여기에서 좀더 유의해 보십시다. 우리는 종종 우리 자신들을 침체 속으로 몰고 들어갑니다. 우리가 마땅히 피해야만 될 어떤 일들을 가볍게 취급하다가 결국 의심에로 빠져든다는 말입니다. 제가 이제 어떤 학문적인 사람들을 생각하도록 하겠습니다. 그들은 결국 깊이를 초월하여 한계선을 넘어가도록 만드는 어리석은 논쟁을 좋아하는 사람들입니다. 이것이 얼마나 중요한 일인지 모릅니다. 하지만 과학에 관한 논쟁에 너무 깊이 빠져 들어 가는 사람들이 있습니다. 심지어 저들이 그것에 대해서 아는 것이 적고 때로는 전혀 무지함에도 불구하고 그렇습니다. 그것을 알지 못하기 때문에 중단해야 하지만 저들은 오히려 그 속으로 빠져 들어 갑니다. 저는 이렇게 하다가 신앙이 뿌리째 흔들려 버렸던 사람들을 알고 있습니다. 그들은 자신들이 알고 있는 진리에 굳게 서 있어야만 했고 오히려 잘 처리할 수 없는 과학적 문제는 건드리지 말았어야만 했습니다. 그렇게 우리는 종종 자신들을 의심 속으로 몰고 갑니다. 그러므로 우리는 그렇게 하지 않도록 언제나 조심해야만 합니다.

　두 번째 것은 의심이 믿음과 양립할 수 없다는 사실입니다. 저는 이것을 인하여 하나님께 감사드립니다. 저는 목회 경험을 통해서 그 원리를 붙잡지 못했기 때문에 매우 불행하게 되었던 사람들을 많이 발견하게 되었습니다. 어떤 사람들은 당신이 한 번 그리스도인이 되었다면 의심에 의해서 결코 공격당하지 않을 것으로 생각하는 것 같습니다. 하지만 그렇지 않습니다. 베드로는 여전히 믿음을 가지고 있었습니다. 우리 주께서 그에게 "믿음이 적은 자여"라고 말씀하셨습니다. 그는 결코 "베드로야, 네가 의심한 것을 보니 너는 전혀 믿음이 없구나"라고 말씀하시지 않았습니다. 바로 그 점을 많은 사람들이 생각지 아니하고 함부로 말합니다. 그러나 그것은 매우 잘못입니다. 당신이 비록 믿음이 있을지라도, 당신은 여전히 의심으로 말미암아 고통을 겪을 수 있습니다.

이 같은 사례가 성경에서뿐만 아니라 또한 계속되는 기독교 교회사 가운데서도 발견됩니다. 참으로 저는 오해를 불사하고 만일에 어떤 사람이 그리스도인의 삶을 살면서 의심 때문에 고통을 받은 적이 없다면 그런 사람은 기초부터 다시 검토해 보고 또 저들이 위장된 평안이나 혹은 소위 잘못된 신앙 지상주의라 부르고 싶은 안식을 누리고 있지 않나를 확인해 보아야 한다고 말씀드리겠습니다. 이 땅에 살았던 가장 훌륭한 성자들 가운데 몇 사람의 삶을 읽어 보십시오. 그리하면 당신은 의심의 공격으로 저들 역시 많은 고통을 받았음을 발견하게 될 것입니다. 여기에서 우리 주님이 다음과 같은 결론을 내리시리라고 봅니다. 의심은 신앙과 병존할 수 없습니다. 당신도 의심을 품을 수 있습니다. 지금도 의심이 있을지 모릅니다. 그렇다면 믿음이 적은 것입니다.

다른 방법으로 설명해 드리겠습니다. 이것은 제가 설명할 다음 원리가 될 것입니다. 만일에 의심이 우리를 또다시 지배하려고 한다면, 그것은 믿음이 적다는 증거가 될 것입니다. 그것이 바로 베드로에게 일어났던 현상입니다. 그의 믿음은 떠나가 버렸습니다. 그것이 바로 약한 믿음이기 때문에 의심 저를 통제하고 저를 짓누르며 저를 흔들어 버렸습니다. 만일에 베드로가 두렵고 놀랐던 바로 그 순간에 당신이 그에게 어떤 질문을 했더라면, 그는 언제나 정통적인 대답을 했을 것입니다. 만일에 당신이 그에게 주님의 인격에 대해서 물었다고 해 봅시다. 제가 확신하건대 그는 정확한 대답을 했을 것입니다. 하지만 시간이 지나면서 의심이 저를 지배했습니다. 그의 믿음은 여전히 그곳에 있었습니다. 여기에 나타나고 있는 우리 주님의 가르침에 따르면, 의심이 우리를 지배할 때마다 그것이 우리의 믿음이 약하다는 사실을 변증하는 증거물이 된다는 것입니다. 우리는 이런 일이 일어나도록 결코 허용해서는 안 됩니다. 의심이 우리를 공격합니다. 하지만 그것은 우리가 의심으로 하여금 우리를 다스려 달라고 허용했다는 것을 뜻하지는 않습니다. 우리는 결코 그것을 허용해서는 안 됩니다.

우리가 어떻게 그것을 피할 수 있을까요? 그 해독제는 바로 큰 믿음입니다. 사람으로 하여금 의심에 지배를 받도록 허용하는 것은 그것이 적은 믿음이기 때문입니다. 그러므로 의심을 없애는 해독제는 위대한 믿음, 곧 큰 믿음임에 틀림없습니다. 여기에서 그 무엇보다 강조하고 싶은 것이 바로 그것입니다. 이 큰 믿음의 특징이 무엇입니까? 첫 번째 그것은 주 예수 그리스도에 대한 지식과 그의 능력을 아는 것입니다. 거기에 견고한 신뢰와 확신을 가지는 것입니다. 우리가 벌써 고찰한 바와 같이 베드로가 처음에 시작은 잘했습니다. 그것이 바로 진실한 믿음의 본질입니다. 다른 제자들과 함께 배에 탄 한 사람이 있었습니다. 그들 곁에서 폭풍이 일었습니다. 바다와 물결이 점점 사나워졌고 또 배는 파도에 밀려 기우뚱거렸으며 결국 상황이 필사적으로 바뀌어 버렸습니다. 그때에 주께서 갑자기 나타나셨고 제자들은 저를 알아보았습니다. "물 위로 걸어오는 것이 사람인가? 불가능한 일이다. 아마도 귀신인가 보다. 앗! 유령이다." 저들은 두려워서 소리를 쳤습니다. 예수님은 즉시 저들에게 "내니 두려워 말라"고 말씀하셨습니다. 바로 그때에 베드로에 의해서 참된 믿음의 장엄한 모습이 나타났습니다. 베드로가 주님께 대답했습니다. "주여, 만일 주시어든 나를 명하사 물위로 오라 하소서." 바로 그것이 진실한 믿음의 징조입니다.

당신도 그 의미를 알 것입니다. 그것은 베드로가 결국 우리 주님께 "만일에 당신이 진실로 주님이시라면 당신에게 불가능한 일이란 있을 수 없는 줄 믿습니다. 나를 명하사 이 배에서 나와 사나운 물결을 헤치고 바다를 걷도록 하실 증거를 보여 주소서"라고 말했다는 뜻입니다. 베드로는 주님과 그의 능력을 믿었습니다. 그리고 그의 인격과 권능을 신뢰했습니다. 그가 이것을 믿되 단순히 논리적으로만 믿은 것이 아닙니다. 그는 실천했습니다. 우리는 여기에서 베드로가 배에서 나와 물 위를 걸어갔다는 증거를 듣습니다. 바로 그것이 믿음의 본질입니다. "주여, 만일에 주시어든…." 그것은 믿음이 말하는 것입니다. "만일에 주시어든, 저는 당신이 이것을 하실 수 있는 줄 믿습니다. 나를 명하사 그것을 하도록 하옵소서." 그래서 베드로가 그것을 했습니다. 바로 그것이 우리가 언제나 꼭 붙들어야만 하는 위대한 원리입니다. 기독교적 믿음은 주님에 대한 인식으로 시작하고 또 끝을 맺습니다. 그것은 주님을 아는 것으로 시작합니다. 감정이나 의지의 행위가 아닙니다. 오히려 이 축복된 인격을 아는 것입니다. 그것이 여기에 기초를 두지 않는 한 감정이란 아무런 가치가 없습니다.

기독교는 그리스도입니다. 그리고 기독교 신앙이란 그분에 관한 어떤 것을 믿고 또 그분을 알고 한 걸음 더 나아가서 그분이 우리 가운데 임하신 영광의 주님이심을 인식하는 것입니다. 그가 성육신하시되 동정녀 마리아에게 나시고 또 그가 이 땅에 오신 이유와 이 땅에 오셔서 행하신 일과 구속적 사역 또 그가 의인을 부르러 오시지 않고 죄인을 불러 회개시키러 오셨음을 알아야 합니다. 그리고 건강한 그 자신이 우리의 죄를 짊어지고 나무에 달리심은 우리가 죄에 대하여 죽고 의에 대하여 살게 하려 하심이라는 말씀, 또 그가 채찍에 맞음으로 당신이 나음을 입었다는 증언의 의미를 깨닫지 않으면 안 됩니다.

저는 사람들이 영적으로 침체 상태에 이르렀을 때 저들이 침체하게 된 것은 자신들이 마땅히 알고 있어야만 될 이런 일들을 알지 못했기 때문임을 발견하게 됩니다. 그들은 말합니다. "나는 매우 비참한 죄인입니다. 내가 어떤 사람이었고 또 내가 어떤 일을 했는지 당신은 모를 것입니다." 왜 저에게 그런 말을 하십니까? 저들이 그렇게 말하는 이유는 예수께서 "내가 온 것은 의인을 부르러 온 것이 아니라 죄인을 불러 회개시키려 함이라"고 말씀하신 주님의 의도를 깨닫지 못했기 때문입니다. 자신이 저주를 받았다고 저들이 말하는 것은 저들에게 주님께 나올 권리를 부여하고 또 그가 저들을 영접할 것이라는 사실을 확인시켜 주는 것입니다. 이런 일들을 배우지 못하고 믿지 못하기 때문에 믿음이 약한 것입니다. 믿음이 매우 강하다는 것은 바로 그런 것들을 알고 있다는 뜻입니다. 저는 초지 일관하게 이런 것들을 말씀드리겠습니다. 그리고 시종여일하게 이 같은 내용들을 쓰고 싶습니다. 제가 한 번도 만나 본 적이 없는 분에게 바로 이점에 대해서 긴 편지를 쓸 수밖에 없었습니다. 그 가엾은 분은 비참한 상태에 있었고 또 속박 상태에 있었습니다.

이유가 무엇입니까? 예수께서 세리들과 죄인들의 친구이셨으며 또 그 같은 사람들을 위하여 이 땅에 오사 십자가에 죽으셨다는 사실을 깨닫지 못했기 때문입니다. 그는 예수님에 대해서 분명히 알지 못했습니다. 그리고 그 복되신 분의 사역에 대해서 명확하게 이해한 바 없습니다. 그의 믿음은 약했습니다. 바로 그런 이유 때문에 의심이 그곳에 침투해 들어 왔습니다. 많은 사람들이 일생 동안 비참하고 불행을 느끼면서 삽니다. 이유인즉 저들이 이 같은 일들을 참으로 깨닫지 못하기 때문입니다. 만일에 저들이 이런 일들을 이해만 했더라면, 저들은 자신을 저주하는 상태에서 성실하게 회개했을 것이고 또한 그곳에서 궁극적으로 해방되는 길을 발견하게 될 것입니다.

다시 말해서, 영적 침체에 대한 힘있는 해독제는 성경 교리 혹은 기독교 교리에 대한 지식입니다. 집회에서 감정은 역사하지 못합니다. 하지만 믿음의 원리들을 알고 또 교리를 알고 이해하는 것은 힘있게 역사합니다. 그것이 성경적인 방법입니다. 그것이 사도들의 방법일 뿐만 아니라 또한 그리스도 자신의 방법입니다. 침체에 대한 해결책은 그분에 대한 지식을 갖는 것입니다. 다시 말해서 말씀 안에서 그 지식을 습득하는 것입니다. 그것을 배우는 데에는 수고가 뒤따릅니다. 그것이 어려운 일이기 때문입니다. 하지만 당신이 연구해야만 하고 또 자신을 투자하지 않으면 안 됩니다. 제가 보기에는 시간의 비극이 사람들로 하여금 자신의 행복을 지나치게 집회에만 의존하도록 하는 것 같습니다. 바로 이것이 기독교 교회사 가운데 오래된 고질병이었습니다. 그러하기 때문에 많은 사람들이 비참하게 살아왔습니다. 진리에 대한 그들의 지식은 너무 빈약했습니다. 당신도 기억하겠지만, 우리 주님이 갑자기 저를 믿겠다고 자청하던 어떤 사람들에게 말씀하신 바가 바로 그것입니다. "너희가 내 말에 거하면 참 내 제자가 되고 진리를 알지니 진리가 너희를 자유케 하리라"(요 8:31-32). 의심과 두려움에서 자유케 되고 또 침체와 당신을 낙심케 하는 것들로부터 자유케 된다는 것입니다. 자유케 하는 것은 다름아닌 진리입니다. 그 진리란 그분에 대한 진리, 그의 인격에 대한 진리, 그의 사역에 대한 진리, 그의 직책에 대한 진리, 그리고 그리스도 자신에 대한 진리를 말합니다.

이제 서둘러서 두 번째 문제를 생각해 보도록 하겠습니다. 베드로가 그렇게 옳게 출발했던 것처럼 첫 번째 원리를 가지고 출발했다면, 베드로가 불행하게도 실천하지 못했던 그 두 번째 원리를 잊어버리지 마십시오. 이것은 사후의 생각을 거절하는 것입니다. 당신은 '하지만 그것은 한 번 더 생각해 볼 만한 좋은 일이군요"라고 말할 것입니다. 하지만 이것은 기독교적 신앙이 아닙니다. 그것은 어리석은 일입니다. 의심은 매우 어리석은 것입니다. 저들이 얼마나 어리석고 웃기는 것인가를 우리가 보아 두는 것이 좋습니다. 그래서 우리가 다음에 시험을 받을 때에 결코 물결을 바라다 보아서는 안 되었던 이 사람, 베드로를 꼭 기억해야만 하겠습니다. 왜 물결을 바라보지 말아야 할까요? 그가 배를 떠나기 전에 벌써 이 문제가 정리되었기 때문입니다. 당신도 앞에서 그 이유를 이미 보셨을 것입니다. 저는 주님이 그 배에 가까이 오시기 전에 벌써 폭풍이 사납게 일어났던 의미를 자세히 강조한 바 있습니다. 만일에 베드로가 잔잔해진 바다 위를 걸어가다가 그 다음에 폭풍이 일어났다면, 그 의미는 전적으로 달랐을 것입니다.

그렇다면 베드로에게 약간의 변명의 여지가 남아 있을 수 있습니다. 하지만 내용은 그렇지 않습니다. 베드로가 우리 주님께 "주여, 만일 주시어든 나를 명하사 물 위로 걸어오라 하소서"라고 말했을 때 그는 이미 물결의 문제를 해결했다고 봅니다. 그는 벌써 배 안에서 얼마 동안 물결의 문제로 고민한 바 있습니다. 그는 배가 기우뚱거린다는 사실을 알고 있었습니다. 그러므로 베드로가 우리 주님께 그같이 말할 때에는 그 말속에 모든 의미가 포함된다고 봅니다. 저는 바다가 어떠하든지 상관없습니다. 그는 모든 것을 초월했습니다. 그는 이 문제를 이미 해결해 버렸습니다. 그러므로 베드로가 배 밖으로 나가서 물 위를 걸어갔던 것입니다. 물결에 대한 새로운 일은 없었습니다. 다시 말해서 새로운 요인이 없었다는 말입니다. 그는 새로운 요인의 문제에 직면하지 않았습니다. 주 예수 그리스도께서 실제적으로 사나운 물결 위를 걷게 만드셨습니다. 좋습니다. 그렇다면 베드로가 왜 그것을 바라다보았을까요? 그렇게 할 수밖에 없는 어떤 이유가 있습니까? 전혀 없습니다. 그것이 웃기는 것이고 또 그것이 어리석은 것입니다.

그것이 바로 언제나 약한 믿음이 가져오는 문제입니다. 그것은 이미 해결되고 대답된 문제에게로 또다시 돌아오도록 만듭니다. 만일에 당신이 주 예수 그리스도를 한 번 믿었다면, 어떤 모양으로든 당신이 어려운 문제를 접하고 처리하든지 아니면 믿음에 이르지 말았어야만 합니다. 그런데 왜 뒤로 물러갑니까? 그것이 매우 어리석은 일입니다. 그것은 불신앙의 문제일 뿐만 아니라 또한 행동과 행위의 문제입니다. 당신이 배 밖으로 나가기 전에 이미 만나서 해결했던 그 문제를 왜 또다시 앉아서 붙들고 고민해야만 합니까? 이 같은 믿음의 소극적인 측면이 매우 중요하다는 사실을 반복해서 말씀드리고 싶습니다. 그를 믿는다면, 당신이 어떤 일들에 대한 문을 닫아버리고 그것들을 다시는 쳐다보지도 말아야 합니다. 그리고 그것들을 한 번 해결했다면, 또다시 그 문제로 돌아가서는 안 됩니다. 이런 문제를 제가 얼마나 자주 말씀드려야만 될지 잘 모르겠습니다. 베드로가 그 물결을 바라보아서는 안 되었습니다. 그에게는 변명의 여지가 없습니다. 그가 생각해야만 했던 새로운 요인은 전혀 없었습니다. 사후 생각(after-thoughts)을 거절하는 것이 믿음의 본질입니다. 나중에 떠오르는 생각들을 거절하십시오. 그것들과는 아무런 관계도 없습니다. "나는 이미 그런 문제들을 처리해 버렸다"라고 말하십시오.

그것은 저로 하여금 다음 원리를 재촉하고 있습니다. 믿음의 또다른 특징은 주님을 집요하게 주시하고 바라보는 것입니다. 제가 그것을 두세 가지 원리로 간단하게 설명해 드리도록 하겠습니다. 믿음은 이렇게 말합니다. 그분이 시작하신 일은 그분이 계속하십니다. 사역의 시작은 기적이었습니다. 그러므로 그가 기적적인 일을 시작했다면, 그는 그것을 계속하실 것입니다. 그리고 그가 이미 시작하신 일은 계속하실 수 있습니다. 바울은 말했습니다. "너희 속에 착한 일을 시작하신 이가 그리스도 예수의 날까지 이루실 줄을 우리가 확신하노라"(빌 1:6). 그렇습니다. 토프래디(Toplady)도 다음과 같이 말한 바 있습니다.

> 선하신 그분이 시작하신 일
> 능하신 그분의 팔로 이루시리.

그야말로 답변할 수 없는 논증입니다.

둘째로 당신과 내가 그분을 바라다보고 있고 또 그분에 대해서 모든 것을 분명히 알고 있는 한 의심이란 전혀 불가능합니다. 그분 없이는 우리가 완전히 절망입니다. 당신이 얼마나 오랫동안 그리스도인의 삶을 살았는가는 그렇게 중요하지 않습니다. 당신은 걸음마다 그분을 의존해야만 합니다. 그분 없이 우리는 아무것도 할 수 없습니다. 우리가 그분을 굳게 바라다봄으로써 모든 의심을 극복할 수 있습니다. 그분을 바라다보지 않고서는 불가능합니다. 당신은 최초의 믿음으로 살아갈 수 없습니다. 베드로가 애썼던 바가 바로 그것처럼 보입니다. 그가 처음에는 큰 믿음으로 출발했습니다. 믿음으로 계속 전진하는 대신에 그는 그것으로 살려고 시도했습니다. 당신은 최초의 믿음으로 살 수 없습니다. 회심 당시의 상태로 살려고 애쓰지 마십시오. 당신의 위치를 알기도 전에 끝날 것이기 때문입니다. 한 번의 분위기 경험으로 일생을 살아갈 수는 없습니다. 당신은 매일매일 주님을 바라보아야만 합니다. 우리는 믿음으로 살아야 합니다. 그리고 당신 역시 주 예수 그리스도를 믿는 믿음으로 살아가야 합니다. 당신이 회심하던 바로 그 밤에 그랬던 것처럼 임종하는 침상 곁에서도 그분이 필요합니다. 당신은 언제나 그분을 필요로 합니다.

성경에는 이 같은 사례들로 가득합니다. 가장 완벽한 사례 가운데 하나가 이스라엘 자손들이 안식일을 제외하고 매일같이 만나를 거둬들였던 그 방법입니다. 그것이 바로 주님의 방법입니다. 그는 우리에게 한 달분의 양식을 주시지 않습니다. 우리에게는 매일 매일 새로운 공급이 필요합니다. 그러므로 매일같이 그분과 더불어 시작하시고 그분과 관계를 맺으십시오. 그것이 바로 베드로의 치명적인 실수였습니다. 베드로는 그를 바라보지 못했습니다. 그것이 바로 신앙의 싸움입니다. 당신은 지금 사나운 물결 위를 걸어가고 있습니다. 계속 걸어갈 수 있는 방법은 주님을 계속 바라보는 것입니다.

제가 마지막으로 위로의 말씀을 드릴 수 있을까요? 그것은 모두 이 한 가지 사건 안에 들어 있습니다. 그것은 다름 아닌 예수께서 당신으로 하여금 결코 가라앉도록 하시지 않는다는 사실입니다. 베드로가 두렵고 놀란 채로 "주여, 나를 구원하소서"라고 소리질렀습니다. 즉시 예수께서 손을 내밀어 그를 붙잡으시며 말씀하셨습니다. "믿음이 적은 자여, 왜 의심하였느냐?" 저들이 배에 오를 때에 바람이 잔잔해졌습니다. 이 같은 위로를 인하여 하나님께 감사드립니다. 그는 절대로 당신을 물에 빠지도록 내버려두시지 않습니다. 왜냐하면 당신이 그분에게 속했기 때문입니다. 당신은 그분을 실망시킬 수 있습니다. 당신은 자신이 영원히 빠져 버릴 것으로 생각할 수 있습니다. 하지만 그렇지 않습니다. 주님은 아무도 내 손에서 빼앗을 수 없다고 말씀하셨습니다. 바울도 그렇게 말한 바 있습니다. "내가 확신하노니 사망이나 생명이나 천사들이나 권세자들이나 현재 일이나 장래 일이나 능력이나 높음이나 깊음이나 아무 피조물이라도 우리를 우리 주 그리스도 예수 안에 있는 하나님의 사랑에서 끊을 수 없으리라"(롬 8:38-39). 결코 그럴 수 없습니다. 당신 자신이 잃어버렸다고 생각할 때 주님의 손이 거기 계시며 또 그가 당신을 붙들어 주실 것입니다. 그분을 바라보십시오. 그리고 존 뉴톤과 더불어 다음과 같이 고백해 보십시오.

> 지나간 날에 베푸신 그의 사랑
> 생각하지 않을 수 없네
> 결국 그가 고난의 늪으로

나를 빠뜨리지 않을까
그때마다 에벤에셀의 사랑
나로 하여금 과거를 회상하도록 하누나
그의 기쁘신 뜻대로
언제나 나를 도우시는구나.

    필사적으로 부르짖어 보십시오. 그것으로 협상하려고 하지 마십시오. 당신이 놀라 소리지른다면, 그분이 당신을 듣고 건져 줄 것입니다.
    하지만 저는 그것으로 끝마무리하고 싶지 않습니다. 저는 이 사건이 우리에게 주는 큰 교훈은 예수께서 우리로 하여금 실족하지 않도록 지켜 주시는 분이라는 사실을 말씀드리면서 결론을 맺고자 합니다. 만일에 우리가 계속해서 주님을 바라만 본다면 그렇게 소리지르고 부르짖을 필요는 없을 것입니다. 그를 믿는 한 우리는 실족하지 않고 계속해서 똑바로 걸어갈 수 있습니다. 만일에 베드로가 주님을 바라보았다면, 그는 계속해서 바다 위를 걸었을 것입니다. 그리고 저가 결코 낙심하지 않았을 것입니다. 그는 위대하신 분입니다. 그는 우주의 주인이십니다. 그는 자신이 물 위를 친히 걸으셨을 뿐만 아니라 또한 베드로로 하여금 물 위로 걸어가도록 하실 수 있었습니다. 그분에게 불가능이란 있을 수 없습니다. 하나님은 모든 것을 하실 수 있습니다. 그는 하나님이십니다. 믿음은 그를 바라보는 것입니다. 찰스 웨슬리와 더불어 고백해 보십시오.

믿음, 능력 있는 믿음, 약속을 보고
또 그것만을 바라다본다
불가능을 비웃으며 외친다
반드시 성취되리라고.

    그것이 바로 믿음입니다. 믿음, 능력 있는 믿음, 그 믿음이 주 안에 있는 약속들을 볼 수 있습니다. 그것만 바라다보고 아무것도 보지 마십시오. 그것은 불가능을 비웃습니다. 이 사나운 물결을 비웃습니다. 그분을 향하여 모든 것이 성취될 것입니다. 주께서 우리로 하여금 실족하지 않도록 지켜 주실 것입니다. "능히 너희를 보호하사 거침이 없게 하시고 너희로 그 영광 앞에 흠이 없이 즐거움으로 서게 하실 자 곧 우리 구주 홀로 하나이신 하나님께 우리 주 예수 그리스도로 말미암아 영광과 위엄과 권력과 권세가 만고 전부터 이제와 세세에 있을지어다. 아멘"(유 24-25).

제 12 장

종의 영

"너희는 다시 무서워하는 종의 영을 받지 아니하였고 양자의 영을 받았으므로 아바 아버지라 부르짖느니라 성령이 친히 우리 영으로 더불어 우리가 하나님의 자녀인 것을 증거하시나니 자녀이면 또한 후사 곧 하나님의 후사요 그리스도와 함께 한 후사니 우리가 그와 함께 영광을 받기 위하여 고난도 함께 받아야 될 것이니라"

(롬 8:15-17)

기록된 말씀 중에 이보다 더 위대한 말씀은 없을 겻입니다. 그것들은 심지어 이처럼 위대한 장(章)에서조차 매우 독특한 진리의 표현으로 돋보이고 있습니다. 그것은 성경 전영역과 구석구석 도처에서 발견될 수 있는 가장 중요한 진술 가운데 하나입니다. 그리고 왜 그 사도가 이 진리의 말씀을 진술하셨는가를 정확하게 깨닫는 것보다 더 중요한 것은 아무것도 없습니다. 이처럼 반향을 일으키는 구절들에 따른 위험성은 우리가 그 말씀 자체로 만족하게 생각하거나 아니면 그것들이 우리에게 주는 어떤 일반적인 인상으로 만족해 버리는 경향이 있다는 사실입니다. 우리는 그것의 의미를 제대로 깨닫지도 못하면서 그것을 너무 즐깁니다. 그러므로 그것이 함축하고 있는 교훈을 참으로 적용시키지 못하고 있습니다.

이 위대한 말씀을 살펴보겠습니다. 바울이 왜 이것을 언급했을까요? 그 목적이 무엇일까요? 바울이 그렇게 했던 이유가 도대체 무엇이라고 생각하십니까? 그 대답이 15절에 제시되고 있습니다. 바울이 이렇게 말합니다. "너희는 다시 무서워하는 종의 영을 받지 아니하였고." 다시 말해서 이 말은 이미 지나간 그 무엇과 관계를 맺고 있습니다. 그 사도는 이 말씀을 기록하는 분명한 목적을 가지고 있습니다. 그것은 저가 로마에 있는 그리스도인들을 낙심케 하는 영으로부터, 다시 말해서 낙담 혹은 침체의 영으로부터 구원하기 위하여 염려하고 있는 것입니다. 저들이 실제적으로 그 문제를 인하여 고통을 받고 있을 수도 있습니다. 하지만 저들이 그 순간은 아니었을지라도 바울의 관심사는 저들이 그런 고통을 받지 말아야 한다는 것이었습니다. 그의 한 가지 목적은 저들에게 영적 침체에 대한 해독제를 제공하는 것이었습니다. 우리가 지금까지 살펴보았듯이 이 종의 영, 패배의 영, 그리고 낙심의 영이 언제나 그리스도인의 삶 속에서 우리를 위협하고 있기 때문입니다.

그 사도가 이같이 중요한 진술을 어떤 연관성 없이 한마디 던지고 만 것이 아닙니다. 다시 말해서 그것이 갑자기 던져진 매우 중요한 진리가 아니라는 말입니다. 그 같은 진술들이 이 위대한 사도의 기록에서 거의 계획대로 나타났듯이 여기에서도 매우 실제적인 문제로 다루어지고 있습니다. 우리가 신약성경 안에 가지고 있는 이런 서신들은 교리와 신학으로 충만합니다. 하지만 신약성경에 나오는 서신들의 모음이 신학 교과서라고 말하는 것은 매우 잘못된 것입니다. 그렇지는 않습니다. 놀라운 것은 이것입니다. 그것이 명심해야 할 정도로 중요하기 때문에 이런 규약들이나 교리들을 언제나 보이는 실제적 목표로 가장 최일선에 제시되어야 하는 목회적 요소와 함께 소개되어야만 합니다. 이런 편지들은 우선적으로 목회서신으로 기록되었습니다. 왜냐하면 그 사도가 실제적인 기쁨과 또 자신들이 믿고 받아들였던 기독교 신앙을 살도록 사람들을 돕는 데 관심을 가지고 있기 때문입니다.

그러므로 이 특별한 진술을 어떻게 하게 되었는가를 정확하게 아는

제12장 종의 영 *213*

것이 매우 중요합니다. 이 경우에 있어서 낙심의 원인이 무엇입니까? 그것은 그리스도인의 삶을 살아가는 문제, 당신이 좋아한다면 죄를 처리하는 문제에 지나지 않는다고 말할 수 있습니다. 바울은 이 능력 있는 서신 제6장 서두에서부터 그 문제를 취급해 오고 있습니다. 그리고 바울이 지금까지도 그것을 취급하고 있습니다. 그가 편지를 쓰고 있는 대상인 이 사람들은 개종해서 주 예수 그리스도를 믿어 왔습니다. 하지만 저들은 지금 이 새로운 삶을 살아가는 문제에 접하게 된 것입니다. 세상에서는 그것이 저들에게 적대적이며 철저하게 반항적인 것입니다. 그들은 자신들의 성품 안에서 발견하게 되는 그 어떤 것들을 접하면서도 역시 그런 삶을 살아야만 합니다.

그러므로 그것은 하나의 투쟁이요 또한 전쟁입니다. 내부와 외부에 죄가 있습니다. 그리고 이 사람들은 주 예수 그리스도를 따르는 일에 관심을 가지고 있으며 세상에서 주님이 살으셨던 것처럼 자신들도 살기 위해서 노력하고 있습니다. 하지만 저들은 특별한 문제, 곧 낙심과 침체가 유입되는 그 문제를 매우 자주 직면하게 됩니다. 우리는 벌써 마귀가 우리를 낙심시킬 때에 교묘하게 사용하는 여러 가지 방법들에 관한 많은 사례들을 고찰한 바 있습니다. 이것은 매우 평범한 것입니다. 특별히 기독교 신앙을 매우 진지하게 생각하는 양심적인 타입의 사람에게는 더욱 그렇습니다. 그런 유형의 사람은 "나는 개종했다. 그러므로 모든 것이 다 잘될 것이다"라고 말합니다. 한 걸음 더 나아가서 그들은 "이것은 위대하고 영광스러운 삶이다. 나는 그런 삶을 살아야만 한다"라고 말합니다. 우리가 지금 바로 그 같은 사람에게 찾아오는 특별한 시험에 대해서 고찰하고 있습니다.

이 문제에 본질이 무엇입니까? 그것은 저들이 그리스도인의 삶에 관한 어떤 진리를 깨닫지 못하고 또 우리가 그리스도인들로 가능한 그 무엇을 깨닫는 데 실패하기 때문입니다. 그것은 궁극적으로 교리를 이해하지 못하기 때문입니다. 당신이 차라리 그런 표현을 더 좋아한다면, 신앙의 영역에서 나타나는 또 다른 실패 때문입니다. 우리는 신앙에 관한 많은 일들을 살펴보았습니다. 예를 들어, 우리는 신앙이란 활동성이란 점을 고찰해 보았습니다. 많은 사람들이 그것을 망각하다가 어려움을 당합니다. 다시 말해서 자신들이 신앙을 적용해야만 한다는 사실을 깨닫지 못한다는 말입니다. 그 다음에 우리는 다른 사람들이 어려움을 당하게 되는 이유를 고찰해 보았습니다. 왜냐하면 저들이 계속해서, 그리고 끈질기게 신앙을 적용해야만 한다는 사실을 망각하기 때문입니다. 출발을 잘하는 것만으로는 부족합니다.

우리는 계속해서 앞으로 나가지 않으면 안 됩니다. 한 순간이라도 평안하게 쉴 수 없습니다. 하지만 신앙을 적절하게 적용해야만 한다는 사실을 깨닫지 못하기 때문에 어려움이 유발되는 것 같습니다. 우리 앞에 펼쳐진 진리가 있습니다. 하지만 우리가 그것을 적절히 활용하지 못한다면, 그것이 우리에게 도움을 주지 못할 것입니다. 우리가 붙잡지 못하고 실패하는 가장 분명한 일들 중에 하나가 죄의 결과로 나타난 인간의 형편입니다. 우리가 그 점에 대해서 다 살펴본 바 있습니다. 당신은 과거에 여러 차례 읽었던 성경 말씀, 그때마다 자신이 알고 있다고 생각했던 그 말씀이 어느 날 갑자기 당신에게 살아 있는 말씀으로 그리고 과거에 결코 체험하지 못했던 그런 방법으로 다가오는 그런 성경 구절을 발견한 적이 없습니까? 우리들은 모두 여러 차례 이 같은 경험을 했을 것입니다. 성경을 읽고 그 진리에 형식적으로 동의하지만 그것이 말씀하시는 바를 적절하게 적용하지 못하는 때가 얼마나 많은지 모릅니다.

저는 바로 그것이 우리가 지금 생각하고 있는 이 특별한 문제의 본질이라고 믿습니다. 왜냐하면 그것이 사도 바울이 '종의 영'이라고 부르는 바를 초래하는 경향이 있기 때문입니다. "너희는 다시 무서워하는 종의 영을 받지 아니하였느니라." 이 '종의 영'이란 말이 무슨 뜻입니까? 그는 종의 정신 혹은 그리스도인의 삶을 돌이켜 새로운 율법 혹은 고차원적인 율법으로 전환하려는 경향에서 비롯됩니다. 제가 지금 율법과의 관계를 매우 분명하게 하는 사람들에 대해서 생각하고 있습니다. 저들은 십계명 혹은 도덕법을 구원의 방편으로 생각합니다. 저들은 그리스도께서 자신들을 죄로부터 구원하시고 또 그분만이 그 일을 할 수 있다는 사실을 확실히 알고 있습니다. 저들은 자신의 노력으로 율법을 완벽하게 지킬 수 없음을 잘 알고 있습니다. 저들은 그리스도께서 율법의 저주로부터 우리를 구속하셨음을 압니다. 또 칭의에 대해서도 매우 잘 알고 있습니다. 하지만 저들은 그리스도인의 삶에 대해서 이제야 적극적으로 바라보기 시작했습니다. 그리고 매우 교묘한 방법, 곧 자신들도 거의 의식하지 못한 채 저들은 새로운 종류의 율법을 붙들게 되었습니다. 그 결과 저들이 종의 영 혹은 노예의 영을 가지게 되었다고 봅니다.

그들은 그리스도인의 삶을 자신들이 담당해야만 될 대단한 임무처럼 생각하고 있으며 또 자신들이 적용해야만 할 것으로 믿고 있습니다. 그들은 산상설교를 읽고 또 그것이 그리스도인의 삶에 대한 모범, 곧 자신들이 살고 싶어하는 삶의 표본이라고 생각합니다. 그리고 복음서에 기록된 주님의 또다른 가르침들을 거기에서 발견하고 관심을 돌립니다. 또 저들은 서신서들을 두루 섭렵하고 사도들을 통해서 주어진 세밀한 규정들을 거기에서 발견한 후에 "그것이 바로 그리스도인의 삶이다"라고 말합니다. 저들이 그런 것들을 발견하여 그것을 자신들이 마땅히 담당하고 또 일상생활 가운데서 실천해야만 될 그 무엇으로 생각한다는 말입니다. 환언해서, 거룩이 저들에게 큰 짐이 되고 있다는 사실입니다. 저들은 자신의 삶을 계획하고 조직하여 한 걸음 더 나아가서 자신들이 수행해 나갈 수 있는 어떤 훈련준칙들을 소개합니다. 이런 태도는 로마 카톨릭 교회와 그 가르침의 고전적인 방법에서 찾아볼 수 있습니다.

수도원 제도의 전체적인 사상체계에서 볼 때 그것은 바로 이 같은 것을 전시하는 것에 불과합니다. 기독교 진리와 직면한 남녀 성도들이 있을 수 있습니다. 저들은 "그래, 그리스도인의 삶은 고상하고 수준 높은 삶이야. 만일에 혹자가 성공적인 삶을 살아야 한다면, 그것은 한평생의 문제가 될 거야"라고 말합니다. 심지어 저들은 계속해서 다음과 같이 말합니다. "당신은 그렇게 할 수 없어. 사업을 하거나 전문 직종에 계속 종사하면서 이 세상에서는 전혀 그렇게 살수는 없어. 그렇게 하려면 당신 자신을 세상에서 분리시키지 않으면 안 돼. 그 길은 세상을 떠나는 수밖에 없어." 저들은 그렇게 합니다. 그것은 이런 생각에 대한 극단적인 형태입니다. 거룩이나 거룩에 대한 훈련과 영적인 삶은 평생 동안 지속되어야만 될 일입니다. 더군다나 당신은 특별히 그 일에 자신을 투자해야만 하고 또 법칙과 규정을 세워야만 그렇게 살 수 있습니다.

바울 사도에 의하면, 그것이 바로 종의 영이라는 것입니다. 하지만 저는 이것이 로마 카톨릭에게만 한정된다고 말할 필요가 없으며 또 자신들이 '카톨릭'이라고 부르는 사람들에게 제한시킬 수도 없다고 봅니다. 그것은 매우 보편적일 수 있습니다. 실제적으로 보편적인 현상으로 나타나고 있습니다. 복음주의적인 성도들 사이에도 그런 일이 나타나고 있습니다. 우리는 새로운 율법을 우리 자신들에게 쉽게 부과합니다. 물론 우리가 그것을 율법이라고 부르지는 않습니다. 만일에 우리가 스스로 율법 밑으로 들어갔다는 사실을 깨닫는다면, 우리는 그렇게 하지 않을 것입니다. 하지만 우리는 여전히 그런 경향에 젖어 있습니다. 저는 많은 인용을 통해서 이것을 입증할 수 있습니다. 신약성경에 나오는 서신서들이 이에 대한 인용들을 제공하고 있기 때문입니다. 골고새교회에 보내는 바울서신의 논증을 살펴보시기 바랍니다. 거기에서 바울은 특별한 말씀으로 이 문제를 취급하고 있습니다.

제2장에서 바울이 이에 대하여 설명하는 것을 들어보도록 합시다. "그러므로 먹고 마시는 것과 절기나 월삭이나 안식일을 인하여 누구든지 너희를 폄론하지 못하게 하라 이것들은 장래일의 그림자이나 몸은 그리스도의 것이니라 누구든지 일부러 겸손함과 천사 숭배함을 인하여 너희 상을 빼앗지 못하게 하라 저가 그 본 것을 의지하여 그 육체의 마음을 좇아 헛되이 과장하고 머리를 붙들지 아니하는 자라 온 몸이 머리로 말미암아 마디와 힘줄로 공급함을 얻고 연합하여 하나님이 자라게 하심으로 자라느니라 너희가 세상의 초등학문에서 그리스도와 함께 죽었거든 어찌하여 세상에 사는 것과 같이 의문에 순종하느냐 곧 붙잡지도 말고 맛보지도 말고 만지지도 말라 하는 것이니 이 모든 것은 쓰는 대로 부패에 돌아가리라 사람의 명과 가르침을 좇느냐 이런 것들은 자의적 숭배와 겸손과 몸 괴롭게 하는 데 지혜 있는 모양이나 오직 육체 좇는 것을 금하는 데는 유익이 조금도 없느니라"(골 2:16-23).

이제 그것은 초대교회에 어떤 일이 있었는가에 대한 통찰력을 우리에게 제공해 줍니다. 일종의 수도원 제도, 곧 가장 교묘한 방법이 유입되었습니다. 우리 가운데 그런 특별한 형식은 존재하지 않습니다. 하지만 그런 경향 혹은 시험의 가능성은 여전히 있습니다. 바울이 디모데에게 똑같은 일로 편지를 써서 경고했습니다. 디모데전서 4장에 나오는 그 말씀을 들어 보십시오. "그러나 성령이 밝히 말씀하시기를 후일에 어떤 사람들이 믿음에서 떠나 미혹케 하는 영과 귀신의 가르침을 좇으리라 하셨으니 자기 양심이 화인 맞아서 외식함으로 거짓말하는 자들이라 혼인을 금하고 식물을 폐하라 할 터이나 식물은 하나님이 지으신 바니 믿는 자들과 진리를 아는 자들이 감사함으로 받을 것이니라"(딤전 4:1-3). 그것은 지금까지도 매우 보편적인 그 무엇입니다.

저는 매우 철저하게 복음적인 신앙을 가지고 있는 한 처녀가 고기 먹는 것을 중단했던 사례를 매우 잘 알고 있습니다. 그녀는 짐승이 먼저 죽어야 하고 또 그것이 사랑의 정신을 파괴하는 것이라는 이유로 그리스도인이라면 마땅히 고기를 먹지 않는 것이 바람직한 것임을 증명할 수 있다고 믿었습니다. 자기 자신에게 율법을 부과했던 처녀가 아닐 수 없습니다. 그 목적이 무엇이었을까요? 그녀는 매우 진지했고 또 복음적인 그리스도인이었습니다. 그녀는 믿음으로 의롭게 된다는 진리도 매우 잘 알고 있었습니다. 하지만 무의식적으로 그녀는 그리스도인의 삶에서 돌이켜 자신 위에 부과했던 한 새로운 율법으로 자신의 삶을 영위하고 있었던 것입니다. 제가 방금 전에 인용했던 그 사도의 말씀, 곧 혼인을 금하고 음식을 폐하라는 말씀은 바울이 언급했던 '다시 무서워하는 종의 영'이 무엇을 뜻하는가를 보여 주기에 충분합니다.

우리가 이것을 현재에 지방에서 볼 수 있는 어떤 일들의 견지에서 해석해 보도록 하겠습니다. 새로운 율법을 그리스도인들에게 부과하는 경향이 있습니다. 후에 이에 대한 계속적인 설명을 시도할 텐데 세밀한 것은 그때에 다시 설명하도록 하겠습니다. 하지만 여기에서는 그것을 원리적으로만 생각해 보겠습니다. 이 '종의 영'은 언제나 그것을 수반합니다. 그리고 뒤이어 두려움의 영이 나타납니다. 바울은 갈라디아 교회의 성도들에게 편지를 쓰면서 하나님이 우리에게 종의 영을 주시지 않았다고 했습니다. 하지만 그가 여기에서는 "너희가 또다시 두려워하는 종의 영을 받지 아니하였느니라"고 표현하고 있습니다.

좋습니다. 어떤 의미에서 이것이 두려워하는 영을 수반했을까요? 먼저 그것은 하나님을 두려워하는 잘못된 현상을 초래하는 경향이 있습니다. 하나님에 대한 바른 두려움이 있습니다. 우리는 위험할 때 그것을 무시하거나 소홀히 합니다. 하지만 하나님을 잘못 두려워하는 경우가 있는데 그것을 일컬어 소심한 두려움이라고 합니다. 다시 말해서 그것은 고통이 수반되는 두려움입니다. 이런 사람들이 그 같은 잘못된 두려움을 증대시키는 경향이 있다고 생각합니다. 그들은 하나님을 현장 감독으로 생각하고 또 저들에게서 허물이나 오점을 찾아내기 위하여 계속 살펴보다가 그것에 따라 벌을 주는 사람쯤으로 믿고 있다는 사실입니다. 또 다른 사람들은 하나님을 단지 멀리 계시면서 엄하게 법이나 제정하시는 분으로 생각하고 있습니다. 제가 앞에서 이미 언급했듯이 카톨릭적 경향으로 볼 때에는 이것이 매우 사실입니다. 그리고 이 특별한 고통이 매우 분명하게 나타난다는 점과 또 하나님께서 멀리 계시고 한 걸음 더 나아가서 그가 위대한 입법자라는 점에서만 본다면 똑같이 사실입니다.

하지만 그것은 하나님만 두려워할 것이 아니라 또한 그가 행하신 일의 위대함에 대해서도 역시 두려워해야 할 것입니다. 그 일에 대한 윤곽을 스스로 파악했기 때문에 그들은 이제 그것을 두려워하기 시작했습니다. 그래서 저들은 사람이 세상으로부터 자신을 격리시키기만 한다면 살아갈 수 있으리라고 생각합니다. 하지만 사업을 한다거나 전문 직종에 종사하면서 그리스도인의 삶을 사는 것은 불가능하다는 것입니다. 그러므로 그것이 하나의 두려움과 공포가 됩니다. 저들은 그것을 두려워합니다. 그것이 바로 그리스도인의 삶에 대한 저들의 태도입니다. 저들은 그 안에서 기쁨을 누리지 못합니다. 왜냐하면 그 업무에 대한 부담감이 너무 커서 두려움의 영으로 저들이 가득 채워지기 때문입니다. 저들은 자기 자신들과 또 마땅히 살아야만 될 이 같은 진실한 삶이 참으로 가능한가에 대하여 고통스러움을 느끼고 있습니다.

이 두려움의 영이 나타나는 또 다른 방법이 있습니다. 그것은 저들이 마귀의 능력을 인식하는 잘못된 방법 때문에 두려워하는 경향이 있다는 사실입니다. 이제 제가 이 모든 진술들을 하나씩 검토해 보아야만 하겠습니다. 마귀에 대한 정당한 두려움이 있을 수 있습니다. 당신은 유다서에 언급된 내용을 발견하실 수 있을 것입니다. 그리고 베드로후서에서도 역시 그 같은 내용을 발견하게 될 것입니다. 거기에 경박하고 영적으로 무지한 사람들이 나오는데, 저들이 마귀와 또 그의 능력을 전혀 알지 못하기 때문에 그 마귀에 대해서 농담을 하고 있습니다. 하지만 다른 한편으로 우리는 소심하게 마귀를 두려워해서도 안 됩니다. 이 사람들은 마귀의 능력을 알고 있습니다. 그들은 영적으로 각오된 사람들입니다. 이것은 가장 좋은 사람들 중에 일부에게도 닥쳐오는 특별한 시험입니다. 그들은 이 큰 능력, 곧 저들을 향하여 마귀의 능력이 나타나고 있음을 봅니다. 그래서 저들이 두려워하고 있는 것입니다.

그리고 저들은 자신들 속에 들어 있는 죄 때문에 똑같이 두려워합니다. 그들은 자신들을 비난하고 또 자신들의 마음이 얼마나 더럽고 흑심으로 가득 차 있는가를 말하는 데 많은 시간을 보내고 있습니다. 우리는 균형을 유지해야만 합니다. 자기 자신의 죄상을 알지 못하거나 혹은 마음의 더러움을 깨닫지 못하는 신자는 그에 대한 어떤 지식이 없는 한 신앙적으로 어린아이에 불과합니다. 그런 사람이 기독교적 신앙 안에 있는지 제가 묻고 싶습니다. 성경에 의하면, 내주하는 죄를 인식하지 못하는 사람은 초신자에 불과하고 중생하지 못한 사람임에 틀림없습니다. 하지만 그것은 두려움의 영을 소유하고 있는 것과는 매우 다릅니다. 그들은 단순히 이런 상태에서 '즐거움을 비웃고 고된 나날들'을 살아가는 것입니다. 이런 것이 오늘날 매우 평범한 생활은 아닙니다. 그렇습니다. 오늘날 그리스도인들은 너무 건강하다고 말하고 싶은 유혹을 받습니다. 우리가 가지고 있는 특별한 문제는 우리가 너무 건강하고 너무 즐거워하는 마음으로 살고 있다는 것입니다. 만일에 우리가 지난 세기나 혹은 그 전 세기 또는 그 전전세기로 돌아간다면, 당신이 다른 경향, 다시 말해서 슬퍼하는 경향이나 혹은 한 번도 즐거워하지 못하고 언제나 슬퍼하는 모습을 발견하게 될 것입니다. 그들 중에 어떤 사람은 너무 지나쳐서 혹시 당신이 기뻐하는 모습을 보였다면 무엇인가 당신에게 잘못된 현상이 나타났다고 말할 정도였을 것입니다. 다시 말하지만 그것은 두려움의 영에 대한 죄책감으로 기인된 것입니다. 그것은 내주하는 죄의 능력을 매우 세심하게 자각하고 있기 때문입니다.

환언해서, 제가 그것을 이렇게 요약할 수 있겠습니다. 이런 타입의 그리스도인이 가지는 종의 영으로 말미암아 비롯된 두려움의 영은 궁극적으로 자기 자신들을 두려워하고 또 실패를 두려워하는 것입니다. 그들은 말합니다. "저는 그리스도인의 삶을 살기로 했습니다. 그렇습니다. 하지만 문제는 있습니다. 제가 그렇게 살 수 있을까요? 그것은 기적 같은 일이고 너무 놀라운 일이며 매우 고무적인 일입니다. 제가 어떻게 그런 삶을 살 수 있을까요? 제가 어떻게 그렇게 높이까지 올라갈 수 있을까요?" 자기 자신이 약하다는 점과 업무의 위대성, 그리고 마귀의 능력이 어떠함을 인식하고 있기 때문에, 저들이 종의 영에 사로잡히며 또 가라앉고 고통스러워하며 염려하고 두려워하는 마음으로 가득하게 되는 것입니다.

그런 상태에 놓여 있는 사람들을 향하여 그 사도가 돌이켜 말씀합니다. "너희가 두려워하는 종의 영을 받지 아니하였느니라. 너희가 마치 종의 영을 받은 것처럼 두려워하고 있구나. 하지만 너희는 거기에서 구속을 받았느니라. 그런데 왜 되돌아가려 하느냐?" 도대체 이런 상태에 대한 해결책이 무엇입니까? 사도께서 이 중요한 진술에 대하여 간략한 설명을 하고 계십니다. 대답이 무엇입니까? 그것은 우리가 성령론과 또 그리스도인의 심령 가운데 성령께서 내주하고 계신다는 진리를 깨닫는 것입니다.

사도에 따르면 바로 그것이 메시지이며 또 그것은 두 가지 방법으로 역사합니다. 첫째로 내가 자신을 부인하고 십자가를 지며 주 예수 그리스도를 따르는 이 엄청나고 영광스러운 사명을 감당할 때에 주께서 이 세상을 사셨던 대로 그 뒤를 따라가야만 한다는 점을 깨닫는 것입니다. 내가 거듭나고 하나님에 의해서 아들의 형상을 따라 새로 지음을 받았다는 사실을 깨달을 때에 다음과 같은 질문을 하기 시작합니다. '내가 누구이기에 그렇게 살 수 있는가? 내가 그렇게 사는 것을 꾿이나 꿀 수 있겠는가?' 여기에 그 대답이 있습니다. 성령론, 다시 말해서 성령님이 우리 안에 내주하고 계신다는 진리 때문입니다. 그것이 무엇을 교훈하고 있습니까? 그것은 먼저 우리 안에 거하시는 성령의 능력을 상기시켜 줍니다. 그 사도가 13절에서 그것을 벌써 말씀한 바 있는데, 거기에서 그는 육체를 따라 사는 삶을 어떻게 중단할 것인가 하는 문제를 취급하고 있습니다. "만일에 너희가 육체를 따라 살면 죽으리라. 하지만 너희가 성령을 좇아 몸의 행실을 죽이면 살리라."

여기에서 그는 똑같은 교훈을 취급하고 있습니다. "하나님께서 우리에게 두려워하는 영을 주시지 아니하셨느니라." 그는 결국 로마인들에게 말합니다. 당신들은 마치 자신이 혼자 그 위대한 그리스도인의 삶을 살아야 하는 것처럼 자신의 일만을 생각하고 있습니다. 하지만 당신은 자신이 용서받았음을 깨달아야만 합니다. 그리고 자신의 죄를 다 씻어 주시고 없애 주신 하나님께 감사해야 합니다. 그럼에도 불구하고 당신은 그것이 전부요 또 그 다음에는 당신으로 하여금 혼자 그리스도인의 삶을 살도록 자신에게 맡겨 버리거나 한 것처럼 생각하는 듯 싶습니다. 만일에 당신이 그렇게 생각한다면 그것은 두려워하는 종의 영 때문이라 해도 놀랄 일이 아닐 것입니다. 왜냐하면 모든 것이 절망적이기 때문입니다. 바울은 다시금 이렇게 말합니다. "그것은 옛 율법보다 더 어렵고 힘든 새 율법을 저들이 가지게 되었다는 것을 뜻합니다. 하지만 그런 형편이 아니라면 성령께서 저희 안에 내주하시기 때문입니다."

사실상 그는 8장을 통해서 그 문제를 취급해 오고 있습니다. 예를 들어 3절에서 그가 말하고 있는 바를 고찰해 보시기 바랍니다. "율법이 육신으로 말미암아 연약하여 할 수 없는 그것을 하나님은 하시나니 곧 죄를 인하여 자기 아들을 죄 있는 육신의 모양으로 보내어 육신에 죄를 정하사 육신을 좇지 않고 그 영을 좇아 행하는 우리에게 율법의 요구를 이루어지게 하려 하심이니라." 여기에서 '율법이 육신으로 말미암아 연약하여 할 수 없는 그것'이란 무엇을 뜻한다고 봅니까? 그가 의미하는 바는 율법이 아무도 구원할 수 없다는 것입니다. 율법은 어떤 사람이라도 그리스도인으로 살도록 하지 못합니다. 그 같은 이유 때문에 율법은 무기력합니다. 또 그것은 육체의 약함 때문에 그렇습니다. 육신이 약하기 때문에 율법이 할 수 없다는 것입니다. 율법 속에는 육체가 없습니다. 당신은 분명히 율법의 육체의 약함에 대하여 말할 수는 없습니다.

그것은 율법이 주어졌다는 뜻입니다. 하지만 인간 자신은 그것을 지키도록 요구받고 있습니다. 육체의 약함이 율법 속에 있는 것이 아니라 바로 인간 속에 있습니다. 율법은 약하지 않습니다. 그것을 지키고 준수해야만 하는 인간이 약한 것입니다. 저는 한 노전도자가 이것을 매우 잘 설명하는 것을 들었습니다. 그는 우리에게 삽으로 정원을 파고 있는 한 남자의 그림을 주었습니다. 그가 계속해서 정원을 파고 있습니다. 그러다가 삽 자루가 부러져 버렸습니다. 그가 지적하기를 그 같은 삽에는 아무런 문제가 없다는 것입니다. 그것은 정당하다는 것입니다. 그 삽 자체는 튼튼하고 또 강철로 만들어졌습니다. 하지만 문제는 약하게 나무로 만들어진 삽 자루에 있었다는 것입니다. 그것이 저가 제시한 그림이었습니다. 만일에 우리가 그리스도인의 삶을 살고 있는 우리 자신들에게 새로운 율법을 부과하고서 당신과 내가 우리 자신의 힘을 발휘해야만 한다고 할 때 우리가 실패할 수밖에 없다는 것은 사실이 아니겠습니까? 하지만 우리는 그렇게 해서는 안 됩니다. 왜냐하면 성령께서 우리 안에 내주하시기 때문입니다. "너희는 육체에 있지 아니하고 오직 성령 안에 있느니라."

5절부터 14절까지 나오는 말씀이 어떻게 역사하는지 한 번 관찰해 보도록 하겠습니다. 자연인과 그리스도인의 실제적 차이점은 후자가 자기 안에 그리스도인의 영을 소유하고 있다는 사실입니다. 그 사람이 어떤 경험을 했든지 간에 그가 그리스도의 영을 소유하지 않았다면 그는 그리스도의 사람이 아닙니다. "만일 너희 속에 하나님의 영이 거하시면 너희가 육신에 있지 아니하고 영에 있나니 누구든지 그리스도의 영이 없으면 그리스도의 사람이 아니라"(롬 8:9).

여기에서 그는 똑같은 논증으로 되돌아오고 있습니다. 그는 "너희가 종의 영에 있을 필요가 없다"고 말합니다. 왜 그렇습니까? 성령께서 저희 안에 계시고 또 그가 너희에게 능력 주시고 힘을 주실 것이기 때문입니다. 바울은 언제나 그 메시지를 반복하고 있습니다. 빌립보서 2:13을 통해서 그가 말씀하시는 메시지에 귀를 기울여 보십시오. "너희 안에서 행하시는 이는 하나님이시니 자기의 기쁘신 뜻을 위하여 너희로 소원을 두고 행하게 하시느니라." 또 "너희 구원을 이루라"고 말합니다. 어떻게 이루라는 것입니까? "두렵고 떨림으로 이루라"는 것입니다. 오늘날 우리는 너무 건강합니다. "두렵고 떨림으로 너희 구원을 이루라." 사람들은 회심의 단계에서 두려워하지 않습니다. 오히려 저들은 후에 두려워합니다. 그리고 저들은 떨림의 의미를 알지 못합니다. "두렵고 떨림으로 너희 구원을 이루라. 왜냐하면 너희 안에서 행하시는 분이 하나님이시며 또 그분이 자신의 기쁘신 뜻을 위하여 너희로 소원을 두고 행하게 하시기 때문이다." 그분이 바로 성령이십니다. 이것이 종의 영과 두렵게 하는 거짓 영을 쫓아내는 방법입니다. 우리는 하나님의 영이 우리 안에 계심을 깨달아야만 합니다. 그리고 우리는 그분을 바라다보아야만 합니다. 우리는 그분의 도움을 요청해야만 합니다.

또 우리는 그분을 의지해야만 합니다. 그것은 우리가 수동적이어야만 한다는 것을 뜻하지 않습니다. 그것은 우리가 믿고 또 우리가 씨름할 때 그분이 우리에게 능력을 주신다는 것을 뜻합니다. 그분이 우리에게 그렇게 하도록 촉구하지 않는 한 우리는 스스로에게 열심히 그 일을 하도록 강요할 수 없습니다. 그는 우리 가운데서 역사하시고 우리는 그 일을 실천해 나갑니다. 우리가 이것을 깨달을 때에 업무는 어렵지 않습니다. 바울은 갈라디아서 4장을 통해 대칭적인 말씀을 시사하고 있습니다. "하나님이 그 아들의 영을 우리 마음 가운데 보내사 아바 아버지라 부르게 하셨느니라." 그 아들의 영이라는 것입니다. 그리스도인으로서 우리가 예수님이 이 땅에 계실 때에 하나님의 아들 속에 계셨던 바로 똑같은 그 성령님께서 지금 우리 안에 계신다는 사실을 이해하시겠습니까? 아버지께서 그 영을 주십니다. 아들 속에 계셨던 그 똑같은 성령을 지금은 우리에게 주셨습니다. 그에게 능력을 주셨던 그 영께서 지금은 우리를 능하게 하십니다. 그것이 바로 바울의 논증입니다.

서둘러서 두 번째 원리를 고찰해 보도록 하겠습니다. 우리 마음속에 성령께서 임재하심은 우리로 하여금 하나님과의 관계가 어떠함을 상기시켜 줍니다. 이것은 참으로 놀라운 일입니다. "너희는 다시 무서워하는 종의 영을 받지 아니하였고 양자의 영을 받았으므로 아바 아버지라 부르짖느니라." 성령의 내주는 우리에게 아들 됨을 상기시켜 줍니다. 그렇습니다. 우리는 성인 아들입니다. 우리는 유아가 아닙니다. 그 용어는 우리가 장성한 아들이요 또한 우리의 모든 능력을 소유한 아들임을 뜻합니다. 이에 대한 명확한 이해는 또다시 무서워하는 종의 영을 제거합니다. 그것은 존경과 거룩과 두려움은 내쫓지 않습니다. 오히려 그것은 종의 영이 가져오는 두려움만 멀리 쫓아 버립니다.

어떻게 그렇게 됩니까? 그것은 우리로 하여금 그리스도인의 삶을 사는 목적이 어떤 표준을 획득하는 것뿐만 아니라 또한 하나님을 더욱 기쁘시게 해 드리는 것임을 깨닫게끔 만들어 줍니다. 하나님께서 우리의 아버지이시기 때문입니다. 우리가 양자의 영을 받았기 때문에 그분에게 아바 아버지라 부릅니다. 노예에게는 '아바'라고 부르는 것이 허락되지 않습니다. 노예의 영은 하나님을 아버지로 생각하지 않습니다. 그는 하나님께서 아버지이신 줄 깨닫지도 못하고 또 그를 정죄할 권세가 있는 심판주로 생각하지도 않습니다. 하지만 그것은 잘못입니다. 그리스도인으로서 우리는 믿음으로 하나님이 우리의 아버지란 사실을 확실하게 배우지 않으면 안 됩니다. 그리스도께서 기도를 가르치실 때에 '우리 아버지'라고 부르셨습니다. 이 영원무궁하신 하나님께서 우리의 아버지가 되셨으며 또 아버지가 되시는 바로 그 순간 우리는 모든 것이 변함을 깨닫게 되었습니다.

그는 우리의 아버지이십니다. 이제 그분이 언제나 우리를 돌보아 주십니다. 그가 우리를 영원한 사랑으로 사랑하십니다. 그가 우리를 이처럼 사랑하사 그의 독생자를 이 세상에 보내시고 또 우리의 죄를 위하여 십자가에 내어주셨습니다. 그것이 하나님과 우리의 관계입니다. 우리가 그것을 깨닫는 순간, 그것은 모든 것을 바꾸어 놓습니다. 그러므로 내가 원하는 바는 율법을 지키려는 것이 아니라 오히려 내 아버지를 기쁘시게 하는 것입니다. 우리는 본성적으로 그에 대한 것을 압니다. 아버지에 대한 사랑과 아버지에 대한 존경, 그리고 아버지에 대한 두려움은 옛날 종의 두려움과는 완전히 다릅니다. 그것은 우리 아버지를 기쁘시게 하려는 욕구에 근거를 두고 있습니다. 그리고 바로 그것을 붙잡는 순간 우리는 종의 영을 놓아 버립니다. 우리 그리스도인의 삶은 더 이상 규정과 규범의 문제가 아니라 차라리 우리를 위하여 이루어 놓으신 모든 일에 대하여 우리의 감사를 표현하려는 마음에서 비롯되는 것입니다.

하지만 그것이 문제를 다 해결하는 것은 아닙니다. "성령이 친히 우리 영으로 더불어 우리가 하나님의 자녀인 것을 증거하시나니 자녀이면 또한 후사 곧 하나님의 후사요 그리스도와 함께한 후사니 우리가 그와 함께 영광을 받기 위하여 고난도 함께 받아야 될 것이니라." 당신은 그 논증을 보셨습니다. 불가피한 논리입니다. 만일에 우리가 하나님의 자녀이면 우리가 주 예수 그리스도와 관련되었음이 틀림없습니다. 그는 많은 형제 중에 처음 난 자요 우리는 자녀와 후사로 하나님과 관계를 가집니다. 요한이 그의 복음서 17:23에서 언급하고 있는 그 놀라운 일을 살펴 보신 적이 있습니까? 우리 주님께서 아버지께 기도하신 내용을 들어 보십시오. "곧 내가 그들 안에 있고 아버지께서 내 안에 계시어 그들로 온전함을 이루어 하나가 되게 하려 함은 아버지께서 나를 보내신 것과 또 나를 사랑하심 같이 그들도 사랑하신 것을 세상으로 알게 하려 함이로소이다." 우리 주님은 하나님 아버지께서 저를, 곧 독생하신 아들을 사랑하는 것같이 우리를 사랑하신다고 말씀하십니다. 그러므로 우리가 아들들, 곧 하나님의 자녀가 되었음을 깨닫기 시작한 것입니다.

우리는 우리 자신들이 새로운 영예와 위치를 점유하게 되었음을 발견합니다. 또 새로운 지위와 영광스러운 자리에 오르게 되었습니다. 다시금 대제사장의 기도로 돌아가서 그의 말씀을 생각해 봄으로써 그가 아버지를 영화롭게 했던 것처럼 이 세상에서 우리가 그를 영화롭게 할 수 있는 방법을 살펴보는 것이 좋겠습니다. 그것을 이해하시겠습니까? 그것이 바로 그리스도인의 삶입니다. 그것이 바로 그리스도인의 삶을 사는 이유입니다. 그것이 바로 내가 하나님께 속했고 또 내가 마땅히 그를 영화롭게 해야만 한다는 사실을 깨닫는 것입니다. 그것이 바로 본인이 그것을 바라보는 방법입니다. 얼마나 놀라운 입장입니까? 성령께서 내 안에 계시고 또 그가 나를 능하게 하십니다. 그가 나의 시야를 바꾸시고 또 두려워하는 종의 영을 놓아 버리도록 만드십니다.

또다시 제가 그것을 이런 방법으로 깨달을 수 있었습니다. 저는 성령께서 제 안에 내주하고 계신다는 사실을 깨달았습니다. 그것이 바로 고린도전서 6장에서 바울이 전파하고 있는 논증입니다. "너희 몸이 성령이 거하시는 전일 줄 알지 못하느냐?" 그것이 육체의 죄를 극복하는 방법입니다. 저는 계속해서 사람들이 이 같은 질문을 던진다는 사실을 발견했습니다. 저들은 어떤 문제 혹은 난제를 가지고 찾아 와서 이렇게 말합니다. "저는 이것 때문에 지금까지 기도했습니다." 그러면 제가 다음과 같이 대답합니다. "친구여, 당신은 자신의 몸이 성령의 전인 줄 알지 못하십니까?" 그것이 바로 대답입니다. 이해가 안 될 때에는 제가 다시 말합니다. 하지만 그런 친구들은 기도보다는 생각이 더 필요한 사람들입니다. 그들은 자신들의 몸이 우리 안에 거하시는 성령님의 전이란 사실을 스스로 생각해야만 합니다. 기도란 언제나 필요합니다. 하지만 생각 역시 수반되지 않으면 안 됩니다. 왜냐하면 기도가 사람들이 실패하고 패배했을 때 어둠 가운데서 거의 부르짖는 도피 방편으로 활용할 수 있기 때문입니다. 기도는 지성적이어야 합니다. 그것은 자기 몸이 하나님의 성령의 전임을 깨달을 사람들의 몫입니다. 그때에 응답이 주어질 것이며 능력이 임할 것입니다.

마지막으로 우리 안에 거하시는 성령께서 우리의 운명을 상기시켜 주신다는 사실입니다. "자녀이면 또한 후사 곧 하나님의 후사요 그리스도와 함께한 후사니." 그것이 바로 그리스도인의 삶을 사는 방법입니다. 바울은 계속해서 이런 논증을 펼칩니다. 그리고 자주 로마서 8장 마지막 두절에 기록된 영광스러운 표현으로 종결지을 때가 있습니다. 그리스도인이란 자신의 운명이 절대적으로 확실한 사람들입니다. 그는 "사망이나 생명이나 천사들이나 권세 자들이나 현재 일이나 장래 일이나 능력이나 높음이나 깊음이나 다른 아무 피조물이라도 그리스도 안에 있는 하나님의 사랑에서 끊어질 수 없다"는 사실에 의심할 이유가 없습니다. 그것은 표준을 지켜야만 한다는 문제가 아닙니다. 그것은 어떤 일을 하기 위해서 헛되이 노력한다는 문제도 아닙니다. 그것은 당신이 가고자 하는 바로 그곳으로 갈 준비를 갖추는 문제입니다. 두려워하는 종의 영을 떨쳐버리는 방법은, 만일에 당신이 하나님의 자녀라면, 당신은 하나님 나라에 갈 것이고 영광스럽게 될 것이며 또 당신이 내면에서 보고 외부에서 보는 모든 것들이 당신의 계획을 수행하지 못하도록 방해하는 일은 전혀 불가능하다는 사실을 깨닫는 것입니다.

그러므로 그리스도인의 삶은 그것을 준비하는 문제와 관련된 것입니다. 이것이 바로 세상을 이기고 심지어 우리의 믿음을 이기는 승리입니다. 믿음은 무엇에 대한 믿음입니까? 자신의 궁극적인 운명에 대한 믿음입니다. 그렇지 않으면 요한일서 3:2 말씀을 찾아서 살펴보십시오. "사랑하는 자들아 우리가 지금은 하나님의 자녀라 장래에 어떻게 될 것은 아직 나타나지 아니하였으나 그가 나타내심이 되면 우리가 그와 같을 줄을 아는 것은 그의 계신 그대로 볼 것을 인함이니라." 그것은 어디로 인도할까요? 우리는 다음 절에서 인도함을 받을 것입니다. "주를 향하여 이 소망을 가진 자마다 그의 깨끗하심과 같이 자기를 깨끗하게 하느니라." 우리가 하나님의 후사 곧 그리스도와 함께 한 후사라는 사실을 깨닫고 또 우리의 운명은 분명하고 확실하여 그 무엇도 방해할 수 없다는 점을 확신하는 것만큼 거룩성을 증진시키는 데 효과적인 것은 아무것도 없습니다. 그것을 깨달으면 그가 거룩함같이 우리 자신들도 거룩함을 유지합니다.

우리는 낭비할 시간이 없다고 믿습니다. 그것이 바로 세 절을 통해서 그 사도가 강조하는 논증입니다. 그것은 모두 실제적입니다. 그것이 그리스도인의 삶을 사는 길입니다. 그것을 법으로 종속시키지 마십시오. 오히려 당신이 성령을 받았음을 깨달으십시오. 그리고 이 주제를 살펴보십시오. 당신의 아버지께서 지켜보고 계십니다. 그가 당신을 돌보실 것입니다. 그렇습니다. 성경적인 언어를 사용하겠습니다. 그는 당신에 대해서 질투하십니다. 왜냐하면 당신이 두 분께 속했기 때문입니다. 당신은 그리스도에게 속했습니다. 당신은 그의 형제입니다. 성령께서 바로 당신의 몸에 거하시며 또 당신은 영광받도록 되어 있습니다. 그렇습니다. 그렇다면 그것이 어떻게 된 것입니까? 당신이 그 같은 운명을 묵상하면서 다음과 같이 말씀해 보십시오.

> 내 영혼을 당신의 충만한 구원으로 붙드소서
> 죄와 두려움을 물리치고 나를 돌보소서
> 어떤 상황에서든지 기쁨을 발견하게 하시고
> 아직 해야만 할 그 무엇 혹은 참아야만 할 일이 있지만
> 당신 안에 성령께서 내주함을 생각하고
> 하나님께서 당신을 향하여 미소를 지으시며
> 구주께서 당신의 승리를 위하여 죽으셨으니
> 하나님의 자녀, 당신이 불평할 수는 없겠지요?

두려워하는 종의 영에 사로잡힌다는 것은 얼마나 잘못된 일인지 모릅니다. 하나님의 자녀, 당신이 불평해서는 안 되지요? 결코 그럴 수 없습니다. 성령께서 당신 안에 내주하심을 생각해 보십시오. 하나님께서 당신에게 미소 짓고 있습니다. 구주께서 당신으로 하여금 승리하도록 죽어주셨습니다. 하나님의 자녀, 당신이 불평해서는 안 되겠지요? 그 찬송 구절은 이 세 구절에 대한 매우 귀한 해석이 될 것입니다. 그것을 붙드십시오. 그리고 그것을 활용하십시오. 또 그것을 실천해 보십시오. 당신이 무엇을 느끼는가에 대해서는 염려하지 마십시오. 당신에 관한 진리는 영광스러운 것입니다. 만일에 당신이 그리스도 안에 있으면 죄와 두려움과 걱정은 사라질 것입니다. 충만한 구원을 취하십시오. 그리고 승리와 이김을 맛보십시오.

제 13 장

거짓 교훈

"너희의 복이 지금 어디 있느냐 내가 너희에게 증거하노니 너희가 할 수만 있었더면 너희의 눈이라도 빼어 나를 주었으리라"   (갈 4:15)

저는 우리가 또다른 영적 침체 혹은 그리스도인의 삶에 나타나는 불행 현상의 원인을 고찰하기 위해서 그 사도가 갈라디아교회 성도들에게 전파했던 그 문제에 당신의 관심을 촉구하는 바입니다. 갈라디아서 전체를 통해서 진실로 이 한 문제가 취급되고 있습니다. 이 갈라디아 사람들이 사도 바울이 전하는 복음을 들었다는 말입니다. 그들은 전형적인 이교도들이었습니다. 그들은 하나님 없는 사람들이었습니다. 그들은 하나님께서 어떤 분이신지 혹은 그의 아들이나 그 위대한 기독교의 구원을 전혀 알지 못했습니다. 하지만 사도 바울이 저들에게 와서 복음을 전파했고 또 저들은 기쁨으로 복음의 메시지를 받아들였습니다. 그는 저들이 처음 바울을 만났을 때 그리고 저들에게 처음으로 복음을 전파했을 때 저들이 얼마나 기뻐했었는지 매우 자세하게 묘사하고 있습니다. 바울이 저들 가운데 있을 때 육체적으로 건강하지 못했음이 분명합니다. 그가 모종의 안질로 인하여 고통을 당하고 있었다는 데 거의 의심의 여지가 없습니다. 왜냐하면 그가 저희와 함께 있을 때에 할 수만 있었다면 자신들의 눈이라도 빼어 저를 도와 주려고 했던 사실을 상기시키고 있기 때문입니다.

혹자는 고통스럽고 염증 있는 그의 눈의 상태가 쳐다보기에도 혐오스럽고 불쾌하기까지 했다고 전합니다. 그 사도의 외모에 호감을 가질 만한 것은 아무것도 없었습니다. 그는 고린도교회에게 자신의 육체가 약하다고 했습니다. 그는 오늘날 소위 품위 있는 외모는 갖추지 못했습니다. 그는 안질로 인하여 추가적으로 품위가 손상되지 않았다 할지라도, 보기에 평범한 사람에 불과했습니다. 하지만 그가 여기에서 저들에 대하여 언급하고 있는 대로, 그들은 어떤 방법으로도 바울을 괴롭히지 않았습니다. 그는 "너희를 시험하는 것이 육체에 있으되 이것을 너희가 업신여기지 않았다"고 했습니다. 저희는 오히려 그를 하나님의 천사와 같이 또는 그리스도 예수와 같이 영접했습니다. 그리고 저들은 이 놀라운 구원을 즐거워하였습니다. 하지만 지금은 상황이 완전히 달라졌습니다. 저들이 지금은 행복하지 않게 되었습니다. 그래서 바울이 긴장한 채로 "너희의 복이 지금 어디 있느냐"고 묻게 된 것입니다. 저들이 지금은 스스로 불행하게 되었고 또 거의 돌아서서 바울 사도를 대적하고 있었습니다. 그들의 상태는 매우 침체되어 사도가 다음과 같은 언어적 표현을 할 수밖에 없었습니다. "나의 자녀들아 너희 속에 그리스도의 형상이 이루기까지 다시 너희를 위하여 해산하는 수고를 하느니라."

저들이 누렸던 이전의 축복에 대해서 던지는 질문이 매우 충격적입니다. 참으로 그는 저들에게 보내는 편지 초반에서 그것을 다른 형태로 설명한 바 있습니다. 1:6에서 그는 이렇게 말합니다. "그리스도의 은혜로 너희를 부르신 이를 이같이 속히 떠나 다른 복음 좇는 것을 내가 이상히 여기노라." 그 다음에 사도는 다시금 3:1을 통하여 이렇게 언급합니다. "어리석도다 갈라디아 사람들아 예수 그리스도께서 십자가에 못 박히신 것이 너희 눈앞에 밝히 보이거늘 누가 너희를 꾀더냐." 더 이상 추가적인 증거를 댈 것도 없이, 제가 생각하기에는 과거에 그렇게 행복했었고 또 새로 발견한 구원을 인하여 그렇게 즐거워하였던 이 갈라디아교회의 성도들이 지금은 영적으로 불행해 하고 있고 또 낙심하고 있음이 분명합니다.

우리 앞에 제시되고 있는 문제는 바로 이것입니다. 이 변화의 원인이 무엇입니까? 저들에게 어떤 일이 일어났습니까? 그 대답은 매우 간단합니다. 한 마디로 대답할 수 있을 정도입니다. 그것은 전적으로 거짓 교훈에서 비롯되었습니다. 그것은 갈라디아 지방에 있는 교회들과의 문제였습니다. 그들의 모든 문제는 저들이 어떤 거짓 교훈을 믿고 받아들인 데서 촉발되었습니다. 이것은 신약성경에서 매우 자주 취급되고 있는 그 무엇입니다. 다른 곳에서 취급되고 있는 이 문제를 당신이 발견할 수 없는 서신은 거의 없습니다. 이 유아기 교회들이 처음에는 사도 바울을 따라 다니다가 여러 가지 측면에서 그의 메시지와 가르침을 모방했지만 한 걸음 더 나아가서 거기에 자신의 독특한 가르침을 첨가시켰던 모종의 교사들에 의하여 많은 어려움을 겪고 있었습니다. 그 결과 이것이 교회들에게 혼란을 일으키는 연유가 되었을 뿐만 아니라 또한 많은 그리스도인들의 삶에 침체와 불행을 경험하는 계기가 되었습니다. 물론 그것은 마귀의 역사였습니다.

그러므로 그 사도가 말하기를 머뭇거리지 아니하고 또 마귀가 자신을 광명의 천사로 위장할 수 있다는 사실을 상기시키고 있습니다. 그는 그리스도인들을 공격하며 또 많은 거짓된 사상들을 저들의 마음속에 유입시키다가 결국 시간이 지나면 그리스도인의 증거를 파하고 그들의 마음 속에서부터 행복을 빼앗아 가 버리고 맙니다. 신약성경을 정경화시킨 이후에 기독교 교회사 가운데는 그와 똑같은 일로 충만합니다. 그것은 처음부터 시작되었고 그 이후에 다소 증가추세를 보였습니다. 어떤 면에서 교회사를 많은 이단의 발생사, 그리고 그 이단에 대처하는 교회의 전쟁사, 한 걸음 더 나아가서 하나님의 성령의 능력으로 교회를 구원하시는 구원사라고 말해도 과언이 아닐 것입니다.

이것은 제가 소개할 수밖에 없고 또 취급할 수밖에 없는 매우 중요한 주제인 것이 분명합니다. 거짓 교훈은 매우 다양한 형태로 나타날 수 있습니다. 하지만 우리는 그것을 두 가지 부류로 나누어 볼 수 있습니다. 종종 그것은 진리나 기독교 신앙의 핵심 원리 혹은 교리에 대한 공개적인 부인 형태를 취합니다. 종종 그 같은 형태를 취하여 나타나는 그 문제를 좀더 분명하게 생각해 보도록 하겠습니다. 그것이 때때로 자신을 기독교 신자인 것처럼 나타내기도 합니다. 하지만 실제에 있어서 기독교의 메시지를 부인해 버리고 맙니다. 심지어 주 예수 그리스도의 신성 혹은 우리가 믿는 신앙의 핵심교리나 다른 기본적인 교리를 부인하면서도 자신들을 그리스도인으로 생각하는 가르침들이 과거에도 있었고 심지어 지금까지도 있다는 사실입니다.

하지만 거짓 교훈이 언제나 그런 형태만을 취하는 것은 아닙니다. 다른 형태도 있습니다. 제가 지금 특별히 관심을 두고 있는 것이 바로 그것입니다. 어떤 면에서 이 두 번째 부류가 첫 번째 부류보다 더 위험합니다. 이것은 갈라디아 교회 속에 있었던 그런 형태입니다. 그것이 신앙을 많이 부인하지는 않습니다. 핵심교리와 그렇게 많이 모순되지도 않습니다. 그런 교훈은 우리가 이미 믿어 왔던 내용에 첨가적인 그 어떤 것을 제시할 뿐입니다. 그것은 특별한 형태인데 바로 갈라디아 교회의 경우에 그런 형태로 나타났습니다. 어떤 교사들은 주변에 있는 교회들을 순방하면서 결국 이렇게 말합니다. "그렇습니다. 우리는 복음을 믿습니다. 우리도 바울의 가르침에 동의합니다. 그것은 매우 옳습니다. 그가 말한 모든 것이 다 맞습니다. 하지만 그가 충분히 설파한 것은 아닙니다. 그가 절대적으로 치명적인 그 무엇을 아직 남겨 두고 있습니다. 그 치명적인 것이란 바로 할례입니다. 당신이 믿는 바를 계속 붙잡으십시오. 하지만 당신이 진실한 그리스도인이 되려고 한다면, 당신은 추가적으로 할례를 받아야만 합니다." 그것이 저들이 가르치는 요지입니다.

어떻게 그 같은 특이한 가르침이 유입되었는지를 파악하는 것이 전혀 어려운 일만은 아닙니다. 결국 첫 번째 그리스도인들은 모두 유대인들이었습니다. 당신은 복음서와 사도들의 행적을 읽으실 수 있습니다. 그리고 저들을 매우 정당하게 평가할 수 있습니다. 그들의 상황을 매우 쉽게 이해할 수 있기 때문입니다. 그들은 자신들의 옛 신앙이 하나님에 의해서 주어졌고 또 저들이 그것을 사실로 받아들였다는 점을 알고 있었습니다. 저들의 문제는 옛날의 전통적인 가르침에 비추어 새로운 가르침을 어떻게 이해하느냐는 것입니다. 저들은 할례가 하나님에 의해서 아브라함에게 제시되었고 또 그 이후에 줄곧 시행되었다는 사실을 잘 알고 있습니다. 하지만 여기에서 제시되고 있는 새 교훈은 할례가 더 이상 필요치 않으며 유대인과 이방인의 구별이 철폐되었고 한 걸음 더 나아가서 할례나 모든 의식법이 그 목적에 의해서 실시되었지만 이제 하나님의 백성에게 더 이상 중요치 않다는 것입니다. 이제 많은 사람들이 이에 대해서 기쁘게 생각하지 않습니다.

    그렇다고 해서 이방인들이 그렇게 유입된다는 사실에 기분 나빠하는 것은 아닙니다. 처음에 그것은 저들에게 고통이 아닐 수 없었습니다. 당신도 기억하시겠지만 사도 베드로가 그것을 발견했을 때에 그것은 참으로 어려운 문제였습니다. 하나님께서 하늘로부터 저에게 환상을 보여 주셨을 때가 바로 베드로가 고넬료를 받아들이도록 준비하고 또 다른 이방인들을 기독교 교회 안으로 받아들여야만 했던 최초의 때였습니다. 하지만 저들은 이방인들이 동시에 유대인이 되지 않는 한 어떻게 그리스도인이 될 수 있는가를 이해할 수 없었습니다. 그러므로 저들이 갈라디아에 있는 기독교 이방인들에게로 나아가서 만일 저들이 진정한 신자가 되기를 원한다면, 저들이 할례를 받아야만 하고 또 율법을 지켜야만 한다고 저들을 설득했던 것입니다.

    그것이 바울이 갈라디아서에서 취급하고 있는 바로 그 주제입니다. 당신은 그것을 감동 없이 혹은 사로잡히지 않고서 읽어 내려갈 수 없습니다. 그는 열정적으로 기술하고 있습니다. 그가 이 문제에 대하여 너무 관심이 크기 때문에 심지어 의례적인 인사까지 생략하고 편지의 문을 열자마자 막바로 그 주제에 뛰어들어가서 질문을 던지고 있습니다. 왜 그가 이렇게 뜨거움을 느끼고 있으며 또 왜 그렇게 감동을 받고 있습니까? 물론 그 대답은 그리스도인의 표준과 이 사람들의 위치가 흔들림을 저가 느꼈기 때문입니다. 저들이 이 문제에 대한 진리를 발견하지 못한다면, 저들의 모든 신앙적 입장이 난처하게 될 것은 명약관화한 일입니다. 그러므로 그 사도가 그렇게 열심을 가지고 기록한 편지가 없을 정도입니다. 다음에 나오는 말씀에 귀를 기울여 보십시오. "그러나 우리나 혹 하늘로부터 온 천사라도 우리가 너희에게 전한 복음 외에 다른 복음을 전하면 저주를 받을지어다." 그보다 더 뜨거운 마음을 가지고 기록한 말씀을 당신은 결코 읽어 보실 수 없을 것입니다. 그는 "내가 지금 다시 말하노니 만일 누구든지 너희의 받은 것 외에 다른 복음을 전하면 저주를 받을지어다." 그것이 바로 어떤 경향 혹은 사상을 침묵시키는 방법입니다. "내가 보는 바를 이 사람들이 보지 못하는 것은 그렇게 중요하지 않습니다. 우리들이 모두 다 그리스도인들이기 때문입니다."

전혀 그렇지 않습니다. 여기에 분명한 관용이 있을 수 없습니다. 왜냐하면 이 문제 속에 모든 기독교적 입장이 포함되어 있기 때문입니다.

제가 이 문제에 관심을 기울이는 것은 그 같은 갈라디아인들의 역사에 특별한 흥미를 가지고 있기 때문이 아니라 그것이 우리와 관련이 있기 때문입니다. 그것이 바로 신약성경의 영광스러운 부분입니다. 그것은 학적인 책이 아니라 가장 현대적인 책입니다. 당신이 지금 당장 교회에서 어떤 모양 혹은 어떤 형태로 존재하고 있음을 발견할 수 없는 오직 신약성경에만 기술되어 있는 그렇게 독특한 문제나 이단사설은 없습니다. 우리는 영적 침체에 대해서 단순히 토론하는 일에 동참하고 있지 않습니다. 우리는 우리 자신들에 관하여 말하고 있으며 또 우리는 서로에 대해서 대화하고 있습니다. 그것은 이런 일들이 여전히 우리에게 존재하고 있고 또 갈라디아 교회에 들어왔던 그 이단사설이 현대적인 형태로 우리에게 나타나고 있기 때문에 제가 그것이 여러분들의 관심을 촉구하고 있는 것입니다.

이 같은 경험을 겪어 보았던 그리스도인들이 많이 있습니다. 그같은 거짓 진리를 처음으로 겪었을 때 저들은 당황했습니다. 그때에 저들은 "기독교가 그런 것인 줄 결코 몰랐어"라고 말합니다. 저들은 기쁨으로 그것을 받아들입니다. 그리고 놀라운 축복을 경험합니다. 하지만 저들은 갑자기 약간 다른 가르침을 접하게 됩니다. 저들이 그런 것을 읽어볼 수도 있습니다. 혹자가 그것을 설교할 수도 있습니다. 친구에 의해서 제안을 받을 수도 있습니다. 그렇게 해서 저들이 다른 종류의 교훈을 소개받습니다. 이 다른 교훈은 즉시 저들에게 감동을 줍니다. 왜냐하면 그것이 매우 영적인 것처럼 보이고 그것을 믿기만 하면 엄청난 축복을 약속 받을 수 있는 것처럼 보이기 때문입니다. 그래서 저들이 그것을 붙들게 됩니다. 하지만 그 이후에 저들은 자신들이 행복하지 못하며 혼란을 일으킨다는 사실을 발견하기 시작합니다. 그 교훈을 붙들거나 받아들이지 않는 다른 사람들 역시 행복하지 못하고 또 그것에 의해서 혼동을 일으킵니다. 왜냐하면 그것이 저들을 방해하고 그것에 대한 대답을 줄 수 없기 때문입니다. 저들의 기쁨은 사라지고 혼란 속에 갇히게 되는 것처럼 보입니다. 그것이 어느 쪽이든 저들은 처음의 행복을 상실하고 맙니다.

그 같은 어떤 특별한 교훈에 대해서 언급할 필요성을 전혀 느끼지 않습니다. 왜냐하면 제가 무엇을 생각하고 있는지 매우 잘 알고 계실 것으로 확신하기 때문입니다. 하지만 제가 사례로 몇 가지를 말씀드리지 않을 수 없습니다. 그것을 자세히 언급하고 싶은 의도는 없습니다. 여호와의 증인이나 제칠일안식교 같은 분명한 이단들은 별도로 하고서라도, 당신은 성경에서 가르치고 있지 않는 것들을 순종하고 적응하라고 고집하는 로마 카톨릭 속에서 그런 본래적 이단성을 발견하게 될 것입니다. 장년 세례를 침례로 해야만 구원에 이르게 된다는 가르침 속에서도 그런 것이 나타나고 있습니다. 만일에 당신이 성령 받은 것을 확신하고 싶다면 절대적으로 방언을 받을 필요성이 있다고 주장하는 가르침 속에도 그런 것이 들어 있습니다. 때로는 그리스도인은 병들지 않는다고 가르치는 육체적 치유와 관련된 교훈 속에도 이단 사상이 들어있다는 사실입니다. 그런 것들은 몇 가지의 사례에 불과할 뿐입니다. 그 외에도 아주 많이 있습니다. 제가 여기에서 차례대로 몇 가지를 말씀드리는 것은 이것이 바로 실제적인 문제이고 이론적인 문제만은 아니라는 사실을 깨닫도록 하기 위함입니다. 우리는 모두 이런 문제들을 접하면서 삽니다. 그래서 제가 저들 모두에게 지금 우리가 살펴보고 있는 이단성이 있음을 보여 드리고 싶은 것입니다.

만일 우리가 우리 자신들을 안전하게 지키고 또 그리스도께서 우리를 자유롭게 했던 그 자유 안에 굳게 서기를 바라며 또다시 종의 멍에에 얽매이지 않기를 원한다면 우리가 마땅히 명심해야만 될 큰 원리를 한 번이자 마지막으로 설정했다고 봅니다. 저로 하여금 이렇게 기록하도록 한 것은 그들을 향한 바울의 사랑 때문이었습니다. 그가 저들에게 말씀할 때 바울은 자녀를 향한 부성애를 느꼈습니다. 그 사도는 학자연하거나 편협하지도 않았고 또 관용적이지 못하거나 자기 중심적이지도 않았습니다. 반대로 그의 유일한 관심은 영적인 삶이었으며 하나님의 백성들의 안녕이었습니다. "나의 자녀들아"라고 말할 때에는 그가 마치도 어머니처럼 말하고 있습니다. "너희 속에 그리스도의 형상이 이루기까지 다시 너희를 위하여 해산하는 수고를 하노라." 바로 그 같은 심정으로 저도 이 주제에 관심을 촉구하는 바입니다. 제가 이 주제를 취급하고 싶지 않음을 하나님께서 아십니다. 우리는 이런 종류의 일을 좋아하지 않는 시대에 살고 있습니다. 그런 것이 뭐 그리 주요하냐? 라고 대응하는 것이 이 시대의 경향입니다. 이런 경향은 교회 밖에 있는 사람들뿐만 아니라 교회 안에 있는 사람들에게서 동시에 나타나는 것이 분명합니다. 교회 안에 있는 사람들에게서 동시에 나타나는 것이 분명합니다. 그러므로 저는 역겨움을 가지고 그것을 접근해 갈 수밖에 없습니다. 그것은 제가 현대적 이론이 어떠하든 간에 하나님의 말씀에 대한 참된 해석을 하지 못한다면 기독교 사역에로 나를 불러 주신 하나님의 소명을 배반하는 것이라고 느껴지기 때문입니다.

    그렇다면 이런 상황을 우리가 어떻게 직면할 수 있을까요? 사도가 취급했던 첫 번째 일은 권위의 문제입니다. 그것은 가장 먼저 취급되어야 할 필요성이 있습니다. 이런 복잡한 문제는 감정이나 경험의 문제가 아닙니다. 또 그런 것들이 결과에 의해서만 판단될 사항도 아닙니다. 거짓 교훈이 사람들을 매우 행복하게 만들 수도 있습니다. 그것에 대해서 매우 분명하게 해둡시다. 만일에 당신이 경험이나 결과라는 견지에서만 판단한다면 세상 혹은 교회가 지금까지 알고 있는 사이비 종파나 이단이 정당화되리라는 사실을 발견하게 될 것입니다. 그렇다면 그 권위 있는 판단기준은 무엇입니까? 그 사도는 제1장에서 분명하게 설명하고 있습니다. 참으로 그 권위 문제는 그가 처음 두 장에서 취급하고 있는 매우 중요한 문제입니다. 여기에 그 사도 자신의 개인적인 입장이 포함되어 있습니다. 그렇기 때문에 그는 자기 자신에 대해서 많은 부분을 말할 수밖에 없었습니다. 그는 이 복음 외에 어떤 복음도 전파할 수 없다는 입장을 취하고 있습니다. 그는 말합니다. "그러나 우리나 혹 하늘로부터 온 천사라도 우리가 너희에게 전한 복음 외에 다른 복음을 전하면 저주를 받을지어다." 왜 그렇습니까? 그리고 시금석이 무엇입니까? "형제들아 내가 너희에게 알게 하노니 내가 전한 복음이 사람의 뜻을 다라 된 것이 아니라 이는 내가 사람에게서 받은 것도 아니요 배운 것도 아니요 오직 예수 그리스도의 계시로 말미암은 것이라."

그 후에 바울은 자신이 어떻게 사역에 동참하게 되었는가를 저들에게 계속해서 설명하고 있습니다. "내가 이전에 유대교에 있을 때에 행한 일을 너희가 들었거니와 하나님의 교회를 심히 핍박하여 잔해하고 내가 내 동족 중 여러 연장자보다 유대교를 지나치게 믿어 내 조상의 유전에 대하여 더욱 열심히 있었으나…." 그는 다메섹 도상에서 주 예수 그리스도께서 저를 만나 사역에로 부르시는 그 순간까지 그런 식으로 살았습니다. 이제서야 그는 하나님이 자신을 모태에서부터 구별하셨다는 사실을 깨달았습니다. 그는 사명을 부여받았고 또 주 예수 그리스도 자신으로부터 메시지를 직접 들었습니다. 아, 그렇습니다. 바울은 그보다 더 많은 것을 깨닫게 되었습니다. 비록 그가 이처럼 독특한 방법으로 사역에 부름을 받았지만 그가 고린도 교회 성도들에게 자신을 소개할 때 '만삭되지 못하여 난 자'라고 묘사하고 있습니다. 하지만 그가 받은 복음은 다른 사람들이 받은 복음과 정확하게 같은 복음이며, 특별히 주님이 육신으로 계실 때에 그와 함께했던 사도들이 받았던 복음과 같은 복음이라는 것입니다. 그가 예루살렘에서 사도들과 대화할 때 자기도 사도들이 전파하던 똑같은 복음을 전파하고 있다는 사실을 발견했습니다. 비록 자신에게는 직접적 계시가 개인적인 방법으로 임했지만, 다른 사람들도 자기가 전파하고 있던 것과 똑같은 것을 전파했다는 말입니다.

여기에 권위의 근거가 있습니다. 그것이 바로 그 사도가 여기에서 호소하고 있는 권위입니다. 바울이 바로 그것에 대해서 지금 말씀하고 있습니다. 그가 말하기를, 이것은 어떤 사람이 이렇게 말하고 또 다른 사람이 저렇게 말한다는 문제가 아니라는 것입니다. 그는 자신이 단순히 생각하고 있는 바를 전파하지 않았다고 주장합니다. 그것은 다른 사도들에게 주어졌던 것처럼 그에게도 주어졌습니다. 그러므로 저들은 모두 같은 것을 말했습니다. 진리의 시금석은 사도성입니다. 그렇지요? 그것을 확실하게 해 주는 것은 바로 사도적 메시지이지요? 그것이 바로 시금석이고 표준입니다. 신약성경에 선포되고 교훈된 예수 그리스도의 복음은 그것이 주 예수 그리스도 자신의 권위로 말미암았다는 사실 외에 아무것도 주장하지 않습니다. 예수께서 그것을 이 사람들에게 주셨고, 차례로 그들이 이것을 전파하고 또 기록하도록 역사하셨습니다. 여기에 유일한 표준이 있습니다. 그리고 이것이 지금까지 유일한 표준이 되고 있습니다. 우리가 신약성경을 떠나서는 전혀 표준을 가지지 못합니다. 그러므로 우리는 모든 견해를 신약성경이라는 빛에 비추어 보아야 하고 또 그리로 가져다가 거기에 견주어 보지 않으면 안 됩니다. 그렇게 할 때 우리는 이 거짓 교훈들이 언제나 두 부류 중에 하나를 따르는 잘못된 것임을 발견하게 될 것입니다.

첫 번째 잘못된 교훈은 사도적 메시지를 담지 않습니다. 사도적 메시지, 곧 사도들에 의해서 일치된 적극적인 진리와 저들에 의해서 전파된 메시지가 있다는 사실을 매우 분명하게 밝혀야만 하겠습니다. 그 같은 분명한 메시지가 있습니다. 하지만 거짓된 교훈은 그런 것들을 뒤로 남겨두고 또 그런 메시지를 거의 증거하지 않는 죄를 범하고 맙니다. 이것은 오늘날 많은 그리스도인들을 잘못된 길로 인도하는 그 무엇입니다. 만일에 혹자가 어떤 것을 극악무도하게 잘못 말할 때에는 사람들이 그가 잘못된 사람임을 곧 알게 됩니다. 하지만 사도적 메시지가 결여되는 잘못된 가르침이라고 할 때에는 사람들이 쉽게 분별할 수 없습니다. 주 예수 그리스도의 인격에 대해서 덜 진실한 가르침이 있을 수 있습니다. 그의 성육신을 부인할 수 있는데, 그것은 한 인격 안에 두 성품이 있음을 부인하는 것입니다. 또 동정녀 탄생을 부인할 수 있는데 그것은 그의 삶에 따른 기적을 부인하는 것이며 한 걸음 더 나아가서 문자적인 육체적 부활을 부인하는 경우가 될 것입니다. 스스로 그리스도인이라고 부르지만, 진리는 없습니다.

또다시 그들은 그리스도의 사역 가운데 어떤 면을 부인하고 맙니다. 그것은 하나님께서 그 안에서 하나님의 의를 나타내기 위하여 죄를 알지도 못하신 자로 우리를 위하여 죄를 담당하도록 하셨다는 사실을 부인합니다. 그것은 그리스도의 죽음을 놀라운 사랑의 전시 외에 아무것도 아닌 것으로 묘사할 수 있습니다. 또 그것은 하나님께서 당신 자신의 몸을 십자가에 매달으사 우리의 죄를 위하여 대신 징벌을 당하셨다는 사실을 부인합니다. 하지만 그리스도께서 우리의 죄를 위하여 죽으셨다는 것은 사도들이 전파한 내용입니다. 그러므로 어떤 가르침에 그 같은 것이 생략되었다면, 그것은 사도적 진리가 없는 것입니다. 그것은 중생과 똑같습니다. 이 교리가 자주 가르쳐지고 있지 못하며 또 절대적 필요성이 강조되고 있지도 않습니다. 신약성경이 행동과 행위를 강조하고 있음에도 불구하고 거짓 교훈은 행동과 행위에 관련된 부분에서도 여전히 똑같은 현상을 빚어냅니다. 사람들은 자신들도 그리스도를 믿는다고 말합니다. 하지만 저들은 만일에 당신이 그리스도를 믿는다면, 당신은 안전하고 또 당신이 어떤 일을 하느냐 하는 것은 그렇게 중요하지 않다고 추론하는 경향이 있습니다. 하지만 그것은 도덕폐기론이라는 무서운 잘못입니다. 신약성경은 '행함이 없는 믿음은 죽은 믿음'이라고 말함으로써 행함의 중요성을 가르치고 있습니다. 혹자가 이런 것을 강조하지 않고 누락시킨다면, 사도적 메시지의 결함 때문에 그렇게 되는 것입니다.

우리가 이미 살펴본 바와 같이 두 번째 위험은 분명한 반대, 소위 진리에 그 어떤 것을 덧붙이는 위험성을 들 수 있겠습니다. 사도적 메시지를 옳은 것으로 인정하고 또 그것을 제시하는 것은 당연하지만 그 위에 무엇인가를 첨가하지 않으면 안 된다는 것입니다. 바로 그것이 지금 여기에서 우리가 특별히 살펴보려고 하는 부분입니다. 또다시 우리는 첫 번째 원리, 곧 모든 가르침이 감정이 아닌 신약성경의 교훈에 의해서 검증받아야만 한다는 사실을 기억하지 않으면 안 됩니다. 경험이나 결과 혹은 다른 사람들이 말하고 행동하는 것은 우리의 표준이 될 수 없습니다. 여기에서 제시되고 있는 시금석은 사도성 혹은 신약성경의 교훈입니다.

또 다른 매우 좋은 표준이 여기 있습니다. 언제나 그 교훈의 의미를 조심스럽게 파악하는 것입니다. 그것이 바로 그 사도가 갈라디아서 제2장에서 제시하고 있는 바입니다. 이 새로운 교훈은 그리스도를 전혀 부인하는 것으로 나타나지 않습니다. 하지만 사도는 그것이 가장 중요한 부분에서 주님을 부인한다는 점을 매우 분명하게 보여 주고 있습니다. 그는 안디옥에서 있었던 사도 베드로의 행위와 연결을 시킬 수밖에 없었습니다. 고넬료와 관련된 환상(행 10장)을 보고 또 그에 대한 일들을 매우 분명하게 살펴보았던 베드로가 그 이후에도 계속해서 유대인들에게 영향을 받고 있었으며 또 유대인들이 아닌 이방인들과는 함께 앉아서 식사할 수 없다고 생각했습니다. 하지만 바울은 참고 있다가 베드로를 직접 대면하여 그렇게 하는 것은 믿음을 부인하는 것이라고 솔직 담백하게 말한 바 있습니다. 베드로는 그렇게 할 의도가 없었습니다. 다시 말해서 그는 오직 믿음으로 그리스도께 얻은 구원을 부인할 뜻이 없었다는 말입니다. 하지만 베드로가 자신의 참된 모습을 살펴보았어야만 했고 또 자신의 행동이 그리스도를 믿는 믿음 외에 그 무엇이 필요하다고 선포하는 행위였음을 이해하지 않으면 안 되었습니다.

그렇다면 우리들도 언제나 자신이 말하고 행동하는 것의 의미를 파악해야만 하겠습니다. 제가 의미하는 바를 실례로 설명 드리겠습니다. 제가 전에 이 문제를 상담했던 한 여성도 바로 이 부분에서 어려움을 겪었습니다. 그녀는 매우 착한 삶을 살고 있는 어떤 불신적인 사람들이 왜 진실한 그리스도인들이 아닌가를 이해할 수 없었습니다. 그녀가 이렇게 말합니다. "왜 목사님께서 저들은 그리스도인들이 아니라고 말씀하시는지 이해가 가지 않습니다. 저들의 삶을 보십시오." 좋은 그리스도인이라고 스스로 생각했던 그녀가 이것 때문에 참으로 고민하게 된 것입니다. 하지만 제가 이렇게 말했습니다. "잠깐만 기다리십시오. 당신이 어떤 것을 의미하는지 모르시겠습니까? 당신이 말씀하시는 바가 무엇인지 아시겠습니까? 당신은 참으로 이런 경우에 있어서 저들이 너무 착하고 뛰어나며 고상하기 때문에 하나님의 아들 주 예수 그리스도께서 필요 없다고 말씀하시는 것입니까? 그가 십자가 위에서 죽을 필요도 없고 또 자신들의 업적과 착한 삶으로 하나님과 친히 화목할 수 있다고 생각하십니까? 그것이 바로 믿음을 부인하는 것임을 깨닫지 못하십니까? 그렇게 말씀하심은 참으로 그리스도 자신이나 그의 죽으심이 전혀 필요 없다는 뜻입니까?" 그녀는 자신이 말하고 있는 것들의 함축적 의미를 파악함으로써 모든 것을 이해하게 되었습니다. 어떤 것을 체면이라는 입장에서 바라다보지 마시기를 바랍니다. 그것이 진정 의미하는 바가 무엇인가를 이해하시기 바랍니다.

　세 번째로 생각할 것은, 제가 보기에 이 특별한 이단의 독특한 특징인데 그것이 갈라디아서에 매우 잘 설명되고 있습니다. 그것은 다름 아닌 계시의 첨가물로 나타나고 있습니다. 바울은 결국 할례에 대한 전파는 그리스도의 메시지의 일부가 아니라고 말합니다. "이 사람들이 할례를 전파하나 저들은 그것을 그리스도께로부터 받지 아니했습니다. 또 내가 메시지를 받을 때에 그리스도께서 모든 사람들이 할례를 받아야만 한다고 말씀하시지 않았습니다. 그것은 주님의 계시와는 성격이 다른 그 무엇입니다. 그것은 사도적 메시지에 더한 추가물에 불과합니다." 당신은 이것이 지금 우리가 취급하고 있는 그런 형태의 이단적 특징으로 언제나 나타나고 있음을 발견하게 될 것입니다. 로마 카톨릭의 주장을 실례로 살펴보겠습니다. 로마 카톨릭 교회는 첫 번째 사도들처럼 오늘날 자신들이 성령의 감동하심을 받았다고 주장합니다. 하지만 그렇게 말하는 것은 전혀 성경적 근거가 없는 소리입니다. 카톨릭 교회는 스스로 말할 뿐입니다. 이어지는 계시가 교회에게 주어졌다는 주장입니다. 이런 주장이 공개적으로 자행되고 있습니다. 그보다 더 간교한 것은 없을 것입니다. 그것은 교회 자체가 하나님의 말씀과 같은 권위를 가진다는 뜻이기 때문입니다. 그들은 교황이 권위로써(ex cathedral) 선포하는 것은 신약성경의 서신서만큼이나 영감된 것이며 또 그것 역시 추가 계시라는 것입니다. 하지만 이것이 로마 카톨릭 교회만의 현실이 아니라 또한 이것을 주장하는 사람들이 더 있다는 사실입니다.

 이런 가르침 가운데 어떤 것을 받아들이기 전에, 당신은 언제나 저들의 원본을 읽어 보는 수고를 아끼지 말아야 합니다. 거의 변함없이 당신은 혹자 또는 다른 사람이 환상을 보았다는 사실을 발견하게 될 것입니다. 이단들의 거의 대부분에서 그 사람은 여자일 가능성이 높습니다. 역사를 읽어 보십시오. 그리하면 당신은 그 가르침이 여성의 권위에 기초하고 있음을 발견하게 될 것입니다. 그 사도는 여자에게 가르치는 것이 허락되지 않았다고 말합니다. 하지만 저들에게 그 문제는 중요한 것이 아닙니다. 그뿐만 아니라 그 여인의 환상을 보았고 또 특별한 계시를 받았다는 것입니다. 저들은 말합니다. "아, 당신은 성경에서 그것을 발견할 수 없습니다. 하지만 하나님께서 그리고 하나님으로부터 직접 이 사람에게 주어졌습니다." 저들은 계시 외에 하나님께서 직접 그 무엇인가를 주셨다고 주장합니다. 그것은 보다 탁월한 그 무엇이며 또 보다 진전된 그 어떤 것이라는 것입니다. 저들은 자기 교주들이 예수 그리스도의 사도들처럼 성령의 감동하심을 받았다고 주장합니다. 그리고 저들의 권위가 거기에 근거를 두고 있다는 것입니다.

 이 같은 운동들의 대부분을 다 시험해 보아야만 합니다. 그렇게 할 때 당신은 그것이 잘한 일임을 깨닫게 될 것입니다. 더군다나 기독교 교회 범주 내에도 그 같은 사람들이 많이 있다는 사실을 기억하지 않으면 안 됩니다. 교회 안에 있으면서도 저들이 이 같은 성경관을 가지고 있습니다. 저들은 말합니다. "아, 그렇습니다. 그 사람들은 성령에 감동되었습니다. 하지만 아직도 사람들이 감동을 받습니다. 우리는 영감을 부인하지 않습니다. 하지만 우리는 당신도 진리에 무엇을 첨가할 수 있다고 봅니다. 처음 세기들은 진리의 계시를 다 소진하지 않았습니다. 그리고 특별한 일들이 우리의 탁월한 지식과 20세기의 학문에 의해서 우리에게 지금도 계시되고 있습니다." 그것이 바로 계시에 무엇을 첨가하는 것입니다. 그것은 성경의 충족성을 더 이상 인정하지 않는다는 뜻입니다. 현대적 학문의 발견은 첨가되어야만 합니다. 하지만 현대적 심성이나 현대적 관점에 무엇을 첨가하도록 허락한다면 당신은 정말 더 많은 계시를 요구하고 있는 것입니다.

또 다른 변함없는 특징이 있다면 이 교훈이 언제나 특별한 어떤 한 가지를 강조하고 또 그것에 대단한 우월성을 부여한다는 점입니다. 갈라디아 교회의 경우에 그것은 할례로 나타났습니다. 하지만 그것이 무엇이든지 간에 그 특별한 교훈을 이끌어 나갔던 것이 바로 그 한 가지였다는 사실입니다. 이 한 가지가 그 전체적인 운동의 원천입니다. 저들은 당신도 진실한 신자라고 인정합니다. 하지만 당신도 이 한 가지를 추가해야만 한다는 것입니다. 안식일 준수 혹은 침례, 방언, 그리고 치유 같은 것입니다. 이 한 가지가 본질적인 것입니다. 또한 그것이 큰일입니다. 그것이 언제나 중요한 위치를 점유하거나 아니면 중심부에 부각됩니다. 그것을 강조하기 때문에 당신은 그리스도를 생각하기보다는 차라리 그 한 가지 일에 더 많은 신경을 쓰게 됩니다. 그래서 결국은 당신이 그 한 가지 일을 떠나서 그 운동을 생각할 수 없게끔 되고 맙니다. 그것이 할례이든 아니면 다른 그 무엇이든 말입니다.

세 번째로 지적하고 싶은 것은 이 모든 것들이 그리스도 외에 다른 첨가물이라는 점입니다. 로마 카톨릭은 말합니다. "물론 우리는 그리스도를 믿습니다. 하지만 당신은 역시 교회를 믿지 않으면 안 됩니다. 또 당신의 동정녀 마리아를 믿어야 합니다. 그리고 성자들을 숭배해야 합니다. 거기에다 사제직을 믿지 않으면 안 됩니다." 순수한 정통 교회나 교리적 신앙의 관점에서 볼 때, 저는 자신이 개혁주의 브류에서보다는 차라리 로마 카톨릭 교회 내에 있는 많은 부분들과 더 근접해 있음을 발견하게 됩니다. 하지만 제가 교류하고 또 저들과 교제를 나누는 바로 그곳에서 저들이 이런 더하기를 하고 있습니다. 그리스도 더하기 교회, 그리고 더하기 동정녀 마리아, 더하기 사제들, 더하기 성자들 등이 바로 그것입니다.

그리스도만으로는 충분하지 못한 것 같습니다. 그가 독특한 영광의 중심에 서 있지 못합니다. 모든 다른 것도 다 마찬가지입니다. 당신은 어떤 특별한 경험을 해야 합니다. 당신은 그 사도가 언급한 대로 '날들 지킴'에 대한 어떤 특별한 신앙을 가지고 있어야 합니다. 당신은 어떤 특별한 예식 혹은 성찬식을 거행해야만 합니다. 그것이 바로 그리스도 더하기 그 무엇이라는 신앙입니다. 당신에게 이 본질적인 추가물이 없으면 안 된다는 것입니다.

그렇다면 우리가 네 번째로 이 잘못된 교리가 믿음만으로는 충분하지 못하다는 결론에 이르게 하는 어떤 형식을 취하고 있음을 보여 드리겠습니다. 그 사도는 5:6에서 이것을 매우 분명하게 설명합니다. "그리스도 예수 안에서는 할례나 무할례가 효력이 없되 사랑으로써 역사하는 믿음 뿐이니라." 이 거짓 교훈들은 언제나 우리에게 무엇인가를 스스로 하지 않으면 안 된다고 말합니다. 우리가 무엇을 더하고 또 우리의 역할을 감당해야 하며 한 걸음 더 나아가서 우리에게 무엇인가가 행해지도록 허용하지 않으면 안 된다는 것입니다. 믿음만으로는 충분하지 않다고 말합니다. 우리는 믿음으로 설 수 없습니다. 그리고 믿음만으로 칭의를 얻을 수 없습니다. 우리가 이 위대한 구원을 경험하기 전에 무엇인가 특별한 것을 하지 않으면 안 됩니다. 하지만 바울에 의하면, 그렇게 말하는 것은 우리가 은혜에서 떨어진 자 임을 드러내는 것일 뿐이라는 것입니다.

마지막으로 제가 이것을 지적하고 싶습니다. 저는 마지막 시금석을 인하여 하나님께 감사를 드립니다. 왜냐하면 그것이 저에게 많은 도움을 주었기 때문입니다. 그런 가르침을 받아들이면 우리는 언제나 과거에 있었던 경험을 모두 부인해 버리고 맙니다. "너희가 말하는 복이 어디 있느냐?" 당신은 그가 무슨 의도로 그렇게 말했는지를 아실 것입니다. 그는 결국 이렇게 말합니다. "어리석은 갈라디아 사람들아, 사랑하는 갈라디아 사람들아, 진정 너희가 경험한 바를 말하고 있느냐? 내가 너희에게 처음 나갔을 때에 모든 것이 무익하고 쓸모 없었더냐? 너희가 말하는 복이 어디 있느냐? 어리석도다. 갈라디아 사람들아. 누가 너희를 꾀더냐? 저주 아래 있는 율법의 행위가 얼마나 많은가를 너희가 친히 알고 있느니라. 너희는 너희가 성령을 받은 줄 알고 있다. 돌아오라, 그리고 너희가 성령 받았음을 기억하라. 너희가 율법의 행위로 성령을 받았더냐? 물론 아니니라. 너희는 너희가 과거에 스스로 경험한 바를 부인하고 있음을 깨닫지 못하느냐?"

이 거짓 교훈은 바로 그 같은 죄를 모두 범하는 것입니다. 그것이 바로 그 사도가 베드로와의 논쟁을 설명하는 중에 지적한 부분입니다. 그는 베드로에게 그가 자신의 삶과 경험으로 돌아가고 있다고 말했습니다. 그것은 역시 아브라함에 대한 그의 전체적인 논증의 의미이기도 했습니다. 아브라함은 복을 받았습니다. 그가 복을 받은 것은 할례 후가 아니라 바로 할례 전이었습니다.

그러므로 당신은 할례가 필수적이라고 말할 수는 없습니다. 아브라함은 할례 받은 후가 아니라 할례 받기 전에 벌써 엄청난 축복을 받았습니다. 그러므로 할례 받는 것을 필수적이라고 말하는 것은 이 경험을 부정하는 것입니다. 제가 얼마나 자주 이 논증을 펼쳐야 할지 잘 모르겠습니다. 이 잘못된 교훈들은 교묘하고 또 매력적입니다. 그래서 당신이 그것이야말로 필요한 것이고 또 정당한 것임에 틀림없다고 느낄 수도 있습니다. 그리고 나서 갑자기 당신 경험에 관한 이 논증을 기억하게 될 것이고 또 그것이 당신을 사로잡게 될 것입니다.

예를 들어 당신은 조지 휫필드(George Whitefield)나 요한 웨슬리(John Wesley)같은 사람들을 생각할 것입니다. 저들은 틀림없이 성령으로 충만케 되고 또 하나님께 놀랍고 능력 있는 방법으로 쓰임 받았던 뛰어난 하나님의 성도들, 그리고 가장 위대한 하나님의 종들이었습니다. 하지만 당신은 저들이 안식일이 아닌 그 주의 첫날을 성일로 지키고 또 저들이 일반 사람과 다른 특별한 방법으로 세례 받지 않았음을 발견하게 될 것입니다.

그리고 당신은 저들이 방언을 말하지도 않았고 또 그들이 치유 집회 등을 개최하지도 않았음을 알게 될 것입니다. 우리가 이들은 지식이나 통찰력과 이해력이 부족했던 사람들이라고 말할 수 있을까요? 당신은 너무 많은 것을 주장하는 이 새로운 교훈이 여러 세기와 시대를 통해서 겪어 왔던 가장 위대한 어떤 기독교적 경험을 부정한다고 생각하지 않으십니까? 저들은 진리가 오직 자신들만을 통해서 임한다고 점잖게 말합니다. 더군다나 1,900년 동안이나 교회가 무지와 흑암 속에 머물러 왔다는 것입니다. 기괴한 이야기입니다. 우리는 이런 것들이 "네가 말하는 복이 어디 있느냐?"라고 묻는 방법으로 검증되어야 한다는 사실을 깨달아야만 합니다.

그것은 저로 하여금 마지막 말, 그리고 최종적인 검증을 실시하도록 촉구하고 있습니다. 그것은 바로 다음과 같습니다. 이 같은 시험의 과정을 거친 후에 당신은 저와 함께 갈라디아서 마지막장 17절에서 그 사도가 말했던 그 말씀을 반복하는 데 합력할 준비를 갖추는 것이 옳다고 봅니다. "이 후로는 누구든지 나를 괴롭게 말라 내가 내 몸에 예수의 흔적을 가졌노라." 무슨 뜻입니까? 그가 의미하는 바는 바로 이것입니다. "하나님께서 주 예수 그리스도의 십자가 외에 내가 자랑하는 것을 금하셨습니다. 그분 때문에 세상이 내게 대하여 그리고 내가 세상에 대하여 십자가에 못박았기 때문입니다.

할례에 대하여 내게 말하는 것을 중단하십시오. 저는 그것에 대해서 흥미 없습니다. 제7일 안식일 준수에 대해서 혹은 어떤 특별한 종파에 대해서 이야기하지 마십시오. 만일에 온전한 그리스도인이 되려면 절대적으로 필요한 이런 것들을 지켜야만 한다는 말을 제게 하지 마십시오. 저는 그런 것들을 원치 않습니다. 하나님께서 헛된 것을 영화롭게 하지 말라고 금하셨습니다. 그러므로 저는 '주 예수 그리스도를 제외하고서는' 그 무엇이나 누구라도 혹은 어떤 특별한 가르침이라도 자랑하지 않겠습니다. 오직 그분만을 자랑하려고 합니다. 그분이면 충분합니다. 왜냐하면 그분에 의해서 세상이 내게 그리고 내가 세상에 대하여 십자가에 못박았기 때문입니다."

저는 분명히 말씀드리고 싶습니다. 저는 자기 자랑을 하지 않겠습니다. 그리고 헛된 영광을 추구하지 않겠습니다. 심지어 제가 정통 신앙 안에 있음에도 말입니다. 제가 그것을 신격화한다면 그것이 오히려 올무가 될 것이기 때문입니다. 저는 오직 이 모든 위대한 일들을 성취하신 그 복된 주님만을 영화롭게 할 것입니다. 그분과 함께 저는 죽었고 또 그분과 함께 장사되었습니다. 죄에 대하여 죽었고 하나님에 대하여는 살았습니다. 저는 그분과 함께 부활했습니다. 앞으로 그분과 함께 하늘 영광 중에 앉게 될 것입니다. 그분에 의해서 세상은 저에게 그리고 저는 세상에 대하여 십자가에 못박았습니다. 그분 대신에 어떤 것이 중심에 들어온다든지 아니면 그분 외에 그 무엇이 첨가되는 것은 제가 거부하겠습니다. 직접적이고 단순하며 또 그분의 영광만을 위하여 예수 그리스도와 관련된 사도적 메시지만 알겠습니다. 하나님께서 우리 중 누구라도 그것에 어떤 것을 첨가하는 일을 금하셨기 때문입니다. 그분의 충단하심과 또 그분 안에서만 즐거워하실 수 있기를 바랍니다.

제 14 장

선을 행하다가 낙심될 때

"우리가 선을 행하되 낙심하지 말지니 피곤하지 아니하면 때가 이르매 거두리라"
(갈 6:9)

성경은 이 세상에서 하나님의 백성을 돕기 위하여 기록된 책입니다. 신약성경에 나오는 서신서들이야말로 참으로 그렇습니다. 서신서들은 교회에서 일어났던 어떤 상황 때문에 기록되었습니다. 그리고 저들의 메시지를 이해하는 길은 어떤 주제를 가지고 연구하는 저작자를 생각해야만 하는 것이 아닙니다. 오히려 사도 바울은 연구가라기보다는 차라리 전도자였습니다. 또 그는 이리저리 돌아다니는 여행자였습니다. 일반적으로 그는 일어났던 어떤 상황 때문에 글을 썼으며 또 그 문제의 원인을 이해하고 그것을 극복할 수 있는 방법을 찾아 고통 당하는 그 사람들을 돕기 위해서 글을 쓰곤 했습니다. 그래서 저는 그것들을 유발시키는 가능한 한 모든 원인들을 취급했습니다. 그러므로 우리는 그 서신서에 오늘날 존재하는 영적 침체의 원인 중에 취급되지 않은 것이 없음을 확신하게 될 것입니다. 영적 생명의 질병 현상은 언제나 똑같습니다. 그들은 결코 틀리지 않습니다. 외적 현상은 다를 수 있습니다. 고통이 찾아오는 특별한 형식이 다를 수 있다는 말입니다. 하지만 그것의 원인은 모두 악마적입니다. 그러므로 궁극적 목적은 결코 다르지 않습니다.

여기에서 우리는 영적 침체 현상을 초래하는 또 다른 원인을 발견하게 됩니다. 또 그것은 우리가 앞에서 여러 차례 그랬듯이 다시 한 번 밑줄을 긋지 않으면 안 될 그 무엇을 즉시 생각나게 해 줍니다. 다시 말해서 우리의 대적, 마귀의 무서운 간교함을 떠오르게 한다는 말입니다. 우리는 마귀가 그리스도인들을 미혹하고 또 거짓 교훈을 제시함으로 저들을 어떻게 비참하게 만드는가를 살펴본 바 있습니다. 그리고 마땅히 그렇게 하지 말아야만 될 그 무엇을 중심에 가져다 놓고 또 우리에게 여러 가지의 종교적 요소들을 혼합해서 만든 새로운 형태의 신앙을 교묘하게 주입시키는 그의 간교함도 관찰해 보았습니다. 하지만 이제 우리는 매우 색다른 분위기를 접하게 되었습니다. 이 부분에서 그 사도는 이단과 잘못된 집단, 혹은 어떤 특별한 종파를 추종하며 그것을 참된 신앙으로 믿는 외도의 위험성에 관심을 두지 않습니다. 그것이 바울의 관심사가 아니라는 말입니다. 여기에서는 마귀가 매우 간교하게 어떤 역사를 일으킵니다. 그런데 거기에 매우 분명하게 잘못된 것이 거의 나타나고 있지 않습니다. 그것은 사람들이 지치고 피곤해 하는 것입니다. 바른 방향으로 나가고 있음에도 불구하고 그렇게 된다는 말입니다. 우리는 여기에서 옳은 길을 걷다가 옳은 방법을 직면하는 사람들의 경우를 생각해 보려고 하는 것입니다. 저들은 정당한 방향으로 나가고 있습니다. 그럼에도 불구하고 저들은 머리와 손을 떨군 채로 발을 질질 끌면서 따라가고 있을 뿐입니다. 저들이 지금 보이고 있는 전체적인 모습과 그림은 그리스도인들이 현세와 이 세상에서 지녀야만 될 그런 모습과는 정반대의 형편이라는 사실입니다.

우리의 입장에서 지쳐 버리는 이 같은 현상을 정확하게 살펴보는 최선의 방법은 아마 먼저 일반적인 현상을 고찰해 보는 것이라고 사료됩니다. 이것은 우리가 중년기의 위험이라고 부를 수 있는 그 무엇입니다. 다시 말해서 그것은 그리스도인의 삶에서뿐만 아니라 또한 일반적인 삶 속에서도 나타날 수 있는 현상입니다. 그것은 장년 혹은 당신이 더 좋은 표현이라고 생각한다면 중년기의 문제라고 봅니다. 또 그것은 모든 사람들이 손수 증명할 수 있는 그 무엇이며 한 걸음 더 나아가서 우리가 나이를 먹으면 조만간 직면할 수밖에 없는 일입니다. 오늘날 젊은이들에게는 큰 관심이 요구됩니다. 물론 노년층에게도 대단한 분량의 관심이 요청되는 것이 사실입니다. 하지만 저는 인생의 전생애 가운데 가장 어려운 시기가 바로 중년기임을 절대적으로 확신하는 바입니다. 청년기에 주어지는 보상이 있습니다. 그리고 중년기에 전적으로 부족한 것처럼 보였던 것이 노년기에 보상받기도 합니다. 그것은 우리 모두가 직견하지 않으면 안 될 그 무엇입니다.

우리가 나이를 먹으면서 우리의 발랄함과 열정이 스들어 가는 경향이 생기고 또 자신이 쳐지고 힘이 약화되는 것을 깨닫게 됩니다. 이것은 우리가 실제적으로 경험하지 않는다 할지라도 들어서 매우 잘 알고 있는 바입니다. 그것은 맞는 말입니다. 그렇지 않습니까? 특별히 사람의 일이나 혹은 직업과 관련해서 그렇지 않습니까? 그것은 많은 사람들에게 생기는 문제를 구성하는 그 무엇입니다. 그것은 저들이 어느 수준까지 발전시키며 성취시키고 또 그 위치를 획득하는 단계를 초월한다는 뜻입니다. 그런데 여러 가지 이유로 더 이상 발전시킨다는 것이 불가능해집니다. 그들이 바로 그런 위치에 이르렀다는 것입니다. 문제는 그 수준을 유지시켜야 하는데 저들을 거기까지 이끌어 왔던 동기 부여가 이제는 더 이상 없다는 것입니다. 이것이 종종 사업하는 사람에게도 나타납니다. 그 사업을 일으키는 것보다 종종 그 사업을 유지시키는 것이 얼마나 어렵고 힘든가를 발견하게 됩니다. 하지만 사람이 그 단계에까지 올라선 후에 어떤 동기 부여가 결여되고 또 그 위치를 지키는 것이 매우 어렵다는 사실을 발견합니다. 저는 자연적인 삶의 견지에서부터 그에 대한 사례를 들자면 한이 없습니다. 그리고 현장 경험이나 특수 직업 혹은 다양한 다른 직업으로부터 사례를 고찰하는 것도 무한합니다. 만일에 당신이 이 세상 사람들 중에 가장 유명한 어느 특정 분야에서 성공한 사람들의 전기를 읽는다면, 당신은 저들 모두가 그 수준 혹은 그 고지를 정복했을 때가 자신들의 생애 가운데 가장 어려웠던 시기였다고 이구동성으로 말하는 것을 발견하게 될 것입니다.

이것은 신앙적인 측면 혹은 영적인 생활에서도 거의 똑같이 맞는 말입니다. 이것은 처음의 경험을 뒤따르는 단계입니다. 그 처음 경험에서 사람들은 모든 것이 새롭고 놀라우며 또 분명함을 맛봅니다. 그 단계에서 우리는 결코 끝이 보이지 않는 듯한 새로운 발견을 끊임없이 일구어 나갑니다. 하지만 갑자기 우리는 마지막에 도달했다는 자각을 할 때가 있습니다. 우리는 그렇게 해서 타성에 젖은 그리스도인의 삶을 살게 됩니다. 우리가 어떤 것을 보아도 처음에 그랬던 것처럼 더 이상 놀라지 않습니다. 왜냐하면 우리가 그런 것들을 다 알고 있고 또 이미 정통한 상태에 있기 때문입니다. 그러므로 새로운 것을 발견했을 때 우리에게 활력을 주었던 그 감격이 갑자기 지나가 버린 것 같습니다. 아무것도 일어날 것 같지 않고 또 어떤 변화나 진전 혹은 발전이 있을 것 같지 않습니다. 이런 현상이 우리 개인들에게도 사실일 수 있습니다. 사업에 있어서도 마찬가지입니다.

전체 집단의 사람들에게도 이런 일이 있을 수 있습니다. 또 어떤 국가나 혹은 사회에도 가능한 현상입니다. 제가 이해할 수 있습니다. 그것이 사실임을 저는 압니다. 이런 특이한 현상이 발생하여 외국 선교 사역과 관련된 주요 문제들 가운데 하나가 되기도 합니다. 외국에서 오랜 세월을 보냈던 선교사들은 제가 지금 말씀드리고 있는 바가 무엇을 의미하는지 정확하게 아실 것입니다. 그것은 어떤 일을 할 때에 과거에 한 번도 경험해 보지 못했던 새로움과 감격과 흥분 같은 것을 겪은 후에 언제나 발생하는 경향이 있는 그 무엇입니다. 그리고 나서 우리는 날마다 똑같은 일을 하기 때문에 우리의 가는 길을 고정시켜 놓습니다. 그때에 이 같은 시험이 찾아옵니다. 우리는 처음에 경험했던 그 감격스러운 마음을 가지고 더 이상 일을 수행할 수가 없습니다. 그때에는 시작하는 초심으로 시종일관하여 끝까지 나갈 것처럼 보였습니다.

이것이 바로 그 사도가 취급하려고 하는 상황입니다. 아마 상황이 더 잘못될 수도 있습니다. 사람들에 의해서 문제가 된다면 설상가상으로 더욱 사태만 악화시킬 수도 있다는 말입니다. 저들은 그렇게 하지 말아야 될 일들을 할 수도 있고 또 여러 가지 방법으로 범죄할 수도 있습니다. 만일에 우리 자신들이 비판적인 시기에 있다면, 어느 때에 있을 수도 있는 시련과 고난 그리고 역경의 결과로 우리가 선을 행하다가 낙심하게 됩니다. 그러므로 자주 발전과 전진이 끝에 달한 것처럼 보이는 지점에 이르게 됩니다. 그리고 우리는 그 일이 앞으로 전진하든지 아니면 뒤로 후퇴하든지 전혀 움직이는 것 같지 않을 때에 모종의 침체에 빠져들게 됩니다. 모든 것이 정체되고 또 그 어떤 일도 일어날 것 같지 않게 보입니다. 어쩌면 이 갈라디아 사람들이 그 같은 특별한 지점에 도달했던 것과 같은 상황임에 의심의 여지가 없습니다. 그런 상황에 대해서는 앞장에서 이미 분석해 보았습니다. 거짓 교훈이나 이단 사설 등과 관련된 그 무엇임에 틀림없습니다.

그 후에 우리는 그 일 때문에 피곤함을 느끼는 만큼 그 일 자체에 대해서는 그렇게 많이 싫증을 느끼지 않는 사람들에 대해서 살펴보고 있다고 말할 수 있겠습니다. "선을 행하다가 낙심하지 말지니"라고 말씀합니다. 바로 그것이 상황입니다. 우리가 그에 대해서 어떻게 말할 수 있습니까? 또 그에 대해서 무엇을 할 수 있습니까? 침체라는 이 큰 문제에 어떤 특별한 측면만 있는 것이 아니라고 처음부터 말씀드리겠습니다. 어느 때는 특별한 상황이 있다기보다는 차라리 부정적인 측면이 더 중요하게 작용하기도 합니다. 우리가 낙심되는 상황에 처해 있음을 발견할 때마다 어떤 긍정적인 조처를 취하기보다는 차라리 몇 가지의 부정적인 요소들이 때로는 필수 불가결하게 중요할 수 있다는 사실입니다. 먼저 할 것은 이것입니다. 당신이 그에 대해서 어떻게 느끼든지 간에 사방으로부터 밀려오는 모든 제안들을 생각하지 마십시오. 특별히 외부인들로부터 많은 요인들을 찾지 마십시오. 차라리 당신 자신에게서부터 오는 내적 요인들을 찾아 보십시오. 그리고 주변에서 혹은 당신 자신에 관하여 말해지는 목소리들을 들으려고 애쓰지 마십시오. 또 당신에게 포기하거나 중단하라고 제안해 오는 목소리들을 듣지 마십시오. 이 지점에 있으면 그것이야말로 큰 시험이 아닐 수 없습니다. 당신은 말해 보십시오. "나는 피곤하고 지쳐 있다. 나에게 일이 너무 과중해." 그 정도에 이르면 이 부정적인 말 외에 아무 할 말이 없게 됩니다. 그러므로 그런 말을 듣지 마십시오. 당신은 언제나 저급한 수준에서는 "안 돼"라는 부정적인 말로 시작합니다. 하지만 당신은 속으로 이렇게 말해야 합니다. "어떤 일이 있어도 나는 계속해야만 한다." 당신은 절대로 좌절하거나 포기해서는 안 됩니다.

하지만 그것이 가장 큰 시험거리는 아닙니다. 가장 큰 시험은 내가 두 번째로 생각하려고 하는 부정적인 명령 형태로 나타나는 것입니다. 그것 때문에 당신 자신을 포기하지 마십시오. 어떤 사람들은 포기를 선언하면서 다음과 같이 말합니다. "나는 그만두렵니다." 대부분이 다 그런 것은 아닙니다. 이 점에 있어서 대부분의 위험성은 자기 자신을 포기하고 낙심하며 절망하는 것입니다. 저들은 계속 전진할 것입니다. 하지만 저들이 소망 없이 질질 끌려가는 상황이라는 것입니다. 그것을 더욱 구체적으로 설명한다면 이런 상황에서 발생하게 될 위험성이란 다음과 같이 말할 그 무엇이라고 볼 수 있습니다. "예, 저는 제가 가지고 있는 것을 다 잃어버렸습니다. 분명히 저는 그것을 회복할 것입니다. 하지만 저는 순전한 의무감으로 계속해서 충성을 다 하겠습니다. 저는 과거에 가졌던 즐거움을 잃어버렸습니다. 그것이 없어졌습니다. 영원히 사라져 버렸음에 틀림없습니다. 하지만 저는 참지 않으면 안 됩니다. 나는 자신을 운명에 맡기겠습니다. 나는 중단하는 비겁자는 되지 않겠습니다. 나는 그것에 등을 돌리지는 않겠습니다. 나는 계속하겠습니다. 그것에 대해서 전혀 소망이 없는 느낌이 들고, 길가에 지쳐 쓰러져도 또 과거처럼 소망을 가지고 걸어갈 수는 없지만 내가 할 수 있는 한 최선을 다하겠습니다." 그것이 바로 포기의 정신이고 또 당신이 좋아한다면 참고 인내하는 금욕주의라고 하겠습니다. 바로 그것이 모든 사람에게 나타나는 가장 위험스러운 일입니다. 제가 다시 말씀드리지만 그것이 영적인 수준에서 우리가 가장 신경 써야만 될 위험스러운 일임과 동시에 일반적인 모든 수준에서 있게 될 위험이기도 합니다. 우리의 직업에서도 우리는 그렇게 일할 수 있습니다.

어떤 면에서 우리의 삶 속에서도 우리는 그렇게 살아갑니다. 우리는 참으로 우리 자신들에게 말하고 있습니다. "황금기`는 다 지나갔다. 좋은 때는 벌써 과거지사가 되었구나, 그럴 때가 다시 올지는 모르겠지만 나는 계속해서 전진해 나가야만 하겠다." 물론 여기에 놀랍게 보이는 그 무엇이 있습니다. 영웅적인 것처럼 보이기도 합니다. 하지만 당신은 제가 그것을 부정적으로 설명하는 것을 지켜보시기 바랍니다. 참으로 제가 말씀드리고 싶은 것은 그것이 마귀의 시험이라는 사실입니다. 만일에 그가 하나님의 백성들에게서 희망을 빼앗아 간다면, 그는 참으로 만족할 것입니다. 제가 오늘 일들을 살펴보는 바와 같이, 이것은 어쩌면 모든 그리스도의 교회들이 직면하는 가장 큰 위험이 될 수도 있습니다. 일을 할 때에 공식적인 생각이나 의무감으로 일하는 위험성 말입니다. 계속 일하는 것 그것은 사실 맞는 말입니다. 하지만 우리가 마땅히 걸어가야만 할 길을 걷기보다는 차라리 피곤하게 터덕거리는 것은 문제가 아닐 수 없습니다.

그것은 저로 하여금 세 번째, 곧 마지막 부정적인 방법으로 이끌어 주고 있습니다. 당신도 깨닫게 되겠지만 이것이 가장 위험한 것입니다. 우리가 피곤하고 지칠 때에 나타나는 이 세 번째 위험성은 인위적인 자극제로 분류되는 것입니다. 당신도 그 시험에 대해서 다실 것입니다. 그것은 한 전문분야 혹은 사업을 일으켰다가 피곤한 상태에 이르게 된 많은 사람들을 파멸시키곤 했습니다. 사람은 자신이 과거에 가졌던 열심이나 정력이 떨어지고 또 앞에서 설명했듯이 그 직업의 최고조에 달할 때에 의욕도 사라지게 됨을 의식하게 됩니다. 하지만 그는 자신이 그에 대해서 어떻게 해야 좋을지 알지 못합니다. 바로 그때에 저에게 필요한 것은 혹자가 그에게 강장제와 같은 도움의 말을 주는 것입니다. 술을 마시는 것과 관련된 전인적인 위험이 바로 그 상황에서 나타나게 됩니다. 많은 사람이 자신을 달래기 위해서 술을 조금씩 마시다가 결국에는 주정뱅이로 끝을 맺게 됩니다. 또 어떤 사람들은 마약을 복용하거나 다른 수단 방법을 강구하다가 정확히 똑같은 길을 걷고 맙니다.

하지만 이것은 매우 중요하고 생명력 있는 영적 적응력을 가지고 있습니다. 저는 교회에서 사람들이 이런 일반적이고 또 영적인 낙심 문제를 바로 그 같은 방법으로 취급하는 것을 보았습니다. 저들은 모종의 자극적인 것을 시도하거나 아니면 새로운 방법을 채택합니다. 저들은 자신들이 이 같은 상황에서 벗어나 어떤 새로운 프로그램을 시도하려고 합니다. 교회 건물 밖에 붙어 있는 광고에서 당신은 종종 그것을 보지 않으셨습니까? 어떤 교회들은 언제나 새로운 광고를 부착하고 또 어떤 새로운 매력들을 찾아내려고 애쓴다는 생각을 해 보신 적이 없습니까? 그런 교회들은 분명히 인위적인 자극제에 의해서 생존해 갑니다. 그리고 이런 것들은 언제나 마음의 생각에서 실시됩니다. 목사님이나 혹은 다른 책임자들이 이렇게 말합니다. "우리는 관례에 따를 뿐입니다. 우리는 오히려 죽어가고 있습니다. 어떻게 해야만 될까요? 좋습니다. 이렇게 혹은 저렇게 해 봅시다. 그것은 일과 활력을 제공합니다. 그것은 새로운 흥미를 유발시킵니다."

영적인 삶에서와 교회 생활에서 그런 생각은 오직 자연적인 수준의 처방에만 의지하는 그 무엇에 비유할 수 있습니다. 또 그것을 어떤 자극적인 일에 자신을 맡기거나 아니면 자신을 추스르기 위해서 술을 마시거나 혹은 마약을 하는 사람들에 비유할 수 있다고 봅니다. 이것이 극단적으로 교묘한 시험이고 또 매우 간교한 위험인 것이 분명합니다. 그것이 그럴듯하게 보입니다. 또 우리에게 필요한 것처럼 보입니다. 하지만 그 이면에는 무시무시한 오류가 숨겨져 있습니다. 과학적인 견지에서 볼 때에 당신이 정말 그렇게 하는 것은 당신 자신을 더욱 소진하는 것일 뿐입니다. 사람이 알코올이나 마약에 의존하면 할수록 그만큼 더 사람은 자연적인 에너지를 소비하는 것입니다. 더군다나 그가 자기 힘을 소진하면 할수록 그는 그만큼 더 알코올과 마약을 찾을 수밖에 없습니다. 그런 과정은 악순환이 계속되는 방안일 뿐입니다. 그런 일은 영적인 영역에서도 똑같이 되풀이됩니다.

매우 중요한 세 가지의 부정적인 방법이 있습니다. 이제 긍정적인 방법을 생각해 보도록 하겠습니다. 우리는 이 같은 위험한 발상들을 피하지 않으면 안 됩니다. 하지만 우리가 할 수 있는 별다른 방안이 없지 않습니까? 먼저 해야 할 일은 자신을 검증하는 것입니다. 당신 자신을 점검함으로써 시작해 보십시오. 당신의 지쳐 버린 상태는 치유 받을 수 없다고 단정적으로 말하지 마십시오. 그리고 자극제를 취하지 마십시오. 가만히 앉아서 자신에게 말씀해 보십시오. "그래, 내가 왜 지쳐 버렸는가? 도대체 지쳐 버린 이유가 무엇인가?" 그것은 참으로 분명한 질문입니다. 당신이 그 상황을 진단하기 전에 처리하려고 하지 마십시오. 그 원인을 규명하기도 전에 처방전을 내리려고 시도하지 마십시오. 분명한 원인을 알기도 전에 처방전을 낸다는 것은 참으로 위험한 일입니다. 먼저 진단해 보십시오. 그러므로 당신은 먼저 자신에게 지쳐 버린 이유가 무엇인지 그리고 왜 당신이 이런 상태에 돌입하게 되었는지 자문자답하지 않으면 안 됩니다.

    그 질문에 대한 많은 가능한 대답이 있을 수 있습니다. 당신이 그 같은 상황에 처하게 된 것은 단순히 육체적으로 너무 열심히 일했기 때문일 수도 있습니다. 당신은 그 일이 싫증나는 것은 아니지만 그 일 때문에 지칠 수는 있습니다. 사람이 과로하는 것은 가능합니다 어떤 영역, 다시 말해서 자연적인 영역이든 혹은 영적 영역이든 상관없습니다. 거기에서 자신의 에너지를 과용하거나 혹은 육체적 자원들을 다 써 버릴 수 있다는 말입니다. 만일에 당신이 너무 열심히 일하든지 아니면 계속해서 긴장하게 된다면 당신은 고통을 받을 수밖에 없습니다. 물론 그것이 고통의 원인이라면 당신에게 필요한 처방은 의료적 진찰입니다. 구약성경에 이에 대한 매우 감동적인 사례가 나오고 있습니다. 엘리야가 갈멜 산에서 영웅적인 사건을 일으킨 후에 주저앉아 탄식하고 있었습니다. 하지만 진정 그에게 필요한 것은 잠과 음식이었습니다. 그래서 하나님이 그 두 가지를 저에게 공급해 주셨습니다. 하나님께서 그에게 영적인 도움을 주시기 전에 음식과 쉼을 그에게 주셨다는 말입니다.

    하지만 상황이 그렇지 않았다고 한 번 가정해 봅시다. 그 고통의 원인이 다른 데 있었다고 생각해 봅시다. 우리는 자주 육적인 에너지라는 수단으로 그리스도인의 삶을 살아오고 있고 또 그리스도인으로서 봉사할 수 있습니다. 우리들이 그런 일을 할 때에 성령의 능력으로 일하는 대신에 우리 자신의 힘으로 할 수 있다는 말입니다. 우리가 단순히 육적이고 인간적이며 아마도 신체적인 에너지로 일할 수 있습니다. 우리는 우리 자신들이 하나님의 일을 하려고 애썼습니다. 우리가 그렇게 하려고 한다면 거기에는 오직 한 가지 결과만 있을 뿐입니다. 그것은 결국 우리를 무너뜨리고 말 것입니다. 왜냐하면 그것이 고차원적인 일이기 때문입니다. 그러므로 우리는 자신들을 살펴보아야만 합니다. 우리가 그 일을 할 때에 혹시라도 방법론이 잘못되지 않았나 검토해 보아야 한다는 말입니다. 사람이 육적인 에너지를 가지고 복음을 전파할 수도 있습니다. 만일에 저가 그렇게 한다면, 그는 머지않아 영적 탈진 혹은 영적 침체라는 고통을 겪을 것이 명약관화합니다.

하지만 그 후에는 매우 중요하고 더욱 영적인 질문이 일어납니다. 저는 자신에게 내가 왜 이 일을 하고 있는지 혹은 내가 이 일을 하게 된 진정한 동기가 무엇인가 물어 보지 않으면 안 됩니다. 저는 활동적이었고 또 그 일을 하는 것이 즐거웠습니다. 하지만 지금은 그것이 짐이 된다는 사실을 발견했습니다. 이제 질문이 일어납니다. 제가 왜 진심으로 그 일을 줄곧 했습니까? 그것은 무서운 질문입니다. 왜냐하면 우리가 그런 질문을 한 것은 지금까지 처음 있는 일이기 때문입니다. 우리는 우리의 동기가 순수하다고 생각하고 또 그것을 당연하게 여겼습니다. 하지만 우리는 그렇지 않다는 사실을 발견할 수도 있습니다. 혹자는 전율과 흥분을 목적으로 일합니다. 그에 대해서 전혀 의심의 여지는 없습니다. 저는 사람들이 그 안에 상당한 분량의 감격이 있기 때문에 교회의 일을 적극적으로 하는 사람들을 보아왔습니다. 저들이 언제나 어떤 일을 하지 않으면 행복하지 않은 사람들도 있습니다. 저들은 자신들이 활동함으로 전율과 감동을 얻기 위하여 부름을 받지 않았다는 사실을 깨닫지 못합니다. 우리가 그런 식으로 산다면 확실히 우리는 탈진하고 말 것입니다. 그리고 피곤하게 될 것이며 동시에 우리의 대적 마귀가 틈타게 될 것입니다. 그것이 바로 자아입니다.

우리는 우리가 하는 일을 자신을 만족시키고 자신을 즐겁게 하기 위해서 그리고 자신에게 할 말이 있기 위해서 언제나 해왔습니다. "너 자신은 참으로 놀라운 사람이고 또 일을 많이 했어." 자신은 우리가 중요한 사람이라고 말합니다. 우리는 그 모든 것들이 하나님의 영광을 위한 것이 아니었음을 인정해야만 합니다. 오히려 우리 자신의 영광을 위한 것이었습니다. 우리는 자신이 칭찬받기를 원치 않으며 오직 하나님께 영광이 되기를 원한다고 말합니다. 하지만 우리는 결과를 지켜보기를 좋아하고 그것이 신문이나 다른 매체에 나는 것을 즐깁니다. 자아가 들어와서 무서운 주인이 되는 것입니다. 만일에 우리가 어떤 모양이나 형태로든 자신을 즐겁게 하고 또 자기를 만족시키려고 일한다면, 결과는 언제나 피곤하고 낙심하는 것으로 끝납니다. 그러므로 우리가 일하는 것과 관련된 동기를 확인해 보는 것이 얼마나 중요한지 모릅니다.

마지막으로 매우 중요한 질문, 곧 "이 일이 나를 계속 유지시켜 줄 것인가?"라는 문제를 살펴보도록 하겠습니다. 하나님의 일을 하는 대신에 그것이 일종의 내 생애를 유지해 나가는 원천이 되겠습니까? 많은 사람이 제가 의미하는 바를 이해하리라고 믿습니다. 영적 생활에 뒤따르는 가장 큰 위험 가운데 하나는 자신의 활동 때문에 사는 것입니다. 다시 말해서, 그 활동이 당신이 마땅히 해야만 할 올바른 장소에서 이루어지지 않지만 그것이 당신으로 하여금 계속하게끔 하는 그 무엇이 되고 있다는 사실입니다. 제가 보았던 비극들 중에 어떤 것은 바로 그런 사람들 가운데 있었습니다. 그들은 자신들이 오랫동안 활동하면서 얻는 힘과 능력으로 살아간다는 사실을 깨닫지 못하고 있었습니다. 그들은 계속해서 그 일을 합니다. 그러다가 자신들이 병들거나 나이가 들어 과거처럼 더 이상 일할 수 없게 되었을 때 낙심합니다. 그들은 자신들이 어떻게 해야 할 줄을 모릅니다. 왜냐하면 자신들이 지금까지 활동하는 재미로 살아왔기 때문입니다. 저는 이것이 문명화되면서 나타난 가장 분명한 현상 가운데 하나라고 봅니다. 또 그것은 현대에 나타나는 가장 심각한 신경 증세의 원인 중에 하나인 것도 사실입니다. 불행하게도 세상은 그렇게 미쳐가고 있고 또 우리들은 이런 무서운 활동과 바쁜 삶을 계속하고 있습니다. 우리가 자신을 통제하는 대신에 오히려 일이 우리를 다스리고 있습니다. 결국 그것이 우리를 탈진하게 만들고 또 침체에 빠지도록 만듭니다.

자기 자신을 점검하는 바람직한 과정 가운데 중요한 요소들 몇 가지를 살펴보도록 하겠습니다. 원리를 강조하는 것이 바람직하리라고 봅니다. 어떤 면에서든지 만일에 당신의 생애 가운데 바로 지금 낙심되는 순간이라면, 지금 일을 멈추고 스스로 질문해 보라고 권면하는 바입니다. '내가 지금 왜 낙심하고 있는가? 내가 지금까지 어떻게 살아왔는가?' 당신의 삶에 대한 자신의 모든 태도와 특별히 당신이 하고 있는 일을 검토해 보십시오. 그리고 그리스도인의 삶에 대해서 어떻게 느끼든지 한번 살펴보시기를 바랍니다. 왜 진작에 그런 삶을 살지 않았으며 또 그런 삶이 어떠셨나요? 잠깐 멈추고 자신에게 이런 질문들을 해 보십시오.

하지만 그 문제를 적극적으로 설명해 보겠습니다. 여기에 나오는 그 사도의 가르침에 따르면 몇 가지의 큰 원리가 있습니다. 만일에 우리가 이런 상황에서 높임을 얻으려고 한다면 그것을 알아야만 하겠습니다. 먼저 전체적인 삶에서처럼 그리스도인의 삶에 관한 말씀들이 있습니다. 신약성경은 그리스도 안에서 어린아이가 되는 것과 성장하는 것에 관하여 말씀해 주고 있습니다. 특별히 요한이 그의 첫 번째 서신에서 어린 자녀들과 젊은이들, 그리고 노인들에 관해서 글을 쓰고 있습니다. 그것은 현실이고 성경적입니다. 그리스도인의 삶은 언제나 똑같지 않습니다. 시작이 있고 과정이 있으며 또 끝이 있습니다. 이런 말씀 속에는 많은 변수들이 포함되어 있습니다. 아마도 감정이 가장 큰 변수일 것입니다. 당신은 아마도 처음에 가장 진한 감정을 기대하실 것입니다. 이런 일은 흔히 있는 일이기 때문입니다. 그리스도인들이라도 자주 낙심합니다. 왜냐하면 처음에 있었던 감정이 사라지기 때문입니다. 저들은 자신들이 나이를 먹으면 어떤 일이 일어나는가도 제대로 깨닫지 못합니다. 저들은 더 이상 과거에 자신들이 아니기 때문에 자기들이 모두 잘못된 것이라고 생각합니다. 하지만 우리가 영적으로 성장하고 발전하면서, 변화가 일어나며 또 우리의 경험상 이 모든 것들이 분명하게 차이점을 드러내게 되는 것입니다.

그것을 하나의 비유를 들어서 설명해 보도록 하겠습니다. 어느 날 우연히 한 아이를 보게 되었습니다. 네 살쯤 되어 보인다고 생각했습니다. 엄마와 함께 집에서 나오고 있었습니다. 집에서 나오는 모습에 이끌려 저는 어떻게 할 줄을 몰랐습니다. 그 여자아이는 걷지 않고 뛰어서 나왔습니다. 마치도 어린양처럼 펄쩍 펄쩍 뛰어서 나왔습니다. 하지만 그녀의 엄마는 걸어서 나오는 것을 보았습니다. 좋습니다. 영적인 생활에도 그와 같은 무엇이 있다는 사실을 깨닫는 일에 실패하지 않을 것을 확신합니다. 그 어린아이는 에너지가 차고 넘칩니다. 그리고 이것을 조절하는 방법을 아직 모릅니다. 그 엄마도 실제적으로는 어린아이보다 더 많은 에너지를 가지고 있습니다. 외적으로 볼 때에는 그 엄마가 조용하게 걷고 있기 때문에 훨씬 적은 에너지를 가지고 있는 것처럼 보임에도 말입니다. 하지만 우리는 그렇지 않다는 사실을 잘 압니다. 어린이가 더 큰 에너지를 가지고 있는 것처럼 보이지만 실제적으로는 어른에게 더 큰 에너지가 있는 것입니다. 그렇기 때문에 저들은 이런 경험을 에너지가 떨어진 것으로 오해한 것입니다. 그래서 많은 사람들은 생명적인 그 무엇을 저들이 잃었다고 생각합니다. 그렇게 생각하기 때문에 낙심하고 침체에 빠지게 되는 것입니다. 이런 국면이 있음을 깨달아야 하겠습니다. 그리스도인의 삶에도 발전 단계가 있음을 알지 않으면 단 됩니다. 때때로 그 사실을 깨닫는 것만이 전체적인 문제를 해결할 수 있는 것입니다.

이제 두 번째 원리로 나아가 보겠습니다. "선을 행하다가 낙심하지 말지니라." 선이란 말을 기억하시지요? 그것은 우리가 종종 잊어버리는 경향이 있는 일입니다. 우리는 "매주마다 똑같은 일이지요"라고 말합니다. 그것이 바로 자신의 삶에 대한 우리의 태도이기 때문에 우리가 낙심합니다. 하지만 제가 당신에게 상기시켜 드리고 싶은 바울의 말은, 당신이 그리스도인의 삶을 살고 있으며 또 그리스도인의 삶이야말로 선한 삶이어야 한다는 것입니다. 만일에 그리스도인의 삶을 따분한 삶으로 생각한다면, 당신은 하나님을 모욕하고 있는 것입니다. 우리 그리스도인의 삶이란 무엇입니까? 그 질문은 매우 중요합니다. 그리고 우리는 너무 종종 다른 사람들이 하는 것을 삼가는 것이 그리스도인의 삶이라고 대답합니다. 그것은 좁고 협착한 길을 걷는 것입니다. 그리고 그것은 이것에 혹은 저것에 개입하는 것을 "아니오"라고 말하는 것입니다. 그것은 교회에 가는 것입니다. 그것은 두려운 일입니다. 그것은 힘든 삶입니다. 바로 거기에서 우리 자신들을 발견할 수 있기 때문입니다. 우리가 너무 자주 그런 태도를 취하는 것은 아닙니까? 그에 대한 우리의 대답은 우리가 선을 행하는 데 동참한다는 것입니다. 만일에 당신과 내가 그리스도인의 삶의 어떤 측면을 단순히 일이나 의무로 생각하거나 혹은 우리 자신들을 채찍질하고 또 그것을 감당하기 위해서 이를 악문다고 할 때 우리는 하나님을 모욕하고 한 걸음 더 나아가서 기독교의 본질을 망각해 버린 것이라고 말할 수 있겠습니다.

그리스도인의 삶이란 하나의 업무가 아닙니다. 그리스도인의 삶은 이름의 가치가 있는 삶입니다. 이것만으로도 의롭고 거룩하며 또 순수하고 선량합니다. 그것은 하나님의 아들 자신이 살았던 바로 그런 삶입니다. 그것은 그 자신의 거룩함에 있어 하나님 자신과 같은 삶입니다. 그러므로 제가 그런 삶을 살아야만 합니다. 제가 그런 삶을 살려고 크게 노력하기로 방금 결심한 것이 아닙니다. 전혀 그렇지 않습니다. 저는 스스로 그것이야말로 위대하고 바람직한 삶이라고 생각했습니다. 그것은 선을 행하는 것입니다. 이런 삶은 제가 원망하고 불평했던 삶이요 어렵고 힘든 삶인데 제가 어떻게 이런 삶을 살게 되었습니까? 이 질문을 계속해 보겠습니다. 당신은 어떻게 그리스도인의 삶으로 들어오셨습니까? 우리는 여기 좁은 길로 들어온 것입니다. 우리가 어떻게 넓은 길에서 이 길로 들어오게 되었을까요? 도대체 그 차이점은 무엇입니까? 아직도 질문들이 있습니다. 하지만 유일한 대답이 있을 뿐입니다. 우리가 넓은 길에서 좁은 길로 들어온 것은 하나님의 독생자께서 하늘을 버리시고 우리를 구원하기 위해서 이 땅에 강림하셨기 때문입니다. 그는 자신에게로부터 모든 영원한 영광의 흔적들을 제하시고 겸손하게 아이로 태어나서 말구유에 누우셨습니다.

또 그는 삼십삼 년 동안 참고 인내하시며 이 세상의 삶을 사시고, 마지막에는 침 뱉음과 갖은 모욕을 다 받으셨습니다. 머리에는 가시 면류관을 쓰시고 십자가에 못 박히사 내 모든 징벌을 담당하셨습니다. 그렇게 해서 내가 큰 길을 떠나 좁고 협소한 길로 들어오게 된 것입니다. 만일에 내가 일초의 한 조각과 같은 순간이라도 그분의 위대함과 영광, 그리고 경이와 고귀함에 대해서, 그리고 내가 걷고 있는 이 길에 대해서 의심을 품은 적이 있다면, 나는 그분에게 침을 뱉은 것과 다름없습니다. 그분의 제안을 떠난 것입니다. "선을 행하다가 낙심하지 말지니라." 내 친구여, 만일에 당신이 그리스도인의 삶을 어떤 모양의 시간 낭비적 삶이나 피곤한 삶 혹은 짐이 되는 삶으로 생각한다면, 당신의 삶의 초창기로 돌아가라고 말하고 싶습니다. 당신이 통과해서 좁은 문으로 들어왔던 그 길을 거꾸로 돌아가시오. 그리고 악과 죄 가운데 있는 세상을 바라다보십시오. 당신을 이끌어 갔던 지옥을 쳐다보십시오. 또 앞을 바라보고 사람이 들어갈 수 있는 가장 영광스러운 출정의 한 가운데 당신이 서 있음을 깨달으시기 바랍니다. 당신은 세상이 지금까지 알고 있던 길 중에 가장 고귀한 길을 지금 걷고 있습니다.

하지만 이에 대해서 좀더 생각해 보겠습니다.

다음 원리는 이 땅 위에서 사는 이생은 준비적인 삶에 불과할 뿐이라는 사실입니다. "우리가 선을 행하되 낙심하지 말지니 피곤하지 아니하면 때가 이르매 거두리라." 당신은 피곤하고 지치고 때로는 당신에게 너무 과하다고 느끼지 않으십니까? 돌아가서 자신의 삶을 살펴보시고 그것을 영원이라는 문맥 속에 한 번 대입시켜 보십시오. 그리고 잠깐 멈추어서 그것이 도대체 무엇을 뜻하는지 한 번 스스로 물어 보시기를 바랍니다. 그것은 단지 예비학교에 불과할 뿐입니다. 이생은 영원의 대기실이며 또 우리가 이 세상에서 하는 모든 것은 영원에 대한 준비일 뿐입니다. 우리의 가장 큰 기쁨은 처음 얻은 열매일 뿐이며 앞으로 누리게 될 영원한 기쁨의 맛보기에 불과합니다. 우리가 이것을 상기하는 것은 매우 중요한 일입니다. 그것은 우리를 강타하는 매일 매일의 삶이라는 순전한 맷돌질과 같습니다. 당신은 "우리가 살아가야만 될 또 다른 날이 있어"라고 말할지도 모릅니다. 또 전도자라면 "다른 주일도 있어. 그러므로 나는 오늘 두 번만 설교해야겠어"라고 말할 수도 있습니다. 이것이 얼마나 무서운 말인지 모릅니다.

순전한 맷돌질은 종종 우리를 그렇게 강타해 옵니다. 하지만 대답은 그것을 모두 살펴보고 한 걸음 더 나아가서 그 큰 문맥 속에 모든 것을 배열하면서 이렇게 말해야 합니다. "우리는 영원을 준비하며 살아야 한다. 이생이란 예비 학교에 불과하다." 얼마나 큰 차이점이 있습니까? 바울은 말합니다. "선행을 계속하라. 반드시 추수할 때가 오리라." "우리가 선을 행하되 낙심하지 말지니 피곤하지 아니하면 때가 이르매 거두리라." 추수에 대한 어떤 진리를 깨닫는 순간, 당신은 결코 낙심하지 않을 것입니다.

세상은 우리와 너무 많은 관계를 맺고 있습니다. 그것이 바로 우리의 고통입니다. 우리는 문제들 속에 너무 깊이 잠겨 있습니다. 우리는 고개를 들고 앞을 바라다보며 저 멀리서 이글거리는 영원한 영광의 불꽃을 내다보지 않으면 안 됩니다. 그리스도인의 삶이란 앞으로 있을 큰 수확물 가운데 첫 열매를 맛보는 것에 지나지 않습니다. "눈은 보지 못하고 귀는 듣지 못하며 사람의 심령 속에 들어가지 못하되 하나님께서 저를 사랑하는 자들을 위하여 예비하신 것들이 있도다." "이 땅에 있는 것들을 사랑하지 말고 위에 있는 것들을 사모하라." 당신의 마음과 심령에 지금 자신이 향하고 있는 그곳에 영광이 있는지 살펴보시기를 바랍니다. 그것이 바로 해독제이며 또한 처방입니다. 우리가 거둘 추수는 확실합니다. 그것은 분명합니다. 그러므로 바울이 고린도교회 성도들에게 말했습니다. "그러므로 내 사랑하는 형제들아 견고하며 흔들리지 말며 항상 주의 일에 더욱 힘쓰는 자들이 되라 이는 너희 수고가 주 안에서 헛되지 않은 줄을 앎이니라." 당신의 느낌이 어떠하든지 자신의 할 일을 계속하십시오. 자신의 임무에 충실하십시오. 하나님께서 성과를 증대시키실 것입니다. 하나님께서 우리가 필요한 만큼 은혜와 자비의 비를 내려 주실 것입니다. 그리고 풍성한 수확이 있을 것입니다. 그것을 기대하십시오. 당신이 추수하게 될 것입니다.

무엇보다도 우리는 우리가 그분을 위하여 일하고 있는 그 주인에 대해서 고찰해 보지 않으면 안 되겠습니다. 우리는 그분이 어떻게 참으시고 또 그분이 얼마나 인내하시는 분인가를 기억해야만 합니다. 히브리서 12장에 나오는 힘있는 논증을 생각해 보시기를 바랍니다. "너희가 죄와 싸우되 아직 피 흘리기까지는 대항치 아니했느니라." 하지만 주님은 그렇게 하셨습니다. 그는 이 땅에 강림하사 모든 것을 참으셨습니다. 그는 길이 참으시는 분입니다. 그의 삶이 얼마나 평범하셨으며 또 대부분의 시간을 자신을 이해할 수도 없는 평범하고 가엾은 서민들을 위해서 투자하셨습니다. 그럼에도 불구하고 그는 전혀 불평하지 않으시고 의젓하게 당신의 길을 걸으셨습니다. 어떻게 그렇게 하실 수 있었을까요? "저는 그 앞에 있는 즐거움을 위하여 십자가를 참으사 부끄러움을 개의치 아니하셨느니라." 그것이 바로 주께서 행하신 방법입니다. 그 앞에 준비된 것은 바로 즐거움이었습니다. 주님은 장차 예비된 면류관이 있음을 아셨습니다. 또 그는 앞으로 거두어 드리게 될 추수를 내다보셨습니다. 그는 다른 것들을 보지 않으시고 오직 하나님께서 예비하신 그것들만 바라다보시면서 영광스럽게 그리고 승리자의 당당함으로 전진하셨습니다. 당신과 저도 주님처럼 담당할 특권을 부여받았습니다. "누구든지 내 제자가 되려면 자기를 부인하고 십자가를 지고 나를 좇을지니라." 우리는 그의 이름을 위하여 심지어 고난받을 영광도 얻게 될 것입니다. 바울은 골로새교회 성도들에게 편지하면서 가장 특별한 일을 언급한 바 있습니다(골 1:24). 그는 그리스도의 남은 고난을 자신의 육체에 채우게 된 것을 기쁘게 생각한다고 말했습니다.

　당신과 제가 그리스도인으로서 똑같은 특권을 가지고 있음에도 불구하고 그것을 알지도 못하고 있다면 어떠하시겠습니까? 좋습니다. 당신 자신이 당신의 복된 주님을 생각하시고 또 그분을 바라보십시오. 그리고 낙심에 빠지도록 허용했던 당신을 용서해 달라고 간구해 보시기를 바랍니다. 이런 방법으로 자신의 삶을 돌이켜 보십시오. 그렇게 할 줄로 확신합니다만, 그렇게만 하신다면 당신은 새로운 희망과 새 힘과 새 능력으로 채워짐을 얻게 될 것입니다. 당신은 인위적인 자극제 혹은 유사한 그 무엇도 필요치 않을 것입니다. 왜냐하면 당신이 또다시 특권과 기쁨의 감격으로 충만하게 될 것이기 때문입니다. 그리고 당신은 원망하고 불평하는 자신을 미워하게 될 것입니다. 한 걸음 더 나아가서 당신은 더욱 영광스럽게 앞으로 전진해 나갈 것이고 결과적으로 그분의 음성을 듣게 될 것이 분명합니다. "잘하였도다 착하고 충성된 종아 네가 작은 일에 충성하였으매 내가 많은 것으로 네게 맡기리니 네 주인의 즐거움에 참예할지어다." "내 아버지께 복 받을 자들이여 나아와 창세로부터 너희를 위하여 예비된 나라를 상속하라."

제 15 장

훈 련

"이러므로 너희가 더욱 힘써 너희 믿음에 덕을, 덕에 지식을, 지식에 절제를, 절제에 인내를, 인내에 경건을, 경건에 형제 우애를, 형제 우애에 사랑을 공급하라"

(벧후 1:5-7)

여기 베드로후서 1장에서 그 사도는 영적 침체의 또 다른 원인을 취급하고 있습니다. 그가 서신서를 기록한 참된 목적은 바로 그것을 다루는 것이었습니다. 그는 낙심한 자들에게 용기를 주기 위하여 그것을 기록했습니다. 다시 말해서 저들이 과거에 믿고 받아들였던 그 신앙을 지금은 의심하고 있는 것처럼 보이는 정도로 낙심한 자들을 위해서 그 편지를 썼다는 말입니다. 그것은 영적 침체의 상태에 빠지게 될 진정한 위험물로 나타나게 될 그 무엇입니다. 만일에 그 상태가 지속되고 계속된다면, 그것은 불가피하게 의심과 불확실성의 상태로 나아갈 것이며 또 우리가 그것으로부터 구원을 받았던 옛 생활을 그리워하는 경향으로 나아가게 될 것입니다.

우리에게 다행스러운 것은 본문의 경우를 통해서 그 사도가 우리에게 그런 상황에 대한 완벽한 묘사를 시도하고 있기 때문입니다. 그는 우리에게 편지를 쓰고 있는 대상인 저들에 대해서 많은 것들을 간접적으로 말해 주고 있습니다. 예를 들어 그는 이것을 다음과 같이 설명합니다. 특별히 8절을 통해 권면의 형식으로 이렇게 설명하고 있습니다. "이런 것이 너희에게 있어 흡족한즉 너희로 우리 주 예수 그리스도를 알기에 게으르지 않고 열매 없는 자가 되지 않게 하라." 그는 "이런 것이 너희에게 있어 흡족한즉"이라고 말씀합니다. 그렇다면 너희가 그 순간에 그렇지 않았다는 의미가 될 것입니다. 그것들이 너희로 우리 주 예수 그리스도를 알기에 게으르지 않고 열매 없는 자가 되지 않도록 한다는 것입니다. 이것은 그들의 상태가 게으르고 열매를 맺지 못했었다는 뜻입니다. 사도가 말하는 바는 그것뿐만 아니라 또한 저들이 소경이었고 멀리 보지 못하며 한 걸음 더 나아가서 옛날의 죄를 깨끗하게 씻음 받았던 사실까지 망각해 버렸다는 것입니다. 참으로 거기에는 저들이 타락하고 있었다는 보다 깊은 암시까지 들어 있습니다. 왜냐하면 그가 지금, 만일에 저들이 실족치 않을 이런 일들을 행한다면 실족하지 않을 뿐만 아니라 또한 저들이 부르심과 택하심을 더욱 확실히 할 수 있는 일들을 말하고 있기 때문입니다. 당시에 저들에게 이런 일들에 대한 확신이 없었던 것이 분명합니다.

저들이 그리스도인이란 점에는 의심의 여지가 없습니다. 그것은 우리가 계속해서 반복해야만 될 그 무엇입니다. 왜냐하면 그리스도인에 대한 거짓되고 비성경적인 생각을 가지고 있는 혹자들이 있기 때문입니다. 저들은 베드로가 이 사람들에 대해서 묘사한 것처럼 묘사될 수 있는 사람은 전혀 참된 그리스도인이 아니라고 주장합니다. 하지만 저들이 그리스도인이라는 것은 분명합니다. 그렇지 않으면 베드로가 저들에게 편지했을 리가 만무합니다. 그리스도인이란 언제나 산꼭대기를 걷고 있는 사람으로 오해하는 그리스도인에 대한 잘못된 생각이 많은 사람들에 의해서 제기되고 있습니다. 혹자들은 생각하기를 그가 언제나 그곳에 있지 않으면 전혀 그리스도인이 아니라는 것입니다. 그것은 그리스도인에 대한 완전히 비성경적인 견해를 채택한 것입니다. 본문에 나오는 이 사람들은 그리스도인들입니다. 하지만 저들은 불행한 사람들이고 가장 뚜렷하게 효과가 없는 사람들입니다. 저들의 삶은 어느 것도 이끌어 갈 수 없고 또 어느 누구에게도 도움을 주고 있지 못합니다.

그뿐만 아니라 저들 자신이 관심을 가져야 하고 또 저들의 믿음이 자신들에게 기쁨과 확신으로 충만하게 채워 주지 못하는 한 저들은 아무것도 생산할 수 없게 될 것입니다. 저들은 게으르고 열매 없는 자들입니다. 저들을 묘사하고 있는 단어는 다른 사람들을 전혀 돕지 못하고 또 지식과 이해력이 부족하다는 뜻으로 사용되고 있습니다. 그들은 주를 아는 지식에서 성장하지 못합니다. 여기에 이용할 수 있는 엄청난 지식과 지혜가 있습니다. 하지만 저들에게는 그것이 없습니다. 저들은 그것에 진전도 없고 성장도 없습니다. 그런 면에서 저들은 열매가 없습니다. 사실상 저들이 분명하고 특별하게 그리스도인이라 할지라도 저들에게는 보여 줄 것이 거의 없다는 사실입니다. 저들은 역시 회심이라는 의미를 이해하는 것 같지도 않습니다. 또 그들은 자신들이 옛 죄로부터 깨끗하게 씻음 받았다는 사실조차 망각하고 있는 것 같습니다. 한 걸음 더 나아가서 그들은 마치 그런 일이 일어나지도 않았던 것처럼 살고 있습니다. 이런 일들은 언제나, 그리고 불가피하게 모두 함께 일어납니다. 이것을 이해하는 일에 지혜가 모자라고 열매가 없을 때에 당신은 일반적으로 계속되는 인생에 실패를 맛보게 될 것입니다. 그 자체의 거룩이라는 측면과 유용성, 그리고 다른 사람에 대한 가치라는 측면에서 모두 실패하게 될 것입니다.

바로 그것이 베드로 사도가 저들에 대하여 설명하는 묘사입니다. 물론 우리 모두는 그런 타입을 잘 알고 있습니다. 비록 그가 자기의 삶으로 거의 보여 줄 것이 없다 할지라도, 당신이 그가 그리스도인임을 부인할 수 없는 바로 그런 사람들입니다. 그는 천박함이 넘치고 비참한 가운데 있는 것처럼 보입니다. 그는 우리 주께서 성령 받은 자의 모습을 설명할 때 말씀하셨던 그리스도인의 인상은 전혀 나타내지 못하는 사람입니다. "나를 믿는 자는 성경에 이름과 같이 그 배에서 생수의 강이 흘러나리라." 아닙니다. 그가 풍기는 인상은 게으르고 열매 없는 것입니다. 그에 의해서 열매 맺는 것은 아무것도 없습니다. 그리고 다른 사람들에게 전달할 수 있는 것도 전혀 없는 것 같습니다. 그 자신을 생각할 때 그의 삶은 너무 미약합니다. 그래서 발전이나 성장이란 꿈도 꿀 수 없을 듯 싶습니다. 전체적인 삶은 무기력하고 침체되어 있으며 불행하고 의심에 흔들리고 있는 것 같습니다. 그리고 자신에게 희망이 있다는 이유를 전혀 제시할 수 있는 것 같지 않습니다. 그는 자신이 믿는다고 말합니다. 하지만 언제나 그는 자신의 믿음의 기초가 흔들릴 것 같은 이런 상황에 처해 있습니다. 그것이 바로 사도 베드로가 취급하고 있고 또 우리가 지금 상고하고 있는 상황입니다.

우리가 가장 먼저 생각해야만 할 것은 그 상황의 원인입니다. 혹자가 그런 상태에 빠지게 된 이유가 무엇입니까? 이런 묘사에 합당한 그리스도인들이 있습니다. 저들이 왜 그렇게 되었을까요? 저들은 왜 열매 맺는 그리스도인들과 다르며 또 저들의 삶이 영향력 있고 삶에 생명력을 주는 그런 사람들이 되지 못했을까요? 도대체 차이점이 무엇이라고 보십니까? 그것이 바로 우리들이 심사숙고해 보아야만 될 문제입니다. 여기에서 그 사도가 이 사람들에 대하여 매우 솔직하게 언급함으로써 분명한 침체 현상에 유일하고 궁극적인 원인이 있음을 확실하게 밝히려는 것 같습니다. 그 원인이란 바로 훈련 부족입니다. 그것이 진정 고통입니다. 그것은 순전히 훈련 부재요, 생활의 질서가 깨졌기 때문입니다. 하지만 다행스럽게도 그 사도는 우리들을 위하여 그 진술을 일반적인 언급으로 끝내지 않았습니다. 신약성경의 기록자들은 일반적인 선에서 결코 멈추지 않습니다. 그들은 언제나 한 걸음 더 나아가서 구체성을 확보합니다. 저들은 문제를 하나씩 하나씩 점검합니다. 다행스러운 것은 그 사도 역시 이 특별한 경우를 그렇게 다루고 있다는 사실입니다.

이 사람들은 왜 저들의 삶속에서 훈련이 부족했을까요? 왜 저들의 생활 가운데 게으름과 나태함이 그렇게 분명하게 나타나고 있습니까? 첫 번째 원인은 저들이 잘못된 신앙관을 가지고 있었기 때문인 것 같습니다. 저는 이것을 5절 초두에서 발견하게 됩니다. 거기에서 사도는 이렇게 말씀합니다. "이러므로 너희가 더욱 힘써." 이것이 바로 그 원인입니다. 더욱 힘쓰라는 것입니다. '너희 믿음에'라는 말은 믿음의 보충을 의미한다고 봅니다. 그 믿음에 그가 다음에 언급할 것들을 첨가하라는 것입니다. 거기에는 분명히 저들이 잘못된 신앙관을 가지고 있다는 암시가 들어 있습니다. 이것은 매우 평범한 그 무엇입니다. 그들은 일종의 마술적 신앙관을 가지고 있었던 것 같습니다. 다시 말해서 당신이 믿음을 가지고 있는 한 모든 것이 잘된다는 생각 말입니다. 당신의 믿음이 당신의 삶 속에서 자동적으로 역사한다고 생각하고, 또 그리스도인으로서 당신에게 필요한 것은 진리를 믿기만 하면 된다는 것입니다. 당신이 믿음을 받아들이면 나머지 모든 것은 저절로 당신에게 이루어진다고 보는 것이 저들의 생각입니다. 당신이 한 걸음만 옮기고 또 결단을 내리기만 하면 된다는 것입니다. 무슨 소명을 받았든지 간에 필요한 것은 그것이 전부라는 것입니다. 그래서 저는 이것을 마술적 신앙관 혹은 신앙의 자동차 개념이라고 묘사하고 싶습니다.

하지만 저는 그것을 다른 형태로 설명할 수도 있습니다. 우리는 종종 신비주의적 신앙관으로 묘사할 필요성을 가질 때도 있습니다. 이것은 분명히 많은 사람들에게 고통이 있음을 설명합니다. 신비주의적 견해라고 할 때 저는 그것을 언제나 전체적인 입장으로 생각하는 신앙관을 뜻합니다. 소극적인 입장에서 그것을 설명한다면, 저는 그런 사람들이 믿음에 덕이나 지식, 절제, 인내, 경건, 형제 우애 그리고 그 사도가 여기에서 보여 주는 대로의 사랑 등으로 보충되어야 할 필요성을 깨닫지 못하고 있다고 생각합니다. 저들은 오직 하나의 공식만 가지고 있습니다. 그리고 그 하나의 공식이란 언제나 주님을 바라보라는 것입니다. 또 주님만 바라다보면 아무것도 할 것이 없다고 말합니다. 저들은 말하기를 사람이 어떤 것을 하려고 시도하는 것은 행함으로 구원을 얻는다는 입장으로 전락하게 된다는 것입니다. 그러므로 혹시 당신이 그리스도인의 삶을 살아갈 때에 문제가 생긴다면, 저들은 "주를 바라보십시오. 그리고 주안에 거하십시오"라고 말할 뿐입니다.

이것은 매우 보편적인 실수입니다. 당신은 이런 견해를 지지하는 주석가의 경우에서 가장 재미있는 형태를 발견하게 될 것입니다. 매우 강조하고 있는 어떤 성경구절을 설명할 때 그것을 구체적으로 해석하면서 저들은 분명한 문제점을 드러내고 있습니다. 왜냐하면 그것이 저들의 입장이므로 당신이 자세한 것에 흥미를 느끼지 못할 것이기 때문입니다. 저들이 의례적으로 지적하는 한 가지 조처가 있을 뿐입니다. "주안에 거하십시오. 그리고 저를 바라다보십시오." 그렇게만 하면 아무 일을 하지 않아도 된다는 것입니다. 이것은 그런 종류의 영적 침체, 그리고 지금 우리가 취급하고 있는 무기력 등을 조장하는 가장 촉진적인 원인입니다. 그런 사람들은 자신의 생애를 이렇게 불행한 상태로 살아갑니다. 저들이 이 권면, 곧 '주안에 거하시오', 그리고 '주를 바라보시오', 잠깐 동안만 참으면 모든 것이 다 잘 되리라는 권면에 순응하려고 노력하지만 어쩐지 일이 잘못되어 가는 것처럼 보이고 또 저들이 주 안에 거하는 것 같지 않습니다. 바로 그때, 다시 한 번 불행을 맛보게 됩니다. 문제가 다시 발생합니다. 그래서 저들의 전체적인 삶이 자신들이 깨달은 이 한 가지 상태를 유지하려고 노력하면서 한평생을 소비하는 삶으로 머물고 맙니다. 이것은 매우 중요한 문제입니다. 우리는 자신의 신앙관이 신약성경에 나오는 신앙관인가를 확인해 보아야만 합니다. 그리고 우리는 여기에서 그 사도가 우리의 믿음에 무엇을 더하라는 첨가물, 곧 우리의 믿음에 다른 더할 것들을 계속 강조할 때에 그것이 뜻하는 바가 무엇인가를 깨닫지 않으면 안 됩니다.

두 번째로 이 상태에 대한 일반적인 원인을 틀림없이 전적인 나태함, 게으름, 안일함 혹은 그 사도의 언어를 빌리자면 근면함의 결핍 외에 아무것도 아닙니다. 그 사도는 '너희가 더욱 힘써'라고 말합니다. 그는 이것을 우리에게 강조하는 데 관심이 있습니다. 그래서 베드로는 10절에서도 이것을 반복하고 있습니다. 제가 생각하기에는 우리 모두가 이에 대한 그 무엇을 알고 있으리라고 봅니다. 우리 모두를 괴롭히는 일종의 큰 나태함과 게으름이 있습니다. 그리고 이것은 틀림없이 마귀 자신으로부터 비롯됩니다. 그것이 영적인 생명에 속한 일들에게 부닥쳐 올 때 우리는 모두 이것을 깨닫지 못했지요? 우리에게는 그 같은 열심과 정열이 있는 것 같지 않습니다. 우리가 세속적인 부름이나 직업, 전문업이나 사업,

제15장 훈련 273

쾌락 혹은 우리가 관심을 가지고 하는 그 어떤 일에 정열을 쏟는 만큼 영적인 일에도 그런 에너지를 투자한다고 보십니까? 우리가 자신의 일을 할 때에는 매우 잘하다가도 기도해야만 될 기간에 접어들면 갑자기 피곤하고 지치게 된다는 사실을 우리는 모두 깨닫지 못하십니까? 또 우리가 성경을 읽으려고 할 때에는 언제나 피곤하고 졸립게 된다는 사실을 이상하게 생각하지 않으십니까? 우리가 순수하게 육체적이고 또 우리가 어찌할 수 없는 그 어떤 일을 할 때에는 매우 생기발랄하다가도 우리 자신들이 영적인 일을 하려고 하자마자 곧 자신을 괴롭히는 나태함과 게으름의 문제가 대두되며, 아무리 정신을 차리고 이전에 그랬던 것처럼 힘을 내려고 해도 어쩔 수 없게 된다는 사실입니다.

    그렇지 않으면 그것을 지연의 형태, 곧 질질 끄는 형태로 생각해 보도록 하겠습니다. 우리는 성경을 읽고 또 그것을 연구하기를 간절히 소원합니다. 그리고 우리가 주석을 읽기를 바랍니다. 하지만 우리가 그 순간에 이것을 좋아할지 모르겠습니다. 우리가 최상의 느낌을 가지지 못할 때 이런 일을 하려고 시도하는 것은 잘못이라고 생각하는 경향이 있습니다. 그럴 때에는 좋아질 때까지 연기하는 것이 더 좋습니다. 후에 더 좋은 기회가 많은 것이기 때문입니다. 그렇지 않으면 우리가 시간을 가지지 못하든지 혹은 기회가 없을 수도 있습니다. 우리가 얼마나 자주 이런 종류의 경험을 가져야만 하겠습니까? 시간이 왔을 때에 이상한 방법으로 우리가 스스로 적응할 수 없다는 사실을 발견하게 됩니다. 우리들 대부분이 심각하게 훈련이 부족한 삶을 살고 있고 또 질서와 정돈된 삶을 살지 못하고 있다는 사실은 논의의 대상이 아닙니다. 현재보다 그리스도인의 삶을 살기가 그렇게 어려운 때는 일찍이 없었습니다. 우리의 주변 세계와 조직체들은 일을 거의 불가능하도록 만들고 있습니다. 생에 있어서 가장 어려운 일은 자기 자신의 삶을 질서 있게 하고 또 관리하는 것입니다. 그 이유는 외적인 것들이 우리를 억압해 오기 때문이 아니라 차라리 우리가 밀려오는 위험을 깨닫지 못하거나 혹은 우리가 그것을 견디어 내지 못한다면 우리가 알지도 못하는 사이에 패배하고 말 것이기 때문입니다.

우리를 혼돈시키는 것들이 너무 많습니다. 당신은 조간신문으로 하루의 일과를 시작하실지 모르겠습니다. 많은 사람들이 한 가지보다는 차라리 두 가지를 가지고 하루 일과를 시작합니다. 그리고 몇 시간만 또 지나면 석간신문이나 기타의 신문이 옵니다. 이런 일들이 당신에게 밀어닥칩니다. 물론 우리가 신문을 구매하지 않을 수는 없습니다. 하지만 모든 사람들이 그렇다면 문제가 아닐 수 없습니다. 아마도 그것은 대문 앞에 배달될 것입니다. 그런 일들이 우리 앞에서 그리고 우리 자신들이 그것을 깨닫지 못한 채로 우리의 시간을 빼앗아 가는 그 무엇이라는 사실입니다. 이런 일들을 장황하게 더 설명하는 데 시간을 낭비할 필요는 없습니다. 무선 시대, 화상 시대에 우리가 처리해야 될 문제가 많으며 또 여기저기에서 사건이 많이 일어나고 많은 문제들이 야기되고 있음을 우리는 명심해야만 합니다. 우리들 모두가 현재 자신의 삶을 위하여 투쟁하고 있고 또 진급과 정복을 위하여 한 걸음 더 나아가서 자기 자신의 삶을 바르게 살기 위하여 고군분투하고 있다는 것이 현실입니다. 모든 목사님들은 제가 오늘날 다음에 나오는 대화보다 더 자주 언급되고 있는 대화가 없다고 말할 때 모두 동의하시리라고 믿습니다. "저는 무엇을 해야 할지 잘 모르겠습니다. 성경을 읽을 틈을 내기가 어려운 것 같습니다. 묵상하고 싶은 만큼 그 말씀을 묵상할 시간이 없습니다."

그에 대한 단순한 대답은 철저한 훈련 부족이라는 말입니다. 그것은 우리의 생활에 질서를 유지하는 데 실패했기 때문입니다. 그것은 환경에 대한 불평을 이용하지 못한 데서 비롯되었습니다. 그것은 단순히 여기까지 돌아오도록 만들었으며 그렇다고 해서 논쟁할 필요까지는 없습니다. 우리에게는 시간이 있습니다. 만일에 우리가 이런 다른 일들에 시간을 내야만 한다면, 우리는 시간을 낼 수 있습니다. 이런 면에서 전체적인 성공의 비결이란 그런 시간을 내면서, 다른 일보다는 영혼의 문제에 시간이 투자되어야 함을 주장하는 것입니다. 그것이 바로 고통의 두 번째 원인입니다. 삶에 있어서 훈련 부족, 우리의 삶을 조절하지 못하는 것, 그리고 우리의 마음 중의 마음으로 알고 있는 우리의 삶을 명하고 관장하는 일을 실패하는 것이 바로 그 원인이라는 말입니다. 그것이 원인을 유발시킵니다.

그러면 이제 그 원인에 대처하는 방법을 살펴보도록 하겠습니다. 이런 상황에 대하여 베드로 사도가 언급한 처방법은 무엇입니까? 그것은 문제의 원인을 거꾸로 보면 된다는 것입니다. 첫 번째 그리고 가장 주요한 방법으로 그는 '더욱 힘써'라는 말에 강조점을 두고 있습니다. 다른 번역본에 의하면 '모든 노력을 하여'라고 설명되고 있습니다. 처방의 열쇠는 '모든 노력을 하여', '이 외에', '이 원인 때문에', '이런 일들을 보아서'라는 단어들입니다. 여기에 매우 위대하고 값진 약속들이 주어졌습니다. 삶과 경건에 속한 모든 일들입니다. 당신이 세상에 있는 정욕과 부패를 피했기 때문에 주어진 약속들입니다. 이 모든 것들 때문에 많은 노력을 하고 또 더욱 힘써야 합니다. 그렇지 않으면 10절에 번역된 대로 이런 일들을 이루기 위하여 전보다 더욱 애써야 합니다. 그렇다고 할 때 여기에 처방법이 제시되고 있다고 하겠습니다. 훈련과 근면의 연습이 바로 그것입니다.

아마도 이 문제를 설명하는 가장 좋은 방법은 그것을 단순하게 역사적으로 정리하는 것입니다. 제가 당신에게 그 성자의 생애 속에 나타난 가장 큰 특징이 훈련과 질서라는 사실을 깨닫지 않고서 과연 교회 생활을 찬양했던 어떤 성자의 생애를 읽을 수 있는지 한 번 도전해 보라고 말씀드리고 싶습니다. 매우 뛰어난 하나님의 성도들의 보편적인 특징이 바로 그것일 것입니다. 헨리 마틴(Henry Martyn), 데이빗 브레이너드(David Brainerd), 죠나단 에드워즈(Jonathan Edwards), 웨슬리의 형제들(The brothers Wesley), 그리고 횟필드(Whitfield)에 관한 책을 읽어보시고 또 그들에 관한 간행물들을 참고해 보십시오. 저들이 어떤 교단에 속했는가는 그렇게 중요하지 않습니다. 그들은 모두 자신의 삶을 훈련했고 또 이것의 중요성을 주장했던 분들입니다. 그것이 철저하게 성경적이고 또 완전히 본질적인 그 무엇이 아닐 수 없습니다. "하나님께 나아가는 자는 반드시 그가 계신 것과 또한 그가 자기를 찾는 자들에게 상 주시는 이심을 믿어야 할지니라"(히 11:6). 히브리서 저자의 증언입니다. 그렇습니다. 하나님은 부지런히 자신을 찾는 자들에게 상급을 주시는 분입니다. 우리는 하나님을 찾는 일에 부지런해야 하겠습니다. 하지만 혹자는 말하기를, "행함으로 의롭게 된다고 반복해서 설교하지 않으십니까?"라고 반문합니다. 당신은 마귀가 얼마나 교묘한가를 아실 것입니다. 당신은 로마 카톨릭 이단과 또 헌신에 대한 카톨릭적인 방법으로 되돌아가기를 진정 원하신다는 말입니까? 그 논증에 대한 대답은 이에 대하여 감동하심을 받은 분이 다름 아닌 베드로 사도라는 것입니다. 그는 모든 성경이 성령의 감동하심으로 기록되었다는 사실을 자신의 방법으로 우리에게 상기시키고 있습니다.

우리의 믿음에 이런 여러 가지 요인들을 더하고 또 그 일을 위하여 우리가 더욱 힘써야 한다고 말씀하신 분이 바로 그 베드로 사도입니다. 그는 지금 우리에게 더욱 열심을 내고 더욱 힘쓰라고 말씀하고 있습니다. 물론 거기에는 아무런 모순도 없습니다. 행함으로 의롭게 된다는 잘못은 당신 자신을 구원하기 위한 영혼의 훈련을 강조하는 데서 비롯되었다고 봅니다. 하지만 자신의 행위를 신뢰하는 데 대한 정반대는 아무것도 하지 않는 것이 아닙니다. 그것은 오히려 모든 것을 하는 것입니다. 그러면서도 그것 중에 어떤 것이라도 신뢰하지 않는 것입니다. 잘못된 것은 행위가 아닙니다. 오히려 행위를 믿는 믿음, 곧 자신의 행위를 신뢰하는 것이 잘못입니다. 하지만 여기에 얼마나 간교한 위험이 있는지 모릅니다. 제가 보기에는 오늘날 개신교에 있는 가장 중요한 위험들 가운데 하나가 바로 그것입니다. 특별히 복음주의적 교단 안에서 그리고 행위로 의롭게 된다는 오류를 두려워하고 있는 사람들 속에서, 우리는 행위가 전혀 중요하지 않다는 주장이 있음을 압니다. 우리는 오직 믿음만 중요하다고 주장합니다. 저 역시 믿음의 사람이기 때문에 제가 하는 것은 그렇게 중요하지 않습니다. 하지만 저의 삶은 철저하게 훈련이 부족할 수 있습니다.

제안을 경청해 보십시오. 행위를 거짓되이 신뢰하는 것에 대한 정반대는 게으름이나 훈련 부족이 아니며 아무것도 하지 않는 것입니다. 부지런하고 근면해야 합니다. 열심을 내야 합니다. 믿음에 이런 것들을 더해야 합니다. 하지만 당신의 행동만으로는 충분하지 못하다는 사실을 언제나 깨닫지 않으면 안 됩니다. 오히려 하나님께서는 자신을 부지런히 찾는 자들에게 상 주시는 분임을 확신해야 합니다. 많은 사람들이 말하기를 저들은 성자들이 가졌던 지식의 흔적 외에 아무것도 주지 못한다고 합니다. "만일에 내가 그 기쁨을 가질 수만 있다면, 나는 그것을 인하여 온 세상을 주겠다. 왜 내가 뜨거운 마음을 가질 수 없는가?"라고 저들은 말합니다. 대답은 저들이 그것을 진실하게 추구하지 못했다는 것입니다. 저들의 삶을 살펴보십시오. 그리고 저들이 성경을 읽고 기도하며 또 여러 가지 형태로 자신을 살피고 영적 운동을 펼쳤던 시대를 살펴보십시오. 그들은 문화와 영적 생활의 중요성을 믿었습니다. 저들이 그렇게 했기 때문에 하나님께서 저들에게 자신을 현현하시는 은혜를 베풀어 주시고 또 저들의 마음을 뜨겁게 했던 그런 능력 있는 경험으로 상 주셨던 것입니다.

그러므로 우리가 맨 먼저 훈련과 질서가 꼭 필요하다는 사실을 살펴보았습니다. 사실상 저는 지금 그 문제에 대해서 자세하게 살펴볼 마음이 있습니다. 만일에 우리가 매일 매일의 삶에 요구되는 시간과 질서가 중요하다는 사실에 동의할 수만 있다면, 우리는 어떤 대가를 치루고라도 그 일을 해야만 한다고 주장하는 바입니다. 다시 말해서 혹시 제가 성경이 매일 매일 받아보는 신문보다 더 중요하다는 사실을 참으로 믿는다면, 제가 신문을 읽기 전에 성경을 읽지 않으면 안 됩니다. 제가 아직 하지 못하고 남겨둔 것이 무엇이든지 간에, 저는 그것을 끝냈어야 하는 것으로 보아야 한다는 말입니다. 저의 기도 시간은 지켜져야만 합니다. 또 제가 묵상의 시간을 갖지 않으면 안 됩니다. 무엇이든지 제가 하지 못한 것이 남아 있다면, 저는 그런 일들을 어떻게 하든지 끝내야 합니다. 그것이 바로 기본입니다. 그것이 바로 인생에게로 다가오는 질서의 요인에 대한 예증입니다. 그런데 많은 사람들이 여기에서 실패하고 비참하게 되며 또 저들이 자신들을 장악하고 있지 못하다는 단순한 이유로 낙심하게 됩니다. 당신이 스스로 그 일을 해야만 합니다. 그것이 당신을 위해서 저절로 되어지지 않습니다. 참으로 아무도 당신을 위하여 그 일을 할 수 없습니다. 만일에 당신이 이런 일들을 자세히 취급하지 않는다면, 제가 확신하기는 당신도 침체된 그리스도인으로 남게 될 것입니다. "더욱 힘쓰십시오." "모든 노력을 다 하십시오." "더욱 열심을 내십시오." 어떤 대가를 치르더라도 그것을 맛보십시오.

두 번째 원리는 우리가 자기 믿음에 무엇인가를 더해야만 하는 것입니다. 권위 있는 역본은 "믿음에 더하라"고 말씀하고 있고 또 다른 역본은 '그것에 보충하라'는 의미로 해석했으며 한 걸음 더 나아가서 '그것에 공급해 주라'는 번역도 있습니다. 권위자들은 '공급하라'는 이 단어가 헬라어로 연극 공연과 관련해서 사용된 단어라는 것입니다. 그것은 일종의 오케스트라 혹은 합창을 제공해 주는 것을 뜻합니다. 당신은 오케스트라와 합창으로 공연을 그렇게 함으로써 그 공연이 성공적으로 마무리 될 수 있습니다. 그것은 공연을 위한 들러리와 같은 그 무엇입니다. 그렇게 해서 공연이 완성되는 것입니다. 그것이 바로 그 낱말의 의미입니다. 그것에 더하고, 그것에 공급하고 또 그것에 보충해서 어떤 것을 완성할 수 있습니다. 그렇게 해서 완전히 공처럼 둥근 신앙이 되도록 해야만 합니다.

당신의 믿음에 무엇을 더해야 합니까? 그 사도는 우리에게 다음과 같은 목록을 줍니다. 제가 그것을 한 번 살펴보도록 하겠습니다. 그가 말씀하고 있는 첫 번째 것은 이것입니다. "믿음에 덕을 공급하라." 그가 말씀한 바는 무엇을 뜻합니까? 흠정역이 나온 이후로 그 단어의 의미가 다시 한 번 달라졌습니다. 어떤 의미에서 그것은 우리가 지금 쓰고 있는 의미와는 다릅니다. 목록에 나온 각 항목들이 그런 의미에서 다 덕으로 볼 수 있기 때문입니다. 여기에서 그 의미는 에너지 곧 도덕적 에너지입니다. 그것은 능력이며 또 활력이라고 봅니다. 이것은 매우 중요합니다. 그 사도가 지금 취급하고 있는 상태는 늘쩍지근하고 훈련되지 않은 그리고 그리스도인의 삶에 느슨해진 모습입니다. 그는 우리들에게 바로 그 같은 모습을 상기시킴으로 논의를 시작하고 있습니다. "이제 당신은 믿음을 가지고 있습니다. 당신은 진리를 믿습니다. 거기에 대해서는 추호의 의심도 없습니다. 당신은 우리와 똑같은 고귀한 믿음을 가지고 있습니다." 그렇습니다. 저들이 그 정도인데 무엇이 더 필요할까요? 그는 저들이 가지고 있는 믿음에서 게으름을 없애버리라고 말씀합니다. 다시 말해서 믿음에 도덕적인 에너지를 더하고, 자신을 힘있게 추진해 나가며, 그리스도인의 삶을 살아갈 때에 절름발이처럼 발을 질질 끌지 말고 활력 있고 당당하게 걸어가며, 거기에 힘있고 능력 있는 태도를 부여하라는 것입니다. 그리스도인은 너무 약하고 기진 맥진해서 언젠가는 쓰러질지도 모른다는 인상을 주는 무기력한 사람이 되어서는 안 됩니다. 그 사도가 권고한대로 느슨해지지 마십시오. 당신의 믿음에 남자답고 힘있는 모습, 곧 덕을 공급하시기를 바랍니다.

이것이야말로 매우 필요한 권고의 말씀이 아닐 수 없습니다. 전형적인 평균치의 그리스도인과 전형적인 평균치의 세상 사람을 비교해 보고 또 대조해 보십시오. 그리스도인은 자신이 영적인 일에 관심이 있고 또 하나님의 나라와 또 하나님과 그리스도에 대한 지식에 흥미가 있다고 주장합니다. 이것이 그의 주장입니다. 그는 자신에게 믿음이 있고 또 그 믿음이 참된 믿음이라고 말합니다. 하지만 그를 여러 가지 게임과 세상 스포츠계에서 일어나는 일들에 관하여 흥미를 가지고 있는 평균적인 사람과 비교해 보십시오. 당신은 차이점이 있음을 발견하게 될 것입니다. 이런 일들에 관심이 있는 사람에게는 결코 느슨함이 있을 수 없습니다. 그들이 감격하는 모습과 또 저들의 에너지를 한 번 보십시오. 그리고 그리스도인과 대조해 보십시오. 얼마나 늘쩍지근합니까? 그리고 그들은 매우 변명적입니다. 그러하기 때문에 이런 형태의 그리스도인은 언제나 믿음에 그 무엇을 더하는 데 실패하고 맙니다. 그는 말하기를 자신이 그리스도인이며 진리를 믿는다고 합니다. 하지만 그는 자신의 믿음에 무엇을 공급하는 것에는 실패하고 맙니다.

"너희 믿음에 덕을, 덕에 지식을 공급하라." 이것은 단순히 교리적인 지식만을 의미하는 것이 아닙니다. 우리가 일정한 분량만큼 그것을 소유하지 못한다면 우리에게 믿음이 없는 것입니다. 이것은 일종의 통찰력을 뜻합니다. 그것은 이해력입니다. 또 그것은 조명을 의미합니다. 우리가 그리스도를 믿는 순간 모든 것을 알게 되는 것은 아닙니다. 우리가 모든 것을 이해할 수도 없습니다. 그것은 단지 시작에 불과할 뿐입니다. 신약성경, 특별히 서신서에 보면 '지식에 자라 가라' 는 끊임없는 호소와 권고의 말씀이 나옵니다. 바울은 "지식 안에서 너희의 사랑이 자라가게 하라"고 했습니다. 그것은 베드로 사도가 이 지점에서 말씀하고 있는 바로 그것과 똑같습니다. 그는 믿는 일을 중단해서는 안 된다고 말합니다. 저들은 벌써 그리스도인들입니다. 하지만 저들이 그리스도인의 삶이 무엇인가를 이해하지 않으면 안 됩니다. 또 저들이 주변에 있는 간교한 위험들을 파악할 수 있어야 합니다. 그리고 사단의 간악함 가운데 그 무엇을 이해할 수 있어야 합니다. 그들에게는 이해력이 필요합니다. 그러므로 너희 믿음에 이 통찰력과 이해력 그리고 조명을 더하라고 하신 것입니다.

우리 자신들이 열심히 성경을 읽고 말씀을 터득하며 또 믿음의 교리들을 섭렵하는 것이 얼마나 실질적인 일인지 모릅니다. 이런 일들에 자신을 적용시켜 보지 않는 한 당신은 참으로 믿음을 이해할 수 없습니다. 그것은 종종 고통스러운 과정일 수 있습니다. 하지만 우리에게는 적응할 수 있는 훈련이 분명히 필요합니다. 학생이 열심히 공부하지 않는다면, 어떤 과목에서도 결코 뛰어날 수 없습니다. 결코 어떤 일을 하지도 않았는데 시험에서 일등을 하는 머리가 명석한 사람이 따로 있다는 이야기는 하나의 신화일 수밖에 없습니다. 그런 일은 결코 있을 수 없습니다. 그것은 거짓말입니다. 지식이 없다면—당신이 자신을 적용하지 못한다면 지식을 결코 얻을 수 없을 테지만—사람은 결코 참된 이해력, 곧 참된 지식을 가질 수 없습니다. 그것은 훈련이 필요하고 적용이 필요합니다. 당신의 믿음에 지식을 공급하는 일은 참으로 힘든 작업이 아닐 수 없습니다.

그 다음의 문제는 절제입니다. 그것은 자기 관리를 뜻합니다. 그리고 여기에서 그것은 당신이 일반적으로 당신의 삶을 조절하는 것만을 뜻하지 않습니다. 이 절제에 대해서 더욱 자세히 살펴보아야 하겠습니다. 그것이 그 단어 자체보다 더욱 특별한 의미를 가지고 있기 때문입니다. 그것은 당신의 삶에 나타나는 모든 개개의 상황을 관리해야 함을 뜻합니다. 그것은 당신이 심지어 먹고 마시는 것까지 관리해야 한다는 뜻일 수 있습니다. 권위 있는 사람들이 우리에게 말하기를 많은 사람들의 육체적 건강 상태가 양호하지 못하다고 합니다. 그 이유인즉 저들이 너무 많이 먹고 마시기 때문이라는 것입니다. 그것이 맞는 말임에 틀림없습니다. 더군다나 현대에 들어와서 그런 경향이 더 농후해지고 있습니다. 그것이 우리를 강요합니다. 그것이 또한 매력적인 것 같습니다. 절제력이 부족하고 자제력이 없기 때문에 너무 종종 지치고 노곤해서 고통을 당하는 사람들이 있습니다. 저들은 식욕이나 정욕 그리고 열심과 욕구들을 자제하지 못합니다. 저들이 너무 많이 먹고 또 너무 많이 마십니다. 심지어 저들은 너무 많은 수면을 취합니다. 그에 대한 통찰력을 얻는 길은 성자들의 삶에 대한 기록을 읽고 또 저들의 일기를 읽는 것입니다. 또 자신들에 대해서 어떤 조처를 취했으며, 어떻게 자신들의 삶을 통제했는지 읽어 보시기 바랍니다. 이런 일들에 대해서 저들이 얼마나 걱정하고 또 어떤 댓가를 치르고서라고 그런 것들을 피할 수 있는 방법을 매우 분명하게 깨달았었는지 모릅니다.

인내란 모든 것이 당신을 실망시킨다 할지라도 계속해서 견디며 참는 것을 말합니다. 당신 자신이 그렇게 해야 합니다. 당신은 믿음에 이것을 공급해야만 합니다. 당신이 수동적으로 주님을 바라다보는 것이 인내가 아닙니다. 당신 자신이 인내를 실천하고 또 이 일을 날마다 당당하게 이루어 나가지 않으면 안 됩니다.

그 다음은 경건입니다. 여기에서 경건이란 틀림없이 하나님과 더불어 나누게 되는 우리의 관계를 염려하고 관심을 기울이는 것을 뜻합니다. 그 다음 목록에 남아 있는 두 개의 내용들을 통해서 그는 동료 인간들을 향한 우리의 태도에 관심을 표명하고 있습니다. 형제 우애는 동료 그리스도인들에 대한 우리의 관계를 뜻합니다. 또 사랑은 사람들을 사랑하는 것을 의미합니다. 심지어 저들이 믿음 밖에 있는 사람들일지라도 말입니다. 우리가 이런 것들을 매우 자세히 살펴보지 않으면 안 되겠습니다.

그 사도는 우리들을 이 같은 여러 단계 혹은 절차를 밟아서 새로운 차원으로 이끌어 주고 있으며 또 우리를 향하여 준행하라고 말씀했던 모든 것들을 실천하도록 용기를 주고 있습니다. 그 용기가 무엇입니까? 무엇보다 먼저 그는 우리가 어떤 존재인가를 상기시켜 줍니다. 그는 우리에게 말하기를, 우리가 신의 성품에 참예한 자들이라고 했습니다. 만일에 제가 너무 딱딱한 교리를 설명했다고 느끼신다면, 그리고 그리스도인의 삶을 너무 힘든 일로 격하시킨다거나 혹은 모든 것이 머뭇거려지고 의심스러워진다면, 몇 가지 질문을 드리도록 하겠습니다. 당신은 자신이 그리스도인으로서 어떤 분이라고 생각되십니까? 당신이 신의 성품에 참예한 자로 믿어집니까? 하나님의 아들 예수 그리스도께서 하늘에서 이 땅으로 강림하사 갈보리 십자가에 달리신 것은 당신을 구하되 세상과 정욕으로부터 구원하시기 위함인 줄 확신하십니까? 그것이 정욕된 세상에서 부패를 막는 방법입니다. 정욕은 부패의 원인입니다. 그런 상태에 머물러 계시기를 원하십니까? 아니면 그것으로부터 탈출하기를 원하십니까? 당신이 그것으로부터 탈출할 수 있도록 그리스도께서 죽으셨음을 깨달으시기를 바랍니다. 더군다나 당신이 벌써 그곳을 빠져 나왔다고 사도는 말씀하고 있습니다. 바로 이 같은 이유 때문에 우리가 더욱 힘써야 되는 것입니다. 베드로는 당신이 옛 죄로부터 씻음 받았던 사실을 잊지 않았다고 분명하게 말씀하고 있습니다. 당신이 그리스도와 함께 죽었다는 사실을 분명히 잊지 않으셨겠지요? 그러므로 우리는 율법과 죄에 대해서 죽었습니다. 우리가 죄에 대해서 죽었는데 어떻게 그 죄 가운데 살겠느냐는 것이 바울의 설명법입니다. 그것이 바로 베드로의 논증이기도 합니다. 우리는 믿음의 싸움을 할 때 그것이 얼마나 큰 용기가 되는지 깨닫지 않으면 안 됩니다.

하지만 당신이 거기에서 머물러서는 안 됩니다. 사도는 더 많은 것을 깨달아야 한다고 말씀하고 있습니다. 만일에 당신이 이런 일들만 한다면, 당신은 현재에 큰 기쁨과 행복을 맛보지 못할 것입니다. "그러므로 형제들아, 더욱 힘써 너희 부르심과 택하심을 굳게 하라." 이것을 행함으로 부르심과 택하심을 확실하게 할 수 있다는 것입니다. 그렇게 하지 않으면 당신은 행복하지 못할 것입니다. 다음과 같이 말하는 것으로는 충분하지 않습니다. 하나님의 말씀은 "누구든지 믿기만 하면…그리고 내가 믿노니…그러므로…"라고 증거합니다. 그것은 사실입니다. 하지만 그것으로는 언제나 만족할 수 없습니다. 우리가 그렇게 생각하는 것은 당연합니다. 그것이 우리의 확신하는 바입니다. 하지만 우리가 확신을 생각한다면, 우리가 만들고 있는 심각한 실수를 중단해야 합니다. 만일에 우리가 부르심과 택하심을 확실하게 하기를 원한다면, 여기에서 그 사도가 열거한 이 모든 일들을 힘써 행하지 않으면 안 됩니다. 우리가 그렇게 할 때에 큰 기쁨과 평안과 행복을 맛보게 될 것입니다. 우리는 자신이 어디에 서 있는가를 깨닫고 또 우리를 기다리고 있는 영광의 첫 열매들을 추수하게 될 것입니다.

"만일에 당신이 이런 일들을 성취시킨다면, 결코 넘어지지 않을 것입니다." 우리가 여러 가지로 넘어지는 것보다 낙심되는 것은 없습니다. 우리가 넘어지면 비참하게 되고 불행하게 되며 또 모든 일에 철저하게 절망을 느끼게 하는 침체가 몰려옵니다. 그런 일들을 잘하면 타락을 막습니다. 다시 말해서 당신이 이런 일들을 하기만 하면 당신이 넘어지지 않는다는 말입니다. 그것은 당신이 아무 일을 하지 않아도 보호를 받을 수 있다는 뜻이 아닙니다. 그가 말하기를 이런 일을 하면 넘어지지 않는다고 했습니다. 그러므로 이 모든 일들을 힘써 행하심으로 시험에 들지 마시기를 바랍니다.

마지막으로 그것이 얼마나 영광스러운 일인가를 살펴보도록 하겠습니다. 그가 말하기를 "주 예수 그리스도의 영원한 나라에 들어감을 넉넉히 너희에게 주시리라"고 했습니다. 그가 여기에서 구원에 대하여 말씀하고 있지 않습니다. 왜냐하면 이 사람들이 벌써 구원을 받았기 때문입니다. 그는 지금 영광을 향한 궁극적인 입장을 논하고 있습니다. '주신다'는 단어를 유의해 보시기를 바랍니다. 왜냐하면 그가 들어감을 넉넉히 너희에게 주신다고 말했기 때문입니다. 그 단어는 앞에서 '공급하다'로 번역했던 단어와 아주 똑같은 단어이기 때문입니다. 당신은 믿음에 이런 것들을 더해야 합니다. 그리하면 들어감을 넉넉히 저희에게 주실 것입니다. 그것이 화답 형식으로 이루어집니다. 다시 말해서 당신이 이 일들을 행하고 자신의 삶을 훈련시키며 자신의 삶에 균형을 유지한다면 그리고 이런 방법으로 자신의 믿음에 여러 가지 좋은 것들을 공급한다면, 당신은 결코 지금 낙심하지 않을 것입니다. 사도의 말씀입니다. 그리고 당신은 큰 기쁨과 행복을 확신 가운데 얻게 될 것입니다. 결국에는 이런 현세의 삶을 탈출하여 천국의 영광스러운 미풍에 밀려 다음 세계로 평화스럽게 항해할 수 있을 것입니다. 더 이상의 지체란 있을 수 없습니다. 사나운 풍랑이 뒤따르는 진입은 분명히 아닙니다. 오히려 넉넉히 들어가는 축복이 저들에게 주어질 것입니다. 테니슨 경(Lord Tennyson)의 말을 빌릴 필요도 없습니다.

> 내가 바다를 향할 때
> 뱃장의 슬픔은 사라지리.

왜냐하면 그것이 어떤 모르는 바다에로의 진입이 아니고 차라리 모든 생의 풍랑들이 끝나고 하나님 앞에서 영원한 안식과 영광을 얻을 수 있는 승리의 천국 입성이기 때문입니다.

만일에 우리가 불행하고 침체된 그리스도인이라면, 훈련 부족에서 오는 것보다는 조금 양호할 것입니다. 그러므로 이제 일어나서 행동합시다. 더욱 힘을 씁시다. 두려워하지 말고 우리의 믿음에 무엇인가를 공급합시다. 우리의 생각을 정화합시다. 그리고 이것들을 실천합시다. 또 믿음에 힘과 활력, 지식, 절제, 인내, 경건, 형제 우애와 사랑을 공급합시다. 우리의 그리스도인의 삶을 즐깁시다. 다른 사람들에게 유익을 주고, 또 도움을 주며 삽시다. 은혜와 지식 안에서 자라가며, 우리를 알고 있는 모든 사람들에게 매력적이어서 저들도 우리에게 와서 함께 동참할 수 있는 멋진 신앙을 보여줍시다. 한 걸음 더 나아가서 결코 실패하지 아니하고 오히려 이 위대하고 값진 약속들을 받는 축복을 경험하시는 성도들이 되시기를 간절히 바랍니다.

제 16 장

시련

"그러므로 너희가 이제 여러 가지 시험을 인하여 잠깐 근심하게 되지 않을 수 없었으나 오히려 크게 기뻐하도다 너희 믿음의 시련이 불로 연단 하여도 없어질 금보다 더 귀하여 예수 그리스도의 나타나실 때에 칭찬과 영광과 존귀를 얻게 하려 함이라" (벧전 1:6-7)

그리스도인들이 왜 영적 침체로 고통을 받을 수 있는지 그 많은 이유들을 살펴보았기 때문에, 이번에는 사도 베드로가 취급하고 있는 특별한 이유를 고찰하게 되었습니다. 그 사도가 본서를 쓰게 된 유일한 목적이 바로 이 같은 상태를 설명하려는 것이었음에 의심의 여지가 전혀 없습니다. 그래서 저가 이 사람들에게 어떤 일을 회상시킴으로 설명을 시작하다가 즉시 이 주제에 이르게 된 것입니다. 그는 위대한 구원의 문제를 말씀하는 것으로 그 문제를 소개합니다. "찬송하리로다 우리 주 예수 그리스도의 아버지 하나님이 그 많으신 긍휼대로 예수 그리스도의 죽은 자 가운데서 부활하심으로 말미암아 우리를 거듭나게 하사 산 소망이 있게 하시며 썩지 않고 더럽지 않고 쇠하지 아니하는 기업을 잇게 하시나니 곧 너희를 위하여 하늘에 간직하신 것이라 너희가 말세에 나타내기로 예비하신 구원을 얻기 위하여 믿음으로 말미암아 하나님의 능력으로 보호하심을 입었나니 그러므로 너희가 이제 여러 가지 시험을 인하여 잠깐 근심하게 되지 않을 수 없었으나 오히려 크게 기뻐하도다." 그것이 바로 이 사람들에 대한 묘사입니다. 그들은 복된 소망을 인하여 크게 기뻐하였습니다. 하지만 여러 가지 시험을 인하여 잠깐 근심하지 않을 수 없었습니다.

여기에서 우리는 또다시 매우 많은 사례들을 발견합니다. 그런데 그 묘사가 매우 모순되는 것처럼 보입니다. 그는 사람들이 어느 때는 크게 기뻐하다가 동시에 무거운 근심에 잠겨 있는 것으로 묘사하고 있습니다. 하지만 우리는 거기에 아무런 모순이 없음을 자주 발견하게 될 것입니다. 당신이 혹시 그것을 독단적이라고 말하고 싶을지 모르지만 거기에 전혀 모순이 있을 수 없습니다. 신약성경에 묘사된 그리스도인의 상태는 언제나 두 가지의 요인이 포함되는 것처럼 보입니다. 그 사도가 설명하고 있는 이 그리스도인들이 언제는 크게 기뻐하다가도 또 다른 때에는 무거운 근심 속에 잠기는 것으로 묘사되고 있음을 발견하게 됩니다.

이것은 우리가 앞으로 나아가기 전에 분명하게 해야만 될 그 무엇입니다. 이것이 전혀 불가능하다고 생각하는 표면적인 기독교관이 있습니다. 그 같은 기독교 인생관은 말하기를, 모든 문제는 지나갔으며 이제는 하루 종일 행복하다는 것입니다.

그런 사람은 베드로의 묘사를 잠깐 동안도 받아들일 수 없습니다. 그래서 근심 속에 있는 그리스도인을 만나면 그가 정말 그리스도인인가 아니면 그리스도인이 아닌가 하고 의심스럽다는 것입니다. 한 번 예수 믿기로 결심하고 또 한 번 회심하면 더 이상 문제가 없고 한 걸음 더 나아가서 인생의 항해에 파도란 있을 수 없다는 듯한 인상을 주는 그리스도인의 삶에 관련된 교훈이 있습니다. 모든 것이 완벽하고 무엇이든지 문제될 것은 전혀 없습니다. 그 같은 견해에 대한 간단한 대답은 그것이 신약성경에 나오는 기독교 신앙이 아니라는 사실입니다. 그런 것은 이단들이 주장하는 그런 종류의 교리이며 또한 현대 심리학에서 주장하는 그 무엇입니다. 성경이 너무 정직해서 우리가 그에 대해서 감사할 수 있는 것보다 더 감사한 일은 없습니다. 저들은 우리들 자신에 대해서 그리고 우리의 이 세상적 삶에 대해서 매우 소박한 진리를 제공해 주고 있습니다.

그러므로 우리는 이것이 그리스도인들에게 명령하고 있는 그 무엇이라는 사실을 깨닫는 데서부터 출발하지 않으면 안 됩니다. 우리가 먼저 근심이란 단어에 오해가 없으시기를 바랍니다. 근심이란 슬퍼한다는 뜻입니다. 그것은 우리가 고통을 당한다는 의미입니다. 그것은 단순히 우리가 어떤 일로 인하여 고통을 당한다는 뜻만이 아니라 또한 그 일 때문에 당하는 고통이 우리를 슬프게 만든다는 것입니다. 우리가 그것들 때문에 고통을 당합니다. 그리고 그것들 때문에 참으로 불행하게 됩니다. 그러므로 베드로가 이 사람들을 묘사할 때, 저들이 두 가지 특징, 곧 한 번은 크게 기뻐하다가도 동시에 슬퍼하는 것으로 묘사하고 있는 것입니다. 당신은 성경에서 자주 그런 모습들을 발견하게 될 것입니다. 그에 대한 완벽한 사례 하나를 들어 보도록 하겠습니다. 그것은 사도가 고린도후서 4장에서 친히 묘사한 일련의 교리입니다. "우리가 사방으로 우겨쌈을 당하여도 싸이지 아니하며 답답한 일을 당하여도 낙심하지 아니하며 핍박을 받아도 버린 바 되지 아니하며 거꾸러뜨림을 당하여도 망하지 아니하고 우리가 항상 예수 죽인 것을 몸에 짊어짐은 예수의 생명도 우리 몸에 나타나게 하려 함이라." 이런 진술들은 언뜻 보기에 서로 용납되지 않는 것 같습니다. 하지만 그렇지 않습니다. 그것들은 그리스도인의 삶에 나타나는 역설 중에 한 부분일 뿐입니다. 이것은 그리스도인들이 동시에 두 가지 일을 경험할 수 있는 참으로 놀라운 일입니다. 혹자는 "그렇다면 문제는 어디에 있습니까?"라고 묻습니다. 그 문제는 여기에 있습니다. 우리가 균형을 이루지 못하고 이렇게 근심하게끔 허용하는 것이 바로 문제입니다. 다시 말해서 이 슬픔이 우리를 사로잡아 참으로 낙심케 되는 것이 문제입니다. 그 위험성은 단순히 우리가 일시적으로 화가 나는 데 있지 아니하고 오히려 그것이 우리가 극복할 수 없는 지배적인 분위기가 되어 버리는 데 있습니다. 더군다나 그 결과로 우리들을 바라보는 사람들이 더 크게 기뻐하는 것보다 차라리 슬픈 근심을 더 많이 느끼는 것입니다.

우리가 정말 말하고 싶고 또 깨달으며 기억해야만 할 것은 그리스도인이란 자기의 주변과 상황에서 어떤 일이 일어나는지에 대하여 무감각하고 무관심한 사람이 아니라는 사실입니다. 우리는 이 진리를 강조할 필요가 있습니다. 왜냐하면 그리스도인의 삶에 대한 모든 생각과 개념이 그리스도인의 삶에 대한 모든 생각과 개념이 그리스도인을 매우 부자연스러운 것으로 생각하는 어떤 사람들이 있기 때문입니다. 슬픔과 서러움은 그리스도인이 주체라는 데 대한 그 무엇입니다. 그리고 거기에는 어떤 상황에서든지 그리스도인에게는 슬픔에 대한 감정의 부재가 그리스도인의 신앙적 상표는 아니라고 말씀드릴 준비가 되어 있다는 생각이 있습니다. 그것은 부자연스럽습니다. 그리고 신약성경을 초월합니다. 또 그것은 스토아 학파보다 더하고 심지어 기독교라기보다는 차라리 이단이 만들어 내는 심리적 상태와 똑같습니다. 당신이 성경을 통독할 때 하나님의 사람들이 육체의 연약함에 굴복할 수밖에 없었다는 사실을 관찰하는 것보다 더 교훈적이고 또 고무적인 것은 없습니다. 저들은 슬픔과 비애가 무엇인가를 알고 있습니다. 또 그들은 외로움을 느낀다는 것이 어떤 것인가를 압니다. 한 걸음 더 나아가서 저들은 실망한다는 것이 무슨 의미인가를 알고 있다는 말입니다.

성경에 이에 대한 사례들이 참으로 많습니다. 당신이 그것을 누구에게서 보다 사도 바울의 생애를 통해서 더 많이 발견하게 될 것입니다. 바울은 이런 일들에 부응했으며, 그 같은 사실을 전혀 숨기지 않았습니다. 그가 여전히 한 사람의 인간이었음에도 불구하고 그처럼 놀라운 신앙을 소유하고 있었습니다. 그리고 바울은 그 복된 주님과 더불어 교제를 나누는 놀라운 경험들을 가지게 되었습니다. 좋습니다. 이런 일들이 어느 때에 아니면 동시에 발견될 수 있습니다. 그러므로 그리스도인은 자기 자신을 자연적인 감정에서 배제된 사람으로 생각해서는 결코 안 됩니다. 그는 자기 자신이 이런 일들보다 더한 것을 느낄 수 있는 그 무엇을 가지고 있습니다. 하지만 그리스도인의 삶은 당신이 그것을 느끼지만 그것들을 초월해야만 하나님께 영광을 돌리는 삶입니다. 그것은 감정의 부재가 결코 아닙니다. 이것은 매우 중요한 분계선입니다. 그 분명한 원리가 설정되었기 때문에, 우리는 그리스도인이 왜 그렇게 근심 가운데 잠겨야 하며 또 슬픔의 상태에 놓여야 하는지 그 이유를 살펴보지 않으면 안 되겠습니다. 물론 그 대답은 여러 가지 시험이라고 봅니다. 시험이라고 번역된 그 단어는 참으로 '시련'이라는 뜻을 가지고 있습니다. 이 사람들은 다양한 시련들을 통과했기 때문에 이와 같습니다. 그것은 매우 재미있는 단어입니다. 다시 말해서 '여러 가지'라는 말로 번역된 헬라어는 매우 재미있는 단어입니다. 그것은 분명히 베드로 사도가 좋아하는 단어입니다. 하지만 베드로는 후에 그 단어를 하나님의 은혜를 묘사할 때에 계속 사용하고 있습니다. 그것은 여러 가지 색상 곧 분광 속에 있는 다양한 색상을 뜻합니다. 시인 쉘리(Shelley)의 글에 똑같은 사상을 다음과 같이 표현하고 있습니다.

> 인생이란 다양한 색상의 유리잔 속에 나타난 고루와 같은 것
> 영원을 밝혀 주는 하얀 광채로 아른거리게 하누나.

그것이 바로 여기에 사용된 그 단어의 의미입니다. 그래서 사도는 저들이 여러 가지 시련을 경험하고 있기 때문에 고통스럽다고 말씀하고 있습니다. 그 시련들은 다양한 방법과 다양한 색상을 가지고 다양한 형태와 모습으로 나타납니다. 그 다양성에는 끝이 없습니다.

이 같은 시련들은 무엇입니까? 본서에서 베드로는 자신이 생각하고 있는 바를 매우 분명하게 표현하고 있습니다. 이런 많은 그리스도인들이 지금 핍박을 받고 있습니다. 제2장에서 보면 우리는 다음과 같은 말씀을 발견하게 됩니다. "사랑하는 자들아 나그네와 행인 같은 너희를 권하노니 영혼을 거슬려 싸우는 육체의 정욕을 제어하라. 너희가 이방인 중에서 행실을 선하게 가져 너희를 악행한다고 비방하는 자들로 하여금 너희 선한 일을 보고 권고하시는 날에 하나님께 영광을 돌리게 하려 함이라." 그리스도인은 자신이 그리스도인이기 때문에 세상에서 그런 일에 순응할

수밖에 없습니다. 그가 새로운 피조물이요 또한 중생했기 때문에, 그는 불가피하게 오해를 받을 수도 있습니다. 그는 순례자입니다. 그리고 저는 이방인의 땅에 들어간 나그네와 같습니다. 그는 다른 유형의 삶을 살고 있습니다. 그는 다른 사고와 습관을 가지고 살아야 합니다. 다른 사람들은 주시하며 차이점이 무엇인가를 살핍니다. 그리고 저들은 그것을 싫어합니다. 사실상 저들은 자신들이 그것을 싫어한다고 솔직하게 말합니다. 그래서 초창기의 그리스도인들은 이 같은 방법으로 유입되는 핍박과 시련을 받을 수밖에 없었습니다.

우리는 성경에서 이 같은 시련에 대한 많은 설명들을 듣게 됩니다. 하나님의 성자들은 언제나 이런 일들을 만났습니다. 사도 바울은 참으로 디모데서를 쓸 때 다음과 같이 고백할 정도로 어려움을 많이 겪었습니다. "무릇 그리스도 예수 안에서 경건하게 살고자 하는 자는 핍박을 받으리라"(딤후 3:12). 그것이 성경적인 원리입니다. 성경에 의하면, 우리가 세상에서 고난을 받으면 받을수록 그만큼 더 주 예수 그리스도를 우리의 생활과 삶 속에 더 가까이 모신다는 사실입니다. 그분을 바라보십시오. 그는 악을 행치 않으셨습니다. 그의 입술에는 전혀 간사한 것이 없었습니다. 그는 사람들을 고치시고 선을 행하시며 가르치셨습니다. 하지만 많은 반대가 있었음을 상기해 보십시오. 그가 얼마나 많은 시련을 겪었는지 살펴보십시오. 왜 그렇습니까? 그가 자신답게 사셨기 때문이었습니다. 그가 늘 마음속으로 품고 있는 세상은 그를 미워했으며 또한 그리스도인들을 싫어했습니다. 왜냐하면 그런 거룩한 삶이 세상을 정죄하기 때문입니다. 세상 사람은 그것을 좋아하지 않습니다. 그 사도는 이 사람들이 악한 자들의 손에서 놀아나고 있음을 감지했습니다.

그래서 사도는 제4장에서 그것을 매우 특별하게 설명하고 있는 것입니다. "너희가 음란과 정욕과 술취함과 연락과 무법한 우상숭배를 하여 이방인의 뜻을 좇아 행한 것이 지나간 때가 족하도다 이러므로 너희가 저희와 함께 그런 극한 방탕에 달음질하지 아니하는 것을 저희가 이상히 여겨 비방하나 저희가 산 자와 죽은 자 심판하기를 예비하신 자에게 직고하리라"(벧전 4:3-5). 세상은 이 사람들로 애를 먹고 있습니다. 왜냐하면 저들이 그런 삶을 포기하고 그리스도인의 삶을 살고 있기 때문입니다. 저들이 그리스도인이 되자마자 그들은 세상으로 인하여 고난을 겪게 되었습니다. 과거에는 친하게 지냈던 사람들이 지금은 저들을 무시하고, 불친절하게 말하며, 저들에 대해서 다른 사람들에게 악평을 하고 있다는 사실입니다.

그것이 바로 저들을 슬프게 만드는 요인들 중에 하나입니다. 저들이 이것 때문에 근심 중에 있는 것입니다. 또 그것은 그리스도인들이 여러 세기동안 참아야 했던 그 무엇입니다. 다른 사람들 입장에서 이에 대한 오해 보다 더 많은 노력을 했던 것은 없습니다. 또 그런 일이 당신 곁에 있는 사람 혹은 당신이 사랑하는 사람에게 일어날 때에 더 큰 괴로움이 되어 왔습니다. 사람이 한 가정에서 오직 자기 자신만 그리스도인일 때 그것은 얼마나 괴롭고 힘든 일인지 모릅니다. 이런 종류의 시련이 있을 수 있습니다. 그리스도인으로서 이런 저런 형태의 시련이 있지 않았다고 한다면, 그의 기독교 신앙은 극단적으로 말해서 잘못된 그 무엇입니다. 사도 바울은 끊임없이 이 같은 일을 경험했습니다. 당신은 그가 어떻게 "데마가 나를 버리고 갔다"라고 설명했는지를 잘 알 것입니다. 그것이 바울에게는 가벼운 일이 아닙니다. 저는 그로 인하여 많은 고통을 당했습니다. 그는 사람이란 갑자기 자신을 버리고 도망갈 수도 있는 존재라는 생각을 가지게 되었습니다. 그는 혼자였습니다. 아무도 그와 함께 있어 주지 않았습니다. 그것이 바로 그리스도인을 슬프게 만듭니다. 당신이 성자들의 생애를 읽기만 해도 이런 종류의 일이 끊임없이 일어났음을 발견하게 됩니다.

요한 웨슬리(John Wesley)에 관한 기사를 읽어 보십시오. 그리하면 당신은 그가 오해로 말미암아 얼마나 자주 이 같은 상황에 처하게 되었는지를 발견하게 될 것입니다. 이것은 그 유명한 '퇴보' 논쟁과 관련한 찰스 스펄전(Charles H. Spurgeon)의 생애에서 대규모로 발견됩니다. 친구라고 생각했던 사람들과 또 돈을 들여서 대학 공부를 시키고 훈련시켰던 사람들 중에 어떤 사람들이 갑자기 그를 버리고 멀리 도망가 버렸습니다. 당신은 그가 이런 일로 인하여 얼마나 상처를 받고 슬픔에 잠겼었는지 그에 대한 설명 내용을 읽고 아셨을 것입니다. 저가 근심 중에 있었습니다. 왜냐하면 그가 믿을 수 있다고 생각했던 사람들이 갑자기 그를 실망시켰기 때문입니다. 그것이 저의 생명을 단축시켰음에 틀림없습니다. 제가 최근에 조지 휫필드의 전기(The Journals of George Whitefield)를 읽었는데, 거기에 바로 이 일에 대한 설명이 있었습니다. 휫필드가 특별히 그리스도께 가까이 나아갔던 때가 있었습니다. 그는 참으로 기쁨이 충만했습니다.

하지만 그는 자신의 전기에 그 같은 경험 후에 이상한 방법으로, 틀림없이 이상한 방법으로 슬픔과 시련이 뒤따라왔던 사실을 상기시켜 주는 기록을 남겼습니다. 그는 이렇게 말합니다. "나는 틀림없이 그렇게 할 수밖에 없을 것이다." 그는 이것을 알았습니다. 그것이 바로 저의 경험이었습니다. 그것은 죄악된 세상에서 살고 있는 하나님의 사람의 삶에 나타나는 거의 불가피한 법칙이 아닐 수 없습니다. 여기에 여러 가지 시련 때문에 고통을 겪고 있는 그리스도인들이 있습니다. 그 용어는 이해할 수 있습니다. 그것은 현세에서 당신을 괴롭히는 경향이 있는 그 무엇입니다. 그리고 이것은 당신의 존재에 있어서 또 당신의 마음과 심령에 있어서 가장 감각적이고 가장 섬세한 부분이며, 당신을 낙심시키는 경향이 있는 그 무엇입니다. 그런데 그 사도가 이런 상황을 어떻게 대처했습니까? 그것이 가장 흥미 있는 부분입니다. 그리고 이것은 우리가 그리스도인의 삶을 살 때 이중적인 입장을 견지해 나가야만 한다면, 당신과 제가 반드시 살펴보아야만 될 그 무엇입니다. 우리를 슬프게 하는 일들이 실존함에도 불구하고 우리가 기뻐하는 삶을 계속 살아야 한다면, 우리는 그것들에게 접근해서 그 사도가 가르쳐 주는 대로 모든 방법을 동원하여 적극적으로 대처해 나가지 않으면 안 되겠습니다.

그의 가르침이 무엇입니까? 그가 하는 첫 번째 일은 하나의 큰 원리를 설정하는 것입니다. 그것은 왜 이런 일들이 우리에게 일어나는가를 이해해야만 한다는 것입니다. 그것이 바로 첫 번째 할 일입니다. 우리는 이것을 자신에게 혹은 서로에게 매우 자주 말해 줄 필요가 있습니다. 저는 종종 그리스도인의 삶이라는 전체적인 예술은 질문하는 기술이라고 생각합니다. 우리의 위험은 일이 일어나도록 허용하고 또 그것을 인하여 슬퍼하거나 원망하고 불평하는 것 외에 그 어느 것도 닳지 않고 참으며 인내하는 것입니다. 만일에 우리가 할 수만 있다면 해야 할 일을 발견하고 또 왜 이런 일들이 일어나는가를 이해해야만 합니다. 그 설명을 찾으려는 시도로, 그리고 이와 관련해서 그 사도는 다음과 같은 용어를 사용하고 있습니다. "지금 그것이 필요한 때이긴 하지만 그로 인하여 너는 크게 기뻐할지니라." "필요하다면." 아, 그것이 바로 비결입니다. 그가 이렇게 말씀하고 있는 뜻이 무엇입니까? 그에 대한 대답은 확실하지 않습니다.

그것은 하나의 조건적인 진술입니다. 만일에 당신이 좋아한다면, '그것이 필요한 것으로 입증될 때이지만'이라고 번역될 수 있습니다. '만일에 그것이 필요한 것으로 입증된다면'으로도 번역될 수 있으리라고 봅니다. 그것은 이런 일들이 이 세상에서 일어나야만 한다는 결과에 대한 단순한 진술만은 아닙니다. 그것은 표현된 것보다 더 강한 뜻입니다. 그는 "좋습니다. 비록 당신이 세상에서 일어나고 있는 어떤 일들을 참고 인내할 수도 있지만, 이 복된 소망을 인하여 크게 기뻐하고 있습니다"라고 말하지 않았습니다. 그것은 옳은 일입니다. 완벽하게 사실입니다. 하지만 그 사도는 단순하게 그것을 그 정도로 남겨 두지 않고 있습니다. 그는 오히려 적극적으로 진술합니다. 그는 이렇게 말합니다. "당신은 그 순간 이 슬픔을 참았습니다. 왜냐하면 당신이 그렇게 해야만 할 필요성이 입증되었기 때문입니다." 거기에 우리의 원리가 있습니다. 이 모든 것 속에 분명한 목적도 들어 있습니다. 이것이 우연히 일어난 것이 아닙니다. 이것이 생의 모든 조직 때문에 일어난 그 무엇도 아닙니다. 그것이 속으로 들어왔습니다. 그렇다고 이것이 중요한 이유가 될 수는 없습니다. 그 사도가 말하기를 이런 일들은 우리에게 유익하기 때문에 일어난다는 것입니다. 또 그것이 이생에서 그리고 세상에서 하나의 훈련이라는 것입니다. 그것을 분명하게 말씀드리고 싶습니다. 왜냐하면 하나님께서 그것을 지정하셨기 때문입니다.

그것이 신약성경 전체의 교리임과 동시에 그 사도의 교리입니다. 또 그것은 수세기에 걸친 성도들의 교리임에 확실합니다. 다시 말해서 우리는 이런 방법으로 그리스도인을 바라보아야만 합니다. 우리는 천부께서 지켜보시는 가운데 이 세상을 걸어가고 있습니다. 그것이 바로 기본적인 것입니다. 그리스도인은 자기 자신을 하나님과 특별한 관계를 맺고 있는 사람으로 생각하지 않으면 안 됩니다. 그리스도인이 아닌 사람에게는 그가 누구이든지 간에 이런 일이 있을 수 없습니다. 제 인생의 전생애를 통해서 매우 분명한 계획과 목적이 있습니다. 하나님께서 저를 귀하게 보십니다. 하나님께서 저를 양자로 삼으사 그의 가족의 일원으로 맞아 주셨습니다. 왜 그렇습니까? 그가 저를 온전함에 이르도록 하기 위함이었습니다. 그것이 바로 그분의 목적입니다. 다시 말해서 그것이 당신으로 하여금 하나님의 사랑하는 아들의 형상에 점점 더 친근해지도록 하기 위한 목적이라는 뜻입니다. 그것이 바로 저가 하시는 일입니다. 주 예수 그리스도께서 많은 자녀들을 하나님께 인도하시면서 다음과 같이 말씀하십니다. "아버지께서 저에게 주셨던 자녀들과 저를 보십시오." 만일에 우리가 그리스도인이란 기본적인 개념을 가지고 출발하지 않았더라면, 우리는 곁길로 나아갈 수밖에 없었을 것이고 또 이런 것들을 오해했을 것이 틀림없습니다.

　가장 기초적인 수준에서 성경 교리는 하나님께서 이런 일들을 우리에게 일어나도록 허용하신다는 것입니다. 한 걸음 앞으로 전진한다고 할 때, 하나님은 때때로 이런 일들을 우리의 유익을 위하여 우리에게 일어나도록 명령하시는 것입니다. 어느 때에는 하나님께서 우리를 징계하기 위해서 이것을 허용하실 수 있습니다. 그는 우리가 게으르거나 실패할 때에 징계하십니다. 우리는 앞장에서 그리스도인이 자기 자신을 훈련하는 일에 실패하는 문제를 살펴본 바 있습니다. 베드로는 그리스도인들에게 자신을 훈련하도록 권고하고 있습니다. 믿음에 무엇인가를 더하고 또 믿음에 무엇인가를 공급하라는 말씀이 바로 그것입니다. 그것은 최소한의 믿음에만 족할 뿐만 아니라 또한 우리의 믿음이 온전히 성숙한 믿음 곧 적응하는 믿음이 되기 위함입니다. 우리는 그런 권고에 주의를 기울이지 않을 수도 있습니다. 그리고 우리가 여전히 나태함과 게으름에 머

제16장 시련 **295**

물 수도 있다는 사실입니다. 좋습니다. 제가 신약성경의 가르침을 이해하고 있는 바로는 우리가 그렇게 하는 경우에 어떤 일들이 우리에게 일어나기 시작한다 해도 우리가 놀라서는 안 될 것입니다. 우리는 하나님께서 심지어 징계를 내리시기 시작한다 할지라도 놀라서는 안 됩니다. 히브리서 12장에 나오는 어조는 이보다 더 강합니다. "주께서 그 사랑하시는 자를 징계하시느니라." 만일에 당신이 징계를 모른다면, 저는 당신이 과연 그리스도인이었는가를 의심할 수밖에 없습니다. 당신이 신앙을 가진 이후로 한 번도 고난을 당해 보지 않았다고 말할 수 있다면, 당신의 경험은 심리적인 것이나 혹은 영적인 것이 아닐 것입니다.

내가 처음에 말한 것처럼 기독교에는 사실주의적인 측면이 있습니다. 우리가 성경의 권고와 호소에 귀를 기울이지 않으면 우리의 유익을 위하여 하나님께서 징계하신다는 사실까지 우리를 가르쳐 주십니다. 하나님은 역시 또 다른 방법도 가지고 계십니다. 그는 당신의 가족이 아닌 사람들에게는 이런 일을 행치 않으십니다. 하지만 저들이 자신의 자녀들인 경우에는 하나님께서 저들 자신의 유익을 위해서 징계를 내리십니다. 그래서 우리는 징계의 일부로써 여러 가지 시련을 경험하게 될 수도 있습니다. 저는 그것이 불가피한 것이라고 말하고 싶지는 않습니다. 그럴 수도 있다는 말일 뿐입니다.

하지만 종종 하나님께서 어떤 특별한 일을 위하여 우리를 준비시키려고 이런 일을 우리에게 행하십니다. 그것이 바로 성경의 법칙입니다. 그 법칙은 교회의 긴 역사 속에서 성도들에게 확증되고 예증되었습니다. 하나님께서 어떤 사람에게 특별한 과업을 이루고자 하실 때에 그는 저를 일반적으로 그렇게 단련시키십니다. 저는 당신이 누구의 전기를 선택하든지 상관없습니다. 당신이 하나님께 전형적으로 쓰임 받았던 사람 중에 어떤 사람의 생애를 선택하시더라도, 당신은 그의 경험 속에 가혹한 시험과 시련의 때가 있었음을 발견하게 될 것입니다. 이것은 마치 하나님께서 확실하고 분명하게 알아보시기 전에는 어떤 사람도 쓰시지 않으려는 듯 보입니다. 그래서 사람이 어떤 큰일을 앞두고 있을 때에 이 같은 경험을 반드시 통과해야만 한다는 말입니다.

요셉을 보십시오. 그리고 그에게 있었던 일들을 살펴보십시오. 당신이 그보다 더 파란만장한 삶을 상상하실 수 있습니까? 모든 사람들이 그를 대적하는 것 같았습니다. 그는 이집트로 팔려갔습니다. 그의 친형들이 그를 시기하여 없애 버린 것입니다. 그가 이집트에 갔을 때 거기서도 사람들이 저를 대적하였습니다. 그는 아무것도 잘못한 것이 없었습니다. 그럼에도 불구하고 모든 것이 저를 대적하는 것 같습니다. 하지만 하나님은 이런 모든 것들을 통해서 그를 위하여 준비해 놓으신 높은 지위를 부여하시려고 그 사람을 훈련시키고 계셨을 뿐입니다. 성경에 나오는 모든 위인들의 경우도 다 이와 같습니다. 다윗과 같은 사람이 당한 고난을 살펴보십시오. 참으로 그들 가운데 어떤 사람을 보시든지 당신은 저들의 생애가 시련과 고난들로 가득 차 있었다는 사실을 발견할 것입니다. 사도 바울도 예외는 아닙니다. 고린도후서 11장과 12장에서 열거하고 있는 그가 당한 고난과 시련들의 목록을 살펴보십시오. 언제나 그와 같은 일들이 일어났습니다.

성경의 가르침과 성도들의 삶을 통해서 볼 때, 하나님께서 때때로 사람을 이처럼 큰 시련을 통해서 준비시키십니다. 제 말은 하나님께서 그에게 좀더 작은 시련을 주심으로써 어떤 큰 시련을 견딜 수 있도록 준비시킨다는 뜻입니다. 저는 바로 여기에서 하나님의 사랑이 참으로 영화롭게 빛나고 있음을 봅니다. 인생에게 다가오는 큰 시련들이 있습니다. 그런데 사람들이 아무런 방해를 받지 않고 순항을 하다가 갑자기 큰 시련 속으로 빠져든다는 것은 참으로 두려운 일이 아닐 수 없습니다. 그래서 하나님은 종종 당신의 사랑과 부드러운 방법으로 더 큰 시련을 견딜 수 있도록 작은 시련들을 보내어 우리를 준비시키십니다. 필요하다면, 만일에 하나님께서 필요하시다고 확증을 가지실 때에 우리의 아버지처럼 우리를 내려다보시면서 바로 그 순간에 필요한 것들을 보내어 주신다는 말입니다. 그래서 우리는 하나님이 우리에게 가장 좋은 것이 무엇이며 또 가장 필요한 것이 무엇인가를 다 알고 계신다는 대원칙을 가지고 출발합니다. 우리는 보지 못하지만 하나님은 언제나 보십니다. 우리의 천부이신 그는 필요를 보시고 또 우리의 유익을 위하여 예상되는 적합한 시련을 작정하십니다. 그러나 이제 보배로운 믿음의 성격이라는 둘째 원리를 생각해 볼 시간이 다가왔습니다.

　베드로는 7절에서 이런 일들-곧 많은 시험들이 있을 것을 말한 바 있습니다. 그 이유인즉 "너희 믿음의 시련이 불로 연단하여도 없어질 금보다 더 귀하여 예수 그리스도의 나타나실 때에 칭찬과 영광과 존귀를 얻게 하려 함이라"고 했습니다. 이 보배로운 믿음의 특징이 얼마나 중요한지 모릅니다. 저는 그것을 금과 비교하고 있습니다. 그는 이렇게 강조합니다. "금을 보십시오. 금은 참으로 귀합니다. 하지만 믿음만큼은 귀하지 못합니다." 그가 어떻게 설명하고 있습니까? 그는 금이란 결국 없어질 것이라고 지적합니다. 그것은 일시적인 것일 뿐입니다. 비록 그것이 아름답고 값진 것이긴 하지만 거기에는 영구적인 측면이 없습니다. 하지만 믿음은 영원합니다. 금은 없어지지만 믿음은 없어지지 않습니다. 믿음은 영속적이고 영원한 그 무엇입니다. 그 사도는 말하기를 저희가 그것에 의해서 살아가고 또 저들로 하여금 그리스도인의 삶을 살아가도록 만드는 그 무엇이라는 것입니다. 그는 계속해서 말하기를 "너희가 이 믿음의 기초 위에 서 있음에도 불구하고 그것이 얼마나 경이롭고 좋은 것인지 깨닫지 못하고 있는가?"라고 지적합니다. 우리가 믿음으로 살고 또 우리의 모든 삶은 믿음의 문제에 달려 있음을 너희가 알고 있다고 그는 또다시 지적합니다. 이것이 하나님 앞에 매우 귀하고 또 놀랍습니다. 그래서 하나님이 그것이 절대 순결하시기를 원하십니다.

　당신은 불로 금을 단련합니다. 당신은 도가니 속에 금을 넣고서 높은 열을 가함으로써 다른 금속물들과 불순물들을 제거합니다. 그래서 다른 요소들은 없어지고 금만 남게 된다는 것입니다. 그의 논증은 없어질 금을 그렇게 한다면 하물며 믿음에 있어서는 얼마나 그렇게 해야만 하겠느냐는 것입니다. 믿음은 하나님과 사람을 특별하게 연결시키는 특별 원리입니다. 믿음은 사람을 지옥에 떨어지지 않도록 보호해 주고 또 천국으로 그를 인도해 주는 원리입니다. 그것은 이 세상과 오는 세상을 이어주는 연결 고리입니다. 믿음은 죄와 허물로 죽은 인생을 살리어 예수 그리스도 안에서 새로운 피조물로 살게 하는 신비하고 놀라운 그 무엇입니다. 그 같은 이유 때문에 이것이 그렇게 귀한 것입니다. 믿음이 그처럼 귀한 것이기 때문에 하나님은 그것이 절대적으로 완전하기를 원하십니다. 이것이 바로 그 사도의 논증입니다. 그러한 믿음의 특성 때문에 당신이 여러 가지 시험을 당하고 있는 것입니다.

하지만 이제 약간 다른 형태로 이것을 살펴보겠습니다. 우리가 알 수 있듯이, 우리의 믿음은 완전해야만 될 필요성이 있습니다. 그러므로 믿음에는 단계가 있음이 분명합니다. 믿음에 있어서 질적 차이가 있는 것도 사실입니다. 믿음에는 여러 측면이 있습니다. 우리가 믿음이라고 부르는 것 속에는 매우 많은 혼합물이 들어 있습니다. 그리고 거기에 상당한 분량의 육적인 것들이 들어 있음에도 불구하고 우리는 그것을 알지도 못하고 있습니다. 우리가 이제 이것을 알기 시작했으며 또 우리가 앞으로 전진해 나아가면서 하나님이 우리로 하여금 많은 시련의 때를 통과하시도록 할 것입니다. 하나님은 믿음의 본질에 속하지 않는 것들로 하여금 떨어져 나가도록 하시기 위해서 불 같은 시련으로 우리를 단련하십니다. 우리는 자신의 믿음이 완전하여 그 어떤 것이라도 견뎌낼 수 있다고 생각할지 모릅니다. 그때에 갑자기 시련이 와서 자신이 실패함을 발견하게 됩니다. 왜 그렇습니까? 이것이 바로 우리의 믿음에는 아직도 믿음의 요소들이 더 발전되어야만 할 필요성이 있다는 증거일 뿐입니다. 그리고 하나님께서 바로 이런 식으로 우리의 믿음에 있어서 필요한 믿음의 요소들을 더욱 발전시키십니다.

우리가 이런 것들을 더 많이 경험하면 할수록 우리는 하나님 신뢰하기를 배웁니다. 그가 우리에게 미소를 지으실 때에는 우리가 매우 자연스럽게 하나님을 신뢰합니다. 하지만 먹구름이 하늘을 뒤덮을 때에는 우리가 하나님께서 우리를 사랑하고 계시는가를 의심하게 되고 또 우리가 생각했던 신앙생활이 이것인가 하고 의심하기 시작합니다. 아직 우리의 신앙에 믿음의 요소들이 개발되지 못했기 때문입니다. 그러므로 하나님께서 우리가 전혀 빛을 볼 수 없는 암흑 속에서라도 그를 신뢰하도록 하기 위해서 우리가 자신 있게 다음과 같이 말할 수 있는 지점까지 우리를 이끌어 주십니다.

> 모든 것이 우리의 앞길을 막는 것처럼 보이고
> 우리를 절망으로 몰아 넣어도
> 우리는 알지요
> 하늘에 한 문이 열리고
> 우리의 기도를 들으시는 분이 계심을.

그것이 바로 참된 믿음입니다. 그것이 바로 진실한 신뢰입니다. 아브라함 같은 사람을 보십시오. 하나님께서는 그가 '바랄 수 없는 중에 바랄 수 있도록' 그렇게 이끄셨습니다. 그는 보이는 것이 모두 정반대적 상황임에도 불구하고 하나님을 절대적으로 신뢰했습니다. 우리 안에서도 그런 신앙이 개발될 필요가 있습니다. 우리가 그런 신앙으로 출발하지는 않습니다. 하지만 우리가 이런 경험들을 통과하면서 우리는 '위압적인 섭리 배후에 숨기고 계시는 아버지의 얼굴'을 발견하게 되며 또 다음 번에 시련이 올 때에는 우리가 침착하고 태연하게 되는 것입니다. 우리는 다음과 같이 말할 수 있어야 합니다. "예, 제가 압니다. 태양이 보이지 않는다 할지라도 그것이 거기에 있음을 압니다. 마찬가지로 먹구름 위에서 하나님의 얼굴이 나를 내려다보고 계심을 저는 압니다." 바로 이 같은 시련을 통해서 믿음의 요소가 발전하는 것입니다.

낙심될 만한 상황임에도 불구하고 계속해서 버틸 수 있는 인내심과 인내의 요소 또한 마찬가지입니다. 이것 또한 그리스도인이 당할 수 있는 가장 위대한 시험 중에 하나입니다. 우리는 태어나면서부터 인내심이 있지 않습니다. 우리는 그리스도인의 삶에 있어서 어린아이로 출발합니다. 우리는 즉시 모든 것을 필요로 합니다. 그것이 공급되지 않으면 우리는 참지 못하고 불평합니다. 우리는 마치 어린아이처럼 불평하고 틀어집니다. 그 이유인즉 우리가 참을성과 인내심이 부족하기 때문입니다. 우리에게 있어서 일이 잘 되든지 아니면 잘 되지 못하든지 간에 시종여일한 태도를 취하는 것보다 신약성경의 서신들이 강조하고 있는 것은 없습니다. 우리는 계속해서 다음과 같이 말할 수 있어야 합니다. "하나님은 저에게 가장 좋은 것이 무엇인가를 아십니다. 저는 그를 신뢰합니다. 심지어 그가 나를 죽이신다 할지라도 나는 여전히 그를 신뢰하겠습니다." 그것이 바로 오래 참는 것이며 계속적인 신뢰입니다. 우리의 믿음을 온전케 하고 또 개발하기 위한 이 모든 다른 믿음의 요소들을 더하고 공급하는 것은 바로 우리가 시련을 겪고 또 시험을 받을 때입니다.

그러면 이제 다음과 같은 형식으로 마지막 일반적인 원리를 설명해 보도록 하겠습니다. 베드로는 우리 믿음의 순전성을 보여 주기 위해서 이런 시련들이 필수적이라고 말합니다. 그의 실제적 표현은 '너희 믿음의 시련'이라고 했습니다. 여기에서 시련이란 말은 믿음의 '증명'이라는 뜻입니다. 그가 마음속에 그리고 있는 영상은 어떤 것에 한 번 시험된 영상이며 또 그것이 한 번 시험을 거친 후에 주어지는 자격증과 같은 영상이었습니다. 예를 들어 반지를 검증할 때에 "예, 그것은 18캐럿 금입니다"라는 것과 같습니다. 바로 이것이 시련이라는 말의 뜻입니다. 베드로는 그런 과정에 관심을 갖고 있지 않습니다. 시련은 오히려 우리의 믿음의 순전성을 인정하는 자격증입니다. 우리의 믿음이 입증되는 특징은 바로 그렇게 검증됩니다. 그 같은 이유로 이런 것들이 우리에게 일어납니다.

확실히 이것은 아주 명백합니다. 참으로 우리의 믿음을 확증하는 것은 우리가 시련을 견디어내는 바로 그 방법으로 합니다. 당신은 우리 주님께서 씨 뿌리는 자의 비유 가운데 가시떨기 중에 떨어진 씨에 대한 설명을 기억하실 것입니다. 놀라운 수확이 있을 것 같았지만 다른 것들이 말씀을 질식시켜 버렸기 때문에 수확이 나타나지 않았습니다. 우리 주님은 그것을 시련이 찾아와서 아무 열매도 맺지 못하도록 말씀을 막고 눌러 버렸다고 해석하셨습니다. 처음에는 매우 잘 되어가는 듯 했지만 나중까지 견디지 못했습니다. 시련은 그 믿음이 가짜 믿음이었는가 아니면 그 믿음이 참된 혹은 진실하지 못한 믿음인가를 입증해 줍니다. 사람의 믿음의 진실성을 확증하는 것은 모든 어려움에도 불구하고 지속적으로 참고 인내하는 것으로 하는 것보다 더 좋은 것은 없습니다. 그것이 바로 주님의 교훈입니다. 또 이것은 전 신약성경이 말씀하고 있는 교훈입니다.

가장 위대한 성도들의 생애 가운데 다른 사람들은 다 넘어지더라도 저들이 반석같이 굳세게 서 있는 모습보다 더 아름다운 것은 아무것도 없을 것입니다. 그것은 순교자들과 위대한 신앙 고백자들의 영광스러운 이야기입니다. 저들은 시련을 겪었습니다. 하지만 저들이 결과에 대해서 어떤 관심도 두지 않고 다만 하나님의 진리로 인식하는 터전 위에 굳게 서서 믿음의 광채를 계속하여 영광스럽게 비추었다는 사실입니다. 그런데 베드로가 지금은 이런 일들이 당신에게 일어나고 있다는 말씀을 합니다. 그것은 당신의 믿음의 순전성이 모든 사람에게 분명히 나타나도록 하기 위한 것이라는 사실입니다. 떨어져 버리는 그리스도인들에게는 칭찬이 있을 수 없습니다. 출발은 잘하였지만 계속하지 못하는 자들은 믿음을 불명예스럽게 하는 사람들입니다. 가짜 믿음과 진짜 믿음의 차이점을 만들어 주는 것은 '빛난다고 다 금은 아니다' 라는 시험대에 설 수 있는 능력인 것입니다. 당신은 어떻게 그것을 증명하시겠습니까? 당신이 가지고 있는 것을 도가니 속에 넣고 밑에다 불을 피웁니다. 그렇게 할 때에 당신은 찌꺼기는 다 타 버리고 금만 남아서 전보다 더 좋아진 순금이 되어 있음을 발견하게 될 것입니다. 이런 일들이 우리에게 일어나는 것은 우리의 믿음의 순전성을 드러내기 위함입니다. 결국 이것이 가장 중요한 것입니다.

이제 우리를 격려하기 위해서 베드로가 말씀하고 있는 바에 한 마디만 첨가하도록 하겠습니다. 그것을 다시 한 번 당신에게 상기시켜 드리고 싶습니다. 위로를 주고 있는 부분이 무엇입니까? 이런 시련이 우리에게 일어날지라도, 그것이 잠깐뿐이라는 사실입니다. "이제 너희가 어쩔 수 없이 잠깐 시련을 당하나 도리어 크게 기뻐하는도다." 이 시련의 상태가 그리스도인의 영구적인 형편이라고 제가 가르친다는 인상은 갖지 마시기 바랍니다. 그렇지는 않습니다. 이런 시련들이 오지만 하나님께서 원하실 때에 떠나갑니다. 그것이 우리에게 유익이 되지 않는 한 우리는 결코 시련과 시험을 받지 않습니다. 또 우리가 그 교훈에 응답을 보일 때 하나님은 그 시험을 물리쳐 주십니다. 하나님께서 우리를 영구히 시련 가운데 붙잡아 두시지 않습니다. 횟필드(Whitefield)가 말한 것처럼, 이런 시련들은 번갈아 오지만 하나님께서 그것들을 어떻게 보내시며 또 언제 보낼지 매우 정확하게 알고 계십니다. 그래서 우리는 바울처럼 확신할 수 있습니다. "사람이 감당할 시험밖에는 너희에게 당한 것이 없나니 오직 하나님은 미쁘사 너희가 감당치 못할 시험 당함을 허락지 아니하시고 시험 당할 즈음에 또한 피할 길을 내사 너희로 능히 감당하게 하시느니라"(고전 10:13).

그는 당신의 사랑하시는 아버지이십니다. 그는 당신이 얼마나 시험을 견딜 수 있는지 잘 아십니다. 하나님은 당신이 견딜 수 없도록 너무 무거운 시험을 보내지 않으십니다. 그는 정확한 분량을 아십니다. 그래서 하나님은 정확한 분량만큼만 시험하십니다. 더군다나 당신이 그것에 응답할 때에는 그것을 철회하십니다. 그것은 잠깐뿐입니다. 이것이 낙심되고 무거운 짐을 지고 있는 신자들에게 주시는 말씀입니까? 당신이 전에 기도할 때 느끼셨던 그 해방감이 지금은 없으십니까? 전에 가졌던 믿음을 다 상실해 버리셨습니까? 염려하지 마십시오. 당신은 아버지의 손안에 있습니다. 당신을 위한 영광의 때가 다가올 것입니다. 그는 당신을 위해 매우 특별한 축복을 준비하고 계십니다. 하나님께서 당신을 위하여 매우 큰 역사를 나타내실 것입니다. 우울해 하지 마십시오. 그것은 단지 잠깐일 뿐입니다. 당신은 계속해서 말하게 될 것입니다. "나는 아버지의 손안에 있는 것으로 만족합니다. 오직 당신의 뜻을 행하는 것이 바로 나의 뜻이길 바랍니다."

두 번째 사실은 이것입니다. 당신이 마음속에 무거움을 경험하고 계실 때에도 "너희가 오히려 크게 기뻐하도다"라는 말씀을 스스로 기억하시기 바랍니다. 이것이 바로 저와 당신이 해야만 할 일입니다. 문제는 시련이 올 때에 우리가 시련 혹은 먹구름 외에 아무것도 보지 않는 경향이 있다는 사실입니다. 그럴 때마다 본서 1:3 말씀으로 돌아가 보시기 바랍니다. 당신이 아무것도 볼 수 없을 때에 성경을 펴서 이 말씀을 읽기 시작해 보십시오. 어두움 외에 아무것도 보이지 않을지라도 이 말씀을 읽으면서 다음과 같이 말씀해 보십시오. "찬송하리로다 우리 주 예수 그리스도의 아버지 하나님이 그 많으신 긍휼대로 예수 그리스도의 죽은 자

가운데서 부활하심으로 말미암아 우리를 거듭나게 하사 산 소망이 있게 하시며 썩지 않고 더럽지 않고 쇠하지 아니하는 기업을 잇게 하시나니 곧 너희를 위하여 하늘에 간직하신 것이라 너희가 말세에 나타내기로 예비하신 구원을 얻기 위하여 믿음으로 말미암아 하나님의 능력으로 보호하심을 입었느니라."

그 말씀을 기억하면서 또 말씀해 보십시오. "그렇다. 이런 일들이 현재 일어나고 있다. 이런 시련들이 나를 꼼짝하지 못하도록 죄어오고 있다. 그것들이 사방에서 몰려오고 있다. 하지만 나는 그 앞에 무릎을 꿇고 '아아, 슬프도다' 라고 말하지 않으리라. 오히려 나는 '하나님은 선하시다. 나의 기업이 하늘에 있음을 나는 안다. 내가 지금 그것을 볼 수 없어도 분명히 거기에 있음을 확신한다. 하나님께서 그것을 보관하고 계시며 아무도 전능자의 손에서 그것을 빼앗지 못할 것을 안다'고 말해야 하리라." 그렇게 스스로 말씀해 보시기를 바랍니다. 지금은 어쩔 수 없이 잠깐동안 많은 시험을 당하지만 당신이 크게 기뻐할 일들을 상기해 보시기 바랍니다. 그리고 이제 결론적인 말씀으로 나아갑시다. 그것은 바로 "너희 믿음의 시련이 불로 연단하여도 없어질 금보다 더 귀하게 예수 그리스도의 나타나실 때에 칭찬과 영광과 존귀를 얻게 하려 함이라"는 말씀입니다. 그날이 언제인지 모르지만 지금 오고 있습니다. 그날이 오고 있다는 것은 제가 압니다. 그날은 예수 그리스도의 날입니다. 저는 그곳에 있을 것입니다. 그러므로 저는 저의 삶 속에서 그리고 이 세상에서 제게 일어나는 모든 것이 그 궁극적인 목적으로서 그날을 가지고 있음을 저는 압니다. 그날은 위대한 날이 될 것입니다.

당신은 바울이 고린도전서 3장에서 자기 자신과 아볼로와 다른 사람들을 포함한 설교자들을 언급하면서 모든 사람이 한 터 위에 집을 짓는 자들이라고 한 말을 기억하실 것입니다. 어떤 사람은 풀과 나무와 짚으로 집을 짓고 있으며 다른 사람들은 견고한 재료로 집을 짓고 있는데 바울은 말하기를 "그날에 공력이 드러난다"고 했습니다. 모든 사람의 일이 불로 시험을 받고 또 받을 것입니다. 연기 속으로 사라져 버릴 것도 많을 것입니다. 그날에 공력이 드러나리라고 봅니다. 그날은 누가 튼튼하게 집을 잘 지었는가 그리고 누가 허울만 좋은 재료로 집을 지었는가를 나타내 줄 것입니다. 바울은 말했습니다. "너희에게나 다른 사람에게나 판단 받는 것이 내게는 매우 작은 일이라 나도 나를 판단치 아니하노라." 바울은 판단을 하나님께 위탁했습니다. 그가 예수 그리스도께서 나타나실 때에 칭찬해 주실 것을 알고 있었기 때문입니다(고전 4:1-5).

베드로는 말하기를 그것이 우리가 바라는 바라고 했습니다. 그 큰 날이 올 때 당신의 믿음의 순전성이 밝히 드러날 것입니다. 그때에 칭찬과 존귀와 영광이 있을 것입니다. 당신의 작은 믿음, 당신이 그처럼 작다고 생각하던 믿음이 매우 놀라운 것으로 드러날 것입니다. 당신의 믿음이 시험을 통과했기 때문입니다. 그래서 이것으로 인하여 당신은 칭찬과 존귀와 영광을 얻게 될 것입니다. 누구의 칭찬과 존귀와 영광일까요? 무엇보다 먼저 주님의 것일 것입니다. 제가 벌써 그것을 인용한 바 있습니다. 주 예수 그리스도께서 "아버지께서 내게 주신 자녀들이 나와 함께 여기 있나이다"라고 말씀하셨습니다. 저는 그 위대한 날에 높이 서서 자신이 부르신 그리스도인들을 만족한 눈빛으로 바라보실 것입니다. 저들은 큰 환난을 통과했습니다. 저들이 시험을 당했지만 넘어지지 않았습니다. 주님은 저들을 바라다보시고 자랑스러워하실 것입니다. 그들은 다가올 그 날에 그의 영광과 존귀와 찬송이 될 것입니다.

하지만 그것은 우리들의 존귀와 영광과 찬송, 다시 말해서 당신의 것이자 곧 저의 것이 될 것입니다. 우리는 그 영광에 동참하게 될 것이며 또 그가 주시는 칭찬의 말씀을 듣게 될 것입니다. "잘하였도다. 착하고 충성된 종아 네 주인의 즐거움에 참예하라." 그는 자신의 영광으로 우리에게 옷 입혀 주실 것이며 또 우리는 그와 함께 영광을 누리면서 영원히 살게 될 것입니다. 우리의 믿음이 크고 순전하면 할수록 우리의 영광도 그만큼 클 것입니다. "우리가 다 반드시 그리스도의 심판대 앞에 드러나 각각 선악간에 그 몸으로 행한 것을 따라 받으려 함이라"(고후 5:10). 상급의 심판이 있습니다. 우리의 믿음에 따라서 그리고 우리의 믿음이 시험을 견딘 상태에 따라서 상급이 결정될 것입니다.

우리가 지금 많은 시험과 시련을 통과하면서 큰 근심 가운데 있을지 모릅니다. 그러는 동안에 눈물을 흘릴지도 모르겠습니다. 그것은 상관없습니다. 우리에게는 "보좌 한 가운데 계신 어린양이 생명수 샘으로 우리를 인도"하신다는 약속이 있고 또 "우리 눈에서 모든 눈물을 씻어 주실 것이요 영광 중에 영원히 그와 함께 있으리라"는 보장이 있기 때문입니다.

그것이 바로 시련을 대하는 그리스도인의 방법입니다. 우리가 하나님의 손안에 있음을 감사합니다. 그것이 바로 구원에 대한 하나님의 방법이요, 우리의 방법은 아닙니다. 우리 자신을 하나님께 맡깁시다. 그의 손안에 있음을 만족하게 생각합시다. 그리고 이렇게 고백합시다. "당신이 원하시는 바를 보내십시오. 우리의 관심은 우리가 언제나 주님 보시기에 기뻐하시는 사람이 되는 것입니다."

제 17 장

징계

"또 아들들에게 권하는 것같이 너희에게 권면하신 말씀을 잊었도다 일렀으되 내 아들아 주의 징계하심을 경히 여기지 말며 그에게 꾸지람을 받을 때에 낙심하지 말라 주께서 그 사랑하시는 자를 징계하시고 그의 받으시는 아들마다 채찍질하심이니라 하였으니 너희가 참음은 징계를 받기 위함이라 하나님이 아들과 같이 너희를 대우하시나니 어찌 아비가 징계하지 않는 아들이 있으리요 징계는 다 받는 것이어늘 너희에게 없으면 사생자요 참 아들이 아니라 또 우리 육체의 아버지가 우리를 징계하여도 공경하거든 하물며 모든 영의 아버지께 더욱 복종하여 살려 하지 않겠느냐 저희는 잠시 자기의 뜻대로 우리를 징계하였거니와 오직 하나님은 우리의 유익을 위하여 그의 거룩하심에 참여케 하시느니라 무릇 징계가 당시에는 즐거워 보이지 않고 슬퍼 보이나 후에 그로 말미암아 연달한 자에게는 의의 평강한 열매를 맺느니라" (히 12:5-11)

이 영적 침체 상태에 대한 가장 큰 원인은 하나님께서 우리를 성결케 하는 과정에서 다양한 방법을 사용하신다는 점을 깨닫지 못하는 것입니다. 그는 '영원한 사랑으로 우리를 사랑하시는' 우리의 아버지이십니다.

우리를 향하신 하나님의 큰 목적은 우리의 성결입니다. "하나님의 뜻은 이것이니 곧 너희의 거룩함이니라"(살전 4:3). 또 '우리로 사랑 안에서 그 앞에 거룩하고 흠이 없게 하시려고' 우리를 예정하셨다고 했습니다 (엡 1:4). 우리를 향하신 하나님의 크신 관심은 우리의 행복이 아니라 우리의 거룩함입니다. 우리를 향하신 그의 크신 사랑 안에서, 그는 우리를 거룩함에 이르도록 하시려고 작정했으며 또 그 목적을 이루기 위해서 많은 다른 방법들을 동원하십니다.

그 사실을 깨닫지 못하는 것 자체가 때로 우리를 실족하게 하며 또 죄와 어리석음 가운데서 하나님이 우리를 대우하시는 어떤 방법에 관해 종종 완전히 오해하곤 합니다. 어리석은 아이들처럼 우리는 하늘에 계신 우리 아버지께서 불친절하시다고 생각하며 또 자기 연민에 빠지기도 하고 한 걸음 더 나아가서 우리를 함부로 대하신다는 생각을 가지기도 합니다. 물론 그것이 우리를 침체 상태로 이끌어 줍니다. 이것은 전적으로 우리를 향하신 하나님의 영광스러운 목적을 깨닫지 못하는 데서 기인됩니다.

이것이 히브리서 12장에서 아주 특별하고도 완벽하게 취급되고 있는 바로 그 문제입니다. 본문의 주제는 하나님께서 종종 자녀들을 징계하심으로써 저들을 성결에 이르도록 하시며 또 징계의 의미를 이해하도록 저들을 특별히 도와주신다는 것입니다. 이것이 바로 제가 당신에게 관심을 촉구하는 주제입니다. 우리는 아마도 이 징계의 문제와 관련시켜서 성결이 하나님의 일이라는 사실을 더욱 분명하게 깨달을 수 있는 다른 곳은 없을 것입니다. 히브리서 기자는 "너희가 현재 당하고 있는 고난을 보라"고 언급하고 있습니다. "너희가 왜 고난을 당하고 있는가?" 그 대답은 저들이 하나님의 자녀이기 때문에 이 같은 고난을 당하고 있다는 것입니다. 그는 말하기를 하나님께서 저들의 유익을 위하여 자녀들에게 이런 일들을 허용하신다는 것입니다. "주께서 그 사랑하시는 자를 징계하시고 그의 받으시는 아들마다 채찍질하시느니라." 여기에서 당신은 그런 표현에 만족해 하지 않고 오히려 그가 소극적으로 표현하고 있음을 알아차리게 될 것입니다. 그는 이렇게 말하고 있습니다. "너희가 징계를 참으면 하나님의 자녀가 되리라. 아버지가 징계하지 않으면 그가 어찌 아들이겠는가? 너희가 징계를 받지 않는다면, 모든 자들이 그러하듯이 너희가 사생자가 아니겠느냐?" 징계를 받지 않는다면 당신이 진실로 그 가정의 자녀가 아니고 또 아들이 아니라는 것입니다. 이것은 참으로 의미 심장한 말입니다. 이것을 하나의 원리 형식으로 설명해 보겠습니다. 이 사람이 진정으로 말하고 있는 것은 구원의 전과정이 처음부터 끝까지 하나님의 사역이며, 하나님께서 그 일을 이루기 위하여 자신의 방법을 가지고 계신다는 것입니다. 하나님께서 한 번 일을 시작하셨으면, 그는 계속해서 일을 이루어 나가십니다. "너희 가운데서 선한 일을 시작하신 이가 예수 그리스도의 날까지 이루실 줄을 확신하노라." 하나님께서 한 번 일을 시작하셨다가 그것을 포기하시고 미완성 상태로 내버려두시는 분이 아닙니다. 하나님은 그 백성에게 한 번 일을 시작하셨으면 그 일을 기어이 완성하시는 분입니다. 하나님께서 저들을 위한 궁극적인 목적과 의도를 가지고 계실 뿐만 아니라 또한 저들이 영광 중에 주님과 더불어 영세 무궁토록 같이 살 것이기 때문입니다. 이 세상에서 우리에게 일어나는 많은 것들은 바로 이 같은 견지에서 이해되고 설명되어야만 합니다. 본서를 기록한 저자의 설명에 의하면, 하나님께서 우리를 그 같은 상황으로 인도해 줄 것이며 또 우리가 그 상태로 들어가는 데 방해할 것은 아무것도 없을 것이라는 것이 매우 분명합니다.

    그런데 하나님께서 이 일을 행하시는 데에는 몇 가지의 방법이 있습니다. 그 중에 하나는 성경에서 가르치고 있는 위대한 교리들과 원리들을 통하여 우리에게 교훈을 주시는 것입니다. 그는 우리에게 자신의 말씀을 주셨습니다. 하나님은 우리로 하여금 준비되고 또 온전케 되도록 가르치시려는 목적으로 성령의 감동을 통하여 사람들에게 이 말씀을 기록하도록 촉구하셨습니다. 만일에 우리가 순종하지 않거나, 말씀 가운데서 정확하게 제시하고 있는 교훈들을 배우려 하지 않는다면, 아버지로서 하나님께서 자신의 영광을 위하여 우리를 온전케 하시며 예비시키려는 위대한 목적과 목표를 가지고 다른 방법들을 채택하실 것입니다. 그가 쓰시는 방법 중에 하나가 바로 이 징계의 방법입니다. 오늘날 우리들이 너무 나약한 세월을 살고 있기 때문에 이 사람의 논리를 적용하기 힘들 겠지만, 지상의 부모들도 부모의 이름 값을 다하기 위하여 이런 방법을 사용하고 있습니다. 저들은 자신들의 유익을 위하여 자녀들을 징계합니다. 만일에 자녀가 적극적인 결과를 나타낼 수 있도록 바르게 처신하지 못할 때에는 징벌이 뒤따르게 되고 또 징계가 실천될 수밖에 없습니다. 그것이 고통스럽겠지만 꼭 필요한 것입니다. 좋은 부모라면 그것을 등한히 하지 않습니다.

본서의 기록자는 하나님께서 바로 그런 분이시며, 그보다 훨씬 더하신 분이라고 언급합니다. 그러므로 혹시 우리가 하나님의 말씀의 적극적인 교훈과 가르침을 순종하지 않는다면, 다른 일들이 우리에게 일어난다 할지라도 우리가 놀라서는 안 될 것입니다. 우리가 고통스러운 어떤 일들을 당하게 된다 할지라도 놀라서는 안 된다는 말입니다. 이런 일들이 우리에게 생기는 것은 하나님께서 신중하게 생각하시어 성화의 한 과정으로 우리에게 보내는 것이라고 저자는 말합니다. 그는 우리가 자신을 점검하고 또 우리가 이것을 경험했는지 혹은 경험하지 못했는지를 알아내야 한다고 말합니다. 왜냐하면 우리를 이런 방식으로 대하신 경험이 전혀 없다면, 우리가 진정 하나님의 자녀인가를 의심해 보아야만 하기 때문이라고 그가 말합니다. 만일에 우리가 이런 과정에 대해서 전혀 아는 바가 없다면, 우리는 자녀가 아니요 사생자며 하나님께 속하지 않은 자들입니다. 왜냐하면 주께서는 그 사랑하시는 자를 징계하시기 때문입니다. 그리스도인, 그것도 고백적인 그리스도인이라고 하면서 하나님의 이 같은 취급 방식에 전혀 아는 바가 없다면 그는 자기 자신에 대하여 가장 불행한 사람일 수밖에 없다고 우리가 말해도 일리가 있습니다. 이것은 우리에게 경종을 울려주는 그 무엇입니다. 그 과정에 대하여 우리가 괴로워하기보다는 차라리 하나님께 감사해야 할 것입니다. 왜냐하면 우리가 그의 자녀이고 또 그가 우리를 자신의 자녀로 취급하시는 증거를 제공하고 있기 때문입니다. 그는 우리를 그 형상이 이루어지고 또 아버지이신 당신에게 합당한 자가 되도록 우리에게 벌도 주시고 징계도 하십니다.

이것은 하나님의 자녀들의 생활과 경험 속에서 계속 일어나고 있는 그 무엇입니다. 그것은 또한 성경 도처에서 가르치고 있는 진리입니다. 인용할 만한 예화와 사례는 끝없이 많습니다. 그것이 바로 시편 73편의 위대한 메시지입니다. 그것은 욥기의 대주제이기도 합니다. 당신은 로마서 5장에서 사도 바울이 환난 중에도 기뻐하라고 말씀하고 계심을 발견하게 될 것입니다. 로마서 8장에도 이 논증이 들어 있습니다. 당신은 또 다시 고전도전서 11장에 나오는 성찬식에 관한 부분에서 그것이 취급되고 있음을 발견하게 됩니다. 그 사도는 교회에 아프고 병든 사람들이 있었는데 저들이 그리스도인들의 삶을 제대로 살지 못해서 그렇게 된 것으로 설명하고 있습니다. "이러므로 너희 중에 약한 자와 병든 자가 많도다." 참으로 어떤 사람들은 그것 때문에 죽었습니다. "잠자는 자도 적지 않도다." 다음에 고린도후서 1장을 읽어 보십시오. 그리하면 당신이 자신에게 일어났던 일에 대한 바울의 묘사를 발견하게 될 것입니다. 그는 이 일이 자신에게 일어났던 것은 저로 하여금 자기 자신을 의뢰하지 말고 오직 살아계신 하나님을 의뢰하기를 배우도록 하기 위해서였다는 것입니다. 이런 교훈에 대한 하나님을 의뢰하기를 배우도록 하기 위해서였다는 것입니다. 이런 교훈에 대한 다른 위대한 고전적 진술이 고린도후서 12장에서 발견됩니다.

거기에서 바울은 자기에게 주어진 '육체의 가시'에 대해서 언급하고 있는데 그의 전체적인 논리와 논증이 바로 그러했습니다. 그가 말하기를 이에 관한 전체적인 목적이 바로 자신으로 하여금 자고하지 않게 하사 올바른 영적 상태를 유지시켜 주시려는 것이었다고 합니다. 그의 육체에 가시가 주어졌습니다. 바울이 이것을 위하여 하나님께 세 번이나 기도했지만, 하나님은 응답해 주시지 않았습니다. 바울은 마침내 하나님의 교훈을 배웠습니다. 그래서 그 가시가 바울의 성화를 촉진시켜 주었습니다. 야고보서 1장을 읽어보십시오. "내 형제들아 너희가 여러 가지 시험을 만나거든 온전히 기쁘게 여기라." 시험은 기뻐해야 할 그 무엇입니다. 그리고 요한계시록 3:19에서 부활하신 주님 자신이 이 모든 것을 종합하여 말씀하시는 바를 살펴보시기를 바랍니다. "무릇 내가 사랑하는 자를 책망하여 징계하느니라."

그러므로 우리는 이 위대한 교리가 성경을 관통하고 있음을 발견하게 됩니다. 참으로 구약시대에 이스라엘 자손들을 대하신 하나님의 섭리 방법은 이에 대한 자세한 해석일 뿐입니다. 하나님께서 저들에게 이런 일들을 행하신 것은 저들이 자신의 백성이었기 때문이었습니다. "내가 땅의 모든 족속 중에 너희만 알았나니 그러므로 내가 너희 모든 죄악을 너희에게 보응하리라"(암 3:2). 그가 저들에게 이처럼 대한 것은 저들이 하나님의 자손이었기 때문이었습니다.

그러므로 분명하게 우리 앞에 직면한 문제는 징계가 무엇인가, 그리고 징계가 어떤 의미를 부여하는가입니다. 그것은 훈련을 뜻합니다. 그 단어의 기본적인 뜻은 바로 그것입니다. 그것은 어린아이를 훈련할 때에도 사용됩니다. 그것이 어린아이를 연단하는 방법이기 때문입니다. 우리는 한편 그것을 '벌'이라는 말과 혼동합니다. 그것은 책망도 포함되고 특히 상당량의 징벌도 함축할 수 있습니다. 하지만 실제적인 징벌의 의미와 목적은 어린아이를 훈련하고 개발시켜서 성숙한 사람을 만드는 데 있습니다. 좋습니다. 이제 징벌의 의미가 그렇다면, 하나님께서 징벌하시는 방법에 대해서 잠깐 생각해 보도록 하겠습니다.

하나님께서 어떻게 당신의 자녀들을 징계하실까요? 그는 여러 가지 상황, 곧 모든 종류의 환경들을 통해서 매우 광범위하게 징계하십니다. 그리스도인의 생활 속에서 우리에게 일어나는 모든 것이 만일에 우리가 그것을 볼 수만 있다면 매우 중요할 것이라는 사실을 깨닫는 것보다 더 값진 일은 없습니다. 우리에게 우연히 일어나는 것은 아무것도 없습니다. "참새 한 마리도 너희 천부께서 허락지 아니하시면 땅에 떨어지지 아니하느니라"고 주께서 말씀하셨습니다. 만일에 참새에게 있어서 그러하다면 우리에게는 얼마나 더 하겠습니까? 우리 아버지와 상관없이는 우리에게 아무것도 일어나지 못합니다. 그것이 유쾌한 환경이든 유쾌하지 못한 환경이든 환경들이 우리에게 끊임없이 영향을 미치는 이유는 바로 우리의 성화를 이루기 위함입니다. 그러므로 우리는 언제나 교훈을 관찰하고 주시하면서 문제되는 것을 찾고 물어 보아야만 합니다.

이제 우리는 구체적으로 고찰해 보아야 하겠습니다 성경은 이 같은 측면에서 종종 하나님이 사용하시는 특별한 환경이 있음을 분명하게 교훈하고 있습니다. 재산을 잃거나 물질의 위치 변동, 물건 분실, 재산 상실, 그리고 돈을 분실하는 것 등이 바로 그런 것입니다. 하나님께서 종종 이런 것들을 사용하십니다. 당신은 구약성경에서 그에 대한 사례를 발견할 수 있을 것입니다. 그것은 교회에서 하나님의 백성 가운데 계속되는 역사를 통해서도 체험됩니다. 현실적이고 물질적인 입장에서 무엇을 잃어 버리게 하심으로, 하나님은 다른 방법으로는 분명하게 깨달을 수 없는 어떤 교훈을 사람에게 주셨습니다.

또 하나님은 건강의 문제를 사용하십니다. 저는 벌써 당신에게 고린도전서 11장을 상기시킨 바 있습니다. 그 사도는 저들 가운데 어떤 사람들이 아프고 병든 것은 저들을 가르치고 훈련시키기 위해서 하나님이 이것을 저들에게 보내셨다고 매우 분명하게 가르치고 있습니다. "사람이 자기를 살피고 그 후에야 이 떡을 먹고 이 잔을 마실지니 주의 몸을 분변치 못하고 먹고 마시는 자는 자기의 죄를 먹고 마시는 것이니라 이러므로 너희 중에 약한 자와 병든 자가 많고 잠자는 자도 적지 아니하니라." 바로 이런 것이 하나님께서 종종 사용하시는 한 가지 방법입니다. 그러므로 우리 중에 어떤 사람이 아프거나 병드는 것은 결코 하나님의 뜻이 아니라고 단정하는 사람은 참으로 성경을 부인하는 사람이 아닐 수 없습니다. 아무도 올무에 걸려서 "당신은 모든 질병이 하나님께서 보내신 징벌이라고 가르치십니까?"라고 말하지 않기를 바랍니다. 물론 그런 뜻으로 말씀드린 것은 아닙니다. 저는 하나님께서 종종 당신의 자녀들을 징계하기 위해서 그 같은 방법을 사용하신다고 말씀드리는 것뿐입니다. 만일에 많은 사람들이 약하고 병들어 있는 것이 바로 그 이유 때문이라면, 그것은 하나님의 행동입니다. 하나님께서 저들의 유익을 위하여 그것을 저들에게 허용하셨거나 아니면 그것을 저들에게 직접 가져다 주셨을 것입니다. 하나님의 뜻은 인간 육체의 건강보다 더 중요합니다. 만일에 사람이 말씀의 적극적인 교훈에 굴복하지 않거나 복종하지 않는다면, 하나님께서 분명히 저를 보아 줄 것입니다. 다시 말해서 하나님이 그에게 질병을 보내사 그로 하여금 생각하도록 드러눕힐 수도 있다는 말입니다.

저는 당신에게 유명한 토마스 찰머스 박사(Dr. Thomas Chalmers)가 늘 하던 말씀을 상기시켜 드리고 싶습니다. 복음을 참으로 이해하도록 하기 위해서 저를 하나님 앞으로 인도했던 것은 질병이었다는 것입니다. 그 질병은 저를 거의 열두 달 동안이나 병실에다 가두어 둔 바 있습니다. 그는 명석하게 학적이고 지적인 설교자이었습니다. 하지만 병실에서 퇴원한 후에는 복음의 증거자가 되었습니다. 그는 이렇게 자신을 찾아와 주신 하나님께 감사했습니다. 바울 서신인 고린도후서 1:9에서도 그와 대칭적인 말씀을 발견할 수 있는데 거기에서 그는 자신이 사망 선고를 받았다고 말하고 있습니다. 또 12장에 가서는 자신의 육체에 가시가 있다는 그 유명한 말을 했습니다. 하나님께서 그 가시를 없애 주시지 않았습니다. 왜냐하면 하나님께서 그 사도로 하여금 "내가 약할 때 강함이라"고 말하면서 하나님의 영광을 극대화하기 위해서 건강할 때보다는 차라리 아픈 가운데 기뻐하도록 가르치시려고 했기 때문입니다. 하나님께서 이것을 허용하셨다는 데 의심의 여지가 없습니다. 그가 이렇게 특별한 방법으로 자신의 종을 징계하고 훈련시키시기 위해서 그것을 직접 보내셨다고 봅니다.

똑같은 방법으로 하나님은 핍박을 허용하십니다. 히브리서에 나오는 그리스도인들은 지금 핍박을 받고 있습니다. 그러하기 때문에 저들이 그렇게 불행했던 것입니다. 저들은 그리스도인이라는 이유 때문에 재산을 빼앗겼으며 집들이 파괴되었습니다. 저들은 "왜 우리가 이런 일을 당해야 합니까?"라고 질문합니다. 우리는 복음을 믿기만 하면 모든 것이 잘되리라고 생각했었는데 우리에게는 고통뿐이고 오히려 불신자들은 모든 것이 잘되고 범사에 성공하는 것처럼 보이는가 말입니다. 왜 이렇습니까? 본문 12장에 저들에게 주는 대답이 나오고 있습니다.

하지만 이 교훈은 좀더 깊이 나아가고 있습니다. 그것은 심지어 하나님께서 이런 방법을 사용하시되 죽음까지 동원하실 때가 있습니다. "너희 중에 약하고 병든 자가 많으며 잠자는 자도 적지 아니하도다." 그것은 하나의 신비입니다. 아무도 그것을 이해할 수 없습니다. 하지만 그것은 분명한 성경적인 가르침입니다. 그러므로 제가 이런 모든 일들에 어떤 의미가 있다는 사실을 깨닫지 않으면 안 된다고 말씀드리는 것입니다. 이 세상에서의 우리의 삶과 또 생애 가운데 우리에게 일어나는 모든 일들 그리고 환경이라는 수단을 통해서, 시험에 합격하고 떨어지는 일, 건강이나 질병 등 이 모든 일들을 통해서 하나님은 우리를 위한 당신의 목적이 이루어지도록 하십니다. 당신이 만일에 하나님의 자녀라면, 이 모든 일들은 당신에게 의미가 있습니다. 그러므로 당신은 저들을 통해서 주시는 메시지를 발견하기 위하여 그것들을 점검하는 방법을 터득하지 않으면 안 됩니다. 그것으로 당신의 성화가 증진될 것이기 때문입니다.

하나님께서 우리를 징계하시는 또 다른 방법이 있습니다. 저는 이것을 하나의 독립적인 항목으로 취급하고 싶은 것이 사실입니다. 하나님은 이 분명한 목적을 위하여 때로 자신의 존재를 숨기시고 또 얼굴을 가리우시는 듯하실 때가 틀림없이 있습니다. 당신은 그것이 바로 욥기서의 대주제임을 발견하게 될 것입니다. 또 호세아서 5장과 6장에 그것이 다시 나오고 있음을 아시게 될 것입니다. 거기에서 하나님이 이렇게 말씀하십니다. "내가 내 곳으로 돌아가서 저희가 그 죄를 뉘우치고 내 얼굴을 구하기까지 기다리리라." 하나님께서는 저들을 회개할 곳으로 인도하기 위해서 자신이 물러가서 현존을 숨기시고 얼굴을 감추실 때가 있습니다. 그것이 성화의 한 방편입니다.

또 사람은 종종 그리스도인의 생활 속에서 감정과 정서의 변화를 발견하게 됩니다. 그것이야말로 하나님의 백성들을 자주 괴롭히고 당황케 하는 문제가 아닐 수 없습니다. 우리는 모두 그에 대해서 어느 정도 알고 있습니다. 당신은 어떤 이유로 기뻐하던 경험이 갑자기 끝이 나고 욥처럼 '아 하나님이 어디 계신지 알았더라면…'이라고 말하는 자신을 발견하게 될 것입니다. 당신 자신이 전혀 잘못한 것처럼 깨달아지는 바가 없음에도 불구하고 하나님께서 자신을 숨기시고 또 당신 자신이 버림받았다고 느껴질 때가 있습니다. 성령께서 버리셨다고 느껴지는 그 현상은 하나님이 당신의 자녀를 징계하시는 방편 중에 하나입니다. 그것이 하나님께서 우리를 향하여 가지고 계시는 큰 목적과 목표를 달성하기 위한 준비과정 혹은 훈련과정의 일부라는 말입니다.

그것이 나를 다음 질문으로 이끌어 줍니다. 하나님께서 징계하시는 이유는 무엇입니까? 우리는 징계가 무엇이며 어떻게 징계하는가를 살펴보았습니다. 이제 우리는 하나님께서 왜 징계를 하시는가? 라는 거창한 질문을 하게 되었습니다. 본문 말씀 중에 이에 대한 풍족한 대답들이 나옵니다. 사실상 히브리서 12:5-15 사이에는 이 질문에 대한 자세한 설명 외에 아무것도 없습니다. 그 이유인즉 하나님께서 우리를 사랑하시기 때문입니다. "주께서 그 사랑하시는 자를 징계하시고 그의 받으시는 아들마다 채찍질하심이니라." 그것이 근본적인 대답입니다. 하나님의 사랑이 모든 이유입니다. 하나님께서 때때로 그렇게 잔인한 분으로 나타나시는 것은 그가 우리를 사랑하시기 때문입니다. 그 모든 것들은 우리의 유익을 위한 것입니다. 바로 이것이 우리가 단단히 붙들어야 할 것입니다. 그것이 언제나 우리의 유익을 위한 것이기 때문입니다. 이제 7절에 있는 말씀을 살펴보시기 바랍니다. 흠정역에서는 "만일 너희가 징계를 참으면 하나님이 너희를 아들과 같이 대우하시느니라"고 번역했습니다. 하지만 개정역본과 다른 성경들은 이 점이 매우 잘 번역되어 있음에 틀림없습니다. 다른 번역들은 '만일 우리가 징계를 참으면'이라고 번역되지 않았으며 '너희가 참음은 징계를 위함이라'고 번역되었는데 차라리 그것이 옳다고 봅니다. 당신이 왜 참으십니까? 그것이 문제입니다. 히브리서에 나오고 있는 성도들이 묻고 있는 것도 바로 그 문제입니다. 만일에 우리가 그리스도인이라면, 우리가 왜 참아야 합니까? 그 대답은 당신이 그리스도인기 때문에 참는 것입니다. 그리고 당신의 징계를 위하여 참고 있는 것입니다. 다시 말해서 당신이 참고 있는 이유는 자신의 성장과 훈련과 발전을 위한 것입니다. 당신이 참고 있는 것은 자신의 징계의 일부라는 말입니다.

징계가 무엇입니까? 자기 훈련입니다. 그래서 우리는 모든 고난과 참음과 모든 불행에 우리를 준비시키고 훈련시키려는 위대한 목적과 목표가 있다는 사실을 단단히 붙들지 않으면 안 된다는 것입니다. 하지만 저자가 10절에서 계속 반복하고 있다는 점을 당신이 알아차렸을 것입니다.

"저희 곧 땅에 있는 부모들은 잠시 자기 뜻대로 우리를 징계하였거니와 오직 하나님은 우리의 유익을 위하여 그의 거룩하심에 참여케 하느니라." 여기에서 그것이 가장 명료한 형태로 진술되고 있습니다. 하나님께서 우리로 하여금 자신의 거룩하심에 동참케 하시고 또 우리가 성화되도록 하기 위하여 징계하신다는 것이 분명한 교훈입니다. 그는 말하기를 모든 것이 우리의 유익을 위하여 행해졌으며, 결국 성화가 그 유익이라고 합니다. 하나님은 이런 일들을 우리에게 행하시어 진리로 우리를 거룩하게 하시고 또 그가 우리에게 행하시는 바를 설명해 주심으로 말씀의 수단을 통해서 우리를 성화시키십니다.

만일에 그것이 하나님께서 이런 방법으로 우리를 징계하시는 일반적인 목적이라면, 이제 우리가 하나님이 그렇게 행하시는 특별한 몇 가지 이유들을 고찰해 보도록 하겠습니다. 그 하나는 우리에게 어떤 결점이 있다는 사실입니다. 그것들은 교정이 필요한 우리 모두에게 있는 결점입니다. 그리스도인의 삶을 사는 우리 모두에게도 보호받아야만 될 어떤 위험들을 직면해야만 할 때가 있습니다. 사람이 그리스도인이 된다고 해서 그가 완전하게 된다는 뜻은 아닙니다. 사람이 그리스도를 믿자마자 곧 완전한 상태에 이르게 되는 것이 아닙니다. 참으로 당신이 이 세상에 살 동안에 그 상태에 이를 수 없습니다. 불완전한 것이 여전히 남아 있습니다. 옛 사람이 아직도 남아 있다는 말입니다. 그 결과 언제나 특별히 취급해야만 할 필요가 있는 것들이 있습니다. 그리고 성경에서는 이 특별한 어떤 문제들을 다루기 위해서 하나님이 어떻게 징계를 사용하시는가를 매우 분명하게 말씀하고 있습니다. 그것들이 무엇입니다. 그 중에 하나가 여기에 있습니다. 영적 교만 혹은 위험스럽고 잘못된 영적 우월감이 바로 그것입니다. 저는 당신에게 더 이상 설명이 필요 없는 완벽하고 확실한 성경 말씀을 상기시켜 드리고 싶습니다.

사도 바울은 고린도후서 12장에서 이렇게 말씀하고 있습니다. "내가 이런 사람을 아노니 그가 몸 안에 있었는지 몸 밖에 있었는지 나는 모르거니와 하나님은 아시느니라. 그가 낙원으로 이끌려 가서 말할 수 없는 말을 들었으니 사람이 가히 이르지 못할 말이로다. 내가 이런 사람을 위하여 자랑하겠으나 나를 위하여는 약한 것들 외에 자랑치 아니하리라. 내가 만일 자랑하고자 하여도 어리석은 자가 되지 아니할 것은 내가 참 말을 함이라. 그러나 누가 나를 보는 바와 내게 듣는 바에 지나치게 생각 할까 두려워하여 그만두노라. 여러 계시를 받은 것이 지극히 크므로 너무 자고하지 않게 하시려고 내 육체에 가시 곧 사단의 사자를 주셨으니 이는 나를 쳐서 너무 자고하지 않게 하려 하심이니라." 설명이 완전합니다. 그 사도는 매우 드물고 예외적이며 특별한 경험을 했습니다. 그가 삼층천에 올라가서 매우 놀라운 일들을 보고 듣고 느꼈다는 것입니다. 위험이 있다면 영적으로 교만하게 되는 것이요 너무 자고하는 것입니다. 그래서 하나님이 저에게 육체의 가시를 보냈다고 그가 말합니다. 저를 지키기 위해서 의도적으로 그것을 보내셨다는 것입니다. 영적 교만은 무서운 위험물입니다. 그것은 집요하게 다가오는 위험이기도 합니다. 만일에 하나님께서 당신의 자비와 사랑으로 어떤 특별한 경험을 하도록 허용하신다면, 우리는 마귀가 우리를 해하려고 만들어 놓은 위치에 빠져들 수도 있습니다. 그래서 그 같은 경험을 가지고 있는 사람에게는 저들이 바르고 안전한 위치에서 보호받기 위한 징계를 필요로 하는 것입니다.

또 다른 위험은 자만심이라는 위험입니다. 하나님께서 사람에게 여러 가지 은사를 주셨습니다. 사람이 자신과 또 자신의 재능만을 믿고 하나님이 필요치 않다고 생각하는 것이 바로 그 위험입니다. 교만과 자기 과신은 언제나 따라다니는 위험입니다. 이런 것들은 육체의 죄가 아니고 영적인 위험들입니다. 그러므로 이것이 더 위험스럽고 간교합니다.

다음에 세상과 그 풍조에 매혹당할 수 있는 위험이 상존합니다. 성경에서 강조하고 있는 바는 그것들이 매우 교묘하다는 점입니다. 사람이 가만히 앉아서 세상으로 돌아가겠다고 결정하는 것은 있을 수 없습니다. 그것은 거의 자신도 모르게 발생하는 그 무엇입니다. 세상과 또 세상의 매력은 언제나 호소력이 있습니다. 그래서 사람이 자신도 모르게 거기에 빠져 들어가게 되는 것입니다. 그러므로 인간은 세상 것들을 사랑하지 않도록 징계가 필요합니다.

또 다른 위험은 자신의 현 위치를 의지하는 위험입니다. 다시 말해서 우리가 그리스도인의 삶을 살 때에 차지하고 있는 위치에 만족하는 위험, 곧 뽐내고 자기 만족에 머물러 있는 위험입니다. "우리는 현대주의자가 아닙니다. 우리는 오늘날 많은 사람들이 믿는 식으로 믿지 않습니다. 우리는 정통입니다. 우리가 잘못되었다고 생각되는 일들은 계속하지 않습니다. 우리는 우리의 신앙이 완전하다고 믿습니다. 더군다나 우리의 삶은 타의 추종을 불허합니다." 이것이 저들의 생각입니다. 그래서 우리가 뽐내고 자기 만족에 젖어 있는 것입니다. 우리는 자신의 위치를 의지합니다. 그래서 우리가 더 이상 성장하지 못합니다. 우리가 십 년 전의 자신과 현재의 모습을 비교해 볼지라도 별로 달라진 것이 없습니다. 우리는 하나님을 좀더 친밀하게 알고 있지 못합니다. 우리가 한 발자국도 진보하지 못했습니다. 주의 은혜와 지식에서 자라가지 못했습니다. 우리가 자기 만족의 상태에 머물러 있었기 때문입니다. 만일에 제가 이것을 한 마디로 요약해서 표현한다면, 그것은 하나님을 잊어버리고서도 그를 찾지도 않고 또 그와 교제를 나누지도 않는 매우 무서운 위험이라고 하겠습니다. 그것은 주님에 대한 직접적이고 현재적인 지식과 또 주님과 더불어 맺는 관계보다는 차라리 경험을 근거로 해서 우리 자신을 생각하는 가공할 만한 위험입니다. 해가 바뀜에 따라 그리스도인의 삶에도 과거보다는 우리가 하나님을 더 잘 알고 있다는 고백을 할 수 있어야 하겠습니다. 또 우리는 과거보다 우리가 하나님을 더 사랑한다고 말할 수 있어야 하겠습니다. 당신이 어떤 훌륭한 사람을 알면 알수록 그만큼 그 사람을 좋아하고 또 사랑하게 됩니다. 그것을 무한히 배가시켜 나가 보십시오. 그리하면 거기에 하나님과 당신의 관계, 그리고 나와 하나님과의 관계가 있을 것입니다.

우리가 하나님을 더 잘 알고 있습니까? 우리가 하나님을 사모하여 더욱 더 찾고 있습니까? 하나님은 우리가 그를 망각할 우험이 상존하고 있음을 아십니다. 왜냐하면 우리가 자기 자신과 자기 경험에만 관심을 가지고 있기 때문입니다. 그러므로 하나님께서 자신의 두한한 사랑으로 우리가 이러한 사실들을 깨닫도록 또 우리를 당신 자신에게 돌아가도록 그리고 우리를 둘러싸고 있으면서 끊임없이 위협하고 있는 그 무서운 위험들로부터 우리를 안전하게 지켜주시려고 우리를 징계하시는 것입니다. 제가 이것을 당신의 경험에 비추어 설명하도록 하겠습니다. 당신은 자신에게 고통스러웠던 일들을 인하여 하나님께 감사할 수 있습니까? 그것이 바로 우리의 모든 고백에 대한 좋은 시금석입니다. 당신은 어떤 일들, 곧 당신을 불쾌하게 만들고 불행하다고 느끼게끔 했던 그 어떤 일들이 그 순간 당신에게 일어났던 이유가 무엇이라고 생각하십니까? 그리고 당신은 뒤를 돌아다보면서 시편 기자가 119:71에서 "고난 당한 것이 내게 유익이라"고 고백했던 것처럼 할 수 있겠습니까?

저는 하나님께서 이런 특별한 이유들 때문에 징계하신다고 말씀드릴 수 있습니다. 하지만 제가 이런 사실을 적극적으로 설명해 보겠습니다. 성화란 적극적인 덕성들을 나타내 보이는 것입니다. 그것은 자신의 삶을 8복과 산상수훈에 나타나고 있는 대로 본을 보이며, 또 성령의 열매, 곧 사랑과 희락과 평강 등의 열매를 주렁주렁 맺어 보이는 그런 인격에서 볼 수 있습니다. 바로 그것이 성화의 의미입니다. 성화를 통해서 하나님은 우리를 점검하기 위하여 말씀의 적극적인 교훈을 주시는 것만으로 충분하지 않음이 분명합니다. 그래서 징계라는 수단이 필요한 것입니다. 말씀은 사람들에게 "예수를 바라 보라"고 권면합니다. 당신은 징계에 관한 말씀이 나오기 전에 12장 앞부분에서 그렇게 말씀하고 있음을 발견하게 될 것입니다. 그 저자의 권면은 이러합니다. "인내로써 우리 앞에 당한 경주를 경주하며…예수를 바라보자." 만일에 우리가 항상 그렇게만 했더라면, 아무것도 필요치 않았을 것입니다. 다시 말해서 우리가 시야를 고정시켜 주님만 바라보았더라면, 모든 것이 다 잘되었을 것입니다. 하지만 우리는 그렇게 하지 못했습니다. 그래서 징계가 필요하게 된 것입니다. 또 우리 안에 이런 덕성들을 이룩하기 위해서라도 징계가 필요합니다.

여기에 그 덕성들이 있습니다. 겸손이 그것입니다. 이 겸손은 여러 면에서 면류관을 쓰게 만드는 덕성입니다. 겸손은 모든 보석 중에 값을 매길 수 없는 보석이며 모든 성령의 열매로 나타나는 것 중에 최고로 영광스러운 것입니다. 그것이 바로 겸손입니다. 그것은 주님 자신이 가지셨던 최상의 특징이었습니다. 그는 마음이 온유하고 겸손하셨습니다. "상한 갈대도 꺾지 아니하시고 꺼져 가는 등불도 끄지 아니하시리라." 그것은 우리가 도달해야 할 마지막 지점입니다. 하나님은 우리 모두가 겸손에 이르기 위해서 겸비하지 않으면 안 된다는 사실을 알고 계십니다. 실패 또한 거기에 이르는 데 매우 유익을 줄 수 있습니다. 만일에 우리가 항상 성공적이라면 겸손하기가 힘듭니다. 그래서 하나님이 우리를 겸손케 하시려고 때때로 실패를 징계로 주시는 것입니다. 당신의 삶을 점검해 보십시오. 그리고 이런 일들이 일어나고 있는가를 살펴보시기 바랍니다.

다음에 천국에 마음을 두는 문제에 대해서 생각해 보겠습니다. 그리스도인들은 천국에 마음을 두어야만 합니다. 저들의 최대 관심이 거기에 있어야지 여기에 있어서는 안 됩니다. 천국에 마음을 두는 것, 그리고 우리의 애정이 위에 있는 것에 머물고 땅에 있는 것을 생각지 않는 것은 얼마나 어려운 일인지 모릅니다. 하나님께서 우리로 하여금 하늘에 마음을 두도록 하시려고 징계하는 것이 얼마나 자주 필요한지 모릅니다. 우리가 이 세상에 너무 집착하기 때문에 하나님께서 우리를 이 세상에 붙잡아 매는 것들이 얼마나 연약하고 또 얼마나 쉽게 빼앗길 수 있는 것들인가를 보여 주기 위해서 무슨 일을 하실 수밖에 없었습니다. 그러므로 우리가 갑자기 이 세상에서 순례자일 뿐이요 또한 우리는 천국과 영원을 생각하도록 지음받은 존재들이란 사실을 깨닫게 된 것입니다.

온유! 다른 사람들에 대한 우리의 태도에 있어서 그리고 다른 사람들과의 인간 관계 속에서 다른 사람을 사랑하고 저들을 동정하여 온유한 사람이 된다는 것은 얼마나 어려운 일인지 모릅니다. 같은 경험을 함으로써 그에 대한 지식을 가지지 못한다면, 우리가 공감한다는 것이 거의 불가능하다는 생각입니다. 저는 한 사람의 목사로서 사역을 감당하는 중에 저 자신이 친히 경험해 보지 않았더라면 사람들과 공감할 수 없었을 것이고 또 어떤 사람들과 동시에 저들의 문제를 이해할 수도 없었을 것이란 점을 매우 잘 알고 있습니다. 하나님께서 우리에게 인내의 필요성을 상기시켜 주기 위해서 때때로 우리에게 징계를 내리십니다. 그는 이렇게 말씀하십니다. "내가 너에 대해서 오래 참는 것을 너는 알지? 너도 가서 이웃을 오래 참아 주는 사람이 되어라."

이것들은 우리에게 징계의 필요성을 분명하게 보여 주는 몇 가지의 사례들입니다. 하나님께서 우리를 사랑하시기 때문에 그리고 우리가 그의 자녀이기 때문에 결국에는 우리가 '의의 평강한 열매'를 맺도록 놀랍고도 신기한 방법으로 우리를 징계하십니다.

지금까지 우리는 원리적인 면에서 모든 핵심을 살펴보았습니다. 제가 바라기는 다음 장에서 이 부분을 다른 모든 교훈에 어떻게 적용시키고 또 우리 자신들이 거기에 어떻게 적응할 수 있는가를 연구하는 것입니다. 가장 위대한 원리는 우리가 그의 자녀이기 때문에 하나님께서 우리를 징계하신다는 사실입니다. 그러므로 우리가 이 같은 다루심에 대해서 전혀 아는 바가 없다면, 저는 당신에게 돌아가서 자신이 그리스도인인지 혹은 전혀 그리스도인이 아닌지 살펴보고 확인해 보라고 권고하고 싶습니다. 왜냐하면 "주께서 그 사랑하시는 자를 징계하시고 그의 받으시는 아들마다 채찍질하느니라"고 말씀했기 때문입니다. 우리의 구원을 완성하신 하나님을 찬양합니다. 그 일을 시작하실 뿐만 아니라 또한 그 일을 계속하시고, 우리를 그렇게 사랑하시기 때문에 우리가 교훈받기를 원치 않을 때에 그의 사랑하는 아들의 형상을 이루도록 우리를 징계하시는 하나님을 진정으로 송축합니다.

제 18 장

하나님의 훈련장

"또 아들들에게 권하는 것같이 너희에게 권면하신 말씀을 잊었도다 일렀으되 내 아들아 주의 징계하심을 경히 여기지 말며 그에게 꾸지람을 받을 때에 낙심하지 말라 주께서 그 사랑하시는 자를 징계하시고 그의 받으시는 아들마다 채찍질하심이니라 하였으니 너희가 참음은 징계를 받기 위함이라 하나님이 아들과 같이 너희를 대우하시나니 어찌 아비가 징계하지 않는 아들이 있으리요 징계는 다 받는 것이어늘 너희에게 없으면 사생자요 참 아들이 아니니라 또 우리 육체의 아버지가 우리를 징계하여도 공경하거든 하물며 모든 영의 아버지께 더욱 복종하여 살려 하지 않겠느냐 저희는 잠시 자기의 뜻대로 우리를 징계하였거니와 오직 하나님은 우리의 유익을 위하여 그의 거룩하심에 참여케 하시느니라 무릇 징계가 당시에는 즐거워 보이지 않고 슬퍼 보이나 후에 그로 말미암아 연달한 자에게는 의의 평강한 열매를 맺느니라" (히 12:5-11)

이제 우리는 하나님께서 우리에게 행하시는 여러 가지 일들을 통해서 성화를 조금씩 이루어 가시며 진전시킨다는 성경의 가르침을 좀더 구체적으로 생각해 보지 않으면 안 되겠습니다. 하나님은 성경 속에서 우리에게 주시는 적극적인 교훈 외에도 여러 가지 방법으로 우리를 취급하십니다. 만일에 우리가 그의 교훈에 응답하지 않는다 해도 하나님의 자녀라면, 하나님께서 우리를 징계하십니다. 이와 관련해서 우리는 성경 여러 곳에 이 특별한 교리가 요약되어 있고 또 분명하게 교훈되어 있다는 사실을 이미 살펴본 바 있습니다. 하지만 저는 우리가 히브리서 11장에서, 특별히 5절부터 15절까지의 말씀 속에서 발견할 수 있는 것보다 더 좋은 진술이 없다는 사실을 일반적으로 동의하리라 생각합니다. 참으로 히브리서 전체가 징계 속에서 나타나는 대로 하나님께서 자기 백성을 향하여 가지신 목적에 대한 큰 교훈을 세밀하게 설명하는 것에 불과하다 해도 과언이 아닙니다. 우리가 그 주제에 대해서 일반적으로 고찰할 때 하나님께서 틀림없이 이 특별한 방법을 사용하신다는 점을 이미 살펴보았습니다.

본문의 주요 논점은 혹시 우리가 이런 대우를 경험했더라면 그것이 우리가 하나님의 자녀라는 증거가 되지만, 그 같은 대우를 받은 바 없다면 우리가 정말로 하나님의 자녀인지 혹은 아닌지 의심해 보고 또 적어도 그것을 확인해 보아야 한다는 것입니다. 우리는 역시 하나님께서 징계하시는 이유가 무엇인가를 고찰해 보았습니다. 그리고 항상 우리를 위협하고 있는 어떤 유혹물로부터 우리를 지켜 보호하기 위해서 그가 우리를 징계하신다는 결론에 이르게 되었습니다. 우리가 이 세상을 살아갈 때에 주변에는 몇 가지의 유혹물들이 있습니다. 교만과 자기 만족, 그리고 이생의 자랑이 바로 그런 것들인데, 이것들로 말미암아 우리는 자신도 모르게 세속화되어가고 있으며 또 이 무서운 위험들이 이 세상 우리의 삶 속에서 그리스도인을 끊임없이 위협하고 있다는 사실입니다. 적극적인 면에서 우리는 하나님께서 우리 안에 성령의 열매들을 자라게 하시려고 자극하는 절차라고 깨닫게 되었습니다. 겸손을 촉진하는 데 징계만큼 좋은 것은 아무것도 없습니다. 우리가 겸손하고 온유하며 낮아지려고 한다면 징계가 필요합니다. 우리의 아버지이신 하나님께서 그의 무한하신 은혜와 인애로 우리를 징계하시는 것은 "사랑하시는 자를 징계하시며 그의 받으시는 아들마다 채찍질하신다"는 교훈 때문입니다. 그것이 바로 교훈이고 또한 가르침입니다.

 그 원리를 설정해 놓았은즉 이제 우리가 계속해서 본문을 살펴보도록 하겠습니다. 왜냐하면 그것이 전부가 아닐 때 충분한 것이 될 수 없기 때문입니다. 히브리서 12장에서 기록자의 논리를 이해한 대로 우리가 다음과 같이 표현해 볼 수 있습니다. 그 징계가 심지어 하나님께서 주신 징계이지만, 우리 속에서 자동적으로 역사하는 것은 아닙니다. 또 우리가 징계를 받는다는 그 단순한 사실이 우리가 그 징계를 통해서 반드시 유익을 얻어야 한다는 필요성을 뜻하는 것도 아닙니다. 저자의 논지는 우리가 징계에 대한 교훈을 이해하고 또 그것을 적절하고 진솔하게 적용할 때에만 그것으로부터 어떤 유익을 얻을 수 있다는 것입니다. 그것이야말로 매우 분명하고 중요한 요점입니다. 왜냐하면 혹시 우리에게 이루어지는 성화가 우리가 수동적인 상태에 있을 때 거의 자동적으로 발생하는 그 무엇이라고 생각하는 경우, 우리가 저자의 논지의 본질과 핵심을 부정하는 것이 되어버리기 때문입니다. 징계는 자동적으로 역사하지 않습니다. 그것은 기계적으로 되어지는 그 무엇이 아니며 궁극적으로 말씀에 의해 우리에게 유익을 줍니다. 성화의 전체적인 역사는 우리 주님이 요한복음 7장에서 말씀하신 대로 진리에 의해서 이루어집니다. 성화는 어떤 단계에서 혹은 어떤 측면에서든지 말씀의 적용에 의하여 나타납니다. 더군다나 그것은 징계에 관한 모든 문제에 있어서 특별히 사실입니다.

 그러면 여기에서 밝혀진 대로 다음과 같이 당신에게 논증을 설명해 보도록 하겠습니다. 징계에 대한 잘못된 태도가 있습니다. 다시 말해서 그 징계에 대한 잘못된 반응이 있다는 말입니다. 우리가 살펴본 징계에 여러 가지 형태가 있음을 당신은 기억하실 것입니다. 그것이 환경을 통해서 올 수도 있습니다. 또 그것이 재정적인 손실 혹은 사업이나 직업의 문제로 나타날 수 있습니다. 우리를 좌절하게 만들고 또 고민하고 당황케 만드는 그 무엇으로 찾아올 수도 있습니다. 또 친구의 배신이나 우리의 생애 가운데 가질 수 있는 큰 희망이 완전히 무너져 버리는 것으로 나타날 수도 있습니다. 질병으로 올 수도 있습니다. 제가 여기에서 반복하여 강조하고 싶은 것은 이 모든 것들의 필요성이 반드시 하나님으로 말미암지 않는다는 사실입니다. 저는 그런 의도로 말씀드리고 있지 않습니다. 성경 역시 모든 사람들이 당하고 있는 징계가 반드시 하나님께서 보내신 것이라고 말씀하지 않습니다. 그 교훈은 질병이 하나님에 의해서 보내질 수도 있고 또 여러 가지 환경에 의해서 고통을 당할 수 있는 것처럼 때로 하나님이 질병이란 수단으로 우리를 징계할 수도 있다는 말입니다. 우리가 그에 대해서 분명하게 이해하지 않으면 안 되겠습니다. 하나님께서 이 여러 가지 것들 중에서 어느 하나를 사용하실 수 있습니다. 하지만 이런 일들이 모든 사람에게 일어나기 때문에, 우리는 달갑지 않은 일들이 모두 징계를 필요로 하는 하나님께로부터 왔다고 말해서는 결코 안 됩니다.

그리고 시련과 환난과 징계에 잘못된 반응을 보이는 경우가 있습니다. 어떤 것들이 있을까요? 히브리서 기자는 세 가지를 지적합니다. 첫째로 경시하는 위험입니다. 당신이 5절에서 발견하는 것이 바로 그것입니다. "내 아들아 주의 징계하심을 경히 여기지 말라." 그것은 징계를 대하는 첫 번째 잘못된 태도입니다. 그것을 가볍게 여기고 주의하지 않습니다. 하찮은 물건처럼 내던지고 귀하게 여기지 않습니다. 대담성을 드러내 보이고 그것이 전혀 영향력을 끼치지 않는 것처럼 생각하는 태도입니다. 우리가 전혀 생각 없이 지내며 늘 일어나는 일 가운데 하나쯤으로 여긴다는 말입니다. 그것을 무게 있고 신중하게 생각하여 마땅히 할일을 하는 대신에 우리가 최선을 다해 떨쳐 버리고 없애 버릴 뿐만 아니라 또한 웃음으로 대치해 버리고 맙니다. 그것은 현대에 있어서 시련과 환난에 대한 어쩌면 가장 평범한 반응일 것이기 때문에 전혀 강조할 필요가 없는 그 무엇입니다. 우리는 사람들이 참된 감정을 두려워하는 시대에 살고 있습니다. 현대는 매우 감상적인 시대입니다. 하지만 감상과 정서 사이에는 치명적인 차이점이 있습니다. 생활 속에 힘든 것이 찾아왔습니다. 우리는 언제나 신경과 감정을 둔화시키려고 애쓰고 있습니다. 그리고 우리는 무엇을 느끼려고 하는 것 자체를 구식이라고 매도해 버립니다. 세상은 굳어져 버렸습니다. 오늘날 인생의 모든 과정이 이것을 매우 분명하게 보여 줍니다. 오늘날 삶을 덕스럽지 못하게 하는 많은 일들이 사람들이 민감하기만 하다면, 아니 약간만이라도 감정이 민감하기만 하다면 일어날 수 없을 것입니다. 하지만 우리는 무감각해지고 또 당돌해졌습니다. 그 결과는 우리가 어떤 일을 잘못하고 하나님께서 징계하셔도 우리가 거기에 관심을 두지 않는다는 사실입니다. 우리는 그것을 가볍게 여기고 오히려 주의를 기울이지 아니합니다. 차라리 그것을 의도적으로 무시하고 맙니다. 그것 때문에 우리의 마음을 산란하게 하지 않겠다는 것입니다.

이에 대해서 성경은 우리에게 분명하고도 매우 엄하게 경고하고 있습니다. 오늘날 그것이 매우 평범한 일이 되어 버렸지만 인생에 대해서 비인격적인 태도를 개발하는 것보다 더 영혼에게 위험한 것은 없습니다. 이렇게 된 이유는 사람들이 남편이나 아내에게 결속되지 못하고 또 가족에게 매여 있는 결속력이 풀어졌기 때문입니다. 사람들이 책임을 수행한다는 미명하에 순결성을 짓밟아 버리는 것도 바로 이 같은 이유 때문입니다. 생에 대한 이 같은 비인격적인 태도는 의도적으로 교육되고 격려를 받았다고 봅니다. 그것은 진짜 신사 숙녀라는 증표로서 어떤 경우라도 자제력이 발동되는 사람, 곧 감정을 절대 드러내지 않고 또 어떤 진실한 감정도 표현하지 않을 것 같은 사람의 표시로 생각되고 있습니다. 이제 그런 태도가 그리스도인의 생활 속으로 침투해 들어왔으며 그 결과 사람들로 하여금 주님의 징계마저도 경시하도록 유도하고 있습니다. 저들은 주님의 징계를 집어던지고 물리쳐 버리며 주목하기를 거절하고 맙니다.

징계에 대한 두 번째 잘못된 태도는 이것으로, "그에게 꾸지람을 들을 때에 낙심하지 말라"고 같은 5절에서 지적하고 있습니다. 물론 이것은 구약성경 잠언서로부터 인용된 말씀입니다. 그것은 징계를 받고 낙심하는 위험을 뜻합니다. 징계 때문에 약해지고 징계 때문에 포기하는 위험, 곧 징계 때문에 절망을 느끼는 위험입니다. 우리 모두는 이것에 익숙합니다. 우리에게 어떤 일이 일어나면 우리는 "난 정말 참을 수 없어"라고 말합니다. 마음은 포기하고 그 일은 우리를 머리 꼭대기에서부터 짓누릅니다. 우리는 그 밑에서 힘이 빠지고 포기 상태에 들어가 철저하게 용기를 상실하게 됩니다. 그 상태는 결국 이 일이 왜 일어나게 되었으며 또 하나님께서 과연 정당하신가라는 의구심으로 나갑니다. 우리는 불평과 불만을 털어놓고 원망하는 마음을 품습니다. 이것이 바로 히브리서에 나오는 성도들의 상태였습니다. 그들은 이렇게 말합니다. "우리가 그리스도인이 되기만 하면, 우리는 참으로 놀라운 생활을 하게 될 것으로 생각했습니다. 하지만 우리에게 어떤 일들이 일어나고 있는지 한 번 보십시오.

왜 이런 일들이 우리에게 일어나야 하지요? 과연 옳은 상태인가요? 이 같은 신앙생활이 참된 것입니까?" 그래서 저들이 옛날 자신들의 신앙으로 돌아가기 시작한 것입니다. 바로 그 같은 이유 때문에 본서 저자가 히브리서를 기록한 것입니다. 저들이 시련 때문에 낙심하게 된 것이 그의 저작 동기입니다. 주께서 시험했기 때문에 저들이 약해졌습니다. "낙심하지 말라." "그에게 꾸지람을 받을 때에도 낙심하지 말라." 이런 절망감이 들어오려고 할 때 우리는 이렇게 말합니다. '정말로 상황이 너무 심하다. 더 이상 버틸 수 없어. 아, 내게 비둘기처럼 날개가 있다면, 내가 멀리 날아가서 쉴 수 있을 텐데!' 우리 모두는 그런 상황을 알 수 있습니다. 우리는 주께서 징계하실 때 히브리서 기자가 가르쳐 주고 있는 대로 그 징계를 직면하는 대신에 주님의 징계가 너무 빈번해서 감당할 수 없는 것처럼 반응을 보입니다. 우리는 자신의 손을 번쩍 들고 '아냐, 나는 할 수 없어. 이것은 너무 벅차. 내가 왜 이런 대우를 받아야 하지?'라고 쉽게 말해 버립니다. 우리가 그렇게 느끼는 처음 사람은 아닙니다. 시편을 읽어보십시오. 그리하면 당신은 시편 기자가 그런 상황을 자주 통과하고 있음을 발견하게 될 것입니다. 하지만 그것은 하나님의 책망과 징계에 대하여 그리고 하나님 아버지께서 우리를 대우하시는 사실에 대하여 완전히 잘못되고 거짓된 반응을 보이는 것입니다.

징계에 대한 세 번째 잘못된 반응은 15절에 말씀하고 있는 바로 그것입니다. "쓴 뿌리가 나서 너희를 괴롭게 하고 많은 사람이 이로 말미암아 더러움을 입을까 두려워하라." 또다시 우리는 그것이 무엇을 뜻하는지 알고 있습니다. 어떤 사람들은 시련과 고난과 징계를 쓰라린 태도로 생활 속에서 반응합니다. 저는 하나님의 사역자로서 어떤 사람들의 삶 속에 나타난 시련과 고난의 효과를 지켜보는 것보다 저의 삶을 더 슬프게 만드는 것은 없다고 봅니다. 저는 불행이 저들을 감싸기 전에는 그렇게 멋지고 친절했던 사람들이 저들에게 이런 시련이 찾아올 때 본즉 너무 쓴 뿌리 같고 자기 중심적이며 심지어 자기를 도와 주려는 사람들에게 고통을 주고 괴로움을 주는 사람으로 바꾸어졌던 사람들을 알고 있습니다. 저들은 완전히 딴사람이 되어 버렸고 또 온 세상이 저들을 싫어한다고 생각하고 있었습니다. 당신은 저들을 도울 수 없습니다. 저들의 영혼에 쓴 뿌리가 나서 얼굴과 모든 표정에 그것이 드러나 보일 정도입니다. 완전한 변화가 일어난 것처럼 보입니다. 우리는 흔히 무의식적으로 우리에게 일어나는 일들에 반응을 보일 때 우리가 바로 그런 상태에 있다고 선언합니다. 우리의 생활 속에서 일어나는 일들이 우리를 시험합니다. 그것들이 우리를 심층적으로 시험해서 우리가 과연 하나님의 참된 자녀인지 아닌지를 보여 줍니다. 하나님의 자녀가 아닌 자들을 일반적으로 불행이 올 때 쓴 뿌리가 됩니다. 때로는 일시적일지라도 심지어 하나님의 자녀들까지 징계나 고난에 대한 특별한 반응을 통해서 경고받을 필요가 있습니다. 쓴 뿌리가 나는 데 대한 경고를 받아야 한다는 말입니다.

만일에 우리가 이 세 가지 반응 가운데 하나에 걸리는 죄인이라면, 우리에게 일어나는 일들이 전혀 도움이 되지 못할 것입니다. 혹시 우리가 그런 식으로 반응한다면 하나님의 징계라도 우리에게 유익을 주지 못할 것입니다. 만일에 우리가 그것을 가볍게 떨쳐 버리거나 낙심하든지 혹시 그것으로 인하여 쓴 뿌리가 난다면 그것으로 인하여 아무런 유익도 얻지 못합니다. 심지어 하나님 자신이 계산하여 보내신 징계마저도 우리에게 전혀 유익이 되지 못할 것입니다.

이 같은 이유 때문에 본서의 저자는 편지의 대상인 성도들에게 올바른 태도로 징계를 맞이하라고 권고하고 있는 것입니다. 올바른 태도란 무엇입니까? 그것을 구체적으로 생각해 봅시다. 그가 우리에게 말하고 있는 첫 번째 사실은 우리가 유아가 아닌 성장한 아들로서 행동하기를 배워야 한다는 것입니다. 바로 여기에서 이것이 중요한 요점입니다. 그런데 흠정역은 불행하게도 여기에서 잘못된 단어를 사용했습니다. "아들에게 권하는 것같이 너희에게 권면하신 말씀을 잊었도다." 당신은 아들이 자녀이기 때문에 '자녀들'이라고 해도 맞다고 하실 지 모르겠습니다. 하지만 본서의 저자는 실제적으로 사용했습니다. 그가 실제적으로 뜻하고자 했던 바가 바로 그것입니다. "너희는 아들로서 장성한 사람이 된 너희에게 준 권면의 말씀을 잊었도다. 너희는 더 이상 어린 자녀들이 아니다. 너희는 더 이상 어린애들이 아니다. 너희는 이제 젖 먹는 유아들이 아니다." 징계를 오해하지 않았던 어린아이들이나 유아들이 결코 있지 않았습니다.

우리가 어린아이일 때에는 항상 자신이 엄하게 취급받고 있으며 부모가 정당하지 못하고 또 자신들이 합당하지 못한 대우를 받고 있다는 생각을 합니다. 그것이 바로 어린아이들의 반응입니다. 영적으로도 어떤 사람들은 어린아이로 남아 있습니다. 하지만 저자는 이렇게 말합니다. "자, 너희가 어린아이가 아님을 기억하라. 너희는 사내들이다. 너희는 아들들이다. 너희는 어른들이다." 그의 권면은 다음과 같은 뜻일 것입니다. "힘내라. 그리고 어린아이들처럼 굴지 말라." 당신이 성경에서 큰 지혜를 배우고 그 접근 방법을 터득하시기 바랍니다. 당신은 성년입니다. 그래서 낙심하지 말라고 제안합니다. 울고불고하는 어린아이의 행동을 중단하라는 것입니다. 젖먹이가 되지 말라는 뜻입니다. 당신 자신이 스스로 어른이라고 말해 보십시오. 그런 자세로 행동하면 당신은 여전히 어린아이처럼 보일 뿐이라는 것입니다.

우리가 어른이라면 어떤 일을 해야만 할까요? 우리에게 주시는 몇 개의 권고의 말씀이 5절에 나옵니다. 그는 책망의 어조로 먼저 소극적인 시작을 하고 있습니다. 그는 "너희가 권고의 말씀을 잊었도다"라고 말합니다. 그러므로 우리가 분명히 해야만 될 바른 일은 그 권고의 말씀을 기억하는 것입니다. 그 저자가 결국 말하고자 하는 바는 이렇습니다. "너희는 히브리인 그리스도인들이다. 그런데 다른 사람들처럼 너희도 함정에 빠져가고 있구나. 하지만 너희는 변명의 여지가 없을 것이다. 만일에 이방인 그리스도인들이 그랬더라면 변명할 수 있을 것이다. 하지만 너희에게는 변명의 여지가 없다. 너희에게는 구약이 있다. 너희가 만일에 잠언 서만 읽고 그것을 참된 마음으로 묵상하고 적용했더라면, 너희가 그런 식으로 반응하지는 않았을 것이다. 권고의 말씀을 기억하기 바란다." 그 것을 우리 자신들에게 적용시킨다면, 이 세상을 살아가는 동안 우리에게 어떤 일이 어느 때에 일어난다 해도 그 일 자체만을 보는 일은 결코 없을 것입니다. 그리스도인으로서 우리는 모든 것을 즉시 성경적인 문맥에서 이해해야만 합니다. "권고의 말씀을 기억하라." 어떤 면에서 그것은 신자 와 비신자 사이를 구별하는 하나의 큰 차이점입니다. 비신자의 삶 속에 서 어떤 것이 잘못되어 갈 때 그는 무엇을 의지합니까? 그가 의지할 것은 세상 지혜밖에 없습니다. 또 세상이 반응하는 그 방법밖에 없지만 그것 은 전혀 도움이 되지 않습니다. 하지만 그리스도인들은 입장이 전적으로 다릅니다. 그에게는 성경이 있습니다. 그는 즉시 어떤 상황이든지 이런 문맥 속에서 조정해 나갑니다. 그리스도인은 세상이 하는 것처럼 매사에 반응하지 않습니다.

그는 이렇게 말합니다. "이에 대해서 성경이 무엇이라고 말씀하는 가?" 권고의 말씀을 찾는다는 말입니다. 그리스도인은 권고의 말씀 속으 로 가져다가 대입해 보는 것입니다. 그는 모든 것을 그 같은 문맥 속에서 생각해 봅니다. 우리가 얼마나 어리석은 피조물들인지 모릅니다. 우리가 얼마나 종종 세상이 하는 것처럼 반응하는 죄를 범하고 그리스도인이 전 혀 아닌 것처럼 처신하는지 모릅니다. 우리가 어른이고 또 하나님의 아 들들이며 하나님의 말씀을 가지고 사는 사람들임을 명심하시기 바랍니 다. 무슨 일이든지 간에 그것을 하나님의 말씀이라는 문맥 속에 대입시 킬 수 있어야 하겠습니다.

그 다음은 무엇입니까? 그의 다음 논증 역시 5절에 들어 있는데 우리 가 하나님의 말씀의 교훈을 듣고 따라야 한다는 것입니다. "아들들에게 권하는 것같이 너희에게 하신 권면을 잊었도다." 여기에서 '말씀'이란 단어가 틀린 것은 아니지만 아주 충분히 강조한 표현은 못됩니다. 더 좋 은 번역은 다음과 같습니다. "너희를 논리적으로 설복시킨 그 권고를 너 희가 잊었도다." 아들에게 하듯이 논리적으로 설득했다는 것입니다. 그것은 또다시 저를 매혹시키고 감동케 합니다. 당신도 아시겠지만, 하나님의 말씀이 우리에게 일반적인 위로만 주는 것은 하나의 논증입니다. 감상적인 방법으로 성경을 읽는 것만큼 제가 싫어하고 역겨움게 생각하는 것은 아무것도 없습니다. 순전히 감상적인 태도로 성경을 읽는 사람들이 많습니다. 저들이 어려움을 만날 때 그들은 어떻게 대처할 줄을 모릅니다. 그들은 "제가 시편을 읽겠습니다. 그것은 위로가 됩니다"라고 말합니다. "여호와는 나의 목자시니 내가 부족함이 없으리로다." 저들은 주문을 외우듯이 읽습니다. 또 저들은 다른 사람이 약을 먹듯이 시편을 읽습니다. 그것은 성경을 읽는 바른 태도가 아닙니다. "권고의 말씀이 너희를 설복하신다"는 것이 당신을 향한 의미입니다. 그러므로 우리는 그 논리를 따라야 하며 이성으로 성경을 대해야 합니다. 성경을 읽을 때에 너무 이성적인 태도로 대해도 바람직하지 못합니다. 성경은 단순히 일반적인 위로를 주고 또 우리의 마음을 달래주는 책만은 아닙니다. 거기에 나오는 논증을 따라야 합니다. 성경으로 하여금 당신을 설복하도록 하십시오.

다음 단계는 분명합니다. 논증이란 무엇인가 하는 것입니다. 좋습니다. 저는 이 문제로 시간을 길게 끌 필요가 없다고 봅니다. 왜냐하면 어떤 면에서 제가 그것을 취급했기 때문입니다. 간단히 요약하도록 하겠습니다. 이 논증의 큰 주제는 징계를 하시는 분은 하나님이시요 또 하나님은 당신이 그의 자녀이기 때문에 그 일을 하신다는 것입니다. 이 사실이 본문에서 여러 가지 방법으로 나타나고 있습니다만 9절과 10절에서처럼 그렇게 분명하게 설명된 곳은 없습니다. "또 우리 육체의 아버지가 우리를 징계하여도 공경하였거든 하물며 모든 영의 아버지께 더욱 복종하여 살려 하지 않겠느냐?" 하나님은 우리의 영적 아버지이십니다. 우리 안에 있는 생명의 아버지이시지 그분이 지상의 아버지 곧 육체적인 생명의 아버지는 아니십니다. 그리고 당신이 그의 자녀이기 때문에 하나님이 당신에게 이런 일을 행하십니다. 당신이 그의 자녀이기 때문에 당신의 유익을 위하여 하나님께서 그렇게 행하시는 것입니다. 그것이 바로 논증입니다. 그리고 우리가 붙잡아야만 될 진리입니다. 그러므로 우리는 단순하게 일반적인 반응을 하지 않습니다. 낙심하지도 않습니다. 그것을 즉시 떨쳐 버리려고 하지도 않습니다. 우리의 태도는 전적으로 달라졌습니다. 우리는 말합니다. "하나님은 우리를 징계하는 그 가운데 계십니다. 그리고 하나님은 제가 당신의 자녀이기 때문에 그리고 제가 세상에 속하지도 않을뿐더러 그의 독생자께서 나를 위하여 죽으사 천국으로 가도록 내 운명을 바꿔 놓으셨기에 저에게 이런 일을 하십니다. 하나님은 징계하시는 가운데 계십니다. 그리고 그는 이 모든 것을 저의 유익을 위하여 행하십니다."

하지만 우리가 그 논증을 따르고 또 하나님이 우리를 대우하시는 방법에 대해서 추론하는 것은 불가피한 일입니다. 그것이 모두 여기 11절에 들어 있습니다. "무릇 징계가 당시에는 즐거워 보이지 않고 슬퍼 보이나 후에 연달한 자에게는 의의 평강한 열매를 맺느니라." 하지만 그는 여기에서 끝내지 아니하고 다음과 같이 덧붙입니다. '그로 말미암아 연달한 자에게는'이라고 했습니다. 모든 비밀이 '그로 말미암아 연달한'이라는 표현 속에 들어 있습니다. 저자는 말하기를, 징계로부터 유익을 얻어낼 유일한 사람들은 연단을 받은 사람들, 곧 연달한 사람들 혹은 하나님의 징계에 순복하는 사람들입니다. 만일에 당신이 징계를 떨쳐 버린다면 그것이 아무 유익도 주지 못할 것입니다. 만일에 당신이 그 아래에서 낙심하게 되어도 그 징계는 당신에게 유익되지 않습니다. 쓴 뿌리가 난다면 당신에게 이롭지 못할 것입니다. 그 과정에 복종할 때에만 그것이 당신에게 유익을 주리라고 봅니다.

그러면 과정이 무엇입니까? 그 저자의 실제적 의미는 이렇습니다. 그는 우리에게 하나님께서 우리를 훈련장에 보내심으로 이런 일을 하려 하신다고 말합니다. 바로 이것이 '연달한'이라고 번역한 단어의 원래 의미입니다. 이것은 매우 멋있는 모습입니다. 훈련소라는 원래 단어의 뜻은 '벌거벗겨진'이란 뜻을 가집니다. 그러므로 우리가 여기에서 상상할 수 있는 모습은 훈련장에 데리고 들어가서 벌거벗으라고 명령을 받은 우리의 모습입니다.

왜 우리는 벌거벗으라는 명령을 들어야 합니까? 여기에는 두 가지의 중요한 이유가 있습니다. 첫째 이유는 우리가 옷 때문에 연습에 방해받지 않도록 하기 위함입니다. "모든 무거운 것과 얽매이기 쉬운 죄를 벗어 버리라." 우리가 옷을 벗어야 할 두 번째 이유가 있습니다. 우리가 훈련장에 들어가서 우리 마음대로 연습하지 않으려 함입니다. 감독관이 우리를 데리고 들어가서 여기 저기 살펴보고 먼저 검사해 보아야 합니다. 먼저 그는 우리가 신체적으로 균형 잡힌 이 같은 일에 매우 관심이 많았습니다. 그들은 신체의 발육과 균형 잡힌 몸매를 위하여 훈련장에 들어갔습니다. 이처럼 감독관이 살펴보고 어떤 특별한 부분의 근육을 발달시키거나 아니면 잘못된 자세나 태도를 고쳐야 하는지 알아보려고 옷을 벗기는 것입니다. 바로 이것이 본문에 제시되고 있는 그림입니다. 우리가 교관과 함께 훈련장에 온 것은 우리가 무엇을 해야 할지 혹은 어떤 종류의 훈련을 해야 할지 조언을 받기 위한 것입니다.

저는 여기에 두 종류의 그림이 있다고 생각합니다. 적어도 한 가지 그림을 우리가 두 가지 방법으로 활용할 수 있다고 봅니다. 우리는 단순히 그것을 운동이 필요한 어떤 사람의 입장에서 생각할 수 있습니다. 그는 자기 몸을 상당히 게으르게 관리해 왔습니다. 그는 게을렀고 또 육체적으로는 해이한 생각을 가지고 살았습니다. 그래서 훈련관이 그를 데려다가 매우 멋있고 남자다운 체격의 소유자로 만들어 주기 위하여 훈련을 시키는 것입니다. 하지만 저는 문맥을 살펴볼 때 또 다른 암시가 있다는 생각을 가지지 않을 수가 없습니다. 12절과 13절에 귀를 기울여 보십시오. "그러므로 피곤한 손과 연약한 무릎을 일으켜 세우고 너희 발을 위하여 곧은길을 만들어 저는 다리로 하여금 어그러지지 않고 고침을 받게 하라." 저는 여기에서 약간의 관절염 때문에 고통을 받고 있는 한 사람의 모습을 그려 보는 결론에 이르지 않을 수 없습니다. 당신은 그가 무릎이 약해서 절고 있음을 깨닫게 될 것입니다. 그는 관절에 무슨 문제가 있어서 병자가 된 것입니다. 그 경우에 무릎 자체에만 연약함이 온 것이 아니라 그 주변에 있는 근육도 쇠약해지는 것이 일반적임을 당신이 발견하게 될 것입니다. 그러므로 저는 여기에서 우리가 소위 물리 치료라고 부르는 멋있는 그림을 봅니다. 당신이 관절에 대한 치료를 받을 필요가 있을 뿐만 아니라 또한 환자로 하여금 여러 가지 훈련과 운동을 하도록 해야 할 필요가 있습니다. 마사지만으로는 충분하지 않습니다. 환자로 하여금 적극적으로 활동하는 데 동참하도록 하지 않으면 안 됩니다.

우리가 본문의 교훈을 자세히 연구하면서 우리의 마음속에 두 가지의 생각을 붙들지 않으면 안 되겠습니다. 저자는 하나님께서 이런 일을 당신에게 행하심으로 당신을 영적 훈련장에 보내신다고 말하고 있습니다. 그는 당신의 옷을 벗기십니다. 그리고 당신을 점검하십니다. 그래서 당신의 필요를 정확하게 아십니다. 이제 당신이 해야 할 일은 그에게 완전히 복종하고 그분이 당신에게 말씀하시는 바에 정확하게 순종하면 됩니다. 교관의 말에 귀를 기울이십시오. 훈련을 끝까지 잘 받으십시오. 당신이 그렇게 할 때에 의의 평강한 열매를 맺게 될 것입니다. 이 모든 것이 무엇을 의미합니까? 그것을 해석하자면 이런 뜻입니다. 우리가 해야 할 첫 번째 일은 우리 자신을 살펴보거나 혹은 우리 자신을 하나님의 말씀에 검증 받도록 의탁하는 것입니다. 어떤 예기치 못한 사건이 발생할 때에 우리는 다음과 같이 말해야 합니다. '나는 훈련 중에 있다. 무엇인가 문제가 있음에 틀림없다. 무엇이 잘못되고 있는가? 문제점이 어디에 있는가?' 그것이 바로 이런 일들 중에 어느 것이 발생했을 때에 그리스도인이 취해야만 할 태도입니다. 그것이 질병입니까? 사고입니까? 아니면 실패입니까? 낙심입니까? 아니면 누구의 죽음입니까? 그것이 무엇이든지 저는 상관없습니다. 본 교훈의 기초 위에서 제가 제 자신에게 말해야만 될 첫 번째 말은 '왜 이 일이 내게 생겼을까? 어디에서 내가 잘못되었을까?' 라는 것입니다.

시편 119편을 읽어 보십시오. 그리하면 당신은 시편 기자가 다음과 같이 말하고 있음을 발견하게 될 것입니다. "고난 당하기 전에는 내가 그릇 행하였나니 이제는 내가 주의 말씀을 지키나이다." 그는 자신이 곁길로 빗나가고 있음을 깨닫지 못했습니다. 하지만 고난이 그로 하여금 생각하게끔 만들었다는 말입니다. 그래서 시편 기자는 이렇게 말합니다. "저는 이 일을 인하여 하나님께 감사드립니다. 그것은 저에게 유익한 것입니다. 그 일 때문에 저는 더 나은 사람이 되었습니다. 전에는 곁길로 나갔었는데 지금은 더 좋아졌습니다." 그러므로 당신과 저는 언제나 자신을 먼저 점검하고 다음과 같이 고백하지 않으면 안 됩니다. '내가 영적인 생활에 게으르지는 않았는가? 하나님을 잊고 살지는 않았는가? 나는 교만하고 자존심을 내세우지는 않았는가? 내가 잘못 혹은 범죄는 저지르지 않았는가?' 우리는 이렇게 자신을 점검해야 합니다. 그리고 원인이 무엇인가 찾아보아야 합니다. 우리가 그런 일에 철저하지 않으면 안 됩니다. 본서의 저자는, 이 가운데 그 무엇도 즐겁지 않다고 말합니다. 하지만 우리는 자신을 추구하고 또 자신을 깊이 살펴보지 않으면 안 됩니다. 그것이 아무리 고통스러운 일이라 할지라도, 우리가 혹시 어떤 측면에서 그것을 알지 못한 채 곁길로 방황하고 다녔는지를 살피기 위해서라도 그 같은 자기 점검이 필요합니다. 우리는 정직하게 그것을 직면하지 않으면 안 됩니다.

둘째로 우리는 그것을 인정하고 하나님께 고백해야 합니다. 만일에 우리가 잘못을 발견하거나 혹은 나태함과 무가치한 행위를 발견한다면 우리는 하나님께 즉시 나아가 정직하게 그리고 철저하게 고백해야만 합니다. 그것이 바로 훈련의 본질적인 부분입니다. 그것을 수행할 때까지는 우리가 결코 잘될 수가 없습니다. 그러므로 하나님께서 이것을 명하시고 또 우리는 그것을 순종해야 합니다. 그에게 곧장 나아갑시다. 그것은 우리가 다른 어떤 사람에게 갈 수도 있고 또 사과할 수도 있으며 어떤 것을 고백할 수 있음을 함축합니다. 그것이 언제나 이런 것을 의미하지는 않습니다만 하나님께서 그렇게 하라고 하면, 우리는 반드시 그렇게 해야 합니다. 우리 안에서 말씀하시는 하나님의 음성(훈련장에서 교관의 음성)에 귀를 기울이십시오. 우리가 자신들을 점검할 때 우리는 거기에 귀를 기울이면서 "제가 그것을 하겠습니다. 어떤 대가를 치르고서라도 그것을 하겠습니다"라고 말해야 합니다. 우리는 구체적으로 이런 훈련을 감당해야 합니다. 그리고 우리는 자신의 실수를 고백하고 또 자신의 실수와 죄를 하나님께 인정해야 합니다.

다음은 무엇입니까? 당신이 그것을 좋아하신다면 일종의 두루뭉실한 과정을 다 밟은 후에, 이제 우리는 적극적인 훈련에 돌입하지 않으면 안 됩니다. 우리가 12절에 이르게 되었습니다. "그러므로." 당신은 그 논증의 흐름을 아실 것입니다. "피곤한 손과 연약한 무릎을 일으켜 세우라." 이것이 바로 하나님께서 우리를 함께 일으켜 세우시며 용기를 주시고 직립해서 큰소리치도록 하시는 방법입니다. 제가 든 관절염에 대한 비유가 이 점에 있어서 가장 유익한 방법이라고 봅니다. 어떤 모양이나 형태로든지 관절염을 앓아 본 사람이라면 본능적으로 그 고통스러운 부분을 감싸 주고 보호해 주려는 경향이 있습니다. 내가 만일에 무릎에 통증이 있다면 무릎을 구부리려 하지 않습니다. 우리는 통증이 있는 부분을 지켜 주고 방어해 줍니다. 영적으로도 우리는 똑같은 일을 합니다. 그러므로 본서의 저자가 우리에게 하라고 권고하는 바는 12절에 말씀하고 있는 대로 고통스런 부분을 돌보기를 그만두라는 것입니다. 어느 단계에 가서는 운동이 가장 좋다는 것입니다 "그러므로 피곤한 손과 연약한 무릎을 일으켜 세우라." 하지만 당신은 그렇게 할 힘이나 기운이 없다고 말할지 모릅니다. 교관이 말합니다. "손을 높이 들어라. 그리고 똑바로 서서 운동할 준비를 하라. 많이 움직이면 움직일수록 건강이 좋아질 것이다."

이것은 신체적인 면에서 문자 그대로 사실입니다. 업무에 능통한 사람이라면 언제나 그런 지시를 내리게 된다는 사실을 당신이 발견하게 될 것입니다. 계속 움직이십시오. 굳어 버리지 않도록 하십시오. 관절을 계속 움직이십시오. 할 수 있는 대로 구부려 보십시오. 이것은 영적인 영역에서도 똑같이 사실입니다. 시련이 올 때에 일종의 저자세를 취하는 사람들을 보신 적이 있습니까? 저들은 자신에 대해서 매우 가련하게 생각하며 또 다른 사람들도 그렇게 생각해 주기를 바라고 있습니다. 기자는 이렇게 말합니다. "저자세를 취하지 마십시오. 그런 것은 떨쳐 버리십시오. 늘어진 손을 높이 올리십시오. 연약한 무릎을 쭉 펴십시오. 자신을 일으켜 세우십시오. 자신이 성인임을 깨달으십시오. 기운을 내십시오." 이런 것을 실천해야 할 때가 벌써 되었습니다. 지금은 초기 단계가 아닙니다. 우리는 지시를 받고 또 헐거운 과정을 다 통과한 후에 그렇게 합니다.

그 다음에는 무엇이 있을까요? 그 대답이 13절에 있습니다. "너희 발을 위하여 곧은 길을 만들어 저는 다리로 하여금 어그러지지 않고 고침을 받게 하라." '너희 발을 위하여 곧은 길을 만들라'고 한 이유는 무엇입니까? 이 논증은 매우 합리적입니다. 만일에 길이 평탄하지 못하다면 관절염에 걸린 사람은 걸어가기가 좋지 못할 것입니다. 하지만 절름발이라도 걸어가기에 좋도록 길을 평탄하게 고쳐 놓았다면 그가 고침 받는데 도움이 될 것입니다. 당신은 곧은 길의 중요성을 아실 것입니다. 그것이 영적으로 무엇을 뜻합니까? 그것은 우리가 지금까지 고찰한 것을 행한 후에 다음과 같이 말하라는 뜻입니다. '그래, 나는 곁길로 나갔었지. 나는 좁고 바른 길로 되돌아 가야 해.' 그래서 우리는 성결한 삶에 대한 지도를 그립니다. 또 우리는 하나님께 나아가는 대로로 찾아옵니다. 그리고 훈련의 필요를 깨닫습니다. 어떤 일들은 행하기를 중단하기로 결심합니다. 우리는 우리의 발을 위하여 길을 곧게 합니다. 그래서 우리가 거룩한 길을 따라 걸어갈 때에는 연약한 무릎이 힘을 얻고 모든 몸의 조직이 힘을 얻었음을 발견하게 됩니다.

   마지막 교훈이 14절에 있습니다. "모든 사람으로 더불어 화평과 거룩함을 좇으라 이것이 없이는 아무도 주를 보지 못하리라." '좇으라'는 말은 충분히 강한 표현이 못됩니다. 저자가 원래 의도한 바는 추구하라는 뜻입니다. 화평을 추구하라. 그리고 거룩함을 추구하라. 이것이 약간 강합니다. 평화를 사냥하라. 거룩을 사냥하라. 그것을 추구하라. 저는 성경을 읽는 사람들이 어떻게 성결의 도에 대한 피동성의 개념을 받아들이고 채택할 수 있는지 이해할 수도 없습니다. 우리가 그것을 얻을 때까지 힘을 다하여 성결을 열망하고 추구하며 또 화평함과 거룩함, 곧 다른 사람과 더불어 화평함을 따르라고 말하는 사람이 여기에 있습니다. 그렇습니다. 우리가 할 수 있는 모든 것은 거룩하게 되고 하나님처럼 되는 것입니다. 그것들은 하나님께서 훈련장에 들여보내 통과하도록 하신 훈련의 과정들입니다. 이것이 하나님께서 우리들을 참된 그의 자녀들로 삼으시려는 방법입니다.

   격려의 말씀으로 결론을 맺도록 하겠습니다. "무릇 징계가 당시에는 즐거워 보이지 않고 슬퍼 보이나 후에 그로 말미암아 연달한 자에게는 의의 평강한 열매를 맺느니라." 이 과정이 당시에는 매우 고통스럽습니다. 하지만 "후에 그로 말미암아 의의 평강한 열매를 맺느니라"는 약속의 말씀에 귀를 기울여 보십시오. 고통에 대해서 염려하지 마십시오. 그 굳어 있는 근육을 계속 움직여 보십시오. 그리하면 그 근육이 곧 부드러워짐을 발견하게 될 것입니다. 운동을 끝까지 계속할 것은 후에 그로 말미암아 의의 평강한 열매를 맺을 것이기 때문입니다. 우리가 훈련장에서 훈련을 받으면 받을수록 더 좋아질 것입니다. 왜냐하면 하나님께서 일시적으로가 아니라 영원을 위하여 준비하고 계시기 때문입니다. 육체적인 운동은 잠깐 동안만 유익이 있습니다. 또 땅에 계신 부모님은 우리가 땅에 있을 동안만 우리를 훈련시키십니다. 하지만 이 세상에서 사는 우리의 삶은 영원한 삶을 위한 준비에 불과합니다. 중요한 것은 이 세상이 아니라 그 다음입니다. 지금 여기가 중요한 것이 아닙니다. 영원이 중요합니다. 이 세상에서 하나님은 우리의 영원한 축복과 영광을 준비시키고 계십니다.

우리가 목표로 하고 나아가는 그분을 "거룩함이 없이는 주를 보지 못하리라"는 말씀과 관련해서 생각해 보십시오. 만일에 우리가 하나님 뵙기를 원한다면, 우리가 훈련장에서 철저하게 훈련을 받음이 좋을 것입니다. "거룩함이 없이는 누구든지 주를 보지 못하리라"(14절). 하나님께서 우리의 거룩을 위하여 철저하게 훈련을 시키십니다. 그러므로 당신과 제가 하나님께서 주시는 징계에 주의를 기울이지 않는다면, 그것은 우리 자신이 누구인지 깨닫지 못했다는 뜻이거나 아니면 우리가 하나님의 자녀가 전혀 아니라는 뜻입니다. 우리가 진정으로 하나님과 또 그분이 계시는 천국으로 가기를 원한다면, 우리가 하나님께서 말씀하시는 바를 순종하고 그대로 따르지 않으면 안 됩니다. 왜냐하면 하나님께서 우리의 성결을 촉진시키기 위해서 이런 과정을 밟게 하시기 때문입니다. 이것은 모두 우리의 유익을 위한 것이며 또 우리로 하여금 그의 거룩함을 공유하고 동참하는 사람이 되도록 하기 위함입니다.

마지막으로 그리고 우리 자신을 격려하기 위하여 그렇게 해야 될 필요가 없음에도 불구하고 자신을 철저하게 복종하셨던 그분을 바라다보십시오. "믿음의 주요 또 온전케 하시는 이인 예수를 바라보자 저는 그 앞에 있는 즐거움을 위하여 십자가를 참으사 부끄러움을 개의치 아니하시더니." 예수님은 그 의미를 알고 계셨습니다. 그래서 저는 "아버지여, 할 만하시거든 이 잔을 내게서 옮기시옵소서. 그러나 내 원대로 마옵시고 아버지의 원대로 하옵소서"라고 기도하셨습니다. 그는 당신의 구원과 저의 구원을 위하여 그리고 자신의 즐거움을 위하여 그 앞에 놓여 있는 모든 것을 참으셨습니다. 그러므로 당신이 받고 있는 훈련이 너무 힘들고 고통스럽다고 느끼실 때에는 제가 말씀드린 것 외에 주님을 바라다보십시오. 계속해서 그분을 바라다보고 또 따라가 보십시오. 우리가 확실하게 그렇게 하면서도 그 순간이 고통스럽고 슬퍼 보이는 경우가 있을 테지만 당신은 금생에서도 더욱 영광스럽게 되고 또 건강과 의와 평강의 풍성한 열매와 하나님을 즐거워하는 열매를 얻게 됨을 발견하실 것입니다. 저는 당신이 어떻게 느끼시는지 이해할 수 없습니다. 하지만 저는 지난 두 주간 동안 이 큰 문제를 고찰해 보았습니다.

이제 제가 정직하게 그리고 하나님 앞에서 자신이 하나님의 손안에 있고 또 그가 저를 매우 사랑하사 거룩하게 만들어 하늘나라에 데려가시려고 한다는 이 사실을 아는 것보다 더 큰 위로가 되고 위안이 되는 것은 아무것도 없음을 말씀드립니다. 만일에 제가 그분의 말씀을 듣지도 않고 따르지도 않는다면 그는 저를 다른 방법으로 다루실 것입니다. 그는 저를 그곳으로 데려가십니다. 그 사실이 나를 놀라게 만들고 또 영광스럽게 만듭니다. "아무것도 우리를 그리스도 예수 우리 주 안에 있는 하나님의 사랑에서 끊을 수 없으리라." 나의 친구여, 훈련을 잘 받으십시오. 서둘러서 훈련장으로 가십시오. 그리고 주님이 말씀하시는 대로 자신을 살펴보십시오. 그리고 어떤 대가와 고통이 뒤따르더라도 실천해 보십시오. 그리하면 주님의 즐거움에 들어가게 될 것입니다.

제 19 장

하나님의 평강

"아무것도 염려하지 말고 오직 모든 일에 기도와 간구로 너희 구할 것을 감사함으로 하나님께 아뢰라 그리하면 모든 지각에 뛰어난 하나님의 평강이 그리스도 예수 안에서 너희 마음과 생각을 지키시리라" (빌 4:6-7)

본문의 말씀은 현존하는 책 어느 곳에서 발견할 수 있는 내용 가운데 가장 고상하고 위대한 그리고 가장 위로가 될 만한 진술 중에 하나임에 의심의 여지가 없습니다. 성경 속에 많은 구절들이 있습니다만 이 세상에서 사는 개인적인 삶의 견지에서 그리고 실제적인 경험을 토대로 해서 볼 때 하나님의 백성으로서 이 두 절보다 더 큰 위로를 주는 말씀은 없다고 말하고 싶은 충동을 느낄 것 같습니다. 그 말씀 속에서 사도는 4장의 큰 주제일 뿐만 아니라 모든 서신의 대주제를 계속해서 고찰하고 있는 것입니다. 그는 빌립보교회 성도들의 행복과 기쁨에 깊은 관심을 가지고 있습니다. 그래서 저가 "주 안에서 항상 기뻐하라 다시 말하노니 기뻐하라"고 특별한 권면의 글을 쓰고 있는 것입니다. 저들이 주 안에서 끊임없이 기뻐하는 삶을 유지하기 바라는 그의 간절한 소원 때문에. 그 사도는 종종 그리스도인에게서 기쁨을 빼앗아 가며 그리스도인의 삶을 저급한 수준으로 떨어지도록 만드는 여러 가지 세력들과 요인들을 고찰하고 있는 것입니다. 그는 말합니다. "너희 관용과 너희 인내를 모든 사람에게 알게 하라 주께서 가까우시니라." 그는 불안한 심령과 사로잡는 욕망이 어떻게 우리에게서 기쁨을 자주 빼앗아 가는지를 보여 주었습니다.

여기 본문에서 그는 아마도 우리에게서 주님의 기쁨을 빼앗아 가기 쉬운 다른 어떤 것보다 문제성이 많고 우리가 환경의 폭군이라고 묘사할 만한 어떤 요인을 생각하고 있습니다. 그런 일들이 우리에게 많이 일어나고 있으며 또 자주 발생하고 있습니다. 여기에서 그 사도가 이 문제를 최종적인 방법으로 취급하고 있습니다. 당신이 성경을 읽으면서 그렇게 특별한 주제가 자주 다루어지고 있다는 사실을 발견하면 놀라실 것입니다. 모든 신약성경의 서신들이 이 특별한 문제를 직면하여 초대교회 성도들로 하여금 그 환경의 폭군을 극복하도록 돕기 위해서 계획되었다고 말할 매우 좋은 사례를 제시할 수 있습니다. 그들은 매우 힘든 세상에서 살았으며 또 많은 고난을 참고 인내해야만 했습니다. 하나님께 부름 받은 이 사람들은 어떻게 이런 일들을 극복할 수 있는지를 보여 주기 위해서 저들에게 편지를 썼습니다. 그것이 신약성경의 대주제이기도 합니다.

하지만 당신은 구약성경에서도 그것을 발견하게 될 것입니다. 예를 들어 시편 3편과 4편을 보시기를 바랍니다. 얼마나 완벽하게 그것을 설명하고 있는지 모르겠습니다. 한편 생의 가장 큰 문제는 어떻게 누워 쉬며 잘 수 있는가 하는 것입니다. 시편 기자는 "내가 평안히 눕고 잤다"고 말했습니다. 누구나 누워 잘 수는 있습니다. 하지만 평안히 잘 수 있느냐가 문제입니다. 시편 기자는 자신의 주변에 원수들과 어려운 문제들, 그리고 시편들로 가득 차 있다고 묘사하고 있습니다. 그럼에도 불구하고 주님을 신뢰하고 있기 때문에 자신이 누워서 깊은 수면을 취하고 아침에는 안전하고 건강한 모습으로 잠을 깼다고 힘있게 간증하고 있습니다. 왜 그럴 수 있습니까? 주께서 자신과 함께 해 주시고 또 자기를 돌보아 주시기 때문입니다.

그것이 신약과 구약의 중심 주제이며 또 가장 중요한 문제인 것이 분명합니다. 저는 때때로 이 문제만큼 그렇게 철저하게 우리의 믿음과 우리의 모든 신앙적 위치를 시험하는 것은 없을 것이라고 생각합니다. 당신이 그리스도인의 신앙을 묘사하는 것과 또 성경을 읽고서 성경의 교리를 요약하여 말하기를 '그래, 나는 그 모든 것을 다 믿지. 나는 믿음으로 살고 있어' 라는 것은 다 같은 것입니다. 하지만 모든 것이 자신에게 불리하게 돌아가고 또 자신이 거의 절망에 빠진 듯이 보일 때에도 당신을 기쁨의 상태에 머물게 하는 승리적인 믿음이 발견된다면 그것이 언제나 똑같은 믿음이라고 할 수 없습니다. 그것은 우리의 신앙의 위치를 시험하는 미묘하고 섬세한 시금석입니다. 왜냐하면 그것이 실제적이고 본질적인 시험이기 때문입니다. 그것이 단순한 이론의 영역과는 거리가 멀다고 봅니다. 당신은 시험을 받는 상황하에 있습니다. 그런 환경하에 있다는 말입니다. 많은 어려움이 있고 문제가 있습니다. 그런 점에서 당신의 믿음은 어떤 가치가 있습니까? 믿음이 없는 사람과 당신을 무엇이 구별해 줍니까? 그것은 분명히 우리의 평화와 위로라는 측면에 뿐만 아니라 또한 우리가 그리스도인이라는 증거라는 관점에서 특별히 매우 큰 의미가 있음이 확실합니다.

 현대인들은 말하기를 자신들이 현실주의자이고 또 실제적인 사람이라고 합니다. 그들은 교리나 우리가 말하는 것에는 관심이 없고, 다만 자신들의 삶에 승리하도록 도와 줄 수 있는 그 무엇을 가지고 있는 듯한 사람을 보면 당장에 관심을 가진다고 말합니다. 이것은 저들이 행복하지 못하기 때문입니다. 그것은 저들이 좌절감에 빠져 있고 불확실하고 두려워하고 있다는 증거입니다. 혹시 저들이 이런 상태에 처해 있을 때에는 저들이 평화롭고 침착하며 평온하게 보이는 사람을 만나 저들을 쉽게 바라다보고 또 그들의 말에 귀를 기울이게 됩니다. 그러므로 우리 자신의 개인적인 행복의 견지에서 그리고 주님의 기쁨을 계속 간직하고 또 이처럼 어려운 때에 증인 노릇을 잘하고 간증을 해야만 한다는 측면에서, 그 사도가 환경과 상황의 폭군을 잘 다스리는 방법에 대해서 말하는 것을 주의 깊게 살펴보는 것은 우리의 의무입니다.

 그 문제는 자체가 매우 쉽게 구분되어 있는 것처럼 보입니다. 무엇보다 먼저 그는 우리가 피해야 할 것이 있다고 말합니다. 우리가 마땅히 피해야 할 그 무엇이 있다는 것입니다. 아무것도 염려하지 말라는 것이 그 사도의 말입니다. 이것은 부정적인 금지 명령입니다. 곧 피해야 할 그 무엇입니다. 여기에서 '염려하다'에 해당하는 단어를 분명히 해야겠습니다. 흠정역에서는 '아무것도 염려하지 말라'고 되어 있습니다. 다른 역본에서는 '아무것도 근심하지 말라' 혹은 '아무것에 대해서도 근심하지 말라'는 더 좋은 번역을 발견하게 됩니다. '염려한다'는 말은 염려로 가득 차 있다는 뜻입니다. 그것은 불안, 초조한 염려, 신경 쓰이는 근심, 어떤 일에 대해서 안달하며 속을 썩이는 것을 뜻합니다. 그것은 당신이 기억하시는 대로 마태복음서 6장에 나오는 산상수훈에서 우리 주님이 "염려하지 말라"고 말씀하실 때 사용한 단어와 똑같습니다. 그것은 '너무 걱정하지 말라. 너무 골똘히 생각하지 말라. 지나치게 생각하지 말라. 그 일에 대해서 너무 지나치게 신경 쓰며 염려하지 말라'는 뜻입니다. 그것은 바로 이 단어의 뜻입니다.

    우리가 성경 어느 곳에도 생활을 위한 일상적인 준비도 하지 말고 또 상식을 활용하지 말라고 가르치고 있지 않다는 점을 이해하고 넘어가는 것이 중요합니다. 성경은 게으름을 장려하지 않습니다. 당신은 바울이 데살로니가 교회 성도들에게 "일하기 싫어하거든 먹지도 말게 하라"고 편지한 사실을 기억하실 것입니다. 그러므로 여기에서 '염려한다'는 말은 지혜롭게 미리 생각한다는 뜻이 아니며, 불안, 초조하고 지루함, 힘 빠지게 하는 걱정 등으로 해석함이 옳을 것입니다. 사도가 우리에게 무슨 대가를 치르고서라고 피해야 한다고 말씀하고 있는 것이 바로 이것입니다.

    하지만 당신도 살펴보듯이 그가 부정적인 금지 명령을 내리는 것으로 중단하고 있지 않습니다. 여기에 성경 심리학의 매우 깊은 측면이 있습니다. 그 사도는 신경질적이고 병적이며 또 근심케 하는 걱정의 상태에 우리가 얼마나 쉽게 빠질 수 있는가를 보여 줍니다. 그가 말하고 있는 이 모든 것이 마음과 생각의 활동에 기인된다는 사실을 당신이 알게 될 것입니다. "모든 지각에 뛰어난 하나님의 평강이 그리스도 예수 안에서 너희 마음과 생각을 지키시리라." 과연 문제는 마음과 생각 안에 있습니다. 불안의 상태, 그리고 병적인 염려와 근심을 만들어 내는 것은 바로 마음과 생각입니다.

이것이 바로 제가 말씀드리는 심리학의 심오한 측면입니다. 제가 그것을 강조하는 까닭은 후에 사도 바울의 치료법을 우리 자신에게 적용하는 것이 얼마나 귀한 것인가를 살펴보겠지만, 우리가 그 상태에 대한 바울의 심리학적 설명을 이해하고 붙들어야만 하기 때문입니다. 바울이 말하고 있는 바를 다시 설명하면, 우리가 자신의 생활 안과 밖에 있는 많은 일들은 관리할 수 있지만 우리가 마음과 생각은 다스릴 수 없다는 뜻입니다. 바울은 "이 불안의 상태가 어떤 면에서 너희의 통제력 밖에 있는 그 무엇이긴 하지만 그것이 너와는 상관없이 일어나며 또 너를 가리지 않고 일어난다"고 말합니다. 그것이 경험상으로 얼마나 타당한지 모릅니다. 당신이 이런 불안한 상태에 있었던 때를 생각해 보십시오. 또 그것이 얼마나 관리하기 힘들었던 것을 회상해 보십시오. 당신은 누워서 잠을 이루지 못하며, 만일 잠만 잘 수 있다면 세상을 다 줄 수 있다고 생각했습니다. 하지만 당신의 생각은 잠을 이루도록 내버려두지 않고 또 당신의 마음이 그것을 허용하지 않습니다. 마음과 생각이 통제 밖에 있습니다.

우리가 마음의 역사를 멈추고 생각의 활동과 회전이 계속되는 것을 제지하며 또 우리를 깨어 있도록 하는 것을 중지시키고 평안히 잠을 자도록 할 수만 있다면 세상이라도 줄 것입니다. 여기에 참으로 심오한 심리학이 있습니다. 그 사도는 그것을 사용하는 일을 주저하지 않습니다. 여기에서 우리는 다시 한 번 성경의 놀라운 사실주의와 철저한 정직성과 인간을 있는 그대로 인식하려는 모습을 대하게 됩니다. 그 사도는 이와 같이 마음과 생각 혹은 당신이 다르게 표현하기를 더 좋아한다면 존재의 심층 부분이 불안한 상태를 만들어내는 경향이 있다고 말합니다. 여기에서 '마음'은 정서의 좌소만을 의미하는 것이 아닙니다. 그것은 인격의 중심 부분을 뜻합니다. 생각은 당신이 좋아하신다면 '사고'라는 말로 번역할 수 있습니다. 우리가 이 같은 상태를 모두 경험했으며 또 바울이 말하는 바를 정확하게 이해하고 있습니다. 마음은 감정과 정서를 가지고 있습니다. 사랑하는 사람이 병에 걸렸을 때 마음이 얼마나 강하게 역사하는지 모릅니다. 그 사람에 대한 당신의 관심과 사랑이 걱정의 원인이 됩니다. 만일에 그 사람에 대해서 아무런 생각이 없다면, 당신은 근심하지 않을 것입니다. 당신은 마음과 애정이 어디로부터 들어오는지 깨닫게 될 것입니다. 그뿐만 아니라 상상력도 있습니다. 많은 걱정의 요인을 제공하는 것이 바로 상상력입니다. 당신이 어떤 상황에 접하게 될 때 만일에 그것이 전부라면 당신은 누워서 잠이 들 것입니다. 하지만 상상력이 들어오면 당신은 생각하기 시작할 것입니다. '이런 일 혹은 다른 일이 생기면 어떻게 하지?' 당신은 상상력 때문에 여러 시간을 잠 못 이루며 생각에 사로잡히게 될 것입니다. 당신의 마음이 당신을 잠 못 이루게 하는 것입니다.

그리고 상상의 영역에서보다 오히려 마음과 순수한 사고의 세계에서 당신 자신이 가능성을 더 많이 생각하며 또 입장을 정리하고 분석하여 처리하기 시작하는 경우가 있음을 발견하게 됩니다. 그때에 당신은 다음과 같이 말할 것입니다. '그런 일이 일어나면 이렇게 상황을 정리하고 또 저렇게 대처해야 할 거야.' 당신은 생각이 어떻게 활동하는지 아실 것입니다. 마음과 생각이 지배력을 발휘합니다. 우리는 사고의 희생물입니다. 이 같은 근심의 상태에서 우리는 단순히 희생물일 뿐입니다. 마음과 생각, 이 두 세력은 우리 안에서 역사하고 또 통제력 밖에서도 우리를 지배하고 폭군처럼 군림하고 있습니다. 그 사도는 우리가 무슨 수를 써서라도 피해야 할 것이 바로 이 같은 상황이라고 말합니다. 그에 대한 이유를 오랫동안 생각할 필요는 없습니다. 우리가 경험으로 다 알고 있을 것으로 사료됩니다. 이런 근심의 상태에서 우리는 추론하고 논쟁하며 또 상상력에 쫓기면서 모든 시간을 허비합니다. 이런 상태에서 우리는 속수무책입니다. 우리는 다른 사람에게 말도 하고 싶지 않습니다. 저들이 우리에게 대화할 때에 우리가 저들의 말에 귀를 기울이고 있는 것 같지만 우리의 생각은 그런 가능성을 찾아 방황하고 있습니다. 슬프게도 우리의 간증 역시 쓸모 없습니다. 우리는 다른 사람에게 아무 가치도 없으며 주님의 기쁨을 완전히 잃어버린 사람이 되고 맙니다.
 하지만 두 번째 원리로 빨리 넘어가도록 하겠습니다. 이런 내적 혼란을 피하기 위하여 우리가 해야 할 일은 무엇입니까? 여기에서 그 사도가 어떻게 하라고 가르칩니까? 이 지점이야말로 우리가 독특하고도 특별하게 그리스도인이 무엇인가를 보여 줄 곳입니다. 제가 아무것도 하지 않는다면, 불안을 다루는 기독교적인 방법과 심리학적인 방법 혹은 상식적인 방법 사이에 있는 영원한 차이점이 무엇인지 당신에게 보여 줄 수 있으리라고 확신합니다. 제 친구들 중에 혹자는 제가 심리학을 혹평한다고 생각하는 사람이 있는 듯한데 그것을 잠깐 변명하지 않을 수 없습니다. 저는 심리학이 기독교 신앙과 관련해서 가장 간교한 위험 중에 하나라고 믿습니다. 사람들은 종종 자기들이 가지고 있는 것은 단순히 심리학적 매체의 활동에서 나왔으며 또 자신들이 바로 그 신앙에 기초하고 있다고 생각합니다. 하지만 그것은 실제적인 위기 속에서 무너지고 맙니다. 우리는 기독교적 신앙을 전파할 뿐, 심리학을 전파하지 않습니다.
 제가 당신에게 불안을 다루는 기독교적 방법과 다른 방법의 차이점을 보여 드리겠습니다. 우리가 염려로 위협을 받고 있을 때 그 사도는 어떻게 해야 한다고 가르칩니까? 그는 단순히 걱정하는 것을 그만두라고 말하지 않습니다. 걱정하는 것을 그만두고 강하게 하라는 것은 바로 상식과 심리학이 말하는 바입니다. 그 사도가 이 같은 상황에 처한 사람에게 걱정을 멈춰도 무익하다고 말할 좋은 이유가 있다고 말하지 않습니다. 우연히도 좋지 못한 심리학이 그렇게 말합니다. 그것은 소위 감정의 억제라고 부르는 것입니다. 당신이 혹시 의지가 강한 사람이라면 의식 세계 속에 생각들을 붙잡아 두고 그 결과 소위 억압이라고 부르는 무의식적인 분야에서 역사하도록 할 것입니다. 그 상태는 심지어 불안보다 더 나쁠 수 있습니다. 그뿐만 아니라 장성한 사람에게 걱정하지 말라고 하는 것은 너무 안일한 태도입니다. 그래서 저는 바울의 심리학이 매우 중요하다고 말씀드립니다. 사람이 걱정을 그만둘 수 없다는 것은 정말로 사실입니다. 그렇게 해 보고 싶지만 그렇게 되질 않습니다. 마치 소망이 없는 주정뱅이에게 술을 끊으라고 말하는 것과 같습니다. 왜냐하면 그가 욕망과 열정을 억제하는 데 무력하기 때문입니다. 똑같은 방법으로 성경은 "염려하지 말라. 그런 일은 결코 일어나지 않을 것이다"라고 말하지 않습니다. 그것은 매우 인기 있는 심리학의 표어입니다. 그리고 사람들 역시 그것이 매우 좋은 말이라고 생각합니다. "왜 염려하느냐? 그것은 결코 일어나지 않는다." 하지만 혹자가 내가 이런 상태에 있을 때에 그렇게 말한다면, 나는 "그래, 하지만 그런 일이 일어날 수도 있어. 그것이 바로 내 문제야. 그것이 일어난다면 어떻게 할거야?"라고 반응할 것입니다. 그것이 바로 내 문제의 본질입니다. 그러므로 그런 문제가 생기지 않을 것이라는 말은 나에게 아무런 도움도 주지 못합니다.

세 번째 부정적인 대답은 이렇습니다. 사람들은 곤고한 이들과 또 불안하고 염려 가운데 있는 이들에게 "염려하지 마십시오. 염려하는 것은 잘못입니다. 세상에서 아무리 염려해도 소용없습니다"라고 말하기를 좋아합니다. 그것은 완전히 옳은 말입니다. 그것은 건전한 상식입니다. 심리학자들은 이렇게 말합니다. "당신의 정력을 낭비하지 마십시오. 당신이 걱정한다고 상황이 전혀 달라지지 않습니다." 저들의 이 같은 말에 저는 다음과 같이 말하겠습니다. "예, 그렇습니다. 당연한 말씀입니다. 완전히 맞는 말씀입니다. 하지만 이것만은 아셔야 됩니다. 그 훌륭하신 조언이 제 문제의 근원에 전혀 도움이 되지 않는다는 사실입니다. 앞으로 어떤 일이 생길 것인가 하는 문제가 저의 관심사입니다. 당신이 저에게 말한 대로 걱정은 현재의 상황에 전혀 영향을 주지 못한다는 조언에 저도 동의합니다. 그 상황은 그대로 남아 있습니다. 그런데 바로 그 상황이 나를 불안하게 만들고 있다는 말입니다. 당신의 말씀은 완전히 맞습니다. 하지만 그것이 제가 처한 특별한 상황을 전혀 해결할 수 없습니다." 다시 말해서 이 모든 방법들은 그 상황을 해결하는 데 실패했습니다. 왜냐하면 그들은 소위 바울이 부르는 마음과 생각이라는 세력을 깨닫지 못했기 때문입니다. 이것들이 바로 우리를 사로잡고 있는 세력입니다. 그러하기 때문에 심리학이나 상식이라는 방법이 궁극적으로 전혀 도움이 되지 못하는 것입니다.

그렇다면 바울이 무엇을 말하고 있습니까? 그는 적극적인 명령형으로 그의 치료법을 제시하고 있습니다. "너희 구할 것을 하나님께 아뢰라." 그것이 바로 해답입니다. 하지만 여기에서 지금 중요한 것은 우리가 분명하고 구체적으로 이에 대한 취급법을 알아야 한다는 것입니다. 그 사도는 "너희 구할 것을 하나님께 아뢰라"고 말씀하고 있습니다. 하지만 고통을 당하고 있는 많은 사람들이 말합니다. "나는 노력했습니다. 열심히 기도도 했습니다. 하지만 당신이 말씀하는 그 평안을 찾지 못했습니다. 그 어떤 응답도 없었습니다. 저더러 기도하라고 해 봤자 소용없는 일입니다." 다행스럽게도 그 사도가 우리의 이 같은 형편을 이미 알아차리고 그 명령을 수행할 특별한 방안까지 주었습니다. "아무것도 염려하지 말라 모든 일에 기도와 간구로 너희 구할 것을 감사함으로 하나님께 아뢰라." 그 사도가 여기에서 단어를 하나씩 나열하고 있습니까 아니면 충고하고 있습니까? 그가 참으로 우리의 구할 바를 하나님께 구하는 방법을 우리에게 보여 주기 위하여 진실한 충고를 베풀고 있다고 저는 확신합니다.

우리가 그것을 어떻게 실천할 수 있습니까? 맨 먼저 그는 우리에게 기도하라고 말씀합니다. 그는 기도와 간구와 감사를 구별하고 있습니다. 그가 말한 기도는 무엇일까요? 그것은 가장 일반적인 용어로 예배와 경배를 뜻합니다. 당신이 혹시 해결할 수 없는 것처럼 보이는 문제가 있다면 또 당신이 염려를 잘하고 침울한 분위기에 잘 빠지는 사람이라면, 혹자가 기도하라고 말해도 자신의 간구를 가지고 하나님께 돌진해 가지 마십시오. 그것이 방법은 아닙니다. 당신이 자신의 요구를 하나님께 아뢰기 전에 먼저 기도하고 예배하고 또 경배하십시오. 하나님의 존전에 나와서 잠깐 동안 자신의 문제를 잊어 보십시오. 당신의 문제부터 꺼내 놓지 마십시오. 당신이 하나님과 대면하고 있다는 사실을 깨달으십시오. 기도라는 말 속에는 원래 그 말 자체에 대면한다는 개념이 들어 있습니다. 당신이 하나님의 존전에 나아가서 그 임재를 깨닫고 또 자신이 하나님의 임재 안에 있으며 당신이 경배할 때에 자신을 쏟아 부으십시오. 그것이 바로 시작입니다.

하지만 기도 다음에 이어지는 것은 간구입니다. 지금 우리는 앞으로 계속 나아가고 있습니다. 하나님께서 하나님이시기 때문에 우리가 그 하나님께 예배를 드리고 일반적으로 드리는 경배를 드렸습니다. 이제 우리가 특별한 순서 곧 여기에서 그 사도가 간구를 드리라고 말씀한 부분에 이르렀습니다. 그는 우리가 하나님께 특별한 것들을 가지고 갈 수 있으며 또 이 간구가 기도의 합당한 부분이라고 말해 줍니다. 그러므로 우리가 간구 곧 우리가 지금 관심을 가지고 있는 특별한 것들을 하나님께 가지고 나오는 것입니다.

이제 우리가 하나님께 아뢸 것들에 점점 가까이 다가가고 있습니다. 하지만 기다리십시오. 아직 한 가지가 더 남아 있습니다. 기도와 간구와 감사가 본문에 나와 있습니다. 그 세 개의 단어 중에서 그것이 가장 중요한 말입니다. 우리가 바울이 취급하고 있는 바로 그 상황에 처하게 될 때 많은 사람들이 곁길로 나아가는 이유가 바로 여기에 있습니다. 제가 이러한 단계들과 관련해서 바울이 단순히 예배 형식에만 흥미가 있었다고 지적한다면 그것은 불필요한 지적이라고 봅니다. 사람들이 예배와 의식적인 견지에서 드려지는 예배 형식에만 관심을 가지는 것은 참으로 비극이 아닐 수 없습니다. 그런 것은 바울 사도의 관심의 대상이 아닙니다. 그는 형식에 별로 관심을 두지 않습니다. 그는 예배 자체에 관심을 둡니다. 이 같은 이유 때문에 그는 감사를 필수적인 요소로 생각합니다.

만일 우리가 하나님께 기도하는 동안 우리 마음속에 하나님에 대한 원망을 가지게 된다면, 우리는 하나님의 평강이 우리의 마음과 생각을 지키실 것으로 기대할 권리를 갖지 못합니다. 만일 우리가 하나님께서 기뻐하지 않으신다는 느낌을 가지고 무릎을 꿇고 있다면 우리가 차라리 일어나서 나가는 것이 낫습니다. 그래서는 안 됩니다. 우리는 감사함으로 그에게 나아가야 합니다. 우리 마음속에 하나님의 선하심에 대하여 의심이 있어서는 안 됩니다. 의문이나 질문의 여지가 있어서도 안 됩니다. 우리는 하나님께 감사 드릴 적극적인 이유가 있어야 하겠습니다. 우리들에게도 문제와 고통이 있습니다. 하지만 무릎을 꿇고 '제가 하나님께 무엇을 감사할까?' 라고 물어보아야 하겠습니다. 우리가 이것을 신중하게 행해야 하며 또 그런 정도는 우리가 할 수 있는 무엇이라고 봅니다. 우리가 이것을 꼭 기억해야 합니다.

그리고 우리는 다음과 같이 말해야 합니다. "지금 이 순간 내가 고통 중에 있기는 하지만 나는 하나님께 나의 구원과 그의 아들을 보내사 내 죄를 위하여 십자가에 죽게 하심을 인하여 감사할 수 있다. 내가 지금 어려운 문제를 직면하고 있음을 나는 안다. 그러나 하나님께서 이것도 나를 위해서 행하신 것이다. 나는 하나님께서 그의 아들 주 예수 그리스도를 이 땅에 보내심을 인하여 감사드린다. 나는 그리스도께서 자신의 몸으로 십자가 위에서 내 죄를 담당하신 것을 감사하며 또 나의 의롭다 하심을 위하여 부활하심을 감사한다. 또 그를 인하여 내 마음으로부터 감사를 쏟아 붓고 싶다. 그리고 내가 과거에 받았던 많은 축복들을 인하여 그분께 감사를 드린다." 우리는 우리의 생각과 힘을 다하여 하나님께 감사하고 찬양할 이유들을 찾아야 합니다.

또 우리는 그가 우리의 아버지이시며 우리의 머리카락을 다 헤아리실 정도로 우리를 사랑하신다는 사실을 생각해야 합니다. 우리가 이 모든 것들을 기억할 때 우리는 감사함으로 우리의 마음을 쏟아 놓을 수 있습니다. 우리는 하나님과 바른 관계를 맺어야만 합니다. 우리는 그에 관한 진리를 깨달아야만 합니다. 그러므로 우리는 사랑하고 찬양하며 예배하고 경배하며 또 확신하는 믿음을 가지고 그의 존전에 나아가서 아뢸 바를 아뢰어야 합니다. 다시 말해서 바울이 변호하고 있는 기도는 어두움 속에서 필사적으로 부르짖는 기도가 아닙니다. 그리고 아무런 실제적인 생각 없이 광적으로 애원하는 그런 기도도 아닙니다. 결코 그런 것이 아닙니다. 우리는 자신이 복되고 영광스러운 하나님을 예배한다는 사실을 깨닫고 회고해야 합니다. 우리가 먼저 이렇게 예배하고 그 다음에 우리의 간구를 아뢰는 것입니다.

세 번째 큰 원칙으로 빨리 나아가 보도록 하겠습니다. 그것은 이렇게 행하는 모든 사람들에게 주시는 하나님의 은혜로운 약속입니다. 우리는 우리가 해야만 될 일이 무엇인가를 살펴보았습니다. 그리고 우리가 그것을 어떻게 처리해야만 할 것인가에 대해서도 살펴보았습니다. 그리고 우리가 그것을 어떻게 처리해야만 할 것인가에 대해서도 살펴보았습니다.

이제 그 사도가 말씀한 바를 행하는 사람들에게 주실 은혜로운 약속에 관한 차례가 되었습니다. 물론 이것이 모든 약속 중에 으뜸인 것이 사실이지만 우리는 그것을 살펴보는 방법을 터득하지 않으면 안 됩니다. 당신은 그 약속에 대해서 살펴보신 적이 있습니까? 그 약속의 특징이 무엇인지 고찰해 보셨습니까? 당신은 그것이 자신이 염려하고 있는 것들에 대한 언급이 아님을 아셨습니까? 그것은 불안을 처리하는 기독교적인 방법에 관한 특이한 것입니다. 그 사도가 "모든 일 곧 너희를 염려케 하는 모든 일에 하나님께 아뢸 바를 아뢰으로 그것들을 모두 쫓아내고 제거하라"고 말합니까?

바울은 그렇게 말하지 않습니다. 그런 것을 언급조차 하지 않았습니다. 그가 이 같은 것에 대해서는 아무것도 말하지 않았습니다. 제가 보기에는 그것이 신앙 생활에 있어서 가장 짜릿함을 느끼게 하는 것 중에 하나입니다. 복음의 영광이 바로 이것입니다. 그것은 우리에게 관심이 있을 뿐 환경에는 관심이 없습니다. 복음의 궁극적인 승리는 환경이 어떠하든지 간에 우리 자신이 바르게 서 있고 또 자신의 위치를 견지할 수 있는 여기에 있습니다. 그것은 우리가 처하고 있는 환경에 대하여 말하지 않습니다. 또 그것은 우리를 괴롭히고 당황하게 만드는 것들에 대해서도 말하지 않습니다. 이런 것들에 대해서는 한 마디의 말도 없습니다. 그런 일들이 일어날지 혹은 일어나지 않을지 저는 잘 모릅니다. 바울은 우리가 두려워하는 일들이 일어나지 않는다고 말하고 있지 않습니다. 그가 말하고 있는 바는 그런 일이 일어나든지 일어나지 않든지 간에 우리가 보호를 받는다는 사실입니다. 하나님께 감사합니다. 그것이 승리입니다. 저는 환경을 초월하고 있습니다. 저는 환경에도 불구하고 승리합니다.

그것이 바로 대원칙입니다. 우리는 모두 환경에 종속되기 쉽습니다. 우리가 환경을 의존하고 살기 때문입니다. 그래서 우리는 환경을 지배하고 통치하고 싶어합니다. 하지만 그것이 성경이 가르쳐 주는 상황을 처리하는 방법은 아닙니다. 그 사도는 다음과 같이 말합니다. "너희 구할 것을 하나님께 아뢰라 그리하면 모든 지각에 뛰어난 하나님의 평강이 너희 마음과 생각을 지키시리라." 하나님께서 당신을 잠 못 이루게 만들고 또 숙면을 방해하는 것들로부터 확실하고 안전하게 지켜 주실 것입니다. 그것들을 멀리 쫓아내 주실 것이고 또 그런 일들이 있음에도 불구하고 평강 가운데 지켜 보호해 주신다는 말입니다.

우리가 만일에 기도를 드린다면 우리의 기도 자체가 우리를 더 유쾌하게 느끼도록 해 준다고 바울이 말하지 않았음을 다시 지적하는 바입니다. 사람이 그 같은 이유로 기도 드린다는 것은 참으로 덕스럽지 못한 일입니다. 그것은 심리학자들이 말하는 기도의 효용성입니다. 심리학자들은 말하기를 우리가 어려울 때에 기도하면 많은 도움이 된다는 것입니다. 그것이 매우 좋은 심리학은 되겠지만 철저하게 나쁜 기독교가 아닐 수 없습니다. 기도는 자기 암시가 아닙니다.

그 사도는 "기도하라. 왜냐하면 네가 기도하는 동안만은 문제를 생각하지 않을 것이기 때문이다. 그렇게 되면 잠깐 동안이나마 위안을 얻을 것이다"라고 말하지 않습니다. 이것 역시 훌륭한 심리학일지 모르나 악한 기독교임에 틀림없습니다. 그는 역시 다음과 같이 말하지도 않습니다. "만일에 네가 하나님과 그리스도에 대한 생각으로 네 마음을 가득 채운다면, 이런 생각이 다른 모든 것들을 쫓아내 줄 것이다." 이것 역시 좋은 심리학이 될지는 몰라도 기독교와는 아무런 관계가 없는 것입니다. 그가 또한 "내가 너희에게 충고하노니 기도하라. 왜냐하면 기도가 모든 것을 변화시킬 것이기 때문이다"라고 말하지도 않았습니다. 아닙니다. 결코 그렇지 않습니다. 기도는 아무것도 바꾸지 않습니다. 그것은 바울이 말한 바가 아닙니다. 그것이 심리학일지는 몰라도 복음과는 전혀 관계가 없습니다. 그 사도가 말한 것은 바로 이것입니다. "네가 기도하고 하나님께 아뢸 바를 아뢰라. 그리하면 하나님께서 너를 위하여 어떤 일을 행하실 것이다." 역사를 일으키는 것은 당신의 기도가 아닙니다. 그리고 역사를 일으키는 장본인 역시 당신이 아닙니다. 하나님이 행하십니다. "모든 지각에 뛰어난 하나님의 평강이 그리스도 예수 안에서 너희의 마음과 생각을 지키시리라." 하나님이 바로 그 평강을 통해서 역사하십니다.

너희의 마음과 생각을 '지키신다'는 표현에 대해서 한 말씀 드리고 싶습니다. 많은 단어가 사용될 수 있지만 여기에서 그것은 '수비하다', '지키다'는 뜻입니다. 하나의 그림을 연상할 수 있습니다. 하나님의 평강이 우리의 삶의 성곽과 망대 주변을 순회하고 있습니다. 우리는 그 안에 있고 마음과 생각의 활동은 밖으로부터 압박과 불안과 긴장을 만들어 내고 있습니다. 하지만 하나님의 평강이 모든 것들로부터 막아 주고 있고, 우리 자신들은 그 안에서 완전한 평강을 누리게 됩니다. 그렇게 해 주시는 분이 바로 하나님이십니다. 우리 자신이 그렇게 하지 못하고 또 기도가 그렇게 하지 못합니다. 심리학적인 장치가 그렇게 할 수 없습니다. 우리가 하나님께 간구할 바를 아뢰면 하나님께서 우리를 위하여 그렇게 해 주시고 또 우리를 완전한 평강 가운데 지켜 주십니다.

'모든 지각에 뛰어난 하나님의 평강'이란 이 말씀에 대해서 우리가 어떻게 말할 수 있습니까? 당신은 이 평강을 이해할 수 없습니다. 그것을 상상할 수도 없습니다. 어떤 의미에서는 그것을 믿을 수도 없습니다. 하지만 그 평강이 당신에게 찾아 올 것이고 당신은 그것을 경험하고 즐길 것입니다. 그것이 바로 그리스도 예수 안에 있는 하나님의 평강입니다. 그가 이것을 말한 뜻은 무엇입니까? 그는 하나님의 평강이 예수 그리스도를 우리에게 나타내 주시고 그에 대해서 상기시켜 준다는 의미로 말씀하고 있는 것입니다. 로마서에 나타나고 있는 논증을 빌리자면 다음과 같습니다. "우리가 원수 되었을 때에 그 아들이 죽으심으로 말미암아 하나님으로 더불어 화목되었은즉 화목된 자로서는 더욱 그의 살으심을 인하여 구원을 얻을 것이니라"(롬 5:10). "하나님을 사랑하시는 자, 곧 그의 뜻대로 부르심을 받은 자들에게는 모든 것이 합력하여 선을 이루느니라", "자기 아들을 아끼지 아니하시고 우리 모든 사람을 위하여 내어 주신 이가 어찌 아들과 함께 모든 것을 은사로 주시지 아니하시겠느냐?"(롬 8:28, 32). "내가 확신하노니 사망이나 생명이나 천사들이나 권세자들이나 현재 일이나 장래 일이나 능력이나 높음이나 깊음이나 다른 아무 피조물이라도 우리를 우리 주 그리스도 예수 안에 있는 하나님의 사랑에서 끊을 수 없으리라"(롬 8:38-39). 그 논증은 만일에 하나님께서 우리를 위하여 자신의 아들을 십자가 위에서 죽도록 하시는 최고의 일을 하셨다면, 하나님께서 지금도 우리를 외면하실 수 없으며, 도중에 우리를 그대로 버리실 수 없다는 것입니다.

그러므로 지각에 뛰어난 하나님의 평강이 그리스도 예수 안에서 우리를 지켜 주십니다. 이런 방법으로 하나님께서 불안으로부터 우리를 보호하사 평강과 자유를 보장해 주십니다. 이제 마지막 원칙에 대해서 한마디 말씀을 드리고 마치도록 하겠습니다. 그 원칙이란 모든 약속의 포괄성입니다. 아무것도 염려하지 말라는 말씀 속에 나오는 아무것이란 모든 것을 뜻합니다. 그것이 무엇이든 상관없습니다. 거기에 제한이 없습니다. 사랑하는 그리스도인들이여, 당신을 넘어뜨리고 불안의 희생물을 만들며 신앙 생활과 증인의 삶을 좀먹고 파괴하는 병적인 염려, 그것이 무엇이든 간에 하나님께 아뢰십시오. 당신이 그렇게 한다면 모든 지각에 뛰어난 하나님의 평강이 당신의 마음과 생각을 보호하고 지키며 파수해 줄 것을 절대적으로 보장해 줄 것입니다. 마음과 생각의 심각한 고통이 당신에게 영향을 주지 못합니다. 시편 기자처럼 당신도 눕고 잘 수 있을 것입니다. 그리고 당신은 완전한 평강을 알게 될 것입니다. 당신은 이것을 알고 있습니까? 그리고 이 평강을 소유하고 있습니까? 이것이 단순한 하나의 이론에 불과합니까? 아니면 실제적으로 일어납니까? 저는 약 2,000년이란 기독교 역사와 교회사가 이것이 사실임을 선언한다고 봅니다. 성자들과 순교자들, 그리고 고백자들의 이야기를 읽어보십시오. 당신은 현대의 성도들을 통해서도 똑같은 증거를 얻게 될 것입니다.

최근에 저는 몇 년 전까지 구세군 대장으로 있었던 존 조오지 카펜터(John George Carpenter)가 경험했던 간증서를 읽은 바 있습니다. 그는 자신과 아내가 그렇게도 귀여운 소녀, 자랑스럽고 사랑스러운 딸이 젊은 생애를 동양 지역에서 해외 선교사역을 위하여 헌신했었는데 바로 그 딸과 헤어졌어야만 했던 사실을 말했습니다. 갑자기 딸이 장티푸스에 걸렸습니다. 물론 저들이 기도하기 시작했습니다. 하지만 존 카펜터와 그의 부인은 어쩐지 설명할 수는 없지만 그 자식의 회복을 위해서 기도할 수 없다는 느낌이 들었습니다. 저들은 계속해서 기도했습니다. 하지만 저들은 "주께서 원하시면 낫게 하실 수 있나이다"라고 말할 뿐이었습니다. 저들이 더 이상은 기도할 수 없었습니다. 저들이 6주간을 이렇게 보냈습니다. 그러다가 이 귀여운 딸은 죽었습니다. 딸이 죽은 그날 아침에 존 카펜터가 자기 부인에게 이렇게 말했습니다. "여보. 내 맘속에 이상하고 신기하게도 평안함이 느껴지는구려." 부인도 남편에게 "저도 똑같은 느낌이에요"라고 대답했습니다. 부인이 계속해서 말했습니다. "이것이 바로 하나님의 평강인 것 같아요." 그것은 과연 하나님의 평강이었습니다. 그것은 사람을 화나지 않도록 마음과 생각을 한편으로 평안하게 지켜주는 하나님의 평강이었습니다.

저들은 구할 것을 그렇게 옳은 방법으로 아뢰었습니다. 놀랍게도 그것을 인하여 저들이 거의 스스로를 향하여 책망할 정도로 놀라운 일이 일어난 것입니다. 이렇게 놀랄 정도로 저들에게 고요와 평강이 찾아왔습니다. 저들은 이해할 수 없었습니다. "그것은 틀림없이 하나님의 평강이다." 그것이 유일한 설명이었습니다. 그렇습니다. 하나님께 감사합니다. 당신이나 저는 이런 일을 설명할 수 없습니다. 그들이 우리를 강권할 뿐입니다. 하나님은 전능하십니다. 그러므로 기도와 간구와 감사함으로 당신의 구할 것을 그에게 아뢰십시오. 그리하면 하나님이 그리스도 안에서 자신의 평강으로 당신의 마음과 생각을 안식과 평안을 느끼도록 인도해주실 것입니다.

제 20 장

자족하기를 배우라

"내가 주 안에서 크게 기뻐함은 너희가 나를 생각하던 것이 이제 다시 싹이 남이니 너희가 또한 이를 위하여 생각은 하였으나 기회가 없었느니라 내가 궁핍하므로 말하는 것이 아니라 어떠한 형편에든지 내가 자족하기를 배웠노니 내가 비천에 처할 줄도 알고 풍부에 처할 줄도 알아 모든 일에 배부르며 배고픔과 풍부와 궁핍에도 일체의 비결을 배웠노라" (빌 4:10-12)

우리가 지금 빌립보서 4:10-12 말씀을 읽었는데 그 말씀은 제가 성경을 읽은 후에 언제나 해야만 될 옳고도 적절한 일은 축복을 선언하는 것이라는 생각을 갖도록 해 주는 성경말씀 가운데 한 곳입니다. 사람이 그렇게 수준 높고 고상한 표현들을 가까이 접근하면서 이 능력 있는 이방인의 사도가 겪은 기독교적 경험의 높은 수준의 표지를 회상하면서 전율을 느낍니다. 하지만 우리가 그 말씀을 두렵고 떨림으로 접근할찌라도 그 말씀을 분석하고 설명하는 것은 우리의 임무입니다. 4:9의 마지막 부분에서 그는 빌립보교회 성도들에게 특별히 부탁하는 염려스러운 말씀을 끝맺고 있습니다. 그는 참으로 자신의 교훈을 끝맺었습니다. 하지만 그는 아직 편지를 끝낼 수는 없었습니다. 그가 해야만 될 한 가지 일이 아직 남아 있기 때문이었습니다. 그것은 자신이 로마 옥중에 갇혀 있을 동안 그의 친구이자 형제인 에바브로디도의 손을 통해서 보내준 개인적인 선물을 인하여 빌립보교회 성도들에게 심심한 감사의 뜻을 표현하는 것이었습니다.

어떤 의미에서 바로 그것이 바울로 하여금 편지를 쓰게 했던 참된 이유였습니다. 빌립보교회가 그에게 약간의 선물을 보냈습니다. 바울은 이것이 돈이었는지 아니면 어떤 종류의 선물이었는지 말하고 있지 않지만 저들은 그들의 사자인 에바브로 디도를 통해서 어떤 선물을 보냈습니다. 에바브로디도는 지금 저들에게 돌아갈 참이었습니다. 그래서 바울이 그의 편으로 편지를 보내고 있습니다. 그의 교훈을 마친 후에 바울은 옥중에서 고생하고 있을 동안 자신에게 보여 준 사랑과 정성에 대하여 감사를 표시하고 싶었습니다. 그것 때문에 10-20절까지 계속 편지를 더 썼던 것입니다.

제가 이 위대한 서신을 읽을 때마다 언제나 그 사도가 모든 일을 처리하는 방법이나 그가 빌립보교회 성도들에게 감사를 표현하는 방법 속에 충만한 교훈과 흥미가 들어 있다는 사실을 자세히 관찰하는 것보다 더 재미있는 일은 없다고 생각합니다. 빌립보교회 성도들에게 선물과 친절에 대하여 감사하는 이 문제가 바울에게 하나의 과제였음이 분명합니다. 당신은 친절하고 관용을 베풀었던 사람들에게 감사하는데 아무 문제가 되지 않을 것이라고 생각하실지 모르겠습니다만, 바울에게 있어서 그것은 분명히 하나의 문제였습니다.

바로 이 일을 위해서 그는 10절을 할애하고 있습니다. 당신은 그가 중요한 교리도 1절 혹은 2절로 설명하는 일을 끝내고 있음을 발견하게 될 것입니다. 그런데 빌립보교회 성도들에게 저들의 정성과 친절에 대하여 감사하는 말을 하는 데 열 절이나 소요하고 있는 것입니다. 당신은 또 바울이 스스로 반복하여 말하고 있음을 알게 될 것입니다.

'내가 궁핍하여 말하는 것이 아니'라고 하면서 다시금 '선물을 구함도 아니'라고 첨언하고 있습니다. 이것은 일종의 논증과 같은 것입니다.

그가 적당한 말을 찾는 데 어려움을 느끼는 것처럼 보입니다. 바울의 고충은 이런 것이었습니다. 그는 저들의 친절 때문에 빌립보교회 성도들에게 매우 감사하고 싶었습니다. 하지만 그는 동시에 더 간절하지는 않았다 할지라도 비슷한 간절함으로라도 사랑의 표현을 기다리거나 바라지 않았다는 사실을 보여 주고 싶어했습니다. 더군다나 저들로부터 착함과 관용을 의존하려는 생각도 전혀 없었음을 보여 주고 싶었습니다. 이 같은 면에서 그가 하나의 문제에 직면하게 됨을 깨닫게 된 것입니다. 그는 이 두 가지 일을 동시에 처리하지 않으면 안 되었습니다. 그는 빌립보 교회 성도들에게 감사를 표현해야만 했습니다. 그러면서 동시에 하나님을 의지하며 사는 그리스도인으로서의 경험의 본질을 삭감하거나 훼손하지 않는 방법으로 그 일을 해야 했습니다. 바로 그 같은 이유 때문에 그가 열 절이나 할애한 것입니다. 그것이 다른 사람의 감정에 민감하고 또 두 가지에 조화를 이루려고 노력하는 신사적인 그리스도인의 과제였습니다. 이 사도가 얼마나 훌륭한 신사였는지 모릅니다. 그는 진정 다른 사람들의 감정을 배려할 줄 아는 사람이었습니다. 한 사람의 신자로서 그는 깊은 감사를 표현하려고 했으며 또 저들의 친절이 자신에게 얼마나 깊은 감동을 주었었는가를 저들에게 알리고 싶었습니다.

또 다른 한편으로 바울은 옥중에 있는 자기에게 필요한 물건을 보내 주지 않았기 때문에 자신의 궁핍과 고생을 왜 교회가 생각해 주지 않았는가 생각하면서 시간을 보내지 않았음을 알리고 싶었습니다. 바울은 자신이 바로 그 같은 상황에 있지 않았다는 사실을 분명히 하고 싶었습니다. 그러므로 우리는 이 열 절을 통해서 바울이 특별한 그 문제를 해결하는 방법을 보게 됩니다. 이제 우리가 기독교 진리에 대하여 이해해야만 될 일은 그것이 우리의 전체적인 삶을 지배하는 그 무엇이기 때문입니다. 기독교 복음은 그리스도인의 삶 전체를 주관합니다. 그것은 8절에서 우리가 보는 대로 그리스도인의 생각을 지배하고 또 9절에서 보는 대로 그의 행동을 지배합니다. 이 열 절의 말씀을 통해서 우리는 친절에 대한 감사의 말을 하는 그런 문제에 있어서마저 그리스도인이란 그리스도인이 아닌 사람과 그 방법이나 태도에 있어서 얼마나 다른가를 보게 됩니다.

그리스도인은 심지어 이런 문제가 아니라도 참된 그리스도인의 예의를 갖추지 않고서는 그 어떤 일도 할 수 없습니다. 그러므로 그 사도는 여기에서 자신의 친구들에게 빚진 것을 보여 줌과 동시에 주님께 더 큰 빚을 지고 있음을 밝히고 있는 것입니다.

바울은 항상 주님의 이름을 높이는 데 열성적이었습니다. 그래서 그는 빌립보교회 성도들에게 저들이 보낸 선물에 감사하다가 혹시 그들이 없으면 주님만으로는 자신이 만족하지 못하다는 인상을 줄까봐 두려워하였습니다. 그가 이 법칙을 가장 먼저 지켜야만 했습니다. 그는 빌립보교회 성도들을 매우 사랑했으며 또 저들에게 매우 깊은 감사를 표하고 있습니다. 하지만 저는 주님을 훨씬 더 사랑합니다. 그래서 바울은 저들에게 감사하는 중에 혹시나 주님만으로 충분하지 않다거나 아니면 절대적인 의미에서 빌립보교회 성도들을 의지했다는 암시의 흔적을 나타내지 않을까 염려했습니다. 그래서 바울은 힘있는 본문 말씀 가운데서 한편으로 빌립보교회 성도들에게 자신에게 베풀어 준 개인적인 배려와 정성에 대하여 감사와 애정의 뜻을 표하면서 동시에 주님이 최고의 가치이시고 또 주님으로 만족한다는 사실을 깜짝 놀랄 정도로 확언하고 있는 것입니다. 그 문제의 본질이 11절과 12절에서 발견됩니다. 우리는 교훈을 여기에서 얻게 됩니다. "내가 궁핍하므로 말하는 것이 아니라 어떠한 형편에든지 내가 자족하기를 배웠노니 내가 비천에 처할 줄도 알고 풍부에 처할 줄도 알아 모든 일에 배부르며 배고픔과 풍부와 궁핍에도 일체의 비결을 배웠노라."

이제 우리는 바울이 이같이 선언하고 있는 이 큰 교훈을 살펴보아야만 하겠습니다. 여기에 두 가지 큰 원칙이 있습니다. 물론 첫 번째는 바울이 처하게 된 상황입니다. 둘째는 그 사도가 그 상황에 이르게 된 방법입니다. 그 두 가지가 본문에서 언급되고 있는 이 엄청난 진술의 주제를 구성하고 있습니다. 먼저 그 사도가 확보하게 된 상황에 대해서 살펴보도록 하겠습니다. 그 사도는 이것을 여기에서 번역하고 있는 단어대로 '만족한'으로 묘사하고 있습니다. "내가 어떤 형편에든지 만족하기를 배웠노라." 하지만 우리가 그 단어의 분명하고도 정확한 의미를 아는 것이 중요합니다. '만족한' 이라는 그 단어가 충분히 설명되고 있지 않습니다. 그 단어는 본래 환경이나 조건 및 상황에 독립되어 '자족한다', '자신 안에 충족함을 가지고 있다' 는 뜻입니다. 바로 이것이 '만족하다' 라고 번역된 이 단어의 참된 의미입니다. "나는 환경과 조건과 상황을 초월하여 어떤 형편에든지 자족하기를 배웠노라." 바울이 말한 그 단어는 그의 위치나 환경 그리고 상황이나 그에게 일어나고 있는 모든 것에서부터 초월해 있다고 매우 정직하고 진실하게 말할 수 있는 상태에 이르렀다는 뜻입니다.

바울의 입장에서 그 말이 단순한 수사학적 표현이 아니었던 것은 우리가 신약성경의 다른 부분에서 이 분의 인격과 삶에 대한 기록들을 대할 때 매우 분명하게 나타납니다. 예를 들면 사도행전 16장에서 편지의 수신자들이 살고 있던 빌립보 지방을 바울이 처음 방문했을 때의 상황이 묘사되고 있는데 거기에 재미있는 장면이 나옵니다. 당신은 바울과 실라가 체포되어 어떻게 매를 맞고 발에 착고를 채운 채로 감옥에 던져진 사실을 기억하실 것입니다. 그들의 육체적인 상태는 더할 나위 없이 악조건이었습니다. 하지만 그것이 바울과 실라에게 조금이라도 영향을 미치지는 못했습니다. 오히려 성경은 "밤중쯤 되어 바울과 실라가 하나님께 기도하며 찬미하더라"(행 16:25)고 말씀하고 있습니다. 환경을 초월하여 그는 어떤 형편에서든지 자족하였으며 상황에 영향을 받지 않았습니다. 그것은 고린도후서 12장에 나오는 그 유명한 말씀 속에서도 발견됩니다. 거기에서 바울은 어떻게 '육체의 가시'를 초월하여 자족하는 법을 배웠는지를 우리에게 설명하고 있습니다. 당신은 바울이 디모데에게 "자족하는 마음이 있으면 경건에 큰 유익이 된다"고 말하면서 이 원칙을 꼭 붙들라고 권면한 사실을 기억하실 것입니다(딤전 6:6). 그는 이처럼 유익한 것은 없다고 말합니다. 만일에 당신이 그것을 불잡으면 모든 것을 얻는다는 것입니다. 그때에 바울은 이미 노인이 되었습니다. 그가 젊은 디모데에게 말합니다. "네가 가장 먼저 배워야 할 것은 환경과 상황을 초월하는 일, 곧 자족하는 경건이다. 이것은 우리가 주목할 수 있는 수많은 사례들 가운데 몇 가지에 불과하다."

하지만 신약성경의 교훈은 이것이 바울에게서 사실이었다고 확언해 주지 아니하고 차라리 모든 그리스도인들이 마땅히 가지고 있어야 할 상황인 것이 매우 확실하고도 분명하다고 증거합니다. 당신은 우리 주님께서 마태복음 6장에서 이 점에 대하여 어떻게 설명하고 계신가를 발견하게 될 것입니다. "내일 일을 위하여 염려하지 말라." 먹을 것과 입을 것, 그리고 비슷한 일들에 대해서 지나치게 염려하고 걱정하지 말라는 것입니다. 이것은 우리에게 일어나고 있는 모든 일에 대한 영광스럽고도 능력 있는 초월이며 우리 모두가 알고 경험해야 할 사실입니다. 그것은 좋은 의미에서 자족입니다. 하지만 이것이 무엇을 의미하는지 우리 마음속에 분명히 이해하여 두는 것이 매우 중요합니다. '만족한다'는 그 말은 사도 바울의 가르침을 자칫하면 오해하도록 하는 경향이 있습니다. 그래서 당신은 바울이 말한 이 진술을 기독교는 '민중의 아편'이라고 말하는 기독교 복음의 반대자들의 주장을 어느 정도 정당화시키는 해석을 할 수도 있습니다.

많은 사람에게 있어서 기독교 복음이 인류의 발달에 방해가 되어 왔고 또 발전하는데 걸림돌이 되어 왔으며 '민중의 마취제'에 불과했다고 느끼는 경향을 우리가 살면서 발견하는 이 특별한 세대의 특징입니다. 저들은 말하기를 기독교 복음은 그것이 무엇이든지 모든 상황에 대하여 심지어 그것이 아무리 덕스럽지 못하고 공의롭지 못해도 사람들에게 참아야 한다고 요청했던 그 같은 교훈이라는 것입니다. 예수 그리스도의 복음에 대한 폭군적인 정치적 반응이 있었습니다. 이유인즉 사람들이 이 같은 본문의 내용을 다음과 같이 오해했기 때문입니다.

성에 사는 부자나
문간에 사는 가난한 자
하나님께서 저들을 지으셨네
하나는 높게 하나는 낮게
각자의 신분을 그렇게 정하셨네.

그것은 바울이 본문에서 가르쳐 주고 있는 교훈과는 전혀 별개의 천박하고 공허한 해석입니다. 하지만 바울의 교훈이 그런 식으로 해석된 것이 얼마나 자주 있었는지 모릅니다. "저 멀리 푸른 언덕에"(There is a green hill far away) 같은 찬송시를 쓸 수 있었던 사람이 성경의 가르침을 그렇게 왜곡했다는 것이 얼마나 유감스러운 일인지 모릅니다. 성에 사는 부자와 문간에 사는 가난한 사람으로 이분화 시키고 있습니다. 사람이 그처럼 태어나서 영원히 그 상태로 머물러 있어야 함을 뜻합니까? 성경은 결코 그렇게 가르치고 있지 않습니다. 인간이 가난 속에 머물러 있는 것을 만족하게 생각한다거나 아니면 자신이 더 좋아지기 위해서 그 어떤 노력도 해서는 안 된다고 가르치고 있지 않습니다. 성경에는 모든 사람이 하나님 앞에 동등하며 또 모든 사람이 기회를 균등하게 보장 받았다는 전제를 전혀 논의한 바 없습니다. 본문과 같은 말씀이 바로 그런 식으로 오해되었기 때문에 그리스도의 교회에 얼마나 큰 손해가 끼쳐지고 있는지 모릅니다.

또 그것은 환경에 대하여 전혀 무관심하라는 뜻이 아닙니다. 그것은 이교도적 금욕주의에서 나온 소극적 체념에 불과하며 기독교적인 입장과는 전혀 거리가 먼 것입니다. 그렇다면 그것은 어떤 의미를 가지고 있습니까? 그것을 긍정적으로 말해서, 바울이 여기에서 주장하는 바는 자신이 환경에 의해 지배받거나 좌우되지 않는다는 것입니다. 당신이 할 수만 있다면 모든 수단을 다 동원해서라도 정당하고 합법적으로 환경을 개선해 보십시오.

제발 그렇게 해 보십시오. 하지만 그렇게 할 수 없다거나 혹은 당신이 어려운 상황에 머물러 있을 수밖에 없다면 그것이 당신을 지배하거나 그것으로 하여금 당신의 행·불행을 결정하도록 하지는 마십시오. 바울은 말하기를 "너희는 자신의 현재 여건이 어떠하든지 그것에 지배받지 않도록 하라"고 했습니다. 그것이 바로 저가 자신에게 확언하고 있는 바입니다. 그는 결국 이렇게 말합니다. "나는 스스로 통제되고 있다. 나는 환경의 주인이다. 나는 그 환경에 지배받지 않는다. 나는 자유롭다. 나는 자유로운 상태에 있다. 나에게 일어나는 일에 따라서 내 행복이 결정되지 않는다. 나의 삶, 나의 행복, 나의 기쁨 그리고 나의 경험은 내 주변에서 일어나고 있는 일들과는 독립적이며, 심지어 나에게 실제적으로 일어나는 일들도 초월한다."

바울이 실제적으로 감옥에 있었다는 사실을 제가 당신에게 상기시켜 드리고 싶습니다. 아마도 오른쪽에 있는 한 병사와 쇠사슬로 묶여있고 또 왼쪽에 있는 병사와 다른 쪽 발이 묶여있는 그런 실제적 상황에서 글을 쓰고 있으면서도 그는 자신이 상황에 얽매이지 않는다고 말할 수 있는 것입니다. 그래서 바울이 다음과 같이 말하고 있습니다. "나의 삶은 내 주변에서 일어나고 있는 일들에 의해 좌우되고 결정되지 않는다. 나는 즉시 그것들을 딛고 일어설 수 있는 상황과 형편에 있다. 이런 것들은 나의 삶과 경험을 결정하는 요인들이 될 수 없다." 그것이 바울의 주장입니다. 바울은 그것이 모든 것을 포괄한다는 사실을 매우 강조하려고 애를 썼습니다. 그가 실제적으로 했던 말을 다시 한 번 관찰해 보십시오. 일반적인 말을 한 후에 그가 이것을 더 자세히 설명하고 있습니다. "내가 비천에 처할 줄도 알고 풍부에 처할 줄도 알아 모든 일에 배부르며 배고픔과 풍부와 궁핍에도 일체의 비결을 배웠노라."

그는 자신의 주장이 매우 포괄적이라는 사실을 분명하게 하고 싶은 마음이 간절했습니다. 상반되는 개념을 계속해서 설명해 보겠습니다. 그는 비천하게 되는 법을 압니다. 그는 배고프고 궁핍을 당하는 법을 압니다. 다른 한편으로 그가 풍부하게 되는 법과 배부르며 부요하게 되는 법을 압니다. 이 두 가지 일들에 대한 상대적 어려움을 가지고 토론해 보는 것은 재미있을 것입니다. 자족하는 마음을 잃지 않으면서 비천하게 되는 것과 풍부하게 되는 것 중에 어느 것이 더 어렵겠습니까? 그가 이 질문에 대답할 수 있는지는 제가 잘 모르겠습니다. 그것들은 양쪽 다 어렵습니다. 한쪽이 어려운 만큼 다른 쪽도 어렵습니다.

원망의 감정을 느끼지 않으면서 혹은 염려하거나 걱정하지 않으면서 비천하게 될 수 있을까요? 먹을 것과 입을 것이 궁핍한데 참을 수 있을까요? 직업이나 업무에 있어서 비천한데 참을 수 있을까요? 내가 어쩌다가 낭패하게 되었는데 전과 같은 마음 상태 그대로 남아 있을 수 있을까요?

이것이 얼마나 어려운 일입니까? 두 번째 자리에 머물고 상처를 입으며 욕을 먹고 사랑하는 사람이 그런 일을 당하는 것을 목격하며 육체적인 곤궁과 고통을 당하고, 즉 비천에 처하고 배고픔과 궁핍을 당하는 법을 아는 것 등은 모두다 어렵습니다. 삶에 있어서 최대 과제 가운데 하나는 원망의 감정없이, 불평이나 마음 아파하지 않고 모든 것을 참아내는 법을 발견하며 또 근심이나 걱정하지 않는 법을 발견하는 것입니다. 바울은 우리에게 자신이 그런 법을 배웠다고 말하고 있습니다. 그는 모든 시련과 핍박을 경험했습니다. 그럼에도 불구하고 그것들에 영향을 받지 않았다는 것입니다.

이제 다른 측면을 살펴보겠습니다. 바울은 "내가 풍부에 처할 줄을 알고 배부름과 풍부를 즐기는 법을 안다"고 말합니다. 이것이 얼마나 어려운 일인지 모릅니다. 돈이 많은 사람이 하나님과 완전히 독립적인 감정을 느끼지 않는다는 것은 매우 어려운 일입니다. 우리가 돈이 많아서 모든 것을 마음대로 할 수 있게 되면 우리는 하나님을 잊어버리는 경향이 있습니다.

우리 중에 대부분은 우리가 비천하게 될 때 하나님을 기억합니다. 또 우리가 궁핍할 때에 기도하기 시작합니다. 무엇이 더 어려운가 하는 문제는 당신에게 결정권을 맡기겠습니다. 바울은 어떤 상황 가운데서도 자신이 완전히 자유롭다고 말합니다. 가난이라도 저를 낙심시키지 못하고 부자라도 하나님을 멀리 떠나게 하지 못하며 그가 붙들었던 것을 놓아 버리게 할 수 없다는 것입니다. 그는 어느 쪽에도 초연해 있으며 이런 의미에서 자족하고 있기 때문에 그런 것들에 의해서 자신의 삶이 지배받지 않고 흔들리지 않습니다. 그가 풍부하든 아니면 궁핍하든 문제가 되지 않는다는 것입니다.

하지만 바울이 그것에 만족하지 않고 한 걸음 더 나아가서 '모든 일에'라고 말하고 있습니다. 그것은 모든 일, 곧 구체적으로 모든 하나 하나를 의미합니다. 이제 바울은 그것을 몇 가지로 나누어서 매우 정교하게 설명합니다. 그는 이런 면에서 자신이 할 수 있는 바에 어떤 제한도 없다는 말을 하고 싶어합니다. "모든 하나 하나의 특별한 것을 나는 좋아한다." 그는 다음과 같은 말을 덧붙입니다. "나는 모든 것을 함께 조화를 이루도록 하겠다. 내게 무슨 일이 일어나든지 나는 자족하겠고 그것에 의존하지 않겠다. 나의 삶과 행복과 기쁨이 그런 것들에 의해서 좌우되거나 지배받지 않을 것이다."

그 사도에 의하면, 그것이 바로 자신이 사는 법이고 또 그리스도인의 삶이라는 것입니다. 우리가 이렇게 멋있는 말을 대하는 것은 참으로 다행한 일입니다. 우리는 불확실한 시대와 나날들을 살고 있습니다. 우리 모두가 배워야 할 첫 번째이자 가장 큰 교훈은 환경이 우리의 내적 평안과 기쁨을 좌우하지 않게 하면서 사는 법입니다. 하지만 오늘날과 같이 이런 교훈을 배우기가 어려운 때는 아마도 인류 역사상 한 번도 없었을 것입니다. 현대에 와서는 모든 생활이 조직화되어 있어서 이 자족하는 삶을 살아가는 것이 거의 불가능합니다. 우리는 모두 우리를 위하여 또 우리에게 또 우리의 주변에서 이미 만들어진 것들에 의존하지 않고 살아간다는 것은 자연적인 의미에서 매우 어렵게 되었습니다. 우리가 라디오를 듣고 텔레비전을 보는데 점차적으로 그것들에 스스로 길들여 가고 있다는 사실입니다. 신문이나 극장이나 오락에도 마찬가지입니다. 세상은 모든 면에서 우리를 위하여 조직화되어 가고 있고 우리는 그것에 의존하여 살아가고 있습니다.

지난 2차 대전 초기에 처음으로 우리에게 등화관제 명령이 내려졌을 때 그에 대한 좋은 사례가 있었습니다. 우리는 '지루한 등화관제'라는 말로 묘사되는 그 어떤 말에 익숙해졌습니다. 사람들은 집에서 아무것도 하지 않으면서 며칠 밤을 보내는 것이 거의 불가능함을 발견했습니다. 그들은 연극과 영화와 다른 형태의 오락에 의존적이 되어 갔습니다. 이런 일들이 갑자기 끊어졌을 때 어떻게 할 줄을 모르면서 '지루한 등화 관제' 시간을 보낼 수밖에 없었습니다. 바로 이것이 바울이 본문에서 묘사하고 있는 정반대의 현상입니다. 하지만 오늘날 그런 경향이 사람들의 삶 속에 점점 증대되고 있습니다. 우리는 다른 사람들이 우리를 위하여 하는 일에 의존적으로 되어가고 있습니다. 그것은 바울이 본문에서 가르치고 있는 바와 정반대 현상입니다.

슬프게도 이것이 일반적인 세상에서 사실일 뿐만 아니라 또한 특별히 그리스도인들에게 있어서도 사실이 되어가고 있습니다. 제가 제시하고 싶은 것은 영적인 의미에 있어서 우리들이 직면하고 있는 가장 큰 위험들 중에 하나가 집회를 의존해 가고 있다는 사실입니다. 일종의 집회광(meetings mania)으로 발전되고 있습니다. 언제나 집회에 참석하고 있는 듯 보이는 사람들이 있습니다. 집회에는 매우 큰 가치가 부여됩니다. 아무도 저를 오해하지 않기를 바랍니다. 그리고 주일에 한 번만 집회에 참석하라는 말로 상상하지 마십시오. 집회란 좋고 유익합니다. 하지만 집회에 너무 의존하는 사람이 되어 어느 날 우리가 병들어 집에 누워 있을 때 우리 자신들이 스스로 어떻게 할 줄 모르지 않도록 주의하라는 말입니다.

우리는 교회의 집회에 너무 의존할 수도 있습니다. 심지어 교회의 분위기에 너무 의존적이기도 합니다. 얼마 전 한 사람과 대화하는 중에 젊은이들에게 매우 관심을 가지는 기독교 단체 위원들 중에서 일어나는 '빠져 나가는 현상'(leakage)에 대해서 이야기한 바 있습니다. 여기에 매우 실제적인 문제가 있습니다. 저들이 기독교 단체의 분위기 속에 있을 때에는 매우 열심을 내고 흥미를 가지지만 몇 년 안 되어 그 젊은이들이 교회를 떠난다는 것입니다.

빠져 나가는 원인이 무엇입니까? 저들이 너무 자주 어떤 특별한 교제에만 의존하는 사람이 되어 버렸기 때문에 세상으로 나가서 주변에 더 이상 신앙적인 모임이 없는 다른 지역으로 옮겨 갈 때에는 저들이 갑자기 힘을 잃고 타락하게 됩니다. 바로 그것이 그 사도가 우리를 경고하고 있는 이유입니다. 우리는 그것이 예배나 전도라 할지라도 그것을 너무 의지하는 위험을 주의해야 합니다. 그러므로 그 사드가 우리 주변에서 일어나는 일들을 의존하는 상태에 들어가지 말라고 권면하고 있는 것입니다. 우리는 이 영광스러운 자족하는 방법을 함양해야 하겠습니다.

화이트헤드(Whitehead) 교수는 "종교란 인간이 자기 자신의 고독을 견디는 것이다"라고 말한 자신의 종교에 대한 정의를 내릴 때에 위대한 진리를 설파했습니다. 이 마지막 분석에 있어서 당신과 나는 혼자 있을 때의 모습이 진정한 우리의 모습입니다. 어떤 의미에서 저는 혼자 서재에 앉아 있을 때보다 강단에서 설교하는 것이 더 쉽다고 고백합니다. 아마 대부분의 사람들도 저들이 혼자 있을 때보다 다른 그리스도인들과 함께 있을 때 우리 주님의 임재를 즐기는 것이 더 쉽다고 하겠습니다. 바울은 자신이 즐기고 있는 것을 우리들도 즐기기를 바라고 있습니다. 바울은 자기로 하여금 일어나고 있는 그리고 주변에서 일어날 수 있는 모든 일들을 초연할 수 있도록 하시는 주님에 대한 사랑을 가지고 있습니다. 무슨 일이 일어날지라도 그는 만족할 수 있었습니다. 비천에 처하든지 아니면 풍부하든지 궁핍하든지 풍족하든지 그것이 문제가 되지는 못했습니다. 그에게는 그리스도와 함께 사는 숨겨진 비밀이 있었기 때문입니다.

우리가 여기에서 발견할 수 있는 두 번째 문제를 간략하게 생각해 보도록 하겠습니다. 소위 바울이 어떻게 이런 경지에 도달하게 되었는가 하는 문제입니다. 그가 여기에서 또다시 매우 재미있는 언급을 하고 있습니다. 당신이 '내가 배웠노라', 아니 그보다 더 좋은 번역인 '배우게 되었노라'는 그의 말을 주의하여 보십시오. 바울이 그렇게 말한 데 대해서 저는 하나님께 감사드립니다. 바울이 우리 가운데 어떤 사람보다 뛰어난 사람이었던 것만은 아닙니다. 그는 배워야만 했던 사람입니다. 그가 또다시 재미있는 말을 하고 있습니다. "모든 일에 배부르며 배고픔에 일체의 비결을 배웠다"고 그가 말하고 있습니다. 모든 권위 있는 학자들은 바울이 말한 것이 "나는 비밀에 이르도록 혹은 신비에 이르도록 배웠노라"는 뜻이라는 데 일치합니다.

바울은 자신이 이런 상태에 이를 수 있는 방법을 배웠다는 것입니다. 그런데 신약성경에 보면 바울이 이렇게 될 때까지는 특별한 어려움이 있었을 것이라는 암시가 많습니다. 바울은 예민했고 또 천성적으로 교만한 사람이었습니다. 더군다나 그는 매우 활동적인 사람이었습니다. 그런 사람이 감옥에 갇혀 있는 것보다 더 괴로운 일은 아무것도 없었을 것입니다. 그는 로마 시민권을 가지고 성장했습니다. 하지만 여기에서 그는 속박을 당해 지적인 사람들이 아니라 차라리 노예들 사이에서 자신의 삶을 사는 것을 참으며 인내했습니다. 그가 이것을 어떻게 감당했습니까? 그는 말합니다. "나는 배우게 되었노라. 내가 비결을 배우게 되었노라. 내가 비밀에 이르도록 배웠노라."

그는 어떻게 배우게 되었습니까? 이 질문에 대답을 해 보겠습니다. 먼저 그것은 순전히 경험에 의한 것이었습니다. 저는 고린도후서 12장, 그 중에서 또 특별히 9절과 10절에 나오는 '육체의 가시'에 대한 말씀에 당신의 관심을 촉구할 필요가 있습니다. 바울은 가시를 좋아하지 않았습니다. 그래서 저는 그것과 씨름하였습니다. 세 번씩이나 그것을 없애 달라고 기도했습니다. 하지만 가시는 떠나지 않았습니다. 그는 가시와 화목할 수 없었습니다. 그래서 저가 참아야만 했습니다. 그가 열심히 말씀을 전파하려고 하면 그 육체의 가시가 계속 그를 방해하는 것이었습니다. 하지만 바로 그때 그가 교훈을 받았습니다. "내 은혜가 네게 족하도다." 그는 하나님께서 그를 다루시는 순수한 경험의 결과로 이해하는 자리에 나아가게 된 것입니다. 그는 배워야만 했습니다. 그를 가르쳤던 바로 그 경험이 오늘날 우리 모두를 가르칩니다. 우리 가운데 어떤 사람은 배우는 데 매우 느립니다. 하지만 하나님께서는 친절하시게도 질병을 보내 주십니다. 때때로 그는 우리들을 때려 눕히기도 하십니다. 그러한 것들로 우리를 가르치시고 또 큰 교훈을 얻게 하셔서 우리를 기어이 귀한 위치로 인도해 주신다는 사실입니다.

하지만 그것이 경험으로만 되는 것이 아닙니다. 바울은 이 위대한 진리를 위대한 논증의 역사를 통해서 배우게 되었습니다. 당신 자신을 위하여 할 수 있는 몇 가지 단계의 논증을 당신에게 설명해 드리겠습니다. 바울의 논리가 다음과 같았다고 생각합니다. 그는 자기 자신에게 다음과 같이 말했습니다. "첫째, 상황은 항상 변하고 있다. 그러므로 나는 분명히 상황을 의존해서는 안 된다. 둘째, 가장 중요하고 또 본질적인 문제는 내 영혼과 하나님과의 관계이다. 그것이 가장 중요하다. 셋째, 하나님은 아버지로서 나에게 관심을 가지고 계신다. 하나님을 떠나서는 아무것도 나에게 일어나지 않는다. 심지어 머리카락 하나라도 다 헤아린 바 되신다. 내가 결코 그것을 망각해서는 안 된다. 넷째, 하나님의 뜻과 하나님의 방법은 큰 신비이다. 하지만 그가 뜻하시고 허용하시는 것은 무엇이든지 나의 유익을 위하여 필요한 것임을 나는 안다. 다섯째, 삶에 있어서 나타나는 모든 상황은 하나님의 사랑과 선하심에 대한 표명임을 밝혀 주는 것이다. 그러므로 내가 할 일은 하나님의 인자하심과 선하심의 특이한 표명을 찾아 보는 것이며 또 놀라움과 축복을 받을 준비를 갖추는 것이다. 왜냐하면 그의 방법은 나의 방법과 다르고 그의 생각이 내 생각과 다르기 때문이다.

예를 들자면 바울이 육체의 가시 문제로 배운 바가 얼마나 큰가? 그가 배운 바는 '내가 약할 때 곧 강함이라' 는 진리였다. 바울은 육체의 약함을 통해 하나님의 은혜가 나타남을 배웠다. 여섯째, 그러므로 내가 환경이나 상황을 있는 그 자체로 보아서는 안 되고, 차라리 하나님께서 내 영혼을 온전케 하시며 나를 최종적인 완전 상태로 이끌기 위하여 취급하시는 하나님의 방법으로 생각해야 한다. 일곱째, 현재 나의 상태가 어떠하든지 그것은 일시적이고 잠정적인 것이기 때문에 그것들이 결코 나에게서 궁극적으로 그리스도와 함께 나를 기다리는 기쁨과 영광을 빼앗아 갈 수 없다."

저는 바울이 그렇게 추리하고 논증했다고 제시하는 바입니다. 그는 기독교 진리와 복음의 빛에서 상황과 환경을 직면했으며 또 이런 단계와 과정들을 밟아서 그것들을 해결했습니다. 그런 다음에 그는 이렇게 말합니다. "네가 할 수 있는 무엇이든지 내게 해 보아라. 나는 조금도 흔들리지 않고 그대로 남아 있겠다. 어떤 일이 있어도 나는 요동치 않을 것이다."

분명하게 나타나는 큰 원칙은 그가 그리스도 안에서 언제나 그리스도 안에서 자신의 즐거움과 만족을 찾는 법을 배웠다는 사실입니다. 그것은 본 주제의 적극적인 면입니다. 우리는 그를 의지하는 법을 배워야 합니다. 또 그렇게 하기 위해서 그를 아는 법도 터득해야 하고 그와 교제를 나누는 법도 배워야 합니다. 우리는 그분 안에서 기뻐하는 법도 알아야 합니다. 이것을 선명하게 보여 드리겠습니다. 우리 중에 어떤 사람이 가질 수 있는 위험은 그리스도에 관한 책을 읽는 데 너무 많은 시간을 소비하는 것입니다. 그날이 올 것입니다. 참으로 올 것입니다. 우리가 책을 읽을 수 없는 때가 올 것입니다. 그때에는 시험도 옵니다. 당신이 여전히 행복할 것 같습니까? 당신은 자신이 귀머거리나 소경이 된다고 할지라도 그의 샘이 여전히 열려 있을 만큼 그를 잘 알고 계십니까? 언제나 당신이 그와 이야기 할 수 있고 들을 수 있으며 그를 즐길 수 있을 정도로 그를 잘 아십니까? 그분과의 관계가 언제나 그를 의지하는 관계였기 때문에 다른 어떤 일도 진정 문제되지 않는다면 모든 것이 잘되는 것입니다. 이것이 바울의 상태였습니다. 주님과의 친밀 관계가 너무 깊고 너무 컸기 때문에 모든 것을 초연할 수 있게 되었습니다.

마지막으로 바울이 이 교훈을 배우는 데 가장 도움이 되었던 것은 저가 가장 위대하고 완벽했던 그리스도 자신을 모델로 삼고 바라보았다는 점이라고 믿습니다. "그 앞에 있는 즐거움을 위하여 십자가를 참으사 부끄러움을 개의치 아니하신 예수를 바라보자"(히 12:1-4). 바울은 그를 바라보았고 또 그분을 완벽한 모범으로 삼았습니다. 그는 모범을 자신의 생활에 적용시켰습니다. "우리의 돌아보는 것은 보이는 것이 아니요 보이지 않는 것이니 보이는 것은 잠깐이요 보이지 않는 것은 영원함이니라"(고후 4:18).

바울은 자신이 처해 있는 환경을 초월하여 자족하는 법을 배우게 되었다고 고백하고 있습니다. 그리스도인이여, 당신은 자신이 이런 상태를 아신다고 말할 수 있습니까? 이것이 우리에게 첫째가 되게 합시다. 이것이 우리에게 꿈이 되게 합시다. 정신을 다하고 힘을 다하여 이 복된 상태에 들어가도록 노력합시다. 생활이 우리에게 이것을 강요할지 모르겠습니다. 하지만 환경이 그렇게 하지 않는다 할지라도 조만간 세상과 세상에 보이는 것들이 사라지고 영혼의 마지막 고독한 순간이 와서 죽음과 영원을 홀로 직면하게 될 바로 그때가 올 것입니다. 인생에 있어서 가장 위대한 일은 그리스도 자신이 그때에 '그러나 내가 혼자 있는 것이 아니라 아버지께서 나와 함께 계시느니라"(요 16:32)고 선언하시는 것입니다.

하나님께서 자신의 무한한 은혜로 역사하사 우리 모두가 이 위대하고 가장 귀한 교훈을 배울 수 있게 하시기를 기원합니다. 이 목적을 위하여 오거스터스 토플레디(Augustus Toplady)의 기도를 자주 드리도록 합시다.

> 살아 생전 숨쉬고
> 죽어 세상 떠나서
> 거룩하신 주 앞에
> 끝날 심판 당할때
> 만세 반석 열리니
> 내가 들어갑니다.

제 21 장

궁극적 치유

"내게 능력 주시는 자 안에서 내가 모든 것을 할 수 있느니라"

(빌 4:13)

여기에서 우리는 이방인을 위하여 세움을 받은 그 위대하고 능력있는 사도의 서신들 중에 풍성하게 발견되는 놀라운 진술들 가운데 하나를 대하게 됩니다.

사람이 사도 바울의 편지를 읽을 때 그가 자기 앞에 펼쳐진 일들을 다 마쳤다고 해서 동시에 크고 위대한 일들을 말하는 것도 마쳤다고 가정하는 것보다 더 큰 오해는 없을 것입니다. 우리는 언제나 이 사도의 추신에 주목하지 않으면 안 됩니다. 당신은 그가 언제 보석같은 말씀을 던져 주실지 알지 못합니다. 그의 서신 초두에서 혹은 츳신 부분 어디에서 진리에 대한 놀라운 통찰력과 심오한 교훈의 계시가 많이 나타나고 있습니다.

어떤 의미에서 우리가 지금 이 편지의 추신을 살펴보고 있는 것입니다. 그 사도는 9절 마지막 부분에서 자기가 하고 싶은 말을 다 마쳤습니다. 그리고 지금은 빌립보교회 성도들에게 개인적으로 보낸 선물에 대하여 저들의 호의에 사적인 감사를 드리고 있는 것입니다. 하지만 우리가 이미 살펴본 대로 그 사도는 한 번쯤 교훈이 되는 말씀을 하지 않고서 그 편지를 끝낼 수 없었습니다. 그는 저들에게 감사의 말을 하고 싶었지만 그보다 더 절실하게 그들에게 그리고 다른 사람들에게 알아주든지 알아주지 않든지 자신은 주 안에서 온전하다는 사실입니다. 우리가 살펴보려고 하는 13절은 바로 이 같은 관계 속에 들어 있습니다.

그래서 제가 "내게 능력 주시는 그리스도 안에서 내가 모든 것을 할 수 있느니라"는 이 말씀을 놀라운 진술이라고 말씀드린 것입니다. 그것은 동시에 승리감과 겸손으로 특징 지워지는 진술입니다. 처음에는 그가 교만한 소리를 하는 것처럼 들립니다. 하지만 그 말을 다시 한 번 살펴보면 그가 자신의 구주이자 주인이신 그분에게 바쳤던 가장 영광스럽고 감격스러운 헌사 중에 하나임을 발견하게 될 것입니다. 그것은 이 사도가 가장 즐겨 사용했던 역설적인 진술 가운데 하나입니다. 참으로 그것은 기독교의 진리가 언제나 본질적으로 역설이라고 말하는 기본적인 진리입니다. 그것은 우리에게 "기뻐하고 자랑하라"고 권면하면서 동시에 "겸손하고 겸비하라"고 말해 줍니다. 하지만 거기에는 모순이 없습니다. 왜냐하면 그리스도인의 자랑은 자기 자랑이 아니라 주 안에서의 자랑이기 때문입니다.

바울은 그렇게 말하는 것을 매우 좋아했습니다. 예를 들어 "우리 주 예수 그리스도의 십자가 외에는 내가 결코 자랑하지 아니하노라"고 하는 말씀이나, 아니면 "자랑하는 자는 주 안에서 자랑하라"는 말씀이 바로 그것입니다. 한편으로 우리에게 자랑하라는 권면의 말씀이 나옵니다. 하지만 언제나 주 안에서 자랑하라는 것입니다.

이 진술은 독특한 범주에 속하는 말씀입니다. 그리고 우리가 그 말씀을 접근하는 가장 좋은 방법은 두 가지의 번역을 인정하는 것이라고 봅니다. 흠정역은 어떤 의미에서 매우 정확합니다. 하지만 그것은 바울 사도가 간절히 전하고 싶었던 의미의 특별한 부분을 제대로 살리지 못했습니다. 그것은 "나를 능하게 하시는 그리스도로 말미암아 내가 모든 것을 할 수 있느니라"고 번역하고 있습니다. 하지만 제가 보기에는 다음과 같이 번역하는 것이 더 좋을 것 같습니다. "나는 내게 끊임없이 힘을 불어넣어 주시는 분 안에서 모든 일에 강하느니라." 권위 있는 학자들은 '그리스도'라는 단어가 이 본문 가운데 나타나지 않고 있다는 데 동의합니다. 우리도 그 말에 주저할 필요는 없습니다. 바울은 실제적으로 이렇게 설명하고 있습니다. "나는 내게 끊임없이 힘을 불어넣어 주시는 분(그리스도) 안에서 모든 일에 강하느니라." 바울이 실제적으로 말하는 바는 자신이 스스로 무엇을 할 수 있다는 말이 아니라 자기에게 힘을 불어넣어 주시는 분에 의해서 어떤 일, 아니 모든 일을 할 수 있다는 뜻입니다. 다시 말해서 우리는 바울이 앞에 나오는 구절에서 말씀하고 있는 바에 대한 궁극적이고도 최종적인 설명을 본문에서 듣게 됩니다.

당신은 거기에서 "어떠한 형편에든지 내가 자족하기를 배웠노니 내가 비천에 처할 줄도 알고 풍부에 처할 줄도 알아 모든 일에 배부르며 배고픔과 풍부와 궁핍에도 일체의 비결을 배웠노라"고 말한 바울의 고백을 기억하실 것입니다. 우리는 바울이 자신이 배우게 되었노라고 말했다는 사실을 앞에서 이미 살펴본 바 있습니다. 그가 언제나 이렇게 할 수 있었던 것은 아닙니다. 바울도 모든 형편에 자족하는 법을 배워야만 했습니다. 다시 말해서 모든 상황과 형편을 초월하여 자족하는 법을 배워야만 했다는 말입니다. 그는 배워야만 했습니다. 그는 계속해서 말하기를, 이렇게 되는 비결을 가르침 받았다고 했습니다. 그것이 바로 '내가 가르침을 받았다'는 말의 뜻입니다. 우리는 그 사도가 인도함을 통해서 혹은 기독교 신앙으로 비롯되는 논리적 추론이나 주님과 주님의 영광스러운 모범을 바라다보면서 주님에 대한 개인적인 깊은 지식을 습득함으로 그런 진리에 이르렀다는 사실을 알아보았습니다.

하지만 우리가 얻을 수 있는 궁극적인 설명은 13절 말씀 속에 들어 있습니다. 바울은 자신이 발견했던 진짜 비결을 이렇게 말합니다. "내 속에 끊임없이 힘을 불어넣어 주시는 그분 안에서 내가 강하게 되었노라." 그것이 바로 그의 궁극적 설명입니다. 바로 이 점이 바울이 항상 되돌아가는 지점이라는 사실을 당신에게 상기시켜 드릴 필요는 없습니다. 바울은 거기로 돌아오지 않고서 논증을 종결시키는 법이 결코 없습니다. 그것은 바울이 언제나 모든 논증과 토론을 종결시키는 지점입니다. 모든 것이 언제나 그리스도 안에서 그리고 그리스도와 더불어 종결됩니다. 그가 최종 기점입니다. 그리스도야말로 바울의 삶과 그의 모든 인생관의 설명입니다. 바로 그것이 바울이 우리에게 주고 있는 교훈입니다. 다시 말해서 그가 지금 그리스도께서 모든 환경과 모든 동등성, 그리고 모든 가능성에 있어서 전적으로 충족하신 분이라고 말하고 있습니다. 물론 그렇게 말함으로써 그가 우리에게 신약성경의 기본 교리로 묘사할 수 있는 많은 것들을 소개해 준다고 하겠습니다. 결국 신앙 생활이란 하나의 생명이고 능력이며 활동입니다. 그것은 우리가 언제나 망각하는 경향이 있는 그 무엇입니다. 신앙 생활은 단순한 하나의 철학이 아닙니다. 그것은 단순한 어떤 견해도 아닙니다. 그것은 우리가 취하여 실천에 옮기려고 노력할 하나의 교훈이 아닙니다. 그것은 전부입니다. 아니 그것은 무한히 더 큰 그 무엇입니다. 신약성경에 나오는 많은 말씀에 따르면, 신앙 생활의 본질이란 우리 속에 들어오는 강력한 능력이요 우리 속에서 약동하는 하나의 생명입니다. 그것은 하나의 활동, 곧 하나님 편에서 역사하는 활동입니다.

그 사도는 본 서신 여러 곳에서 벌써 그것을 강조해 왔습니다. 그 중에 몇 곳을 당신에게 상기시키도록 하겠습니다. 1장에서 그는 말하기를 "너희 가운데서 착한 일을 시작하시는 이가 그리스도 예수의 날까지 이루실 줄을 확신한다"고 했습니다(1:6). 바울은 이렇게 말합니다. "나는 너희가 이런 식으로 자신들을 그리스도인으로 생각하기 바란다. 너희는 하나님께서 너희 안에서 이미 일을 시작하신 백성들이다. 하나님께서 너희 안에 들어 가사 역사하고 계시느니라." 그것이 바로 그리스도인의 참 모습입니다. 그들은 어떤 이론을 취하여 그것을 실천하려고 애쓰는 사람들이 아닙니다. 지금 하나님께서 그들 속에서 그리고 그들을 통해서 어떤 일인가 행하고 계십니다. 2:12-13에 나오는 말씀에 귀를 기울여 보시기 바랍니다. "두렵고 떨림으로 너희 구원을 이루라 너희 안에서 행하시는 이는 하나님이시니 자기의 기뻐하는 뜻을 위하여 너희 속에 소원을 두고 행하심이라." 하나님께서 우리 안에 소원을 두고 행하시는 것은 하나님 자신의 기뻐하시는 뜻에서 나왔습니다. 우리의 고상한 생각들, 우리의 고상한 열망들 그리고 모든 의로운 성향은 다 하나님에게서 나왔으며 또 하나님이 그것들을 우리 안에 있도록 하셨기 때문에 있게 된 것들입니다. 그것은 우리의 활동이 아니라 오히려 하나님의 활동입니다. 그래서 바울은 3:10에서 "자기 생애 가운데 최고의 소원이 주님과 주님의 부활의 능력을 아는 것"이라고 말하고 있습니다. 또 바울은 줄곧 자신의 능력의 문제와 생명의 문제에 관심을 두고 있습니다.

당신은 바울이 다른 서신에서도 똑같은 말을 하고 있음을 발견하실 것입니다. 에베소교회 성도들을 위한 바울의 위대한 기도는 무엇입니까? 그는 저들이 "그의 힘의 강력으로 역사하심을 따라 믿는 우리에게 베푸신 능력의 지극히 크심을, 곧 그리스도를 죽은 자 가운데서 살리실 때 그리스도 안에서 역사하셨던 그 능력"을 알도록 기도하였습니다(1:19, 20). 그는 2:10에서 계속 말하기를, 우리는 "그리스도 예수 안에서 새로 지으심을 받은 자들"이라고 했습니다. 또 당신은 3장 끝 부분에 나오는 위대한 진술 역시 기억하실 것입니다. "하나님은 우리 안에서 역사하시는 능력대로 우리의 온갖 구하는 것이나 생각하는 것에 더 넘치도록 능히 하시리라." 그것이 바로 신약성경의 전형적이고 특징적인 교훈입니다. 만일에 우리가 그것을 붙잡지 못한다면, 그리스도인의 삶과 위치에 관한 가장 영광스러운 것들 중에 하나를 놓치고 말 것입니다. 그리스도인이란 본질적으로 새생명을 얻은 존재들입니다.

이제 제가 결코 인용하는 데 싫증을 느끼지 않는 요한 웨슬리가 좋아하는 그리스도인에 대한 정의를 다시 한 번 상고해 보도록 하겠습니다. 그는 이것을 17세기에 살았던 스코틀랜드 사람 헨리 스카우걸(Henry Scougal)의 책 속에서 발견했습니다. 그 말은 「인간의 영혼 속에 있는 하나님의 생명」(the life of God in the souls of men)이라는 제목 속에 들어 있었습니다. 그것이 바로 그리스도인이 되게 하는 것입니다. 그리스도인은 단순히 선하고 순진하며 도덕적인 사람만은 아닙니다. 하나님의 생명이 그 속에 들어가서 그 속에 정력과 능력과 생명이 있는 그런 존재입니다. 저를 특별하고 독특한 그리스도인으로 만들어 주는 것이 바로 그것이며 또 바울이 여기에서 우리에게 말씀하는 바가 바로 그것입니다.

　이것을 부정적인 측면에서 고찰함으로 시작해 보겠습니다. 바울은 이 훌륭한 구절에서 자신이 한 사람의 스토아 학파 철학자가 되었다고 말하고 있지 않습니다. 그는 자기 수양을 많이 쌓은 결과로 세상과 환경에 대한 무관심을 고양시키거나 아니면 훈련의 결과로 마침내 자신이 모든 것을 할 수 있고 또 모든 것을 견딜 수 있는 비법을 배웠다고 말하지 않습니다. 결코 그런 것들을 말하지 않았습니다. 스토아 학파라면 그렇게 할 수 있음을 상기시켜 드리고 싶습니다. 스토아 철학은 단순한 하나의 이론이 아닙니다. 그것은 많은 사람에게 있어서 사실상 하나의 생활 방식이었습니다. 스토아 철학자들 몇 사람을 읽어 보십시오. 그리하면 당신은 저들이 그런 생활 방식의 결과로 세상에서 일어나고 있는 일들에 일종의 소극적 무관심을 발달시켰다는 사실을 발견하게 될 것입니다. 당신은 똑같은 방식으로 살아가고 있는 인도의 탁발승들에 대해서 듣기도 하고 책으로 읽어 보실 수도 있습니다. 그들은 마음의 힘을 잘 개발함으로써 자신의 육체를 조정할 수 있고 또 마음의 수양을 쌓는 데 집중함으로써 이런 종류의 면역성 혹은 자기 주변이나 곁에서 일어나는 일들에 대한 무관심을 발전시킬 수 있습니다. 그것은 많은 동방 종교들, 곧 힌두교나 불교를 특징지워 주는 대원칙이기도 합니다. 그런 종교들은 모두 상황이나 환경 때문에 죽어가는 사람들을 돕고 또 주변에서 일어나고 있는 일들에 대한 무관심을 고조하며 환경에 영향을 받지 않고 인생이나 세상을 살아가도록 돕기 위한 목적으로 만들어졌습니다. 제가 지적하고 싶은 요점은 동방의 신비주의자처럼 되었다고 말하지 않습니다. 그는 아무것도 자신에게 영향을 줄 수 없다는 점에서 그가 스토익 학파의 금욕주의적인 철학을 발전시켰다고 언급하고 있지 않습니다.

　당신은 왜 제가 이 같은 부정적인 강조에 관심을 두고 있다고 보십니까? 제가 그렇게 할 수밖에 없었던 이유는 그와 같은 모든 교훈들은 우리에게 아무 소망도 주지 못하고 또 그런 종교들은 결국 염세주의라는 사실 때문입니다. 스토아 철학도 최종적으로 분석해 보면 매우 깊은 염세주의에 불과합니다. 그것은 결국 세상은 소망이 없고 아무것도 선하지 못하며, 그러므로 당신이 할 일이란 될 수 있는 한 당신이 상처받을 일을 거부하면서 인생을 살아가는 것이란 결론에 이르렀습니다. 물론 동양종교들은 전적으로 다 염세주의입니다. 그들은 물질 그 자체를 악한 것으로 봅니다. 육체도 본질적으로 악하다고 생각합니다. 그들은 모든 것이 악하다고 말합니다. 그러므로 해야 될 일은 고통을 최소화하고 살아가는 것이며 또다시 태어날 경우에는 그것이 모두 없어지고 결국 절대적이고 완전한 세계 속에 자신마저 흡수되어 버리고 없어져서 분리된 인격으로 존재하지 않게 되기를 바라는 것뿐입니다.

그런 것은 소극적인 것이 아니라 본질적으로 적극적인 기독교 복음과 정 반대되는 사상입니다. 기독교 복음은 물질을 본질적으로 악한 것으로 보지 않습니다. 세상도 본질적으로 악한 것이 아니며 물질적인 입장에서 그것 자체가 본래 악한 것이 아닙니다. 이같은 이유로 우리는 부정적인 인생관을 거절할 수밖에 없습니다. 그것은 주 예수 그리스도께 영광과 존귀를 돌리지 못합니다. 그것이 바울이 가장 관심을 쏟고 있는 부분입니다. 바울은 우리가 그의 승리는 그리스도와의 연합을 기초로 한 승리임을 깨닫기를 바라고 있습니다. 다시 말해서 우리가 처음의 정의에로 돌아왔다고 하겠습니다. 그리스도인이 된다는 것은 그리스도의 가르침을 신봉하는 것뿐만 아니라 그것을 실천하는 것입니다. 다시 말해서 그것은 그리스도를 모범으로 따르려고 힘쓰는 것뿐만 아니라, 한 걸음 더 나아가서 그리스도와 생명적으로 연합하여 그의 생명과 그의 능력이 우리 속에 역사하는 것입니다. 그리스도인이 된다는 것은 그리스도 안에 있는 것이며 또 그리스도께서 우리 안에 계신다는 것입니다. '그리스도 안에'라는 말과 '너희 안에 계시는 영광의 소망이신 그리스도'라는 말은 신약적인 용어들입니다. 이런 용어들은 신약성경에 나오는 모든 서신서들 속에서 발견됩니다.

다시 말하자면 우리는 우리의 교리를 다음과 같은 형식으로 표현할 수 있습니다. 여기에서 바울이 말하는 바는 그리스도께서 자기에게 풍성한 힘과 능력을 부어 주셨기 때문에 자신이 강하게 되어 모든 것을 할 수 있게 되었다는 것입니다. 그는 자기 자신이 혼자 버려져 있지 않았습니다. 그는 이 엄청난 악조건들과 혼자 그리고 소득 없이 싸우고 있는 것이 아닙니다. 그의 생명 속으로 들어왔고 또 지금도 들어오고 있는 것은 바로 그리스도 자신에게서 나온 위대한 능력입니다. 그래서 이것이 원동력이 되었고 또 활력과 힘으로 작용하고 있는 것입니다. 그러므로 바울이 "이 분 안에서 내가 모든 것을 할 수 있다"고 말합니다.

이것은 지금까지 그가 말했던 가장 영광스러운 진술들 중에 하나인 것이 분명합니다. 여기 옥 중에 한 사람이 있습니다. 그는 자신의 생애 가운데 벌써 많은 고난을 겪었습니다. 또 그는 여러 가지 상황 속에서 낙심한다는 것이 무엇인가를 알고 있습니다. 핍박과 멸시와 조롱을 받고, 비웃음과 심지어 1장에서 말해 주고 있는 대로 동료 사역자들에게서 실망하기도 하며, 여러 가지 상황 가운데서도 강심장을 가졌던 그를 낙심케 하는 감옥에 감금되고 또 잔인한 순교를 직면해야만 했습니다. 그럼에도 불구하고 바울은 강력한 도전장을 낼 수 있었습니다. "나에게 끊임없이 능력을 공급해 주시는 그분 안에서 나는 굳세게 설 수 있고 모든 것을 견딜 수 있노라."

저는 지금 이 교훈을 그 같은 형식으로 설명하고 싶은 간절한 심정입니다. 이런 때에는 세상 돌아가는 일반적 상황에 대해서 끊임없이 설명해 주는 것이 목사님이나 교회의 임무라고 느끼는 사람들이 있습니다. 많은 사람들이 이렇게 말합니다. "세상이 이렇게 돌아가고 있는데 목사님은 개인적인 경험의 문제만을 다루십니까? 그것은 실제 생활과 거리가 멀지 않습니까? 신문도 안 읽고 라디오 방송도 듣지 못하십니까? 세상 형편을 모르십니까? 왜 목사님은 세상과 각 나라들의 상황에 대해서는 한 마디의 말씀도 언급하지 않으십니까?" 그런 질문에 저는 다음과 같이 단순하게 대답합니다. "저나 다른 많은 목사님들 그리고 기독교교회 전체가 모든 상황에 대해서 말을 한다 할지라도 그것에 대해서는 전혀 어떤 영향을 미치지 못할 것입니다. 교회가 여러 해 동안 정치나 경제적 상황에 대해서 말해 왔습니다. 하지만 눈에 보일 만한 효과는 없었습니다. 그

제21장 궁극적 치유 *381*

것은 교회에서 설교 시간에 할 일이 아닌 것 같습니다."

　기독교의 설교 임무는 다음과 같은 것을 사람에게 설명하는 것이라고 봅니다. 불안한 이 세상에서 우리가 벌써 사 반세기 밖에 안 되는 짧은 세월 안에 두 번의 큰 세계대전을 경험한 바 있습니다. 그럼에도 불구하고 우리는 여전히 그보다 더 심각한 문제를 직면하기도 합니다. 여기에 문제가 있습니다. 당신은 그런 문제를 어떻게 직면하시겠습니까? 그것을 어떻게 대처하실 수 있습니까? 국제적인 정치 문제에 대한 제 견해를 말씀드린다 해도 누구에게도 도움이 될 것 같지 않습니다 오히려 제가 할 수 있는 것이 있음을 하나님께 감사드립니다. 저는 어떤 것을 당신에게 말씀드릴 수 있습니다. 당신이 실천하고 따를 수만 있다면 저는 사도 바울이 다음과 같이 말한 것처럼 당신도 그렇게 할 수 있도록 방법을 말씀드릴 수 있습니다. '나는 강하다. 무슨 일이 일어나든지 나는 모든 것을 처리할 수 있다. 그것이 우리가 지금까지 알고 있는 익숙한 삶이든지 전적으로 색다른 삶이든지 나는 모든 것이 준비되어 있도다.' 제가 반복하며 말씀드리지만 그것은 잘못된 것에 대한 수동적이고 소극적인 복종을 뜻하는 것이 아닙니다. 전혀 그렇지 않습니다. 오히려 그것은 어떤 일이 생길지라도 당신이 그에 대하여 대처할 준비가 되어 있다는 뜻입니다.

　우리가 사도 바울의 언어를 말할 수 있습니까? 우리는 벌써 어떤 시험과 시련들 그리고 앞으로 올지도 모르는 더 많은 일들에 대해서 살펴보았습니다. 우리는 바울과 더불어 어떤 일이 생긴다 할지라도 그것을 대처할 수 있는 힘과 능력을 구비하고 있다고 말할 수 있습니까? 그 사도는 어떤 일이 발생할지라도 그 일을 감당할 수 있도록 하는 능력을 소유했습니다. 이 능력을 우리가 어떻게 얻을 수 있을까요?

　이에 대한 큰 혼란이 있을 수 있습니다. 제가 하고 싶은 일은 그 혼란을 줄이도록 힘쓰는 것입니다.

　이 능력을 얻으려고 노력하면서 자신의 전 생애를 소비하는 사람들도 많습니다. 하지만 저들이 그 능력을 소유하고 있는 것 같지 않습니다. 저들은 "이 능력을 소유하고 있는 많은 다른 그리스도인을 만나 보았습니다. 하지만 저는 그것을 얻지 못한 것 같아요"라고 말합니다. 또 "만일

제 삶 속에 이런 능력을 가질 수만 있다면 온 세상을 다 줄 수 있을 것 같아요. 어떻게 이 능력을 얻을 수 있지요?"라고 말하는 사람도 있습니다. 저들이 그것을 얻으려고 일생을 투자하지만 결코 그것을 얻지 못합니다. 왜 그럴까요? 제가 볼 때 그 주원인은 '나와 그분' 혹은 바울이 말한 능력을 주시는 '그분'과의 알맞은 상대적 위치를 저들이 인지하고 깨닫는 데 실패했기 때문입니다. "내가 모든 것을 할 수 있다", 혹은 "나에게 끊임없이 능력을 고급해 주시는 그분을 통해 내가 모든 일들을 할 수 있다", 또는 흠정역에서 번역하고 있는 대로 "내게 능력 주시는 자 안에서 내가 모든 것을 할 수 있다"라고 바울은 말합니다. 바로 여기에 모든 문제의 핵심이 있습니다. 나와 그리스도와의 올바른 관계 그리고 바른 균형이 바로 그것입니다.

이 점에 있어서 많은 혼동이 있습니다. 혼동의 첫 번째 원인은 '나'만을 강조하는 것입니다. 어떤 의미에서 제가 이것을 벌써 취급한 바 있습니다. 스토아 학파가 그렇고 힌두교나 불교가 그렇습니다. 또 정신 수양을 하는 모든 사람들이 언제나 그렇습니다. 이런 것이 적절치 못한 것임을 우리는 앞에서 살펴보았습니다. 하지만 그것이 부적절하다는 결론적인 이유는 그것이 강한 의지력을 소유하고 있고 또 이런 의지력을 키울 수 있는 시간적 여유가 있는 사람들에게나 가능한 형태의 가르침이라는 사실 때문일 것입니다. 저는 체스터톤(G. K. Chesterton) 씨의 말에 전적으로 동감합니다. 그는 자신이 단순한 생활을 반대하는 주원인이 바로 그런 생활을 하기 위해서는 백만장자가 되지 않으면 안 되기 때문이라고 했습니다. 당신은 시간이 필요한 사람입니다. 만일에 당신이 노동자라면 여가나 쉴 기회를 가질 수 없을 것입니다. 당신이 그처럼 안일한 삶을 살기 전에 먼저 백만장자가 되지 않으면 안 되리라고 봅니다. 앞에서 말씀드린 교훈과 똑같지 않습니까? 아니 그보다 더하지 않습니까? 만일에 당신이 고귀하고 지성적인 사람으로 태어나서 시간과 여가를 가질 수 있다면, 당신은 여러 주썩 혹은 여러 날씩 마음과 정신의 수양에 전념할 수 있을 것입니다. 이것은 여가도 못 내고 정력도 없는 사람과 특별히 자성적이지 못한 사람들에게는 복음이 되지 못합니다. 우리는 '나'

를 지나치게 강조해서는 안 됩니다. 그것은 하나의 잘못입니다. 하지만 그것과 극단적으로 반대인 것도 잘못입니다. '나'를 지나치게 강조하는 사람이 있듯이 '나'를 아주 지워 버리려고 하는 사람도 있습니다. 제가 이번 주간에 읽었던 한 권의 신앙 잡지를 통해서 그런 문제를 설명해 보도록 하겠습니다. 이것은 그리스도인에 대한 저들의 정의입니다. 그 잡지에서 그리스도인을 이렇게 정의한 것입니다.

> 그리스도께서 그것을 통해서 생각하실 수 있는 마음과
> 그리스도께서 그것을 통해서 말씀하실 수 있는 음성과
> 그리스도께서 그것을 통해서 사랑하실 수 있는 심장과
> 그리스도께서 그것을 통해서 도우실 수 있는 손을 가진자.

본문의 견지에서 본 제 대답은 천만의 말씀입니다. 그것은 천만의 말씀일 뿐만 아니라 또한 기독교의 가르침을 우스꽝스럽게 만들어 놓은 것에 불과합니다. 만일에 그리스도인이 그리스도께서 생각하시는 마음이고, 그리스도께서 말씀하시는 음성이며, 그리스도께서 사랑하시는 심장이고 또 그리스도께서 그것을 통해서 도우시는 손이라고 할 때 '나'는 어디에 있습니까? '나'는 없어졌습니다. '나'는 지워지고 말았습니다. '나'는 더 이상 나타나지 않고 존재하지 않게 되었습니다. 그 인용문에 나타난 가르침을 보면 그리스도인이란 그의 인격이 완전히 존재하지 않는 그런 사람이고, 오직 그리스도께서 그의 여러 가지 능력과 기능들만 사용하시는 것으로 이해됩니다. 그리스도께서 그를 사용하시는 것이 아니라 단지 그의 목소리를 사용하시고 그의 마음을 사용하시며 그의 심장을 사용하시고 그의 손을 사용하신다는 말입니다. 하지만 그것은 바울의 말과 다릅니다. 그는 말하기를 "내게 능력 주시는 자 안에서 내가 모든 것을 할 수 있느니라"고 했습니다. 또 다른 곳에서 바울이 말하는 것을 들어보십시오.

당신은 그가 갈라디아서 2장에서 다음과 같이 말하고 있음을 기억하실 것입니다. "이제는 내가 사는 것이 아니요 내 안에 계시는 그리스도께

서 사시는 것이라." 여기에 '나'가 생략되어 있습니다. "이제는 내가 사는 것이 아니요 내 안에 계신 그리스도께서 사시는 것이라 내가 이제 육체 가운데 사는 것은 나를 사랑하사 나를 위하여 자기를 주신 하나님의 아들을 믿는 믿음으로 사는 것이라." 여기에는 여전히 '나'가 있습니다. 그러므로 우리가 이 교훈에 공정하고자 한다면, 참된 위치를 지키지 않으면 안 됩니다. 신앙 생활이란 나 자신이 살고 또 자신의 힘으로 사는 삶이 아닙니다. 그렇다고 나 자신은 완전히 없어지고 그리스도께서 모든 것을 하시는 그런 삶도 아닙니다. 그 같은 삶이 아니고, "내가 그리스도를 통해서 모든 것을 할 수 있다"는 삶입니다. 제가 지나간 세기에 유명했던 한 노설교가가 본문을 가지고 설교할 때 사용했던 방법을 말씀드림으로써 이것을 가장 잘 설명할 수 있지 않을까 생각합니다. 옛날의 설교가들은 종종 연극을 통해서 말씀을 전파했습니다. 저들은 강단에서 그 사도와 직접 대화하는 식으로 설교합니다. 이 노설교가도 본문을 그런 식으로 설교하기 시작했습니다.

> "내게 능력 주시는 그리스도를 통해서 나는 모든 것을 할 수 있다."
> "잠깐만 바울 선생님, 지금 뭐라고 말씀하셨지요?"
> "내가 모든 것을 할 수 있다고 했소."
> "바울 선생님, 그것은 분명히 자랑 같은데요. 선생님은 자신이 수퍼맨이라도 된 것처럼 말씀하고 계시는 것이지요?"
> "아니요, 그러나 나는 모든 것을 할 수 있습니다."

그렇습니다. 그 노설교가는 이런 식으로 설교를 계속했습니다. 그는 바울이 성도 중에서 가장 작은 자라고 하신 말씀과 또 다른 진술들을 인용해 가면서 질문을 던졌습니다.

"바울 선생님, 당신은 대체적으로 매우 겸손하신 분입니다. 하지만 당신은 자신이 모든 것을 할 수 있다고 말씀하셨어요. 그것은 교만해지기 시작하신 것 아닙니까?" 그때에 드디어 바울이 말합니다. "그리스도를 통하여 나는 모든 것을 할 수 있습니다." 그 노설교자가 말했습니다. "죄

송합니다. 용서하십시오. 저는 두 분의 바울 선생님이 계신 것을 몰랐습니다." 저는 이제 그 말이 완전히 설명될 수 있다고 생각합니다. '그리스도를 통하여 내가 모든 것을 할 수 있다. 두 사람의 당신이 있다.' 나 혼자만이 아니고 또 그리스도 혼자만이 아닌 나와 그리스도, 그리스도와 나, 이렇게 우리 둘이 있는 것입니다.

아주 좋습니다. 이제 그 교훈을 다음과 같이 설명해 보도록 하겠습니다. 이 능력의 문제를 접근하는 옳은 방법이 무엇이겠습니까? 바울이 자신에게 주입되어 저를 강하게 하고 또 모든 것을 굳게 서서 견디게 만들어 준다고 말한 바로 이 능력을 우리가 어떻게 얻을 수 있습니까? 비유를 하나 들어 볼까요? 저는 머뭇거리고 또 걱정하면서 이 비유를 듭니다. 왜냐하면 어떤 비유도 이 문제에 있어서 완전하지 못하기 때문입니다. 하지만 우리가 진리에 이르는 데 도움은 될 것입니다. 이와 관련해서 핵심적인 문제는 접근 방법의 문제입니다. 우리가 군사 용어로 표현한다면 전략입니다. 여기에서 '간접적인 접근 방법'이라는 전략보다 더 중요한 것은 결코 없을 것입니다. 당신은 군 전략에 있어서 언제나 목표물에 직접적으로 접근해서는 안 된다는 사실을 알고 계실 것입니다. 때로는 반대 방향으로 가는 것처럼 하다가 뒤로 살짝 돌아올 수도 있습니다. 그것이 간접적인 접근 방법이라는 전략입니다. 여기에서 필요한 전략 역시 그렇습니다.

예를 들어 이 문제를 설명해 보도록 하겠습니다. 그리스도인의 삶 속에서 이 능력의 문제는 건강의 문제와 비슷합니다. 세상에는 일생의 대부분을 건강을 도모하는 데 써 버리는 사람들이 많습니다. 저들은 이 온천에서 저 온천으로 그리고 이런 치료에서 저런 치료로 또 이 의사에게서 저 의사에게로 전전하면서 시간과 돈을 씁니다. 그들은 건강을 추구합니다. 당신이 그들을 만날 때마다 그들은 즉시 자신들의 건강에 대해서 이야기하기 시작합니다. 그들의 생애 가운데 최대 관심사는 건강의 문제입니다. 그럼에도 불구하고 건강이 좋지 않습니다. 문제가 무엇일까요? 때로는 그 문제가 저들이 첫 번째 원칙을 망각한 데서 기인됩니다. 다시 말해서 저들이 현상태에 이르게 된 근본적인 이유를 설명하자면 저들이 음식을 너무 많이 먹고 운동을 적게 하기 때문이라는 것입니다. 저들은 자연스럽지 못한 생활을 하고 있습니다. 사람이 너무 많이 먹으면 어떤 종류의 산이 과다 생산되고 또 이 산이 많아지면 치료를 요하는 상태로 전환됩니다. 그들은 음식을 덜 먹고 운동을 더 많이 하라는 충고를 받아야만 합니다. 그렇지 않으면 어떤 결과가 올지 모릅니다. 저들이 첫 번째 원리, 곧 생과 삶의 기본적인 원칙들을 망각하지만 않았더라면 저들의 문제는 결코 발생하지 않았을 것입니다. 바로 이 같은 이유 때문에 그들은 자연스럽지 못한 상황과 또 치료를 요하는 상태로 발전하게 됩니다.

제가 그것이야말로 그리스도인의 삶에 있어 능력이라는 큰 주제를 설명할 수 있는 비유라고 말씀드리는 바입니다. 건강은 올바른 생활 방식에서 결과되는 그 무엇입니다. 건강은 직접적으로, 그리고 즉각적으로, 또는 저절로 얻어지는 것이 아닙니다. 저는 사람이 건강에 대해서 그렇게 생각해서는 결코 안 된다고 말씀드리고 싶습니다. 건강은 올바른 삶의 결과로 오는 것입니다. 저는 그리스도인의 삶에 있어서 능력의 문제도 똑같다고 말씀드리고 싶습니다.

제가 또 하나의 예를 들어 보겠습니다. 설교의 문제를 생각해 봅시다. 설교할 때 능력보다 더 자주 거론되는 주제는 없습니다. '아, 내 설교에 능력이 있으면 얼마나 좋겠는가' 라고 설교자들은 말합니다. 그래서 무릎을 꿇고 능력을 달라고 기도합니다. 저는 이것이 아주 잘못될 수 있다고 생각합니다. 만일 설교자가 하는 유일한 일이 그것이라면 매우 잘못된 것입니다. 능력을 얻는 방법은 당신의 메시지를 주의 깊게 준비하는 것입니다. 하나님의 말씀을 연구하십시오. 그리고 깊이 생각하십시오. 말씀을 분석하십시오. 그것을 잘 정리하십시오. 최선을 다하여 보십시오. 그것이 바로 하나님께서 가장 복 주시기를 원하는 메시지입니다. 직접적인 접근 방법보다 간접적인 접근 방법이 바로 이것입니다. 그리스도인의 삶을 살기 위한 능력이나 힘의 문제에 있어서도 이와 똑같습니다. 능력을 위한 우리의 기도 외에는 우리는 어떤 기본적인 원리와 법칙에 순종하지 않으면 안 됩니다.

그러므로 저는 이 교훈을 다음과 같이 요약할 수 있습니다. 능력의 비결은 그리스도 안에 있는 우리에게 가능한 바를 신약성경으로부터 발견하고 배우는 것입니다. 제가 해야 할 일은 그리스도께로 가는 것입니다. 그리고 그와 더불어 시간을 보내지 않으면 안 됩니다. 저는 그를 묵상해야 합니다. 제가 그를 알아야만 됩니다. "내가 그를 알려 함이라." 그것이 바로 바울의 꿈이었습니다. 저는 그리스도와의 접촉과 교제를 유지해야만 합니다. 그리고 그를 아는 데 전념하지 않으면 안 되겠습니다.

그밖에 또 무엇이 있습니까? 저는 그가 저에게 말씀하시는 바를 그대로 행하지 않으면 안 됩니다. 저는 방해되는 것들을 피해야 합니다. 제 예를 들자면 저는 너무 많이 먹어서는 안 됩니다. 저는 탁한 공기 속으로 나아가서는 안 됩니다. 제가 건강하기를 바란다면 자신을 찬바람에 노출시키면 안 됩니다. 마찬가지로 우리가 영적 규칙들을 지키지 않는다면, 우리가 능력을 얻기 위하여 끝없이 기도한다 할지라도 그것을 결코 얻을 수 없습니다. 그리스도인의 삶에 지름길이란 있을 수 없습니다. 만일에 우리가 핍박 중에라도 바울과 같은 심정을 가지기를 바란다면 우리가 바울처럼 살지 않으면 안 됩니다. 주께서 저에게 하라고 하시는 것과 하지 말라고 말씀하시는 것을 동시에 다 순종하지 않으면 안 됩니다. 저는 성경을 읽어야 합니다. 저는 신앙 생활을 연습하고 실천해야 합니다. 저는 모든 것이 충만한 가운데 신앙 생활을 해야 합니다. 다시 말해서 저는 사도 바울이 8-9절에서 가르치셨던 바를 준행해야 합니다. 제가 이해하기로는 이것이 그리스도 안에 거하는 삶에 대한 신약성경의 가르침입니다. 여기에서 '거한다'는 단어는 사람들을 감상적으로 만듭니다. 저들은 거한다는 것이 어쩐지 수동적이고 또 무엇에 매달려 있는 듯이 생각합니다. 하지만 그리스도 안에 거한다는 것은 그가 당신에게 말씀하신 바를 적극적으로 이행하고 또 쉼임 없이 기도하는 것입니다. 거한다는 것은 참으로 활동적인 것입니다.

그 사도가 말씀합니다. "만일에 너희가 모든 것을 행하면, 그가 자신의 힘을 너희에게 부어 주시리라." 얼마나 멋진 생각입니까? 이것은 일종의 영적 수행입니다. 그것이 바로 여기에서 바울이 교훈하는 바입니다.

어떤 이유로 피를 너무 많이 흘린 환자가 여기에 있습니다. 그가 기운이 없고 숨을 몰아쉬고 있습니다. 약을 흡수하여 효력을 나타낼 만큼 충분한 피가 없기 때문에 약을 써도 소용이 없습니다. 그 사람은 빈혈증 환자입니다. 당신이 그를 위해서 해 줄 수 있는 유일한 일은 수혈, 곧 피를 그에게 공급해 주는 것입니다. 그것이 바로 바울이 말씀하는바 주 예수 그리스도께서 저를 위하여 행하셨던 일이었습니다. 바울이 말합니다. "저는 자신이 매우 약함을 알고 있습니다. 기운이 다 빠지고 때로 내 속에 생명의 피가 전혀 없는 것처럼 느껴집니다. 하지만 당신도 알다시피 이 관계 때문에 저는 그분이 내 속에 피를 주입시키는 것을 발견합니다. 그는 모든 상태와 상황을 알고 계십니다. 그는 무엇이 저에게 필요한지 정확하게 아십니다. 아, 그분이 저에게 얼마나 많이 주시는지 모릅니다. 그분은 "내가 약할 때 곧 강하다"라고 말할 수 있습니다. 때때로 저는 큰 능력을 의식합니다. 제가 아무것도 기대하지 않을 때가 있습니다. 그럼에도 불구하고 그분은 모든 것을 주십니다."

그것이 바로 신앙 생활의 낭만입니다. 교회 강단에서 보다 그것을 더 많이 경험할 수 있는 곳은 없습니다. 설교에는 분명히 낭만이 있습니다. 저는 종종 세상에서 강단보다 더 낭만적인 곳은 없다고 말합니다.

저는 매주일마다 강단의 계단을 올라갑니다. 어떤 일이 일어날지 저는 전혀 알지 못합니다. 여러 가지 이유 때문에 제가 아무것도 기대할 수 없지만 때로는 갑자기 능력이 임한다는 사실을 고백드립니다. 또 어느 때에는 준비가 충분했기 때문에 큰 역사가 나타날 것으로 생각했지만 전혀 능력이 없음을 발견하곤 합니다. 그렇게 됨을 인하여 하나님께 감사드립니다. 제가 최선을 다합니다. 하지만 그분이 관장하시고 능력을 공급하십니다. 주님이 능력을 주십니다. 그는 하늘로부터 임하신 의사이십니다. 그는 제 상태에 나타나는 모든 변수를 아십니다. 그는 저의 안색을 살피시며 저의 맥박을 느끼십니다. 그는 제가 설교를 잘못하는 것도 압니다. 그는 모든 것을 다 아십니다. 그래서 바울은 "바로 그렇다. 그러므로 내게 끊임없이 능력을 부어 주시는 그분을 통해서 모든 것을 할 수 있다"고 말하고 있습니다.

그러면 이제 처방을 내리도록 하겠습니다. 능력을 달라고 기도로 간청하면서 번민하지 마십시오. 그가 하라고 말씀하시는 바를 행하십시오. 그리스도인의 삶을 사십시오. 기도하십시오. 그를 묵상하십시오. 그와 더불어 시간을 보내시고 자신을 당신에게 나타내시기를 간구해 보십시오. 당신이 그렇게 하시는 동안 당신은 나머지를 그분께 맡길 수 있습니다. 그가 당신께 힘을 주실 것입니다. 세월은 흘러가도 당신은 힘이 있게 될 것입니다. 우리가 우리 자신을 아는 것보다 그는 우리를 더 잘 알고 계십니다. 그리고 우리가 필요할 때마다 저가 그것을 공급해 주실 것입니다. 그렇게만 해 보십시오. 그리하면 당신도 바울과 더불어 다음과 같이 말할 수 있게 될 것입니다. "나는 끊임없이 나에게 힘을 공급해 주시는 그분을 통해서 모든 것을 할 수 있도다."

CHRISTIAN LITERATURE CRUSADE

사단법인 기독교문서선교회는 청교도적 복음주의신학과 신앙을 선포하는 국제적, 초교파적, 비영리 문서선교기관입니다.

사단법인 기독교문서선교회는 한국교회를 위한 교육, 전도, 교화에 힘쓰고 있습니다.

만일 당신이 예수 그리스도와 그리스도인의 생활에 대하여 알기를 원하시면 지체말고 서신연락을 주십시오. 주 안에서 기쁜 마음으로 도움을 드리겠습니다.

서울 서초구 방배동 983-2
Tel. (02)586-8761~3

사단법인 기독교문서선교회

영적침체와 치유
Spiritual Depression : Its Causes and Its Cure

2001년 11월 30일 초판
2011년 3월 10일 초판 3쇄

지은이 | D. M. 로이드 존스
옮긴이 | 이 용 태
펴낸곳 | 사) 기독교문서선교회
등록 | 제16~25호(1980. 1. 18)
주소 | 서울시 서초구 방배동 983-2
전화 | 02) 586-8761~3(본사) 031) 923-8762~3(영업부)
팩스 | 02) 523-0131(본사) 031) 923-8761(영업부)
홈페이지 | www.clcbook.com
이메일 | clckor@gmail.com
온라인 | 국민은행 043-01-0379-646, 기업은행 073-000308-04-020
            예금주: 사)기독교문서선교회

ISBN 978-89-341-0731-6 (03230)

* 낙장·파본은 교환해 드립니다.